DAS ENDE DER
ÖSTERREICH UND I

Symposion 2012

Herzlich
gewidmet
von
Dr. Carmen Ottner
Wien, im Juni 2015

DAS ENDE DER SYMPHONIE IN ÖSTERREICH UND DEUTSCHLAND (1900–1945)

Symposion 2012

herausgegeben von
Carmen Ottner

Eine Veröffentlichung der Franz Schmidt Gesellschaft
Studien zu Franz Schmidt XVII

Doblinger

Satz: Mag. Elisabeth Klöckl-Stadler, www.zwiebelfisch.at
Druck: Buchdruckerei Ernst Becvar, A-1150 Wien, Lichtgasse 10
Kommissionsverlag: Doblinger KG, Wien

Fotos Cover:
Vorne: Gustav Mahler: Das Photo wurde uns dankenswerterweise von der Internationalen Gustav Mahler Gesellschaft, Wien, zur Verfügung gestellt.
Richard Strauss, Franz Schmidt, Hans Pfitzner, Franz Schalk: Archiv der Franz Schmidt-Gesellschaft, Musikvereinsgebäude, Wien.
Hinten: Alban Berg, Oswald Kabasta: Archiv der Franz Schmidt-Gesellschaft, Musikvereinsgebäude, Wien.
Dankenswerterweise haben uns folgende Institutionen Photos zur Verfügung gestellt:
Anton v. Webern: Paul Sacher Stiftung, Basel, Schweiz.
Ernst Krenek: Ernst Krenek Institut Privatstiftung, Krems, N. Ö. (Mit besonderem Dank an Frau Gladys Krenek).

Gedruckt mit Unterstützung von:

Kulturamt der Stadt Wien / Sektion Wissenschaft und Forschung

Amt der Niederösterreichischen Landesregierung/
Abteilung Kultur und Wissenschaft

ISBN 978-3-902667-53-3

ISMN 979-0-012-41022-5

Bestellnr. 09 728

Inhalt

Vorwort

Das „9. Internationale Franz Schmidt-Symposion“ thematisierte eine spezielle Kompositionsgattung: „Das Ende der Symphonie in Österreich und Deutschland (1900–1945)“. Zum Abschluss des Buchs ist eine Aufstellung aller bisher erschienenen Bände der „Studien zu Franz Schmidt“ zu finden. Daraus ist zu ersehen, dass bereits davor in sechs Kongressen e i n e musikalische Gattung im Mittelpunkt stand; zwei Symposien befassten sich mit verschiedenen Themen zu Franz Schmidts Persönlichkeit, dem künstlerischen Ambiente, der politischen Situation der letzten Lebensjahre. Seine vier Symphonien, komponiert in verschiedenen Lebens- und Schaffensperioden (1896–99; 1911–13; 1927–28; 1932–33), sind wohl als ein bemerkenswerter abschließender Beitrag der österreichisch-deutschen, klassisch-romantischen Gattungstradition von Joseph Haydn bis Gustav Mahler zu verstehen bzw. wurden jene Werke von vielen Zeitgenossen in diesem Sinne rezipiert.

Für die Gestaltung des Symphonie-Symposions waren grundlegende Überlegungen von Wolfram Steinbeck im „Handbuch der musikalischen Gattungen“, „Die Symphonie im 19. und 20. Jahrhundert“[1], prägend: Der Wissenschaftler spricht von „vier Entwicklungssträngen“. Franz Schmidts vier Werke z. B. zählen zum ersten Weg der Symphonieentwicklung: Er setzte die „Errungenschaften“ des 19. Jahrhunderts fort, „erweitert oder modifiziert jedoch die kompositorischen Mittel, etwa die Bindung an die Tonalität.“[2] Der zweite Weg wäre die „selbstbewusste Ablehnung“, „Überwindung“ war „Programm“. Die dritte Möglichkeit bedeutete, entsprechende Kompositionen „absichtsvoll Symphonie“ zu nennen, aber „zugleich mit fundamentalen Merkmalen der Gattungstradition zu brechen. Zuletzt nennt Steinbeck den vierten „Weg in die Krise“: Ausgehend von der Tradition des 19. Jahrhunderts gelangten manche Komponisten „an ihre eigenen Grenzen“ in „ihrer zum Teil geradezu existenziellen Auseinandersetzung mit der Gattung und ihrer Idee.“

Aufsätze zu den bedeutendsten Komponisten aus Österreich und Deutschland, die symphonische Kompositionen im Rahmen dieser vier unterschiedlichen „Entwicklungssträngen“ schufen, sind in diesem Band zu finden – mit zwei Ausnahmen: Bedauerlicherweise hat Daniel Ender seinen aufschlussreichen Beitrag zur Karl Amadeus Hartmann, ein maßgebender Repräsentant der deutschen Symphonik im 20. Jahrhundert, nicht zur Verfügung gestellt. So fehlt auch Doris Weberbergers Vortrag zu Hanns Eisler, dessen Persönlichkeit und Œuvre dank seiner Beziehung zu Wien und dem letzten Lebensabschnitt, den er in der ehemaligen DDR verbrachte, für das spezielle Symposionsthema besonders beachtenswert wäre.

Es war ein besonderes Anliegen, ***Wolfram Steinbeck*** für das Eröffnungsreferat zu gewinnen. Zu Beginn stellte er die Frage: Warum spricht (sprach) man immer wieder vom „Ende der Symphonie" und nie z. B. vom „Ende der Oper oder des Streichquartetts"? Ausgangspunkt war in erster Linie das symphonische Œuvre Gustav Mahlers, bzw. Carl Dahlhaus' These des „Zerfalls der Gattungen", auch Arnold Schönbergs „Kammersymphonie", „die zugleich ihre eigene Gattungsbestimmung dialektisch aufhebt". Am Beginn der Überlegungen stand die Beethoven-Rezeption des frühen 19. Jahrhunderts, die zu Richard Wagners Behauptung, die Symphonie wäre am Ende bzw. zur Kreation der „Symphonischen Dichtung" durch Franz Liszt führte. Dahlhaus sprach vom „2. Zeitalter der Symphonie" und es gäbe immer wieder „tote Zeiten", z. B. zwischen Robert Schumanns 3. und Johannes Brahms 1. Symphonie. Anfang des 20. Jahrhunderts akzeptierte man u. a. auch Mahlers Symphonien nicht wirklich als adäquate Gattungsbeiträge. Seit Jahrzehnten wird er jedoch – „postmodern" – als „Erbe und Vollender der klassisch-romantischen Tradition" angesehen.

Die Geburtsdaten der Komponisten begründen die Abfolge der Vorträge. So eröffnete ***Hans-Joachim Hinrichsen*** die Auseinandersetzung mit dem Œuvre einzelner Komponisten. Hinsichtlich der Beurteilung von Mahlers Symphonien, von Fehlurteilen und Umdeutungsprozessen reich, sind vor allem zwei Positionen zu nennen: „Zuflucht vor der Moderne" oder „Anfang der Neuen Musik". Eine zentrale Erkenntnis sei allerdings die „Genese von Symphonik aus Liedern". Th. W. Adornos These, Mahlers Werke wären paradox, da „zu einer Stunde" entstanden, die „das Gelingen großer Symphonik bereits verbot", kann man zwar mithilfe der zahlreichen Kompositionen, die danach entstanden, entkräften, trotzdem müsse man feststellen, dass diese große Anzahl „gerade deshalb beginnen konnte, weil er [Mahler] in vielfacher Hinsicht auch ein Ende war." ***Walter Werbeck*** erinnerte daran, dass Richard Strauss' früher Ruhm vornehmlich auf seinen „Symphonischen Dichtungen" fußte, die er aber als „Vorbereitung für seine Opern" ansah. Zwei Jugendwerke waren für seine Dirigentenkarriere sehr hilfreich, danach vollendete er kein Werk dieser Gattung. Allerdings diskutiert(e) die Musikwissenschaft, inwieferne man die *Symphonia Domestica* oder die *Alpensymphonie* nicht doch der Gattung zurechnen sollte. Werbecks Resümee: „Richard Strauss hat nur zwei Symphonien, aber unentwegt symphonisch komponiert". Die drei zwischen 1932 und 1940 geschaffenen Symphonien Hans Pfitzners bezeichnet ***Wolfgang Fuhrmann*** als „paradox", würde doch der Komponist gerade mit diesen Werken Dank einer verhaltenen Konzeption, die passagenweise „den Rand der Tonalität streift", „sich der Anbiederung an die Nazis" verweigern und zugleich auch „eindrucksvoll Pfitzners Persönlichkeit demonstrieren": Der Komponist „suchte die Öffentlichkeit, indem er sie zu fliehen scheint." ***Gerhard Winkler*** wurde ursprünglich ersucht, alle vier Symphonien Franz Schmidts analytisch zu beleuchten. Sein früher Tod hat dies verhindert. Winkler hinterließ jedoch einen Aufsatz-„Torso", der Gedanken zur 2. und 4. Symphonie beinhaltet – mit einem Schwerpunkt zu den interessanten formalen Gegebenheiten der 2. Symphonie: diese habe „vier [Sätze], nach der Substanz, drei nach der Zählung der Partitur, oder nur zwei, nämlich Präludium und Variationen, nach der gestaffelten Finalwirkung der kombinierten Variationen. So ist jede der drei Antworten richtig." Seine Witwe Susanne Winkler-Klement hat uns dankenswerterweise den Aufsatz überlassen. Als Koreferat waren ***Thomas Leibnitzs'*** Ausführungen gedacht, die „Aspekte der Entstehung, der Einbettung in den biographischen Kontext und vor allem der Rezeption" implizieren. So auch der „Ort", die Bedeutung der Symphonie im Gesamtœuvre Schmidts. Die eindrucksvolle Anerkennung durch seine Zeitgenossen wäre „im Zeichen des Konservativismus" zu werten und „wurde zur Hypothek für die Wirkungsgeschichte der Folgezeit". (Wahrscheinlich auch „in Kombination" mit der unvollendeten Kantate *Deutsche Auferstehung*). (In einer Anmerkung sei hier auch auf frühere Publikationen zu Schmidts symphonischem Œuvre hingewiesen.[2]

Den Komponisten der sogenannten „Wiener Schule", ihren StudentInnen bzw. dem kollegialen Ambiente waren einige Vorträge gewidmet: ***Reinhard Kapp*** erinnert an Arnold Schönbergs Ausspruch „Jeder [meiner] Schüler sollte auch eine Symphonie geschrieben haben", bietet einen Überblick zum Schaffen Schönbergs und seiner bzw. der Studenten Alban Bergs und Anton v. Weberns und schließt ein Verzeichnis an, das uns zeigt, „dass für die Wiener Schule die Symphonie insgesamt keine erledigte Gattung war ..." Nach einer prinzipiellen Betrachtung des Begriffs „Kammersymphonie" beschäftigt sich ***Eike Fess*** mit den entsprechenden Kompositionen Schönbergs und Franz Schrekers. Ein Vergleich der beiden Werke kann im Wesentlichen nur in der Verbindung von vier Sätzen „zu einem ununterbrochenen Satz" gesehen werden. Schönbergs Beitrag suggeriert Dank „ständigem Dialogisieren der Stimmen den ‚Charakter eines Kammermusikwerkes'". Bei Schreker bilde die symphonische Form allerdings nur den „Hintergrund". ***Nikolaus Urbanek*** stellt fest: „Das ‚Ende der Symphonie' ist ein Gerücht." Allerdings hatte diese Gattung 1928, als Anton v. Webern sein op. 21 vorlegte, „eine andere Relevanz ... eine andere Bedeutung." Wurde mit dieser zweisätzigen Zwölftonkomposition, die zu den „meist und bestanalysierten Werken des 20. Jahrhunderts" zählt, die Gattung „aufgehoben"? Tatsächlich erhebt op. 21 aber den „Anspruch der Symphonie" trotz „der ‚Moderne' geschuldeten Merkmale der Distanznahme und der Selbstreflexivität." J. M. Hauer „wählte ‚Symphonie' als beste Möglichkeit, ‚Neue Wege in der Musik' zu manifestieren" – dies zeigte ***Joachim Diederichs*** anhand von u. a. vier herausragenden Kompositionen. Der Komponist „reduziert" „vom üppig Orchestralen zu Grundprinzipien" und „auch und mit" seinem „Strukturdenken" wurde „die Symphonie zur Zwölftonmusik hinübergeführt". In der Zeitspanne 1921–1928 komponierte Ernst Krenek drei als „Symphonie" apostrophierte Werke – die *Symphonische Musik Nr. 2*" hinterließ er als unveröffentlichtes

Manuskript. ***Manfred Permoser*** thematisiert auch Kreneks Skepsis hinsichtlich des „Problems der Symphonie", als er „in den vierziger Jahren ... die Resultate eher enttäuschend" fand.

Paul Hindemith legte zwischen ca. 1916 und 1958 symphonische Kompositionen vor, die nicht nur seine vielfältige harmonische Entwicklung, sondern auch verschiedene ungewöhnliche Aspekte zeigen, wie z. B. die Verbindung zu entsprechenden Bühnenwerken wie *Mathis der Maler* und *Harmonie der Welt*. ***Wilhelm Sinkovicz***: Der „Werdegang des Symphonikers Hindemith" impliziere keinen „Widerspruch ... zwischen dem Vokal- und dem Instrumentalkomponisten ..., sondern [zwischen] der Realität seines Schaffens und seinem in missverständlichen ideologischen Zuschreibungen vermittelten Image ...." Während seines Kompositionsstudiums bei Ferruccio Busoni schuf Kurt Weill 1921 eine einsätzige Symphonie. Drei Jahre später findet sich in seinem Œuvre „kein Abstecher in die instrumentale Konzertmusik" mehr ***(Nils Grosch)*** – bis auf die 2. Symphonie von 1933/34, die ihre Entstehung jedoch nur Weills „Exilsituation" und „dem Auftrag seitens einer zahlenden Mäzenin" verdankte.

Ergänzt werden diese Werkbetrachtungen durch drei Aufsätze zu den Ur- und Erstaufführungen symphonischer Kompositionen im Wiener Musikverein und im Wiener Konzerthaus bzw. zu Rezensionen bedeutender Wiener Kritiker. Die Herausgeberin ***Carmen Ottner*** gliedert ihre Betrachtung in fünf zeitliche Abschnitte, da das Studium der Konzertprogramme des Musikvereins bzw. entsprechende Unterlagen (z. B. Protokolle, Jahresberichte, Briefe) deutlich zeigen, wie abhängig eine kulturelle Institution von politischen und sozialen Gegebenheiten war (und ist). Der Zerfall der Monarchie, zwei Weltkriege, die Diktatur der Nationalsozialisten u. a. m. prägte die Programmgestaltung. Die Jahre der glänzenden Uraufführungen einzelner Symphonien von Brahms oder Bruckner waren um die Jahrhundertwende vorbei. Sieht man von Werken vor allem Mahlers, Schmidts, Schrekers ab, waren Premieren bedeutender Symphoniker kaum zu finden, zumal z. B. Richard Strauss bedauerlicherweise seine „Symphonischen Dichtungen" nicht in Wien uraufführen ließ. ***Philipp Stein*** stellte fest, dass das Wiener Konzerthaus, am 19. 10. 1913 eröffnet, „nur selten der Veranstalter" war. Die meisten Konzerte wurden von Konzertdirektionen organisiert. Mithilfe von Tabellen zeigt Stein, dass – keine Überraschung! – Beethoven, Brahms und Bruckner zu den meistaufgeführten Komponisten zählten. Zeitgenossen, auch Franz Schmidt, kam „keine signifikante Rolle zu." Damit wird wieder deutlich, dass für Schmidts Œuvre der Musikverein die prägende Institution war (und ist). In ihrer Untersuchung der Rezensionen in der „Neuen Freien Presse" und der „Wiener Zeitung" (mit Kritiken u. a. von Richard Batka oder Julius Korngold) hinsichtlich neuer symphonischer Kompositionen im Zeitraum 1900–1938 konstatierte ***Ksenija Zadravec*** besonders große Erwartungen an ein neues Werk: Hohe Maßstäbe, die nach Mahler offenbar meist nur Schmidt erfüllte. Der „Terminus Form" wurde „selbstverständlich und ohne Erklärung" benutzt – „der erste Eindruck" wiedergegeben, auf Repertoiretauglichkeit, auf „Langzeitwirkung" selten eingegangen. Erweiterungen, Abweichungen, Neuinterpretationen des Symphoniebegriffs – wie z. B. von Schönberg, Schreker oder Hindemith – wurden kaum mitverfolgt. Die Kritiker verfügten über eine fundierte Ausbildung und legten den „Fokus zu sehr in die Vergangenheit".

Wir danken folgenden Institutionen für ihre Unterstützung: Eine Subvention des Kulturamts der Stadt Wien (MA 7 Wissenschaft und Forschung Prof. Dr. Hubert Ehalt) und der entsprechenden Abteilung des Amts der Niederösterreichischen Landesregierung (Mag. Georg Pejrimovksy) ermöglichte die Drucklegung dieses Bandes. Den Verantwortlichen des Wiener Verlags „Doblinger", die auch diesen Band in Kommission übernahmen (Dir. Peter Pany, Dr.Angela Pachovsky, Mag. Michael Publig). Unser besonderer Dank gilt ebenso Mag. Elisabeth Klöckl-Stadler, die für das Layout verantwortlich ist, so auch der Buchdruckerei Becvar für die konstruktive Zusammenarbeit.

Wien, im Mai 2014 — Carmen Ottner

Anmerkungen

1 Wolfram Steinbeck/Christoph Blumröder (Hg.); Bd.3,2., Laaber 2002. Siehe vor allem S. 3f.

2 Erich Graf: Die 4. Symphonie: Eine Analyse der formalen und thematischen Grundstruktur. In: Studien zu Franz Schmidt. Bd. I. (hg. v. Otto Brusatti). Wien 1976, S. 123–144.
Johannes Wildner: Die Symphonien von Franz Schmidt. Wien 1979. Diss., maschinschriftlich.
Harold Truscott: Franz Schmidt. Orchestral works. Toccata Press, Gloucester 1984.
Thomas Corfield: Franz Schmidt. A Discussion of his Style with special reference to the Four Symphonies and Das Buch mit sieben Siegeln. Diss. Cambridge 1986; in New York 1989 gedruckt.
Robert Pascall: Symphonien und Symphonisches. In: Studien zu Franz Schmidt. Bd. VI. Franz Schmidt und seine Zeit. Symposion 1985 (hg. v. Walter Obermaier). Wien1988, S. 27-45.
Carmen Ottner: Einflüsse ungarischer Elemente in den Symphonien Franz Schmidts. In: Musikgeschichte zwischen Ost- und Westeuropa. Symposion 1995 (hg. v. Helmut Loos). St. Augustin 1997, S. 107–125.
Dieselbe: Franz Schmidts symphonisches Werk: Vollendung und Abschluss der klassisch-romantischen Symphonie? In: „Musik soll nicht bloß tönen, sie muß leben". 2. Oswald Kabasta-Symposion 1996 (hg. v. Engelbert Exl). Graz 1998, S. 185–203.
Dieselbe: Das symphonische Schaffen von Franz Schmidt und Johann Nepomuk David. In: Die österreichische Symphonie im 20. Jahrhundert. In: Wiener Schriften zur Stilkunde und Aufführungspraxis. Sonderbd. 5 (hg. v. Hartmut Krones).

Wolfram Steinbeck (Köln)

„Das Ende der Symphonie"? Zur Gattungsgeschichte im 19. und frühen 20. Jahrhundert. Ein Rückblick

I.

Zu Beginn eines Symposions, bei dem es um „Das Ende der Symphonie in Österreich und Deutschland (ca. 1900 – nach dem 2. Weltkrieg)" gehen soll, scheint es angebracht, ein paar Dinge in Erinnerung zu rufen und zu fragen, warum wir uns mit der Frage nach dem „Ende der Symphonie" überhaupt beschäftigen.

Es ist in der Tat eigentümlich: Vom „Ende der S y m p h o n i e" ist seit Langem und ohne Weiteres die Rede – vom Ende des Streichquartetts oder von einem definierbaren Ende der Klaviersonate allerdings ist nichts bekannt, wie überhaupt das Ende anderer Gattungen nicht explizit ausgerufen wurde – es sei denn, man denkt an Carl Dahlhaus' grundsätzliche These vom „Zerfall der Gattungen im 20. Jahrhundert"[1]. Selbst bei der Oper sprechen wir nicht wirklich vom „Ende der Oper". Zwar ist neben die Bezeichnung Oper die des Musikdramas und – allgemeiner – die des Musiktheaters getreten. Ein Ende der Oper aber ist nicht wirklich proklamiert und identifiziert worden. Nur Richard Wagner hatte für sich entschieden, er schreibe keine Opern mehr. Andere haben sich darum wenig oder gar nicht geschert. Vom „Ende der Symphonie" (im frühen 20. Jh.) dagegen, davon ist durchaus die Rede. Wie kommt das?

Zunächst ist schlicht festzustellen, dass im 20. Jahrhundert mehr Symphonien geschrieben wurden als je zuvor. Um nur ein paar Namen zu nennen: Der kürzlich verstorbene Hans Werner Henze etwa hat es auf 10 Gattungsbeiträge gebracht, eine über der magischen Todesgrenze, vor der z. B. Karl Amadeus Hartmann mit acht Symphonien kapitulieren musste. Dmitrj Schostakowitsch schrieb gar 15 Symphonien und Allan Pattersson 17, während es Komponisten wie der Engländer William Brian (1876–1972) auf über 30 brachten und viele andere ebenfalls keine Scheu davor hatten, Symphonien in kleinerem bis großem Umfang zu produzieren. Der Spitzenreiter auf diesem Gebiet dürfte mit über 240 Symphonien der Finne Leif Segerstam sein. Und er schreibt munter weiter. Also so am „Ende" kann die Symphonie offenbar kaum sein.

Selbst wenn wir den Blick auf die Symphonie in Österreich und Deutschland beschränken, wie es unser Thema vorgibt, so ist sofort klar, dass von einem Ende im Sinne generellen Verzichts auf Name und Gattungskriterien nicht die Rede sein kann.

Außerdem: Wieso findet das unterstellte „Ende“ der Gattung zwischen „1900 bis nach dem 2. Weltkrieg“ statt? Haben wir es womöglich mit einer 50-jährigen Agonie zu tun, einem Todeskampf symphonischer Traditionen und Belange in der ersten Hälfte des 20. Jahrhunderts? Ein Kampf, der möglicherweise sogar noch anhält?

Tatsächlich ist ja in der musikwissenschaftlichen Literatur des 20. Jahrhunderts vom „Ende der Symphonie“ immer wieder die Rede gewesen, trotz aller scheinbaren Kontinuität der Werkbezeichnung. Ausgangspunkt dieser Überzeugung waren, wenn ich recht sehe, das symphonische Werk Gustav Mahlers und jene Beobachtungen, die auch Dahlhaus zu seiner These vom Zerfall der Gattungen bewegt hatten: die Durchsetzung dessen, was man seit Paul Bekker „Neue Musik“ nennt. Die Initialzündung scheint diesbezüglich wiederum (und im Blick auf die Gattung Symphonie) offenbar von Schönberg und seiner *Kammersymphonie op. 9* ausgegangen zu sein, einer „Gegensymphonie“, die das paradoxe Phänomen kompositorisch zu fassen scheint: eine Symphonie, die zugleich ihre eigene Gattungsbestimmung dialektisch aufhebt. Aber Schönberg schrieb eine weitere *Kammersymphonie*, die die scheinbar abschließende Singularität von op. 9 Lügen straft. Außerdem schien er seine Schüler aufgefordert zu haben, darauf zu achten, dass die eigenen Schüler wiederum immer auch eine Symphonie schrieben[2]. Es ging mithin weiter, dort wie hier. Was also ist mit „Ende“ gemeint?

Um es auf einen einfachen Nenner zu bringen: Das Ende der Symphonie zu proklamieren, gehört zur Gattungsgeschichte des 19. Jahrhunderts wie die Proklamation ihrer ästhetische Höchstrangigkeit. Schauen wir zurück, so ist schnell zu erkennen, dass das Ende der Symphonie schon lange besungen und auch immer wieder neu konstatiert wurde, in den verschiedensten Formen und Nuancen.

Systematisch sind drei Argumentationslinien auszumachen: eine qualitätsbestimmte, eine idealistisch-kompositionsästhetische Argumentation und eine, die ich schon „postmodern“ nennen möchte. Und historisch gesehen sind wiederum drei Stationen zu erkennen.

II.

1. Am Anfang steht die Beethoven-Rezeption des frühen 19. Jahrhunderts:

Zunächst oft als allzu „bizarr", allzu „gewollt" und zu „hart" kritisiert („Kraft wird oft Härte, Originalität oft Bizarrerie"[3]), man denke auch an Carl Maria von Webers Beethoven-Satire (die *Dritte*, ein „musikalisches Ungeheuer"[4]), werden insbesondere Beethovens *Symphonien* bekanntlich schon bald zum Inbegriff des Symphonischen, ja von Musik schlechthin. Wir müssen hier nicht erneut E.T.A. Hoffmanns berühmte Rezension der *Fünften* von 1810 bemühen, die Beethoven zum „rein romantischen" Künstler und deshalb zum „wahrhaft musikalischen Komponisten" erhebt[5]. Die Mitteilungen und Kritiken, die Rezensionen und Untersuchungen sind voll davon – und die einschlägige musikwissenschaftliche Literatur ebenfalls. Im Grunde wird in Beethoven schon zu Lebzeiten, und nach seinem Tod erst recht, der „Heroe der Tonkunst" schlechthin gefeiert, dem nachzustreben zwar höchste Pflicht eines jeden Komponisten ist, der auf sich hält, den zu erreichen oder gar zu überbieten aber unmöglich erscheint.

Ein paar Stimmen der ersten Jahrhunderthälfte:

> „Sein Genie überbieten zu wollen, führt zum abenteuerlichen Unsinn und zu Missgeburten. Daher behaupten wir [...], dass mit Beethoven die Tonkunst den höchsten Gipfel erreicht habe, und nicht höher steigen, wiewohl in unendliche Breite ausdehnen könne; dass dieser Meister selbst zugleich Motive zu ihrem Sinken gegeben habe."[6]

> „Wer jetzt mit einer neuen Symphonie auftritt, unternimmt etwas Grosses und Gefährliches; es gehört Muth dazu [...]. Die Beethoven'schen Kunstgebilde haben diese Musikgattung auf eine Höhe gestellt, über welche zu steigen kaum möglich seyn dürfte; wenigstens ist es bis jetzt Keinem möglich gewesen, so gross auch diese Lust ist, ungewöhnte Höhen zu erklimmen. Dann haben sich dieses Grossmeisters Riesenerzeugnisse, in Teutschland vorzüglich, so ungemein verbreitet, dass sie selbst an Orten sich zu Lieblingen des Publicums emporgehoben haben, von denen man kaum glauben sollte, dass ihre Aufführung zu Stande gebracht werden könnte. Und doch ist die Thatsache ausser allem Zweifel. Da muss denn freylich wohl jede neue Symphonie irgend eines Componisten der fast willkürlichen Vergleichung mit jenen grossartigen Lieblingen ausgesetzt werden. Streift nun eine oder die andere an die Beethoven'sche Weise, so heisst diess Nachahmung, und sie hat alsdann von Glück zu sagen, wenn sie nicht verworfen wird. Wagt sie aber in anderer Weise sich geltend zu machen, so werde man sagen: ‚es ist doch kein Vergleich mit einer Beethovenschen'. Der Componist mag es also machen, wie er will, einen schweren Stand hat er immer."[7]

„Nennt ihn nicht unverständlich, nennt ihn unergründlich, [...] unergründlich wie die heilige Schrift.“[8]

„Man erwärme und erhebe sich an dem Heros, erstärke und veredle an ihm seinen Muth, fliege dann aber doch lieber auf seinen eigenen Fittigen, oder setze sich doch wenigstens nicht wie ein Zaunkönig auf den Adler.“[9]

In diesem Zusammenhang grenzenloser, religiöser Beethoven-Verehrung und der Auffassung, dass nach ihm insbesondere keine Symphonien mehr geschrieben werden könnten, die auch nur annähernd den gleichen Anspruch hätten wie die des „allgeliebten Symphonistenhauptes und Gewalthabers der Töne“[10], in diesem Zusammenhang steht auch das viel zitierte Wort, das Schubert gesprochen haben soll:

„‚Heimlich im stillen hoffe ich wohl selbst noch etwas aus mir machen zu können, aber wer vermag nach Beethoven noch etwas zu machen?‘“[11].

So zweifelhaft die Authentizität dieses berühmten Wortes auch ist – der Jugendfreund Joseph von Spaun schreibt darüber erst 1858, 30 Jahre nach Schuberts Tod[12] –, der Ausspruch sagt weniger über Schubert aus als über die nach wie vor gepflegte Ansicht von der Unüberwindbarkeit der Beethoven'schen Symphonien noch um die Jahrhundertmitte.

Man erinnere sich auch an Schumanns verbreitetes Wort aus seinem Bericht über die Wiederentdeckung der *C-Dur-Sinfonie* von Schubert aus dem Jahre 1839: Es sei „so oft und zum Verdruß der Komponisten gesagt worden, ‚‚nach Beethoven abzustehen von sinfonistischen Plänen‘“[13], das Symphonienschreiben also aufzugeben, weil damit nichts mehr zu gewinnen sei. Lachner hatte drei Jahre zuvor in Wien damit tatsächlich noch einen Preis gewonnen, den Preis eines Preisausschreibens, mit dem man den Zweig der Symphonie neu ergrünen lassen wollte. Genützt hat es nichts. Das Werk ist nur noch wenigen Fachleuten bekannt.

Das „Ende der Symphonie“ war in den ersten Jahrzehnten letztlich ein Problem der Qualität, des Ideenreichtums und der kompositorischen Individualität und Größe. Es war kein Ende, sondern aus der Sicht der Zeitgenossen ein Verfall nach dem unüberbietbaren Höhepunkt der Beethoven'schen „neun Musen“.

„Motive zu ihrem Sinken“ habe Beethoven ja selbst schon gegeben, wie Wilhelm Christian Müller feststellte, vor allem durch seine *Neunte*. Der Griff nach dem Wort galt vielen nicht nur als Grenzüberschreitung, sondern auch als ästhetische Grenzverletzung. Hand, Marx und Fink und all die anderen Publizisten der Zeit waren zwar voll höchster Bewunderung, aber bekanntlich auch voller Skepsis, ob es gestattet sei, die „Reinheit“ der Symphonie, das Gattungs- und Anspruchskriterium schlechthin, preiszugeben:

> „Abgesehen [...] von Beethoven's großartiger und längst durch Bewunderung belohnter Leistung wird die zur Verbindung des Gesangs gewählte Form einer [an eine Symphonie] angeschlossenen Cantate [gemeint ist hier Mendelssohns *Lobegsang*] Allgemeingültigkeit nicht gewinnen können. [Denn] nach einem collossalen Instrumentalwerk kann eine vierstimmige Cantate mit Soli nur kleinlich und zufällig erscheinen; eine Steigerung des Effects wird, nachdem der letzte Instrumentalsatz alle Kräfte aufgeboten hat, nicht möglich, und Nichts bleibt übrig als der Contrast“[14].

Und prompt kam jemand und erklärte die Symphonie mit Beethovens *Neunter* für tot: Richard Wagner.

2. Wir haben es hier mit dem zweiten Erklärungsmuster vom „Ende der Symphonie“ zu tun: einem idealistisch-gattungsästhetischen (und nicht primär qualitativen).

Obgleich in jenen „Formen“, die Beethoven symphonisch geschaffen habe,

> „kein Instrumentalkomponist [...] nur noch die mindeste Erfindung kundzugeben vermochte, verlor doch keiner den Mut [Wagner übrigens eingerechnet], fort und fort Symphonien und ähnliche Stücke zu schreiben, ohne im geringsten auf den Gedanken zu geraten, dass die letzte Symphonie bereits geschrieben sei.“[15]

> „Die *letzte Symphonie* Beethoven's ist die Erlösung der Musik aus ihrem eigensten Elemente heraus zur allgemeinsamen Kunst. [...] Auf sie ist kein Fortschritt möglich, denn auf sie unmittelbar kann nur das vollendete Kunstwerk der Zukunft, das allgemeinsame Drama, folgen, zu dem Beethoven uns den künstlerischen Schlüssel geschmiedet hat“.[16]

Dass Wagner primär die ästhetische Legitimation seiner eigenen kompositionsgeschichtlichen Konzeption im Auge hat, ist hier weniger von Belang als die Tatsache, dass diese Auffassung einerseits längst mehr oder weniger unterschwellig verbreitet war (man vgl. das Hand-Zitat), andererseits eine nicht zu unterschätzende Wirkung auf die Zeit und die nachfolgenden Generationen gehabt hat. Franz Brendel konstatierte drei Jahre später in seiner vielbeachteten und äußerst kenntnisreichen Musikgeschichte ebenfalls das „Auslaufen der Beethoven'schen Richtung“. Und er stimmt (natürlich!) Wagners Auffassung zu, dass die letzte Symphonie mit Beethovens Letzter geschrieben sei, und zwar in dem Sinne, dass „die Instrumentalmusik den Kreis der Entwicklung im Wesentlichen durchlaufen hat.“ Brendel

„möchte der *neunten Symphonie* als Motto die Schiller'schen Worte [...] vorsetzen: ‚Nun zerbrecht mir das Gebäude, seine Absicht hat's erfüllt.' denn die Selbstauflösung der Instrumentalmusik ist damit ausgesprochen."[17]

Dass es nicht das Musikdrama sein muss, auf das die Entwicklungsgeschichte aus Beethovens *Neunter* konsequent zusteuere, sondern dass sich auf ganz anderem Gebiet, nämlich dem der Ouvertüre, der „kleineren Schwester der Symphonie", eine parallele Entwicklung vollzieht, ist Wagner entgangen, nicht aber Liszt. Schon Johann Ernst Häuser verweist darauf in seinem 1828 erschienenen „Musikalischen Lexicon":

„Die Schwierigkeit, eine Symphonie, den Höhepunkt der Instrumentalmusik, zu liefern, hat zu der leichtern Form der weniger ausgeführten Ouvertüre, die nur eines Satzes bedarf, Gelegenheit gegeben."[18]

Oder Amadeus Wendt 1831:

„An Stelle der Symphonie trat [...] immer mehr die Concertouvertüre, welche mit nicht geringern Tonmitteln im kleinern Umfange zu glänzen sucht".[19]

Hier scheint es also noch eine Frage der kompositorischen Fähigkeiten zu sein, mit Beethoven Schritt zu halten und sich wenigstens ein neues Terrain zu erschließen, auf dem der Meister noch keine unüberwindbaren Hindernisse errichtet hatte. So hatte auch Schumann Mendelssohns Weisheit gelobt, nach Beethoven sich eben nicht auf die große Symphonie zu werfen, sondern eine „Symphonie im kleineren Kreis" zu etablieren, die er „Konzertouvertüre" nannte:

„Mendelssohn mochte einsehen, daß auf diesem Wege [der Symphonie nach Beethoven] nichts mehr zu gewinnen sei, und schlug einen neuen ein [...]. Mit seinen Konzertouvertüren, in welchen er die Idee der Symphonie in einen kleineren Kreis zusammendrängte, errang er sich Kron' und Szepter über die Instrumentalkomponisten des Tages".[20]

Auf diesem Boden aber gedieh bekanntlich Franz Liszts Konzept der „Symphonische Dichtung". Liszt erklärte die Symphonie letztlich ebenfalls für tot, freilich nur eine bestimmte Sorte, und das wie Wagner aus idealistisch-gattungsästhetischer Perspektive. Allerdings knüpft auch er aus naheliegenden Gründen an Beethovens Symphonien an, und kann das bekanntlich ohne Weiteres tun. Nicht die *Neunte* ist ihm Vorbild und Legitimation, sondern die *Eroica* und die *Pastorale* sind es.[21]

Und so bringt denn Liszt bekanntlich neben den (zunächst) zwölf Symphonischen Dichtungen in den 1850er-Jahren auch zwei veritable Symphonien heraus, Beiträge zu einer Gattung, die der Freund und Schwiegersohn Richard Wagner im Grunde für gänzlich obsolet (und tot) erklärt hatte.

Worin aber unterscheiden sich diese Symphonien von denen der anderen Komponisten? Äußerlich und vor allem durch ihr Programm. Allerdings gab es da schon etliche Vorgänger. Neben Louis Spohr, den Liszt eigens erwähnt, vor allem bekanntlich Hector Berlioz. Und in gewisser Weise auch wiederum Mendelssohn, den Liszt (anders als Wagner) durchaus schätzte: in der Hinzunahme der Vokalstimmen.

Mag es musikhistoriografisch angemessen sein, mit Liszts *Faust-* und *Dante-Symphonie* eine neue Epoche der Symphonie-Geschichte beginnen zu lassen (und zwar wegen der besonderen Kompositionstechnik), so scheint schnell durchschaubar, warum man (d. h. die „Neudeutschen") die „specifische" Symphonie, die auch abschätzig „absolute" Symphonie hieß, für tot erklärte: Es war nichts als Propaganda und das Vokabular eines beispiellosen Parteienstreits, der den Blick auf die Geschichte (dort wie hier) trübte.

Gleichwohl bleibt zu konstatieren, d a s s die Zeitgenossen, wenn auch in unterschiedlichen Formulierungen und mit durchaus divergenten Zielsetzungen, vom „Ende der Symphonie" sprachen und einen Gattungswandel propagierten, der aufs Musikdrama, die Symphonische Dichtung bzw. die Programm-Symphonie zielte. Das „Ende der Symphonie" wurde zum Beginn neuer, „fortschrittlicher" Gattungskonzepte erklärt – und zwar vorwiegend von den „Neudeutschen". Die Konservativen dagegen hielten alles Nicht-Absolute, nun im Hanslick'schen Sinne verstanden, für abartig und sahen ihrerseits in den Produkten der „Neudeutschen" den Untergang der Symphonie und deren ästhetischen Maximen von „Reinheit" und „Würde".

Neben der qualitäts- und der gattungsästhetischen Debatte gibt es später dann eine erneut qualitativ argumentierende Rede vom Ende der Symphonie, jedenfalls in ihrer ersten Daseinsform: die musikhistoriografische Abgrenzung eines „zweiten Zeitalters der Symphonie", dem das „Ende" einer ersten logischerweise vorausgegangen sein muss.

Dieses zweite Zeitalter der Symphonie wurde bekanntlich von Carl Dahlhaus in den 1970er-Jahren proklamiert, wobei die Argumentation – wie gesagt – erneut aus einer Wertungsperspektive erfolgte, mit dem Unterschied zur Geschichte der ersten Hälfte des 19. Jahrhunderts, dass dort die Zeitgenossen selbst urteilten, während nun ein Musikhistoriker rückschauend und gestützt auf die historische Selektion eines symphonischen Werkekanons, eine kompositorische Lücke entdeckt, die sogenannte „tote Zeit" der Symphonie, die zwischen Schumanns *Dritter* und Brahms' *Erster* klaffe.[22]

Diese Lücke freilich wird ebenso begründet, wie die Beethoven-Nachfahren die Lücke nach Beethoven erklärten: Es fehlten in der Zeit zwischen Beethovens *Neunter* und Schumanns *Erster* (oder der Uraufführung von Schuberts *Großer C-Dur-Symphonie*), mit Dahlhaus zu sprechen, „Werk[e] von Rang", die „die absolute, nicht durch ein Programm bestimmte Musik" repräsentierten[23]. Also auch hier, in den 1830er-Jahren, eine (erste) „tote Zeit"? Es fragt sich in unserem Zusammenhang nur, warum solche Innovationsschübe (die zugleich Qualitätsschübe sein mögen) vor allem im Symphonischen solch publizistische Wellen schlugen wie hundert Jahre zuvor etwa der Buffonistenstreit in Paris.

Mit Brahms hatten die sogenannten „Konservativen" um Hanslick nun zwar endlich auch, was auch die „Neudeutschen" um Brendel schon in Wagner, Liszt und Berlioz besaßen: eine Galionsfigur. Aber war die Zeit zwischen 1850 und 1870 in der Tat eine symphonisch „tote" Zeit? Auch hier wurde in Reaktion auf Dahlhaus das quantitative Argument angeführt: Schließlich entstanden, unbeschadet der Dahlhaus'schen „Rang"-These, Hunderte von Symphonien in diesen 20 Jahren.[24]

Wir müssen weder die historiografische These einer symphonisch „toten Zeit" noch die „Rang"-Frage als solche diskutieren. Das ist zur Genüge geschehen. Festzustellen ist in unserem Zusammenhang allein, d a s s diese Debatte im Blick auf die Symphonie tatsächlich und heftig im ausgehenden 20. Jahrhundert geführt werden konnte und geführt wurde. Das Qualitätskriterium, also der Rang-Vergleich, war offensichtlich ausschlaggebend dafür, ob man eine Symphonie für gelungen erklären konnte oder nicht. Das Qualitätskriterium entschied über nichts Geringeres als über die Existenzberechtigung eines symphonischen Werkes. Schlechte oder auch nur weniger herausragende Symphonien verdienen den Namen nicht und werden als Gattungsbeiträge schlicht nicht akzeptiert. Das dürfte eine spezifische Besonderheit der Gattung Symphonie sein. Um den höchsten Rang zu ringen, ist ganz offensichtlich Teil ihrer Geschichte seit Beethoven. Noch 1902, nunmehr im Blick auf Brahms, den neuen Stern am Symphonienhimmel, konnte die Geschichte der Symphonie aus Qualitätsgründen für beendet erklärt werden. In den „Signalen" schreibt ein M. St., im „Rückblick auf das Musikjahr 1901": Wir werden

> „uns der Überzeugung nicht verschließen können [...], daß bis auf Weiteres, also für die Gegenwart, die Tage der Symphonie gezählt sind. Im Grunde genommen ist also Brahms der letzte Symphoniker de pur sang gewesen. Was heute, wenigstens in Deutschland, an Symphonien zur Veröffentlichung gelangt, das rührt entweder von Tonkünstlern her, die entweder überhaupt nicht im Stande sind, den anspruchsvollen Rahmen mit entsprechendem Inhalt zu füllen oder die sich – par curiosité – einmal auch auf diesem (ihnen sonst fern liegenden!) Gebiet ‚bethätigen' wollen. In beiden Fällen ist zumeist der Liebesmüh umsonst."

Auch Mahler gehört hierher: Seine „*vierte Symphonie*, die im vierten Satze die Singstimme zu Hilfe ruft [...], hat wohl nur Denen gefallen, die sie auf alle Fälle schön finden wollten."[25]

3. Machen wir einen Sprung zu Gustav Mahler[26]:

Bei Mahler scheint sich die Musikgeschichtsschreibung endlich einig zu sein: Mahlers Symphonik markiert ein (oder das?) Ende der Symphonie, nicht im qualitativen und auch nicht im quantitativen Sinne. Mahlers Symphonik scheint eine andere Art, eine dritte Art des Endpunktes zu setzen, eine, die man, wie gesagt, schon „postmodern" nennen könnte. Über Mahler als Endpunkt der Gattungsgeschichte schreibt (ich weiß nicht ob erstmalig, jedenfalls prominent) Rudolf Stephan 1957. Für ihn ist Gustav Mahler der „letzte große Symphoniker"[27]:

> „Für die Musik des frühen 20. Jahrhunderts ist charakteristisch, dass die bisher nebeneinander bestehenden Formen der Symphonie und der programmatischen symphonischen Dichtung sich durchdrangen. Die freien Formen wurden verselbstständigt und ohne Programm konzipiert – so entstanden Kompositionen, die nur noch ‚Musik für Orchester' (Rudi Stephan) oder ‚Orchesterstücke' (Schönberg, Berg, Webern) hießen, die also ihre formale Freizügigkeit nicht mehr programmatisch ‚legitimierten'. Diese Entwicklung bedeutete das Ende der Symphonie, die über ein volles Jahrhundert, von Haydn bis Mahler, als vornehmste repräsentative Gattung galt."[28]

Ähnlich Wilfried Brennecke in der alten MGG:

> „Als bedeutendster Symphoniker nach Bruckner und Brahms ist Mahler [...] Erbe und Vollender der klass.-romant. Tradition."[29]

Oder Ferdinand Redlich, der über die Symphonik Mahlers sagt, dass Beethoven, Bruckner und Schubert zu „Modellen seiner die Summe aus einem Jh. ziehenden Spätkunst" geworden sei[30].

Mahlers Werk markiert also, verbreiteter Auffassung nach, das Ende der Symphonie in einem neuen Sinne, in dem Sinne nämlich, dass die Komponisten nach ihm bzw. die Zeitgenossen, die seinen Weg nicht mehr mitgingen – etwa der Schönbergkreis und die Komponisten der neuen Moderne –, die Gattungsnormen zugunsten „freier Formen" (wie Stephan bündig zusammenfasst) aufgegeben hätten.

Überblicken wir die normativen Kriterien der Symphonie seit Beethoven, so können wir in der Tat feststellen, dass nach Mahler ein zentrales Moment seine Gültigkeit verliert. Allerdings ist es nicht primär die „Form", d. h. z. B. die Viersätzigkeit und die Tradition der Satz-Formen, mit der ja schon lange experimentiert wurde, auch von Mahler. Es ist auch nicht die tonale Einheit, die allerdings bei Mahler erstmals preisgegeben wird und die es in frei- oder posttonaler Musik ja nicht mehr geben kann. Auch die Besetzung, die Größe oder der „symphonische" Satz, die Dichte des horizontalen wie vertikalen Stimmgeflechts sind es nicht, jedenfalls nicht unbedingt oder primär. Denn all das zeichnet direkt oder indirekt, als Mittel selbst oder als dialektische Negation, auch spätere „Symphonien" aus. Ein erneutes „Ende der Symphonie" zu Beginn des 20. Jahrhunderts ist vielmehr vor allem an der (durchaus im dialektischen Sinne verstandenen) „Aufhebung" des im 19. Jahrhundert zur Gattungsbedingung gewordenen ästhetischen Anspruchs festzumachen.

Die Symphonie war im 19. Jahrhundert die meistdiskutierte Gattung in Deutschland, die Gattung, mit der laut Robert Schumann „der Deutsche [...] die Schlachten wiedergewonnen [hat], die Napoleon ihm abgenommen"[31], die Gattung, mit der Deutschland sich einen Platz im Konzert der Nationen erkämpft hatte, die Gattung Beethovens, des „allgeliebten Symphonistenhauptes", den sogar die Ausländer zu akzeptieren nicht umhinkonnten[32], die Gattung, auf die sich die „Neudeutschen" um Brendel, Berlioz, Liszt und Wagner ebenso beriefen wie die „Konservativen" um Hanslick und Brahms. Das Qualitätskriterium, wonach schlechten oder schwächeren Symphonien (Symphonien „geringeren Ranges") die Gattungszugehörigkeit schlicht abgesprochen wurde (letztlich dachte selbst Dahlhaus noch so), sowie das ästhetische Kriterium, wonach der Symphonie nur dann die Existenzberechtigung zugebilligt wurde, wenn sie sich in der Beethoven-Tradition den höchsten Kunstansprüchen stellt, und die man ohne Verlust der Gattungszugehörigkeit nicht aufs Spiel zu setzen sich herauszunehmen wagte; diese Kriterien haben der Gattung – über alle Debatten um die Neuerungsbestrebungen der „Neudeutschen" hinaus – einen ästhetischen Status und ein kunstgeschichtliches Ansehen verliehen, das als solches ebenso unüberbietbar wie zugleich unhintergehbar schien. Keine andere Gattung wurde in ihrem Kunstanspruch derart „absolut" gesetzt wie die Symphonie. Das Adjektiv „symphonisch" wird bekanntlich nicht umsonst im 19. Jahrhundert zum Signum kompositorischen Ehrgeizes, der selbst vor der Oper, dem Konzert oder der Sonate nicht haltmacht, während umgekehrt Übertragungen anderer Gattungskriterien auf die Symphonie die Akzeptanz deutlich verringerte: Konzertant anmutende oder gar opernhafte Symphonik hebt nicht, sondern senkt den ästhetischen Rang. Man denke nur an Spohrs *Historische Symphonie,* die im Finale die Jetztzeit der 1840er-Jahre, d. h. offensichtlich die opernhaften Züge der damals neuen Musik persifliert und die von den Zeitgenossen, allen voran Robert Schumann, dafür heftig getadelt wurde[33].

Mit der Wende zur Moderne des frühen 20. Jahrhunderts wird das grundsätzlich und schlagartig anders. Schönberg glaubte die Vorherrschaft der deutschen Instrumentalmusik für 100 Jahre durch seine Erfindung der Zwölftontechnik gesichert, nicht durch Symphonien „von Rang". Der ästhetische Anspruch, Teil der Identität der Gattung, wurde um 1910 zur Disposition gestellt, ein Anspruch, der vor allem vom Bildungsbürgertum mit großem rhetorischen und intellektuellen Aufwand permanent gepflegt worden war, ein Anspruch, der vielleicht in der Tat letztmalig durch Mahlers Symphonik in bis dahin und später nicht mehr realisiertem Ausmaß, wenn nicht Übermaß eingelöst schien – und zugleich, zumindest in der *Vierten* oder der *Siebten* und zuletzt gewiss auch in der *Neunten*, als solcher schon ironisch oder – wie bei der *Neunten* – entsagend gebrochen wurde.

Hieran, an dieser Brechung, haben die Komponisten der Zeit und die Nachfahren angeknüpft: an der Preisgabe des symphonischen Totalitätsanspruchs höchster ästhetischer Würde. Mahlers „Welt"-Konzept („Symphonie heißt mir eben: mit allen Mitteln der vorhandenen Technik eine Welt aufbauen"[34]) ist ein – später – Beleg für die Dimension symphonischer Gattungsgeltung. Und Schönbergs Gegenkonstruktion seiner einsätzigen *Kammersymphonie* dürfte zwar nicht minder aufs Große zielen, allerdings mit den Mitteln der selbstreflexiven Vorführung einer offenbar obsolet gewordenen Gattungstradition.

Es ist ein Bruch, der das „Ende" der Symphonie markiert, ein Bruch, wie es ihn bislang in den Debatten über das Ende der Symphonie so nicht gab. Es ist der Bruch mit der Geschichte, der die Kriterien des Symphonischen zur Disposition stellt (und nicht nur die formalen Merkmale, wie man das für andere Gattungen konstatieren mag). Mit anderen Worten: Nach Mahler (vielleicht auch nach Schönberg) Werke „Symphonie" zu nennen oder überhaupt eine Symphonie zu schreiben, heißt für die Komponisten des 20. Jahrhunderts nicht mehr Erfüllung des tradierten und essenziellen Kunstanspruchs, sondern sich aus der Distanz der Nachmoderne einer Tradition bedienen, die ihre absolute Verbindlichkeit eingebüßt hat.

Die Zeit um und nach Mahler bricht mit der Unverbrüchlichkeit symphonischen Anspruchs und kann damit plötzlich in ganz neuer Weise umgehen, nämlich selbstreflexiv. Dieser selbstreflexive Zugriff auf historische Traditionen gilt freilich grundsätzlich für nahezu alle Kunstmusik seit dem frühen 20. Jahrhundert als kompositionsästhetisches Konzept.[35] Nur hat man den Bruch, die Stelle, an der die neue Position sich abzeichnet oder ausbildet, in der Musikgeschichtsschreibung nicht mit der Grenzmarkierung vom „Ende" versehen – ausgenommen einzig die „höchste" der Gattungen, die Symphonie, über deren Ende immer schon debattiert wurde (und immer noch, bis heute, wie wir sehen, debattiert wird).

Ein weiteres Ende scheint allerdings derzeit nicht in Sicht. Denn zur postmodernen Wahrnehmung gehört das „anything goes". Aber es gehört, wie gesagt, dazu auch das Bewusstsein und die Verfügbarkeit von Geschichte, einer Geschichte, die sehr wohl im Begriff Symphonie, wenn er denn vom Komponisten als Werktitel bemüht wird, nach wie vor mitgedacht sein kann, ja mitgedacht sein muss. Und diese Geschichte ist die des 19. Jahrhunderts seit Beethoven. Bei Franz Schmidt oder Karl Amadeus Hartmann ist das zweifellos so, bei Schostakowitsch, der – auf raffinierte Weise – an Mahler anschließt, auch. Selbst bei Webern und durchaus auch bei Hauer, Eisler,

Krenek oder Kurt Weill (um nur einige der in diesem Band behandelten deutschen/österreichischen Komponisten zu nennen) scheint der selbstreflexive Bezug noch gegeben, gewissermaßen „aufgehoben" in der Entscheidung, das Werk Symphonie zu nennen, selbst dann, wenn mit der Bezeichnung im Rückgriff auf ihre vor-klassische Bedeutung nur noch (instrumentaler) „Zusammenklang" gemeint sein mag.

Anmerkungen

1 Carl Dahlhaus: Die Neue Musik und das Problem der musikalischen Gattungen. In: ders., Schönberg und andere. Mainz 1978, S. 77.
2 Brief Alban Bergs an Schönberg vom 9. Juli 1913. Zit. nach: Christopher Hailey: Die Symphonie der Wiener Schule. In: Die österreichische Symphonie im 20. Jahrhundert. (Hg. von Hartmut Krones) (Wiener Schriften zur Stilkunde und Aufführungspraxis). Wien 2005, S. 61.
3 M. Miel: Über die Symphonie, über die Symphonieen Beethoven's, und über ihre Ausführung in Paris. In's Deutsche übertragen von Heinrich Panofka. In: NZfM 1 (1834), S. 101.
4 Carl Maria von Weber: Tonkünstlers Leben. Fragmente eines Kunstromans. In: Kunstansichten. Ausgewählte Schriften (Taschenbücher zur Musikwissenschaft 23). Wilhelmshaven 1978, S. 45.
5 Ernst Theodor Amadeus Hoffmann: Rez. der 5. Symphonie von Beethoven (1810), Neudruck. In: Schriften zur Musik. Nachlese (Hg. von Friedrich Schnapp). München 1963, S. 36.
6 Wilhelm Christian Müller: Etwas über Ludwig van Beethoven. In: AMZ 29 (1827), S. 345.
7 Gottfried Wilhelm Fink: Rez. der *Zweiten Symphonie* op. 28 von Anton Hesse. In: AmZ 35 (1833), Sp. 861.
8 Aus einer anonymen Aufführungskritik von Beethovens *Neunter*. In: NZfM 4 (1836), S. 86.
9 August Wilhelm Fink, Rez. der *Jagd-Symphonie* von Johann Kittl. In: AMZ 42 (1840), Sp. 833.
10 Anonyme Rez. der 1. und 2. Symphonie von Friedrich Gährich. In: AMZ 34 (1832), S. 84.
11 Gemeint gewesen sein sollen vor allem Symphonien. Otto Erich Deutsch: Schubert. Erinnerungen seiner Freunde. Gesammelt und erläutert von Otto Erich Deutsch. Leipzig 1957, S. 150.
12 Die Bemerkung müsste um 1815 geäußert worden sein, in einer Zeit, in der Schubert nicht die geringsten Anzeichen eines Beethoven-Problems erkennen ließ, im Gegenteil: In dieser Zeit zieh er in seinem Tagebuch den „größten deutschen Künstler" abstoßender „Bizzarrerie"! Vgl.: Schubert. Die Dokumente seines Lebens. Gesammelt und erläutert von Otto Erich Deutsch (Franz Schubert. Neue Ausgabe sämtlicher Werke, Serie VIII: Supplement, Bd. 5). Kassel 1964, S. 45.

13 Robert Schumann: Gesammelte Schriften über Musik und Musiker von Robert Schumann (Hg. von Martin Kreisig). Bd. 1. 5. Aufl. Leipzig 1914, S. 461.
14 Ferdinand Hand: Aesthetik der Tonkunst. 2. Theil. Jena 1841, S. 419.
15 Richard Wagner: Das Kunstwerk der Zukunft (1849). In: Richard Wagner: Sämtliche Schriften und Dichtungen. Volks-Ausgabe. 6. Aufl. Bd. 3. Leipzig 1911, S. 97.
16 Ebenda, S. 96.
17 Franz Brendel: Geschichte der Musik in Italien, Deutschland und Frankreich. Von den ersten christlichen Zeiten bis auf die Gegenwart. Zweiundzwanzig Vorlesungen gehalten zu Leipzig im Jahre 1850. Leipzig 1852, S. 517.
18 Johann Ernst Häuser: Musikalisches Lexicon. 2 Bde. Meißen 1828, S. 83.
19 Amadeus Wendt: Über die Hauptperioden der schönen Künste, oder die Kunst im Laufe der Weltgeschichte dargestellt. Leipzig 1831, S. 309.
20 Robert Schumann: Gesammelte Schriften. Bd. 1, S. 70.
21 Vgl. dazu Liszts Aufsatz über Berlioz und seine *Haroldsymphonie*. In: NZfM 43 (1855), S. 25ff.
22 Carl Dahlhaus: Symphonie und symphonischer Stil um 1850. In: SIM-Jb 1983/84 (1987), S. 38.
23 Dahlhaus: Die Musik des 19. Jahrhunderts (NHbMw 6). Laaber 1980, S. 220.
24 Rebecca Grotjahn: Die Sinfonie im deutschen Kulturgebiet 1850 bis 1875. Ein Beitrag zur Gattungs- und Institutionengeschichte (Musik und Musikanschauung im 19. Jahrhundert 7). Köln 1998.
25 Autor mit dem Kürzel M. St.: Rückblick auf das Musikjahr 1901. In: Signale 60 (1902), S. 65f.
26 Vgl. dazu auch den Beitrag von Hans Joachim Hinrichsen in diesem Band.
27 Rudolf Stephan: Art. Symphonie. In: ders., Musik. Das Fischer Lexikon. Frankfurt/M. 1957, S. 325.
28 Ebenda, S. 328.
29 Wilfried Brennecke: Art. Symphonie. 2. Die Entwicklung der Symphonie in Deutschland, Österreich und der Schweiz von etwa 1885 bis in die Gegenwart. In: MGG 12. Kassel 1965, Sp. 1850.
30 Ferdinand Redlich: Art. Mahler, Gustav. In: MGG 8. Kassel 1960, Sp. 1496.
31 Robert Schumann: Neue Sinfonien für Orchester (1839). In: Gesammelte Schriften. Bd. 1. S. 424.
32 Vgl. z. B. Gottfried Wilhelm Fink: Art. Teutschland – teutsche Musik. In: Gustav Schilling: Encyclopädie der gesammten musikalischen Wissenschaften oder Universal-Lexicon der Tonkunst. Bd. 6. Stuttgart 1835–38, S. 615.
33 Schumann: Elftes Abonnementskonzert. In: ders., Gesammelte Schriften. Bd. 2, S. 50f.
34 In: Gustav Mahler in den Erinnerungen von Natalie Bauer-Lechner (Hg. von Herbert Killian). Hamburg 1984, S. 35.
35 Vgl. dazu die einschlägigen Texte in: Christoph von Blumröder/Julio Mendívil/Wolfram Steinbeck (Hg.): Selbstreflexion in der Musik|Wissenschaft. Referate des Kölner Symposions 2007 (Kölner Beiträge zur Musikwissenschaft 16). Kassel 2011.

Hans-Joachim Hinrichsen (Zürich)

Ende und Anfang auf der Schwelle zum 20. Jahrhundert
Zur Symphonik Gustav Mahlers

I.

Bei einem Blick auf die österreichisch-deutsche Symphonik des frühen 20. Jahrhunderts steht das symphonische Gesamtwerk Gustav Mahlers zwangsläufig am Beginn. Das scheint heute eine pure Selbstverständlichkeit zu sein, ist es aber in Wahrheit nicht. Hermann Danuser hat zwar vor 20 Jahren in seiner Mahler-Monographie mit sehr guten Argumenten die These gewagt, „Mahler sei rezeptionshistorisch die Schlüsselfigur der jüngeren Musikgeschichte".[1] Abermals 20 Jahre früher hingegen, also 1972, hat Carl Dahlhaus noch das Erstaunen über Mahlers „rätselhafte Popularität" plakativ zu einem Aufsatztitel erhoben.[2] Damit sind bereits zwei wichtige Stationen der allmählichen Etablierung des zwischenzeitlich fast von der Vergessenheit bedroht gewesenen Symphonikers Mahler im heutigen Musikleben abgebildet, eine Situation, über die man sich natürlich immer noch wundern kann, statt sie einfach so hinzunehmen. In dem jüngst erschienenen „Mahler-Handbuch" erneuert Bernd Sponheuer denn auch das von Dahlhaus vor 40 Jahren artikulierte Erstaunen und rechnet die „enorme Präsenz Gustav Mahlers in der gegenwärtigen Medienkultur" sogar „zu den großen Unwahrscheinlichkeiten der Musikgeschichte",[3] vergleichbar allenfalls der sogenannten Wiederentdeckung Johann Sebastian Bachs im frühen 19. Jahrhundert. Mahlers fulminante Wirkungsgeschichte, soll das heißen, war aus der Perspektive des mittleren 20. Jahrhunderts in keiner Weise vorauszusehen.

Es geht nun allerdings im Folgenden nicht darum, diesen rezeptionsgeschichtlichen Spezialfall, der freilich seine Erstaunlichkeit in erster Linie einer retrospektiven Konstruktion verdankt, zum eigentlichen Gegenstand der Untersuchung zu machen, sondern aus seiner Existenz Fragen für die gattungsgeschichtliche Positionierung Mahlers zu gewinnen. Wer sich für die Motive der rezeptionsgeschichtlichen Kapriolen interessiert, wird untersuchen müssen (so wie das schon Dahlhaus im Untertitel seines Aufsatzes angedeutet hatte), wo Mahler im späten 20. Jahrhundert eher als „Zuflucht vor der Moderne" empfunden und wo er ganz im Gegensatz dazu als „Anfang der Neuen Musik" wahrgenommen wurde, und er wird zweifellos auf viele Fehlurteile, Umdeutungsprozesse, produktive Missverständnisse und allmählich gewachsene Einsichten stoßen. Wer dagegen heute nüchtern den musikgeschichtlichen Ort von Mahlers Symphonik einzuschätzen versucht, wird sich zunächst einmal fragen dürfen, mit welchen Eigenschaften seiner Musik er überhaupt als Verwalter der

Erbmasse des 19. Jahrhunderts, mit welchen er hingegen als der eigentliche Türöffner des 20. Jahrhunderts, und mit welchen er vielleicht auch als Vermittler des 19. Jahrhunderts an das 20. gelten kann. Wenn man schon, wie Sponheuer das ebenso pointiert wie nachvollziehbar tut, den gewagten Vergleich mit der Bach-Renaissance aufruft, dann wird man weiterhin wohl auch am Beginn der folgenden Überlegungen die bewusst paradoxe Formulierung paraphrasieren können, mit der Michael Heinemann und ich seinerzeit unsere dreibändige Sammelpublikation über „Bach und die Nachwelt“ eröffnet haben: „Mahler konnte ein Anfang sein, weil er ein Ende war.“[4]

II.

Einige aus dem 19. Jahrhundert heraus in Mahlers Symphonik weitergeführte Traditionslinien sind als Beobachtungen so trivial, dass sie fast nicht genannt zu werden brauchen: die Orientierung an L. v. Beethoven als dem Modellfall der Gattung schlechthin, die Fortsetzung der Gattungsentwicklung zu gesteigerter Monumentalität, die zweifellos auf das Konto Anton Bruckners geht, die produktive Auseinandersetzung mit der Instrumentationstechnik Richard Wagners, die Rezeption der „Symphonischen Dichtung“ der Liszt-Schule oder die Aufhebung der für das 19. Jahrhundert charakteristischen Poetisierung von Instrumentalmusik in jenes Konzept, das Hermann Danuser, eine Anregung Rudolf Stephans weiterdenkend, als „Weltanschauungsmusik“ bezeichnet hat.[5] Aber nicht nur Mahlers Anknüpfungen an die großen Namen der Musikgeschichte gehören zu diesen Verwurzelungen im 19. Jahrhundert, sondern auch diejenigen an solche, deren symphonisches Schaffen heute fast vergessen ist: so etwa die Gliederung einiger seiner Symphonien in zwei oder drei „Abteilungen“, die Mahler zweifellos aus dem seinerzeit ungemein populären symphonischen Konzept Joachim Raffs übernommen hat, zusammen mit deren impliziter Narrativität und esoterischer Programmatik. Und nicht zuletzt ist bemerkenswert, dass ein signifikanter – durch Richard Wagner und Hans von Bülow inaugurierter – Dirigierstil des 19. Jahrhunderts mit subtilen Tempomodifikationen, deutlicher „Subito-piano“-Phrasengliederung und markanten Luftpausen[6] explizit in den notierten Werktext seiner Symphonik eingangen ist – was wiederum interessante Konsequenzen für die Mahler-Interpretation und die Interpretation der Mahler-Interpretation nach sich zieht (berühmte Beispiele sind die eigens so bezeichnete „Luftpause“ im Finale der *1. Symphonie*[7] oder der „Subito-piano“-Effekt am Beginn der *Vierten*, der am Anfang der Melodielinie im „Adagietto“ der *Fünften* wiederkehrt[8]).

Was nun aber ein wirkliches Alleinstellungsmerkmal des Komponisten Gustav Mahler ist, soll hier vor allem anderen etwas weiter entfaltet werden, weil genau an dieser Stelle sowohl die Einflüsse auf ihn selbst als auch die vielfältigen Anregungen, die er weitergegeben hat, am besten gebündelt zu erfassen sind: die auf den ersten Blick spektakuläre Nivellierung der Gattungsgrenzen, in der eine der erstaunlichsten kompositorischen Strategien Mahlers zu sehen ist. Kein anderer Symphoniker, überhaupt kein anderer Komponist hat sein Œuvre in derartiger Ausschließlichkeit auf den parallelen Ausbau zweier – und dazu noch als diametral gegensätzlich geltender – Gattungen abgestellt: die Symphonie und das Lied. Bis dahin verteilten sie sich, soziologisch gesprochen, auf die Sphären der großen Öffentlichkeit und des kleinen Zirkels im Kammermusiksaal oder sogar im Salon. Mahler zwingt sie zusammen und bewegt sie aufeinander zu, wobei das Lied als Orchesterlied symphonisch und die Symphonik auf eigentümliche Weise episch und lyrisch wird. In Mahlers Œuvre gibt es zudem auffällige Systematiken, die irgendwie miteinander zusammenzuhängen scheinen, jede für sich aber nicht leicht zu erklären sind. So ist das Liedschaffen mit merkwürdiger Ausschließlichkeit, und zwar nicht simultan, sondern mit plötzlichem Wechsel, auf zwei Textquellen abgestellt: erst die Liedersammlung *Des Knaben Wunderhorn* einerseits, dann den Lyriker Friedrich Rückert andererseits. Und so gliedert sich auch das Paralleluniversum seiner Symphonik in Werke, die mit dem Vokalschaffen verflochten sind, und in rein instrumentale Werke, die aber keineswegs frei von Einflüssen des Liedschaffens sein müssen. Das geht bekanntlich so weit, dass am Ende eine Symphonie, deren Nummerierung als Neunte Mahler ängstlich zu vermeiden suchte, ausdrücklich „das Lied“ (im Singular) als Gattungstitel trägt. Und tatsächlich ist das *Lied von der Erde* in gewisser Weise der Konvergenzpunkt zweier Entwicklungslinien, die in Mahlers Schaffen zwar zueinander streben, allerdings bis ans Ende auch eigenständig und unterscheidbar bleiben.[9]

Die Genese von Symphonik aus Liedern, und zwar ohne die zwingende Notwendigkeit der Zwischenstufe des Orchesterlieds, begegnet in gewisser Weise natürlich schon bei den Symphonikern des frühen 19. Jahrhunderts, etwa bei Felix Mendelssohn-Bartholdy, Robert Schumann und Niels Gade, ist aber in der speziellen Zurichtung durch Mahler und in dieser Konsequenz etwas vollständig Neues. Selbstverständlich kann dies hier auch nicht annäherungsweise dargelegt werden. Es sei nur daran erinnert, dass die Gliederung von Mahlers Symphonik in Instrumental- und Vokalsymphonien, ferner in die „Wunderhorn“-Phase, in die „Rückert“-Epoche und in die Spätzeit ein geläufiges und in der Sache selbst liegendes historiographisches Ordnungsschema geworden ist (mit mehrfachen Überkreuzungen, weil bekanntlich nicht alle Liedmaterialien auf die Vokalsymphonien beschränkt sind und weil mit den Allusionen an die *Kindertotenlieder* Rückert spätestens in der *Neunten* wieder in den Umkreis der Symphonie zurückkehrt). Und es bezeichnet natürlich, von heute aus leicht als solche erkennbar, eine Wegmarke der Gattungsgeschichte, wenn Mahlers Auseinandersetzung mit dem herausragenden Modell von Beethovens Neunter vorläufig mit einer Konzeption abgeschlossen wird, die ebenfalls ein vokales Finale disponiert, dieses aber als kammermusikalisch instrumentiertes Orchesterlied für eine solistische Sopranstimme definiert. Mit der *4. Symphonie* wirkt sich somit jener „Humor", auf den Mahler selbst verwiesen hat, auf die Ebene der gesamten Werkkonzeption aus; seither ist die Diskussion sowohl um die Diagnose als auch um die Reichweite dieses philosophischen Konzepts nicht mehr zur Ruhe gekommen, zumal sie sich seit Langem überaus unglücklich mit der Debatte um Mahlers angebliche oder wirkliche Gebrochenheit vermischt hat.

Die *4. Symphonie* dürfte aber gerade mit ihrer planvollen Durchbrechung der Gattungsgrenzen Geschichte gemacht haben und bezeichnet daher einen zentralen Punkt in Mahlers Konzept; es fällt nicht schwer, aus dieser Perspektive Arnold Schönbergs *2. Streichquartett* op. 10 mit seiner finalen Integration einer Sopranstimme als Fortsetzung dieser Idee aufzufassen. Dies gerade dann, wenn man zusätzlich bedenkt, dass später der Schönbergschüler Erwin Stein ausgerechnet Mahlers *4. Symphonie* eine kammermusikalische Reduktion gewidmet hat, durch die beide Werke ein beträchtliches Stück aufeinander zu gerückt werden. Andererseits hat Schönberg, von dem eben keine große Symphonie komponiert wurde, sondern ausdrücklich eine *Kammersymphonie* (der später eine zweite folgte), sich für sein symphonisches Monumentalwerk genau an die von Mahler inaugurierte Verwischung der Gattungsgrenzen gehalten, die bei Mahler selbst im *Lied von der Erde* zu später expliziter Konsequenz gelangt: Die *Gurrelieder* sind in gewisser Weise eben doch Arnold Schönbergs heimliche große Symphonie, während er andererseits das *Lied von der Erde* (ebenso wie Stein die *Vierte*) wiederum einem kammermusikalischen Arrangement unterzogen hat (1921 für den „Verein für musikalische Privataufführungen"). Alexander Zemlinsky hat mit seiner *Lyrischen Symphonie* insofern sowohl bei Mahler als auch bei Schönberg angeknüpft, aber auch natürlich an Alban Bergs *Lyrische Suite*. Doch auch dieser Überschreitung der Gattungsgrenzen, nun nicht mehr zwischen Symphonie und Lied, sondern zwischen Symphonie und Streichquartett, hat Mahler vorgearbeitet, wie von den Komponisten der Wiener Schule auch klar gesehen wurde. Ein weiter entfernter Komponist zum Beispiel, den man hier zunächst gar nicht erwarten würde, hat sich daher ganz zu Recht auf diese paradoxe Konstellation bezogen: Der Schweizer Othmar Schoeck wollte sein fünfsätziges und überaus originelles *Notturno* für Singstimme und Streichquartett (op. 47, 1931/33) in erster Linie nicht als Auseinandersetzung mit Schönbergs *2. Streichquartett*, sondern mit Mahlers *Lied von der Erde* verstanden wissen.

Nicht nur also die polare Spannung von Lied und Symphonie, sondern auch diejenige von Symphonie und Kammermusik (insbesondere: Streichquartett) ist hier also zu berücksichtigen. Das betrifft nicht einmal so sehr Mahlers bekannte Orchestrierungen von L. v. Beethovens *f-Moll-Quartett* op. 95 und Franz Schuberts *d-Moll*-Werk mit dem Beinamen *Der Tod und das Mädchen*, die sich vielmehr durchaus in die geläufige Arrangierpraxis des 19. Jahrhunderts einreihen (die orchestrale Aufführung von Beethovens *Großer Fuge* op. 133 etwa hatte Mahler in Hamburg bei Hans von Bülow kennengelernt). Wichtiger scheint mir zu sein, dass Mahlers spätere Symphonien veritable Zeugnisse einer kompositorischen Rezeption von Beethovens fünf letzten Streichquartetten sind, die bis auf singuläre Ausnahmen ja europaweit überhaupt erst am Ende des 19. Jahrhunderts eingesetzt hat. Die Schroffheit der Kontrastdramaturgie etwa, wie sie den Übergang vom ersten zum zweiten Satz der *5. Symphonie* Mahlers prägt (und dann noch kompromissloser dieselbe Formstelle in der *9. Symphonie*), ist schlechterdings undenkbar ohne das Modell ähnlicher Satzübergänge in Beethovens späten Quartetten, etwa op. 131 (hier sprechen sogar die Tonarten der ersten beiden, scharf kontrastierenden und ohne jede Vermittlung aneinander gekoppelten Sätze, cis-Moll und D-Dur, im Hinblick auf Mahlers *Fünfte* Bände). Auch finden sich die grotesken Übertreibungen, die man in vielen Scherzosätzen Mahlers als Ausdruck planvoller Gebrochenheit gedeutet (und damit vielleicht missdeutet) hat, auch in den entsprechenden Satzmodellen der späten Beethoven-Quartette; am ausgeprägtesten und schockierendsten zweifellos im allerletzten, Opus 135 in F-Dur. Schließlich lassen sich auch die Formexperimente der letzten Symphonien Mahlers auf diejenigen in Beethovens späten Quartetten beziehen. Das *a-Moll-Streichquartett* op. 132 entfaltet in seinem Kopfsatz eine vieldeutig verschachtelte, man könnte auch sagen: mehrstrophige Sonatenform, die eine Formgrammatik anvisiert, an die Mahler dann im ersten Satz der *Neunten* und im Eröffnungssatz der unvollendeten *Zehnten* angeknüpft hat. Die Sonatenform wird damit aber weder in Beethovens Spätwerk noch in Mahlers Symphonik, wie man oft so leichthin sagt, „gesprengt" (die Metapher ist unsinnig, denn ein Werk, das seine Form sprengt, hat keine mehr), sondern vielmehr erweitert, potenziert, aufgehoben oder sublimiert. Der Kopfsatz der *Neunten* ist zwar vordergründig wirklich keine Sonatenform mehr, jedenfalls nicht im orthodoxen Verständnis, aber er ist ohne die intensive Auseinandersetzung mit ihr schlechterdings nicht zu verstehen, wie Erwin Ratz in seiner immer noch unübertroffenen Analyse des Satzes deutlich gemacht hat.[10] Zugleich eröffnet er eine geschichtsmächtige Umdeutung dieses Konzepts durch seine Ausfaltung in die strophenartige Struktur der Doppelvariation, der ebenfalls vor dem Hintergrund der Sonatenform schon Bruckners Adagiosätze vorgearbeitet haben (für welche die immer noch mit Abstand plausibelsten Formdeutungen Wolfgang Steinbeck in mehreren Publikationen vorgelegt hat[11]).

Überhaupt ist Mahlers produktive Auseinandersetzung mit der Sonatenform am Beginn der Symphonie (und ein einziges Mal, in der *Sechsten*, auch im Finale) die vielleicht wichtigste Quelle ihrer Weitervermittlung an das 20. Jahrhundert (was man beispielsweise bei Dmitri Schostakowitsch studieren kann). Mit der konstruktiven Anverwandlung dieses traditionsgesättigten Formkonzepts hängt die der nie aufgegebenen, nicht einmal in Frage gestellten Tonalität aufs Engste zusammen: Nirgends ist das so deutlich wie in der *1. Symphonie*, aber es gilt durchgängig bis ganz zuletzt: In der *Ersten*, die noch zu den tonartlich geschlossenen Symphonien (mit einer rahmenden Haupttonart) gehört, obliegt die dramaturgisch höchst effektvolle Inszenierung der Reprisenwirkung im Kopfsatz nicht etwa der Wiederkehr des Hauptthemas, sondern der Rückkehr der Tonika – einem thematisch unspezifischen reinen Klangereignis (Kopfsatz, bei Ziffer 26, T. 358), auf das danach erst die Rekapitulation des Hauptthemas folgt (T. 384ff.). In noch weitaus stärkerem Maße gilt dies für das Finale, das ja, die für Mahlers weitere Entwicklung charakteristisch werdende Auffächerung der symphonischen Haupttonart vorwegnehmend, abseits der Werktonika in f-Moll beginnt (und dafür zitierend auf eine Partie in der Durchführung des Kopfsatzes zurückgreift), jedoch mit dem Eintritt der Reprise die von da an endgültige Wiederkehr der das Werk bestimmenden Haupttonart D-Dur wie eine Epiphanie inszeniert (Finale, T. 375, und zwar unter effektvollem Einsatz des oben erwähnten rhetorischen Mittels der „Luftpause"[12]).

Dass die Sonatenform, die danach immer tiefer greifende Umdeutungen erfährt, manchmal aber auch (wie im Kopfsatz der *Sechsten*) in geradezu schulbuchmäßiger Klarheit erscheint, für Mahler ein Dilemma und insbesondere die Reprise ihre „Crux" gewesen sein soll, geht auf die Diagnose Theodor W. Adornos zurück[13] und bezeichnet viel eher dessen eigene und nicht Mahlers Beziehung zur Tradition. Sprechend ist auch Mahlers bedachtsam abwägender Umgang mit dem scheinbaren Konventionsrest der Expositionswiederholung: Während sie im Kopfsatz der *Sechsten* von Anfang an eingeplant war, wurde sie im ersten Satz der *Ersten*, nach mehreren praktischen Erprobungen, erst in einem späten Werkstadium fixiert sowie im zweiten Satz der *Fünften*, dem eigentlichen Sonatensatz des Werks, vorübergehend erwogen (noch in der frühesten Druckfassung erscheint sie dort vor Ziffer 9) und dann auch wieder im Kopfsatz der *Neunten* zunächst anvisiert[14] (im Partiturentwurf nach T. 107; in der Druckfassung blieb lediglich der Doppelstrich stehen). Auch bei noch so großer Abweichung den äußeren Umrissen nach – selbst dort also, wo sie auf ein Arrangement scheinbar nur noch rhetorischer Gesten reduziert erscheint – bleibt die Sonatenform in Mahlers Strukturdenken ein unaufhebbarer Bezugspol für den Beginn der Symphonie. In den Skizzen zum Kopfsatz der *Zweiten*, dessen Entfernung vom traditionellen Modell, zumindest oberflächlich betrachtet, bereits erheblich vorangeschritten erscheint, ist immer noch die zur Selbstverständigung verwendete Terminologie in dieser Hinsicht verräterisch: „Gesang" (wie bei Bruckner) für den Seitensatz, „Schlußsatz" für das Ende der Exposition und „Durchführung" für die Partie, die in der Endversion bei Ziffer 7 beginnt.[15]

III.

Wenn man also der Annahme nicht sofort widerspricht, dass Mahlers Symphonien den zyklischen Konzepten der späten Beethoven'schen Streichquartette in vielen Zügen vielleicht sogar weit tiefer verpflichtet sind als der eigentlichen Symphonik des großen Klassikers, dann wird man – mit dem zusätzlichen Blick auf die merkwürdige Integration des Liedes – Mahlers Symphoniekonzeption als Auffangbecken diverser Gattungstraditionen des 19. Jahrhunderts bezeichnen können. Es handelt sich um einen planvollen symphonischen Universalismus, der die Gattungsgrenzen keineswegs auflöst, sie aber um der Fortsetzung der Tradition willen durchlässig macht. Wenn Mahler nach dem Bericht Nathalie Bauer-Lechners gesagt haben soll, Symphonien komponieren heiße für ihn „mit allen Mitteln der vorhandenen Technik eine Welt aufbauen",[16] so dürfte unter anderem auch dies damit angesprochen sein. Und in der erwähnten Zusammenführung der Spannungspole von Symphonie und Lied wird das am sinnfälligsten, obwohl es sich keineswegs darauf beschränkt.

Damit ist durch Mahlers Symphonik folgenreich und unwiderruflich in Bewegung geraten, was Ludwig Finscher, der eindringliche Historiograph der Lebenszyklen von Gattungen, einmal sehr plastisch als die „implizite Reflexivität der Gattungen" bezeichnet hat.[17] Die Gattung, so Finschers These, ist mit der innerhalb ihrer distinkten Grenzen sich ereignenden Geschichte der eigentliche Gedächtnisspeicher der Musik. Es liegt auf der Hand, dass Mahlers auskomponierte Synthetisierung der Gattungen die Gefahr der Konfusion wie die Möglichkeit der Erweiterung in sich birgt. Obwohl seine Zeitgenossen längst nicht alle Implikationen dieses Vorgangs bereits erkannt haben, haben sie kritisch wie apologetisch meistens genau auf diese Neudefinition der Symphonie reagiert. Dass über diese Idee der Gattungsfusion hinweg Mahlers Symphonik jedoch auch in der eigentlichen symphonischen Gattungstradition verwurzelt ist, versteht sich zwar irgendwie von selbst, ist aber als Phänomen einer ausgeprägten Intertextualität bisher merkwürdig unerforscht geblieben. Auch hier ist wieder mit vielfältigen Überblendungen zu rechnen, wie sich etwa schon am Beginn der *Ersten* zeigen ließe, einem Gattungs-Erstling, der zunächst hintersinnig an diverse Gattungs-Letztlinge erinnert, indem ihr Kopfsatz zugleich mit den Kopfsätzen von Beethovens *Neunter* wie Haydns letzter *Londoner Symphonie* kommuniziert, während dann ihr Finale mit seinem Choraldurchbruchstopos an die Finalkonzeptionen der *Ersten* von Brahms und der *Fünften* von Bruckner anzuknüpfen scheint.

Die Frage der musikhistorischen Positionierung beherrschte damit auch schon die Grabenkämpfe der Musikpublizistik zu Mahlers Lebzeiten. Mahler selbst hat eindrucksvoll von der entsetzten Reaktion Hans von Bülows berichtet, als dieser sich in Hamburg den Kopfsatz der *2. Symphonie*, von Mahler am Klavier gespielt, anhören musste: „Als ich ihm meine Totenfeier vorspielte, geriet er in nervöses Entsetzen und erklärte, daß *Tristan* gegen mein Stück eine Haydnsche Symphonie ist, und gebärdete sich wie ein Verrückter."[18] Für Eduard Hanslick war Mahler, so in einer Konzertkritik von 1900, „der Modernsten einer".[19] Dieses hier noch kritisch gemeinte Etikett wendete sich bald ins Positive, wie man etwa an der Charakterisierung Mahlers in Paul Bekkers Monographie „Neue Musik" (1919) sehen kann.[20] Und Mahlers zunächst noch zögerliche, dann aber überaus vehemente Inanspruchnahme durch den Schönberg-Kreis wurde bereits erwähnt. Das hat seinen Ruf als Urvater der Neuen Musik wesentlich vorbereitet, der durch Adornos geschichtsmächtige Monographie von 1960 dann endgültig etabliert wurde.[21]

Bekannt ist, dass gegen diese Vereinnahmung aber auch schon früh ein anderes Mahler-Bild in Stellung gebracht wurde. Einige Wiener Musikkritiker versuchten Mahler der Moderne wieder zu entreißen, indem sie sich – schwer widerlegbar, aber eben auch problematisch – auf persönliche Zeugnisse beriefen. So berichtet Hans Liebstoeckl 1932: „Das Kapitel Mahler in der Geschichte [der] Musik ist eine sehr eigentümliche Sache: von unseren ‚Modernen' scheidet Mahler sein melodisches Bewußtsein und seine gesunde Musiknatur; noch heute denk' ich daran, wie ihm vor Schönberg und seiner Schule schauerte, als die ersten Schlachten um Schönberg im Musikvereinssaal geschlagen wurden".[22] Prompt wurden, so von Willi Reich, solche Berichte als „unwahre Ausstreuungen über die Stellungnahme Gustav Mahlers [...] zu Arnold Schönberg" bekämpft.[23] Julius Korngold, der erbittertste Bekämpfer der Schönberg-Schule, lancierte 1938 die folgende Erinnerung: „Bei wärmster Teilnahme für Schönbergs Geschick und Streben bekannte mir einmal Mahler offen, dessen Musik ‚nicht zu verstehen'".[24] Bis zum sogenannten Anschluss Österreichs 1938 konnte diese Debatte um die Deutungshoheit noch öffentlich ausgetragen werden, bevor die neue Kulturpolitik ihr ein fatales Ende machte.

Die besondere Schwierigkeit, vor der heute der Versuch steht, diese Rezeptionszeugnisse zu entwirren, liegt darin, dass es offenbar im Falle Mahlers noch aussichtsloser ist als anderswo, den gleichsam archimedischen Punkt für die Beurteilung zu finden. Denn gerade Mahler wird heute wie kein zweiter Komponist paradigmatisch für den Sachverhalt beansprucht, dass mit ihm ein gänzlich neuer Ton in die Musik Einzug gehalten habe. Hermann Danusers sprichwörtlich gewordener „Versuch über Mahlers Ton"[25] ist, von heute aus gesehen, eines der klassischen Dokumente der Reaktion auf dieses irritierende Phänomen. Und das von Adorno zur Leitidee seiner Mahler-Interpretation erhobene Konzept der „Gebrochenheit"[26] hat ganz wesentlich die eingangs erwähnte Mahler-Renaissance mit ausgelöst, weil für die Idee des musikalischen Fortschritts die mannigfachen Bezüge Mahlers auf Traditionen des 19. Jahrhunderts nur auf diese Weise in ein teleologisches Geschichtskonzept zu integrieren waren.

IV.

Auch die an Mahler offensichtlich anknüpfenden Komponisten haben daher, wenig verwunderlich, sich an sehr unterschiedlichen Zügen seiner Symphonik orientiert. Die kompositorische Mahler-Rezeption, die Wolfgang Rathert im „Mahler-Handbuch" sehr konzis ausgewertet hat,[27] ist ungemein reichhaltig, und insofern ist Hermann Danusers eingangs zitierte These von der „Schlüsselfigur der jüngeren Musikgeschichte" mehr als berechtigt.[28] Sie ist aber nicht im Entferntesten auf einen Punkt zu bringen, zumal nach wie vor keine Einigkeit über den dominanten Charakterzug von Mahlers Symphonik besteht. Das Bild schwankt auch hier zwischen Affirmation und Gebrochenheit, und man kann nicht einmal sicher sein, ob die angeblich eindeutigen Reaktionen auf Mahlers Sarkasmus, Humor und Ironie, wie sie in der Symphonik Dmitri Schostakowitschs oder in Luciano Berios *Sinfonia* vorzuliegen scheinen, tatsächlich so eindeutig zu interpretieren sind. Sie mögen so erscheinen im Lichte von Mahlers eigener Gebrochenheit, die ihm aber an vielen Stellen – was ich hier nur andeuten kann – möglicherweise nur vorschnell unterstellt wird. In der Diskussion um die doppelbödige Idiomatik der Symphonik Schostakowitschs etwa pflanzt sich dieses Problem fort und potenziert sich sogar, weil hier noch ein besonderer politischer Kontext der ästhetischen Produktion hinzukommt.[29]

Interessant ist indessen die Spekulation, die sich Wolfgang Rathert in Form einer rhetorischen Frage erlaubt, denn in der Tat ist das hypothetische Nachdenken über ein mögliches Weiter-Komponieren Mahlers nach der Epochenzäsur des Ersten Weltkriegs bei einem so jung Verstorbenen keineswegs müßig – auch wenn die Wissenschaft sich einer Geschichtsschreibung im Konjunktiv nicht ernsthaft hingeben darf. Wie hätte Mahler selbst, so fragt Rathert, auf die 1920er-Jahre und auf den von Stefan Zweig so genannten Untergang der „Welt von gestern" reagiert? „Wäre die Welthaltigkeit seiner Musik einem nationalen österreichischen Weg gewichen, wie ihn Franz Schmidt einschlug, hätte er wie Pfitzner mit aller Macht am Überkommenen festgehalten oder hätte er wie Schreker einen (misslungenen) Kompromiss mit den ästhetischen Idealen der Neuen Sachlichkeit angestrebt?"[30]

So diskussionsbedürftig in dieser rhetorischen Frage, nebenbei gesagt, die plakative Charakterisierung jener Komponisten ist, die in den folgenden Beiträgen ja noch differenziert zur Sprache kommen werden, so interessant ist die zugrunde liegende Beobachtung, dass die posthume Mahler-Rezeption von Anfang an unwiderruflich durch das Bewusstsein der knapp überstandenen epochalen Katastrophe geprägt worden ist. Denn erst in dieser Perspektive ist vieles von dem, was wie unmittelbare Erbschaft des 19. Jahrhunderts wirken könnte, unter dem Siegel der Gebrochenheit in die Theorie und Praxis der Neuen Musik hinübergerettet worden. Manche Eigenschaften von Mahlers Symphonien hätten, nach dem Krieg weiterhin praktiziert, zweifellos ihre Unschuld verloren. Triumphale Gestik prägt vielfach die Finalkonzeption, so der *1. Symphonie*, auch der *Fünften*, vor allem aber der *Siebten*, „Mahlers großer C-Dur-Symphonie", wie Rudolf Stephan sie mit Grund genannt hat, mit der Adorno denn auch nie seinen Frieden gemacht hat, ebenso wenig wie mit der „symbolischen Riesenschwarte"[31] der *Achten*. Schwermütige Kantabilität wie im (allerdings schon zu Lebzeiten wieder ausgeschiedenen) „Blumine"-Satz der *Ersten* oder wie in der vieldiskutierten Posthorn-Episode der *3. Symphonie* ist, obwohl vielleicht in gerader Genealogie aus dem Melodie-Ideal des 19. Jahrhunderts als deren schönste und späteste Blüte herstammend, für viele moderne Mahler-Exegeten nur unter dem Aspekt der auskomponierten, sich selbst reflektierenden Nostalgie und damit als Ausdrucksform einer uneigentlichen Redeweise genießbar. Für diese hermeneutische (und in bemerkenswert undurchschauter Weise auch zirkelschlüssige) Position steht Theodor W. Adornos folgenreiche Mahler-Monographie geradezu paradigmatisch ein – paradigmatisch vor allem durch den assertorischen Gestus, mit dem eine axiomatische Vorannahme als Resultat der Analyse ausgegeben wird. „Kaum ein Thema, geschweige ein Satz", so Adorno auch in seiner Wiener Mahler-Gedenkrede, könne „buchstäblich als das genommen werden [...], als was er auftritt".[32] Auf dieser vermeintlich sicheren, in Wirklichkeit im Wortsinne höchst frag-würdigen Grundlage wird heute gern ein „buchstäbliches" Verständnis gar nicht erst ernsthaft mehr erwogen, so etwa dem Finale der *5. Symphonie* gegenüber, das in Paul Bekkers Mahler-Monographie von 1921, also auch nach der Katastrophe des Weltkriegs, noch ganz „affirmativ" verstanden werden durfte,[33] heute aber mit verblüffender Selbstverständlichkeit als Inbegriff intendierter symphonischer Gebrochenheit gilt.[34] Umgekehrt hat sich das, was viele kritische Zeitgenossen noch als lediglich trivial empfanden und demzufolge ablehnten, nämlich Mahlers bekannte kompositorische Verwertung von Allerweltsmaterialien wie Marschmusik, Volkslieder und Salonmusik, in eben dieses Konzept einer prismatisch gebrochenen Welterfahrung bruchlos einfügen lassen.

Man muss also nach wie vor davor warnen, sich heute über den so erstaunlich ins Konzertleben zurückgeholten Mahler allzu sicher zu sein. Vordergründig steht es außer aller Frage, dass Mahler als Symphoniker ebenso die Bilanz des 19. Jahrhunderts zieht, wie er am Ursprung der deutsch-österreichischen Symphonik des 20. Jahrhunderts steht. Aber damit ist noch nichts geklärt. W e r nämlich w i e an w a s aus Mahlers reichhaltigem Œuvre anknüpft, ist weniger leicht zu bestimmen, als es auf den ersten Blick scheint. Das reicht – nicht etwa zufällig, sondern geradezu konstitutiv – bis in die Grundfragen der musikalischen Interpretation hinein.

Dirigenten lassen natürlich oft schon durch ihre Programmentscheidung ihre persönliche Sicht der Genealogie von Mahlers Symphonik erkennen. Es gibt bedeutende Bruckner-Dirigenten, die es ablehnen, Mahler zu spielen (am bekanntesten mit dieser Haltung wurde Günther Wand, neuerdings gilt dies bis auf Weiteres auch für

Christian Thielemann), und es gibt Mahler-Interpreten, die sich entweder erst von ihm aus allmählich auch Bruckner nähern (etwa Pierre Boulez) oder aber in ihm den Vorgänger Bruckner gleich mit aufgehoben sehen (das könnte man von Leonard Bernstein sagen).

Solche Oppositionen sind kein Zufall, denn spätestens seit Adornos einflussreicher Monographie wurde das Verhältnis zu Bruckners Symphonik zur Gretchenfrage der Mahler-Interpretation (vorausgesetzt, man interessiert sich überhaupt für sophistische Fragen der Art, wie „gebrochen" möglicherweise „bereits" Bruckner und wie „affirmativ" eigentlich „noch" Mahler sei[35]). Noch reizvoller wird es, wenn man das Spektrum erweitert und nach Dirigenten sucht, die gleichermaßen etwa Bruckner, Mahler und Schostakowitsch interpretieren (etwa Mariss Janssons). Die Frage, wie man Mahler „richtig" hört, ist daher so schwer zu beantworten wie abzuweisen, und sie ist mit der Erfahrung der Symphonik des 19. Jahrhunderts unmittelbar verknüpft. Mahler ist damit mehr als jeder andere Symphoniker der Musikgeschichte zum Paradebeispiel für die konstitutive Abhängigkeit der Interpretation von der historischen Wahrnehmungsperspektive geworden: Ein Relevanzkriterium in der sogenannten „Sache selbst" aufspüren zu wollen, dürfte sich nämlich angesichts der bisherigen Rezeptionsgeschichte endgültig als epistemologische Naivität erweisen. Einen signifikanten Fall, ebenso emphatisch begrüßt wie heftig abgelehnt, bietet bekanntlich Bruno Walter, der sich durch sein unmittelbares Schülerverhältnis zudem auf eine gewisse Authentizität der Interpretationstradition berufen konnte. Walter hat in seinen Interpretationen die bruchlose Tradition und die gelungene Synthese, nicht etwa das Diskontinuierliche und Gebrochene betont, gemäß seiner 1936 geäußerten Überzeugung, Mahler habe „das Neue mit dem Schönen, dem Inspirierten, dem Seelenvollen verschmolzen".[36] Dass er damit zum Feindbild der Adorno-Schule wurde, war die zwangsläufige Folge.

Die Kritiker-Urteile über Mahler-Interpreten – nicht nur diejenigen Adornos, sondern generell – reproduzieren allerdings eine aus der Interpretationsgeschichte altbekannte Konstellation. Der exemplarische, am Ende des 19. Jahrhunderts heiß umkämpfte Fall war die Deutungshoheit über Beethoven, und als der als Pianist die Gemüter polarisierende Hans von Bülow mit einem neuartigen, die Gliederung freilegenden und insofern bei aller Expressivität auf das Strukturelle gerichteten Interpretationsparadigma Furore machte, musste er sich die folgende Meinung entgegenhalten lassen, und zwar durch den damaligen Direktor des Frankfurter Konservatoriums, Bernhard Scholz:

> „Bülows Interpretation Beethovens ging vor allem auf eine klare Darstellung und Auseinandersetzung. Er wies allzusehr auf die absichtlich verhüllte Gliederung der Theile hin, verschärfte die Gegensätze und zerstörte durch eine raffinirte

Ausarbeitung von Einzelheiten die Wirkung des ganzen. Seine Reproduktionen, sei es am Klavier, sei es am Dirigentenpult, waren nicht sowohl Vorträge der Werke selbst, als vielmehr Vorträge über die Werke, Demonstrationen an denselben; denn er war mehr eine lehrhafte, als eine Künstlernatur, mehr Anatom, als Bildhauer".[37]

So wie man sich hier fragen kann, was den Kritiker Bülows eigentlich so sicher sein lässt, dass Beethoven seine Gliederung „absichtlich verhüllt" habe, so wird man umgekehrt angesichts der scharfen Kritiker Bruno Walters auch überlegen müssen, in welchem Ausmaß sich Mahler selbst wohl in der praktischen Interpretation die scharfe Verdeutlichung oder aber gerade die gekonnte Vermittlung der Kontraste gewünscht haben mag. Die Entscheidung über Geschlossenheit oder Gebrochenheit, über ästhetische Affirmation oder strukturelle Ironie, letztlich also über die Eigentlichkeit oder die Uneigentlichkeit seines symphonischen Idioms hängt schließlich unaufhebbar davon ab.

Die eingangs erwähnte „rätselhafte Popularität", die ja nur die bei einer breiten Hörerschaft sein kann und der 1972 offenbar noch nicht zu trauen war, kann also fallweise als Missverständnis oder aber als Erziehungsresultat betrachtet werden (immer unter der Voraussetzung, dass man sie wirklich als „rätselhaft" zu diagnostizieren bereit ist). Der Emigrant Adorno musste noch erbittert mit ansehen, wie in der anglophonen Welt die Symphoniker Bruckner, P. I. Tschaikowsky und Jean Sibelius der Durchsetzung Mahlers wie ein Sperrriegel im Wege standen (und alle drei haben das in Adornos Prosa bitter büßen müssen); heute hingegen hat ihnen Mahler nicht nur dort, sondern wohl weltweit den Rang abgelaufen. Die kennerschaftliche Anmaßung, die in einer Perpetuierung der Verwunderung über Mahlers Popularität beim breiten Publikum liegt, sollte daher heute zu denken geben. Dass alle Interpretationskonzepte sich wechselseitig erhellen und beleuchten, ist ein aus der Interpretationsgeschichte vertrautes Phänomen. Insofern befinden wir uns mit den fast schon zahllosen Mahler-Deutungen von Beethoven-, Bruckner-, Tschaikowsky-, Sibelius- oder Schostakowitsch-Spezialisten mitten in einer höchst lebendigen Interpretationskultur, deren Ende bei Weitem nicht abzusehen ist. Dass so oder so Mahler zu den großen Symphonikern der Gattungsgeschichte zählt, wird heute ernsthaft nur noch in Ausnahmefällen bestritten.

Für Mahler selbst, der damit ein genuines Kind des 19. Jahrhunderts war, dürfte – genau wie für seinen Lehrer Anton Bruckner – das Telos der großen Symphonik so selbstverständlich wie letzten Endes auch unproblematisch gewesen sein. Für den Geschichtsphilosophen Adorno hingegen stand in der Retrospektive fest, dass ihm dies als dem letzten überhaupt möglichen Symphoniker der Musikgeschichte nur noch auf geradezu prekäre Weise gelungen sei: „Sind alle bedeutenden Konzeptionen der Kunst in sich paradox, dann war es die Mahlersche darin, daß ihm große Symphonik gelang zu einer Stunde, die das Gelingen großer Symphonik bereits verbot."[38] Adorno sah hier etwas an sein geschichtsphilosophisch determiniertes Ende gekommen, aus dem sich freilich zugleich ein neuer Anfang ergab. Was wir nämlich im Verlauf des folgenden Symposions zu diskutieren haben, ist die riesige Menge an Symphonik, die ganz offenbar und gegen das von Adorno postulierte gattungshistorische „Verbot" auch nach Mahler noch möglich war und die mit ihm, wie eingangs gesagt, gerade deshalb beginnen konnte, weil er in vielfacher Hinsicht auch ein Ende war.

Anmerkungen

1 Hermann Danuser: Gustav Mahler und seine Zeit. Laaber 1991, S. 309.

2 Carl Dahlhaus: Rätselhafte Popularität. Gustav Mahler – Zuflucht vor der Moderne oder der Anfang der Neuen Musik. In: Die Zeit, 12. Mai 1972, Nr. 19, S. 13f.; Wiederabdruck in: Carl Dahlhaus: Gesammelte Schriften. (Hg. von Hermann Danuser u.a.). Bd 8. Laaber 2005, S. 44–48.

3 Bernd Sponheuer: Gustav Mahler (1860–1911) – Gustav Mahler (1960–). In: Bernd Sponheuer/Wolfram Steinbeck (Hg.): Mahler-Handbuch. Stuttgart, Weimar 2010, S. 2.

4 Michael Heinemann/Hans-Joachim Hinrichsen (Hg.): Bach und die Nachwelt. Bd 1 (1750–1850). Laaber 1997, S. 13: „Johann Sebastians Musik war ein Anfang, weil man in ihr jahrhundertealte Traditionen aufgehoben sah". Gemeint war das als komplementäre Ergänzung zu der Hypothese, mit der Albert Schweitzer 1908 seine deutschsprachige Bach-Monografie eröffnet hatte: „So ist Bach ein Ende. Es geht nichts von ihm aus; alles führt nur auf ihn hin". In: Albert Schweitzer: J. S. Bach [1908]. Wiesbaden 1963, S. 3.

5 Hermann Danuser: Weltanschauungsmusik. Schliengen 2009. (Zu Mahler vgl. vor allem S. 15ff., S. 271ff., S. 363ff. und S. 413ff.).

6 „Solche Manieren wurden", wie ein kritischer Beobachter festhielt, schon von Zeitgenossen „die (Bülow'sche) ‚Luftpause' genannt". In: Franz Kullak: Der Vortrag in der Musik am Ende des 19. Jahrhunderts. Leipzig 1898, S. 16.

7 *Erste Symphonie*, Finale, vor Ziffer 34 (T. 374).

8 In beiden Fällen auf eine Crescendo-Gabel und ein „Ritardando" folgend, hier jeweils auf der niedrigsten dynamischen Stufe (*pp*).

9 Vgl. dazu Michael Walter: Text und Kontext in Mahlers Liedern. In: Michael Heinemann/Hans-Joachim Hinrichsen/Carmen Ottner (Hg.): Öffentliche Einsamkeit. Das deutschsprachige Lied und seine Komponisten im frühen 20. Jahrhundert. Köln 2009, S. 49–62. Nach Walters zwar außerordentlich rigoroser, in ihrer Argumentation aber durchaus plausibler Schlussfolgerung „verbietet sich eine Interpretation der Sinfonien anhand der in ihnen verwendeten Lieder oder Liedanklänge" (S. 62), obwohl man sich wohl andererseits den Blick in untergründige Zusammenhänge gerade nicht *a priori* verstellen sollte.

10 Erwin Ratz: Zum Formproblem bei Mahler. In: Die Musikforschung 8 (1955), S. 169–177. – Vgl. auch die in dieser Hinsicht sehr umsichtig verfahrende Analyse bei Claudia Maurer Zenck: Neunte Symphonie. In: Bernd Sponheuer/Wolfram Steinbeck (Hg.): Mahler-Handbuch, a. a. O., S. 362–379, hier bes. S. 362–367.

11 Siehe die einschlägigen Literaturnachweise in: Hans-Joachim Hinrichsen (Hg.): Bruckner-Handbuch. Stuttgart, Weimar 2010, S. 109.

12 Siehe oben, Anm. 7.

13 Theodor Wiesengrund Adorno: Mahler. Eine musikalische Physiognomik. Frankfurt/M. 1960, S. 127.

14 Peter Andraschke: Gustav Mahlers IX. Symphonie. Kompositionsprozeß und Analyse. (Beihefte zum Archiv für Musikwissenschaft 14). Wiesbaden 1976, S. 41.

15 Edward R. Reilly: Die Skizzen zu Mahlers zweiter Symphonie. In: Österreichische Musikzeitschrift 34 (1979), S. 266–285.

16 Herbert Killian: Gustav Mahler in den Erinnerungen von Natalie Bauer-Lechner. Mit Anmerkungen und Erklärungen von Knud Martner. Rev. und erw. Ausgabe. Hamburg 1984, S. 35.

17 Ludwig Finscher: Werk und Gattung in der Musik als Träger kulturellen Gedächtnisses. In: Jan Assmann/Tonio Hölscher (Hg.): Kultur und Gedächtnis. Frankfurt/Main 1988, S. 293–296.

18 Hertha Blaukopf (Hg.): Gustav Mahlers Briefe. Wien ^{2}1996, S. 118 (Brief vom 28.11.1891 an Friedrich Löhr).

19 Eduard Hanslick: Aus neuer und neuester Zeit. Musikalische Kritiken und Schilderungen. (Der modernen Oper IX. Teil). Berlin 1900, S. 77.

20 Paul Bekker: Neue Musik. Berlin 1919, S. 76.

21 Vgl. als konzise aktuelle Zusammenfassung der Entwicklung: Arne Stollberg: Von den Metamorphosen des „Lieben Augustin". Gustav Mahlers merkwürdige Doppelrolle im Streit um die Neue Musik. In: Die Tonkunst. Magazin für klassische Musik und Musikwissenschaft 5 (2011), Heft 2, S. 150–161.

22 Ebenda, S. 155.

23 Ebenda.

24 Ebenda.

25 Hermann Danuser: Versuch über Mahlers Ton. In: Jahrbuch des Staatlichen Instituts für Musikforschung – Preußischer Kulturbesitz 1975, S. 46–79. Fortgesetzt und nochmals neu durchdacht wird dieser Ansatz bei Mathias Hansen: Charakter und ‚Ton' bei Mahler. In: Bernd Sponheuer/Wolfram Steinbeck (Hg.): Mahler-Handbuch, a. a .O., S. 91–99.

26 Th. W. Adorno: Mahler, a. a. O., S. 48.

27 Wolfgang Rathert: Kompositorische Mahler-Rezeption. In: Bernd Sponheuer/Wolfram Steinbeck (Hg.): Mahler-Handbuch, a. a. O., S. 437–452.

28 Vgl. Thomas Schäfer: Modellfall Mahler. Kompositorische Rezeption in zeitgenössischer Musik. (Theorie und Geschichte der Literatur und der schönen Künste. Texte und Abhandlungen 97). München 1999.

29 Vgl. Hans-Joachim Hinrichsen: „Das ist doch keine Apotheose". Warum ist Schostakowitschs V. Symphonie so missverständlich? In: Hartmut Hein/Wolfram Steinbeck

(Hg.): Schostakowitsch und die Symphonie. Referate des Bonner Symposions 2004. Frankfurt/M. 2007, S. 137–159.

30 Wolfgang Rathert: Kompositorische Mahler-Rezeption, a. a. O., S. 437f.

31 Th. W. Adorno: Mahler, a. a. O., S. 182.

32 Th. W. Adorno: Mahler. Wiener Gedenkrede. In: Th. W. Adorno: Gesammelte Schriften. Bd 16. (Hg. von Rolf Tiedemann). Frankfurt/M. 1970–1986, S. 325.

33 Paul Bekker: Gustav Mahlers Sinfonien. Berlin 1921, S. 171–203, hier bes. S. 200f. – Schon vor dem Krieg hatte diesen Topos, der also, wie Bekkers wichtiges Buch zeigt, auch nach der Epochenzäsur ungebrochen wirksam blieb, Paul Stefan beschworen; er verweist auf die Antizipation des Chorals im zweiten Satz, „aus dem der Sieg des letzten Satzes leuchtet", und der Schluss der Finalsatzes gilt ihm ganz als „jauchzender Schlußchoral". In: Paul Stefan: Gustav Mahler. Eine Studie über Persönlichkeit und Werk. München [4]1912, S. 123.

34 Vgl. als besonders deutliches Beispiel: Barbara Meier: Fünfte Symphonie. In: Bernd Sponheuer/Wolfram Steinbeck (Hg.): Mahler-Handbuch, a. a. O., S. 269–285, hier bes. S. 285.

35 Zur diesbezüglichen Differenz zwischen Bruckner und Mahler vgl. Th. W. Adorno: Mahler, a. a .O., S. 48, S. 70.

36 Bruno Walter: Gustav Mahler. Ein Porträt [1936]. (Neu hg. von Ekkehart Kroher). Wilhelmshaven 1981, S. 96.

37 Bernhard Scholz: Musikalisches und Persönliches. Stuttgart 1899, S. 228.

38 Th. W. Adorno: Mahler. Wiener Gedenkrede, a. a. O., S. 331.

Walter Werbeck (Greifswald)

Strauss, die Symphonie und das Symphonische

Über das Thema Richard Strauss und die Symphonie zu reden, erscheint auf den ersten Blick kaum vielversprechend. Denn anders als sein Kollege und Rivale Gustav Mahler machte sich Strauss zu Beginn seiner öffentlichen musikalischen Laufbahn, seit den späten 1880er-Jahren, einen Namen nicht mit Symphonien, sondern Symphonischen Dichtungen bzw. mit „Tondichtungen für großes Orchester" (wie Strauss seine Stücke meistens nannte). Und danach, seit dem Beginn des 20. Jahrhunderts, wandte er sich entschieden der Oper als Hauptgattung zu.[1] Wie sehr seitdem nicht Instrumentalmusik, sondern das Musiktheater im Zentrum seiner musikalischen Poetik stand, belegen Äußerungen des alten Strauss, seine Tondichtungen seien lediglich Vorbereitungen für die Oper gewesen.[2] Von der Symphonie ist in solchen Zusammenhängen kaum noch die Rede. Lediglich in einem Brief an Clemens Krauss vom März 1944 fällt noch einmal ein kurzes, aber bezeichnendes Schlaglicht auf Strauss' Verhältnis zu dieser traditionsreichen Gattung. Krauss hatte sich über Strauss' Entscheidung gewundert, sein knapp ein Jahr zuvor vollendetes und groß angelegtes dreisätziges Bläserstück[3] als *Sonatine* zu betiteln, ihm nahegelegt, für das zweite Bläserwerk, an dem Strauss gerade arbeitete[4], angesichts seiner offenbar erneut überbordenden Dimensionen besser den Titel „Symphonie" zu wählen und seinen Vorschlag mit der Bemerkung geschlossen: „[...] wenn Sie sich etwas Zeit lassen, entsteht vielleicht gegen Schluss Ihres Gesamtwerkes ein Gegenstück zu Ihrer ersten F-moll-Symphonie. Das wäre doch sehr schön!"[5] Doch Strauss war ganz und gar nicht einverstanden: „[...] keine Symphonie mehr!", erwiderte er und fuhr fort: „Ich würde meine ganze künstlerische Weltanschauung umstoßen, wenn ich jetzt [...] auf sinfonische Schülerarbeit zurückfallen würde. [...] Mag Herr Pfitzner Streichquartette sogar noch zu Sinfonien uminstrumentieren, ich halte schon Quartette nach der großen Streicherfuge [...] für total überflüssig!" Die Musikgeschichte lasse „nicht mit sich spaßen".[6]

Hinter einer solchen künstlerischen Weltanschauung steht, unschwer zu erkennen, die Ästhetik Richard Wagners, wonach die zweckfreie Instrumentalmusik, oder, in Wagners Formulierung, die Absolute Musik mit dem Werk L. v. Beethovens ihren Höhepunkt und zugleich ihr Ende erreicht hatte – ein Ende, über das hinaus, wie Beethoven im letzten Satz seiner letzten Symphonie prophetisch verkündet habe, nur die Verbindung der Tonkunst mit der Sprache bzw. ihr Aufgehen im Musikdrama als Gesamtkunstwerk möglich sei. Deshalb, so auch Wagners getreuer Jünger Richard Strauss, sei nach Beethoven die Komposition von Symphonien, Streichquartetten oder sonstigen instrumentalen Gattungen überflüssig, weil historisch überholt.

Strauss hatte sich in den mittleren 1880er-Jahren, vor allem auf Betreiben des fanatischen Wagnerianers Alexander Ritter, diese ästhetisch-historischen Grundsätze zu eigen gemacht und hielt bis ans Ende seines langen Lebens an ihnen fest. Vorausgegangen war allerdings eine musikalische Ausbildung in seiner Heimatstadt München, über die sein Vater Franz wachte, prominenter Hornist, der in der Musik der Wiener Klassiker den Höhepunkt der Musikgeschichte sah und Wagner aus tiefster Überzeugung ablehnte. Er vermittelte dem begabten Sohn Kompositionsunterricht beim zweiten Hofkapellmeister, Friedrich Wilhelm Meyer, der Richard von 1875 bis 1880 umsichtig und zielstrebig von Liedern und Klavierstücken für den engeren und weiteren familiären Umkreis hin zu größeren Formen und Besetzungen führte.[7] Auf dem Gebiet der Orchesterkomposition wies der Weg von Einzelsätzen, Serenaden und Ouvertüren geradewegs zur ersten *Symphonie* in d-Moll, die im Frühjahr 1880, bald nach dem Ende der Arbeit bei Meyer, entstand, aber wohl noch durch ihn geprägt war. Weitere prominente Instrumentalgattungen wie die Sonate und das Streichquartett sollten bald ebenso folgen wie eine zweite *Symphonie* in f-Moll, die Strauss 1883/84 fertigstellte. Sie verhalf ihm – zumal nach der deutschen Erstaufführung Anfang 1885 in Köln durch Franz Wüllner – in den folgenden Jahren zu einiger Beachtung. Entscheidend für Strauss' zukünftige Karriere als Dirigent war vor allem die Wertschätzung, die Hans von Bülow dem Stück entgegenbrachte; selbst Johannes Brahms rang sich, als er das ihm von Bülow anempfohlene Stück im Oktober 1885 in Meiningen gehört hatte, einige Lobsprüche ab.[8]

Unter dem Einfluss Ritters jedoch veränderte sich Strauss' musikalisches Denken radikal.[9] Ritter bestimmte ihn dazu, in der Nachfolge Richard Wagners Musikdramen zu schreiben.[10] Zur Vorbereitung auf den dazu nötigen musikalischen Stil, so Ritters Rat, sollte Strauss zunächst Orchesterwerke in der Nachfolge Franz Liszts komponieren, um zu lernen, Instrumentalmusik einem Sujet, etwa einem literarischen Stoff, zu adaptieren. Das entsprach Liszts Credo, wonach die Form einer Musik – und das implizierte nicht nur Thematik und Harmonik, sondern auch die Klanggestalt – nicht nach einem Lehrbuchschema komponiert werden dürfe, sondern einem individuellen Gehalt entsprechen müsse;[11] einem Gehalt, den der Komponist durch einen Titel oder auch weitere Texte, kurz: durch ein Programm bekannt machen könnte.

Damit war weiteren Symphonien aus Strauss' Feder ein dauerhafter Riegel vorgeschoben. In den folgenden Orchesterwerken wird der neue Weg unübersehbar: zunächst in der *Burleske* vom Frühjahr 1886, einem einsätzigen Klavierkonzert, danach, im selben Jahr, in *Aus Italien*, einem viersätzigen Stück für großes Orchester, das Strauss aber nicht als Symphonie, sondern als „Sinfonische Fantasie" bezeichnete. Definitiv gefunden hatte er seine neue Bahn ein Jahr später, Ende 1887, als er seine erste Tondichtung *Macbeth* entwarf. In zahlreichen Briefen hat Strauss sein neues künstlerisches Selbstbewusstsein thematisiert. Bülow machte er klar, dass er seinen Weg als „konsequente Entwicklung"[12] betrachte. Wer nicht Epigone sein wolle, müsse das Komponieren herkömmlicher Sonatenformen (womit Strauss zugleich die mehrsätzige Symphonie meinte) aufgeben und durch Werke ersetzen, deren Form einer poetischen Idee angepasst sei. Ähnlich belehrte Strauss seinen slowakischen Kollegen Ján Levoslav Bella, ernsthafte Instrumentalmusik sei nur mit einem „musikalisch-poetischen Inhalt" möglich; weiterhin „mit Hülfe des alten, nach allen Seiten hin bereits ausgeweiteten Sonatengerüstes eine leidliche Sinfonie zu schreiben", der lediglich eine belanglose allgemeine „Grundstimmung" zugrunde liege, könne nur ein Holzweg sein.[13]

Strauss blieb konsequent. Seinem Erstling *Macbeth* sollten weitere acht Tondichtungen folgen, einschließlich der 1915 uraufgeführten *Alpensinfonie*. Danach hat Strauss nur noch selten Orchesterstücke geschrieben; immerhin beschäftigte er sich in den Jahren um 1925 mit einer *Symphonie zu drei Themen*, ohne sie allerdings zu vollenden.[14] Die Zeit der Symphonie war vorbei. Kein Wunder, dass er 1944 mit dem Vorschlag von Clemens Krauss nichts anzufangen wusste.

*

Die Situation ist eigentlich klar. Dennoch wurde in der letzten Zeit mehrfach dafür plädiert, neben den beiden frühen Stücken auch die beiden letzten Tondichtungen zu Strauss' Symphonien zu zählen, weil in ihren Titeln der alte Gattungsname wieder begegnet: die *Symphonia domestica* sowie die *Alpensinfonie*. Am weitesten ging in dieser Hinsicht Jürgen Schaarwächter. Seiner Überzeugung nach sind beide Werke mindestens als „Verbindung von Tondichtung und Sinfonie"[15] zu interpretieren; Strauss habe hier die Tondichtung „in Sinfonieform gegossen"[16]. Zentrales Merkmal dieser Sinfonieform ist für Schaarwächter offenbar die Mehrsätzigkeit. In diesem Punkt kann er sich, jedenfalls was die *Symphonia domestica* betrifft, auf Strauss' eigene Angaben stützen: In der Partitur finden sich nacheinander eine Einleitung (üblicherweise als Kopfsatz interpretiert), ein Scherzo (T. 217), ein Adagio (T. 599) und ein Finale (T. 824). Nicht ganz so einfach verhält es sich in der *Alpensinfonie*. Ihre Form interpretierte Schaarwächter als Verknüpfung von Ein- und Fünfsätzigkeit und wies auf Analogien zu Mahler, vor allem aber zu Beethovens „Pastorale" hin.[17]

Auch Charles Youmans hat sich mit den beiden letzten Tondichtungen und ihrer Funktion als Symphonien befasst. Der Autor räumte ein, ohne ihre Titel würden beide Stücke als Tondichtungen firmieren, teilten sie doch mit ihren Vorgängern nicht nur die programmatische Konzeption, sondern auch die Struktur einer double-function-form, also einer Verknüpfung aus Ein- und Mehrsätzigkeit. Aber Strauss sei, was die Titel seiner Werke betreffe, ein Pedant gewesen – nicht nur bei seinen Opern, sondern eben auch bei seinen Orchesterkompositionen. Insofern müsse man das Wort „Symphonie" in beiden Titeln ernst nehmen.[18] Ganz ähnlich argumentierte zuletzt

Wolfram Steinbeck: Einerseits handele es sich bei der *Symphonia domestica* und der *Alpensinfonie* um Werke, die „nahtlos an die früheren ‚Tondichtungen' anknüpfen", andererseits aber trennte Steinbeck die Stücke von ihren Vorläufern, weil sie, wie er schrieb, „eigens die Gattungsbezeichnung ‚Symphonie' im Titel tragen" und damit auf eine spezifische Tradition anspielen:[19] Grund genug für Schaarwächter, Youmans und Steinbeck, beide Werke ausführlich als spezifisch straussische Ausprägungen der Gattung Symphonie im frühen 20. Jahrhundert zu analysieren.

In der Tat, Strauss hat sich die Betitelung seiner Stücke nicht immer leicht gemacht. Man kann sich durchaus fragen, warum er beispielsweise bei *Ein Heldenleben* den Arbeitstitel „heroische Sinfonie"[20] für die Publikation verwarf (vermutlich wegen der zu großen Ähnlichkeit mit Beethovens *Sinfonia eroica*), im Falle der *Domestica* hingegen, die er während der Komposition mit „Daheim" oder „Mein Heim" betitelte,[21] letztlich die Beethoven nachempfundene Formulierung *Symphonia domestica* wählte, oder warum aus dem Konzept einer mehrsätzigen Tondichtung „Die Alpen" über mehrere Stationen schließlich eine einsätzige *Alpensinfonie* wurde.[22] Die Titel geben zu denken; offenbar hatte Strauss in den Jahren nach 1900, als er an seinen beiden letzten Tondichtungen arbeitete (im Falle der *Alpensinfonie* mit langjährigen Unterbrechungen), keine Skrupel, wieder auf eine Gattung bzw. eine Form anzuspielen, die er tatsächlich längst hinter sich gelassen hatte. Dazu passt im Falle der *Symphonia domestica*, dass Strauss zunächst auch jede über den Titel hinausgehende programmatische Erläuterung verweigerte.[23] Kein Wunder, wenn manche Kritiker daraus eine Rückkehr zur altehrwürdigen Symphonie-Tradition ableiteten – was den Komponisten offenkundig amüsierte: Es sei „wunderbar", so schrieb er Oscar Bie, wie prompt die „Ästhetiker" auf die Existenz oder Nichtexistenz von Programmen reagierten: Im ersten Fall werde man zu den Programmmusikern gerechnet, im zweiten als „reuiger, in den Schoß der allein seligmachenden absoluten Musik [...] zurückkehrender Sohn" gefeiert. Dabei bleibe der Regenbogen, auch wenn er „in sieben Farben" schillere, doch immer nur der eine Regenbogen![24]

Mindestens ebenso amüsiert haben dürfte Strauss der Vorwurf der konservativen Kritik (die sein alter Vater noch vor der Vollendung des Stückes zu ahnen schien[25]), das Programm der *Symphonia domestica* passe nicht zu einer richtigen Symphonie, vor allem rechtfertige es nicht den gewaltigen Orchesteraufwand.[26] Offenkundig hatte Strauss nicht nur gegen die Tradition der Symphonie, sondern auch gegen die Ästhetik Liszts verstoßen: Sujet und Musik stimmten nicht zusammen.

Gründe, über die Reaktionen der Fachkritik auf die Titel seiner Werke zu spotten, hätte Strauss auch schon vor der *Symphonia domestica* haben können. Denn einige Jahre früher bereits hatte er damit begonnen, in Titeln oder Untertiteln seiner Tondichtungen herkömmliche Formen zu benennen: Die Reihe beginnt mit *Till*

Eulenspiegel „in Rondeauform" (man beachte die französische Terminologie „Rondeau") und sie wird fortgesetzt mit den „fantastischen" Variationen von *Don Quixote*. Von der Anspielung in *Heldenleben* auf die Symphonie war schon kurz die Rede. Strauss hat übrigens bei diesem Stück nicht nur intern von einer Symphonie gesprochen. Vielmehr lancierte er entsprechende Meldungen in die Öffentlichkeit: Ende 1898 meldete die *Allgemeine Musik-Zeitung*, Strauss sei „mit der Komposition einer Sinfonie beschäftigt". Und nur gut einen Monat später hieß es, noch genauer: „Wie verlautet, arbeitet Richard Strauss augenblicklich an einer viersätzigen Sinfonie heroischen Charakters, welche den Titel ‚*Heldenleben*' erhalten [...] soll." Kein Wunder, dass auch die Dirigenten früher Aufführungen wie etwa Franz Wüllner in Briefen das Stück als „Sinfonie" titulierten; selbst in den Programmen der Frankfurter Uraufführung wie der Berliner Erstaufführung im März 1899 wurde das Werk noch immer als „Symphonie" in Es-Dur bezeichnet. Zwar hatte Strauss Wüllner umgehend auf die Einsätzigkeit von *Heldenleben* hingewiesen. Doch zu einer öffentlichen Klarstellung dahingehend, *Heldenleben* sei entgegen anderslautenden Meldungen keine Symphonie, sondern wie Strauss' Orchesterwerke zuvor eine einsätzige Tondichtung, kam es erstaunlicherweise nicht.[27]

Auch *Also sprach Zarathustra* darf in diesem Kontext nicht außer Acht gelassen werden. Artur Seidl zufolge war als Untertitel des Werkes zunächst vorgesehen: „Symphonischer Optimismus in fin de siècle-Form, dem 20. Jahrhundert gewidmet".[28] Offenkundig spielte Strauss mit dem Gedanken, schon hier erstmals nach der „Sinfonischen" Fantasie *Aus Italien* wieder den so traditionsreichen Terminus aufzugreifen. Die blanke Ironie, die die Formulierung prägt, mag ihn veranlasst haben, die Provokation zu unterlassen; sie war ohnehin groß genug. Aber natürlich sind auch die publizierten Titel mit ihren Verweisen auf traditionelle Formen in hohem Maße ironisch zu verstehen. Wer sich jemals intensiv mit der „Rondeau"-Anlage von *Till Eulenspiegel* beschäftigt[29], wird bald bemerken, dass das Stück weder ein Rondeau noch ein herkömmliches Rondo ist: Es gibt z. B. kein Ritornell. Ähnlich prekär verhält es sich mit der formalen Stabilität der sogenannten Variationen in *Don Quixote*. Sie werden zum einen von groß dimensionierten Rahmenteilen überstrahlt und präsentieren sich zum anderen als Mischung aus tonmalerischer Drastik und übertriebener Sentimentalität; kein Wunder, wollte Strauss doch, wie er später bekannte, die Variationsform in diesem Stück „als Darstellungen von nichtigen Phantomen im Kopf des Ritters von der traurigen Gestalt [...] ad absurdum" führen.[30] Damit liefert uns Strauss ein wichtiges Stichwort für die Interpretationen auch der Titel der weiteren Stücke. Jedenfalls spricht nichts gegen die Annahme, Strauss habe in analoger Weise im *Eulenspiegel* die Rondoform, in *Zarathustra* hingegen, mehr noch in *Heldenleben* und schließlich, als Höhepunkt, in der *Symphonia domestica* die Gattung bzw. Form der Symphonie ad absurdum geführt. Offenbar zielte er, mit wachsender

Selbstsicherheit, auf eine immer drastischere Stoßrichtung: zunächst gegen Rondo und Variation, dann gegen die wichtigste Gattung der Orchestermusik überhaupt, die Symphonie.

Derartige, die Traditionen großer Instrumentalmusik herausfordernde Gehalte hatte es in den drei früheren, im Wesentlichen zwischen 1887 und 1889[31] entstandenen Tondichtungen – *Macbeth*, *Don Juan* und *Tod und Verklärung* – noch nicht gegeben. Mit *Tod und Verklärung* zumal griff Strauss nicht nur im Titel, sondern unüberhörbar auch in der Musik, die in c-Moll beginnt und in feierlichem, ungetrübtem C-Dur endet, den auf Beethovens *fünfte Symphonie* zurückgehenden Topos des per aspera ad astra auf: einen Gehalt, der überdies zahlreichen Symphonischen Dichtungen Liszts zugrunde liegt (auch der Gedanke an Wagners *Tristan und Isolde* liegt nur allzu nahe).[32] Mit einem Verklärungs- oder Erlösungsfinale – an dessen Programm auch das der Partitur vorangestellte Gedicht Alexander Ritters keinen Zweifel lässt[33] – bewegte Strauss sich noch wie selbstverständlich auf den gerade eroberten neudeutschen Bahnen, mit Beethoven als Urvater. Ad absurdum wurde hier nichts geführt. Noch war die Zeit für Provokationen nicht gekommen.

Gleiches gilt für seine beiden oben erwähnten frühen Symphonien. Hier zählen nicht Programme, welcher Art auch immer, hier zählt allein die Beherrschung der spezifisch symphonischen Schreibart. Strauss bewies sich und seiner Umgebung, was er satztechnisch, formal sowie im Umgang mit dem großen Apparat zu leisten imstande war. Man kann zwar, wie immer wieder zu lesen ist,[34] gelegentlich schon den späteren Strauss heraushören. Aber die teils recht unbekümmerte Nachahmung der einschlägigen Vorbilder – Beethoven, Felix Mendelssohn Bartholdy, Robert Schumann und Johannes Brahms lassen grüßen – und die manchmal eher schematische Umsetzung der bei ihnen zu findenden Formmuster zeigt, worauf es in erster Linie ankam. Dennoch: Zumindest mit der zweiten *Symphonie* hatte Strauss ein Stück geliefert, das mit der symphonischen Tagesproduktion der frühen 1880er-Jahre (Anton Bruckner ausgenommen) durchaus mithalten konnte.[35] Die Kritik bescheinigte ihm denn auch durchweg eine erstaunliche Formsicherheit; hier zeige sich ein großes Talent, dem freilich noch Originalität fehle.[36] Man kann sich vorstellen, wie bereitwillig Strauss vor diesem Hintergrund die Lehren seines neuen Mentors Alexander Ritter beherzigte, wiesen sie doch einen Weg eben zu der Originalität, die der junge Komponist suchte.

Um sie zu finden, konnte in der Folgezeit auf die Symphonie keine Rücksicht mehr genommen werden. Strauss tastete sich vorsichtig an das neue Terrain heran: Zunächst mit einem Scherzo für Klavier und Orchester, seiner *Burleske*, in der, neben dem Vorbild Brahms auch Wagner, vor allem aber ein durchaus originaler Richard Strauss den Ton angeben: Eine Eröffnung mit einem allein von Pauken gespielten

Thema hat Strauss auch später nicht mehr gewagt. Mochten solche Scherze in einem Scherzo noch angehen, so sorgte das nächste Stück, die symphonische Fantasie *Aus Italien* für einiges Aufsehen. Denn hier hatte Strauss zum einen Veränderungen der mehrsätzigen sinfonischen Tradition gewagt – der langsame Kopfsatz in G-Dur hat eher Einleitungscharakter, erst im folgenden Allegro folgt ein Sonatensatz, der aber in C-Dur und damit nicht in der Haupttonart G-Dur steht –, zum anderen legte er im dritten Satz eine beeindruckende Klangstudie vor, und zum dritten präsentierte er im Finale ein vermeintliches Volkslied, Luigi Denzas Schlager *Funiculi, funicula*, im symphonischen Gewande: eine Verletzung des stilistischen Reinheitsgebots im Sinne einer „klassizistisch-realistischen" Symphonik, die die Kritik, nicht aber den zufriedenen Komponisten verstörte.[37] Kein Wunder, dass Hans von Bülow mit diesem ihm immerhin gewidmeten Stück wenig anfangen konnte[38] und es auch nie dirigiert hat.[39]

Gut ein Jahr nach *Aus Italien* wandte sich Strauss, wie schon erwähnt, seiner ersten Tondichtung *Macbeth* zu. Zwar erhielt das neue Selbstbewusstsein angesichts einiger Schwierigkeiten der Verbindung von Musik und Sujet bei *Macbeth* und einer nur mäßigen Startphase von *Don Juan* einige Dämpfer.[40] Doch mit *Tod und Verklärung* hatte sich Strauss, wie er meinte, definitiv freigeschwommen. Freilich dürfte ihm klar gewesen sein, dass er zwar schwimmen gelernt hatte, sich aber im Wagner-Liszt'schen Becken bewegte. Originalität sah anders aus. Es bedurfte erst eines neuerlichen Befreiungsschlages – ausgelöst durch eine intensive Arthur Schopenhauer- und Friedrich Nietzsche-Lektüre, die sich zunächst in einer Neukonzeption von Strauss' erster Oper *Guntram* niederschlug –, bis mit *Till Eulenspiegel* – wiederum ein Scherzo, wie die *Burleske* – endlich ein durch und durch eigener Weg betreten war, der Strauss tatsächlich in eine glorreiche Zukunft führen sollte.

Im Zentrum des neuen Weges stand die kritische Distanz des Komponisten zur Metaphysik der Tonkunst; der Antichrist Strauss wandte sich von Erlösungs- bzw. Verklärungsplots, wie sie Liszt in seinen Symphonischen Dichtungen ebenso wie Wagner in seinen Musikdramen verwendet hatte, dezidiert ab.[41] Er vermied sie aber nicht nur, er machte sich auch über sie lustig. Deshalb der spöttische Ton, die Lust an der Provokation, die den Tondichtungen seit *Eulenspiegel* eignet. Weil Strauss die herkömmlichen orchestralen Formen souverän beherrschte und genau wusste, wie man sie so einzusetzen hatte, dass das Publikum sich einigermaßen sicher fühlte, fiel es ihm nicht schwer, mit ihnen zu spielen: Einerseits setzte er etwa die semantischen Konnotationen der Sonatenform (Dualismus von männlichem und weiblichem Thema, Durchführung und Reprise als Kampf und Sieg etc.) den Sujets entsprechend ein. Andererseits mischte er sie frei mit Prinzipien von Variation und Rondo, sorgte jedoch an wichtigen Scharnierstellen dafür, dass das Publikum bekam, was es erwartete – etwa nach entwickelnden Passagen eine unüberhörbare Reprise, die, wie in *Eulenspiegel*, nach kurzer Zeit, wenn sie ihren Zweck erfüllt hat, zugunsten eher dynamischer Verfahren wieder ausgeblendet wird.[42]

Garanten für den Zusammenhang der Musik sind die herkömmlichen Formmittel nicht mehr: weder die Harmonik noch motivisch-thematische Techniken, etwa die notorische Thementransformation. Auch folgt der Einsatz von Expositionen, konfliktträchtigen Durchführungen oder klärenden Reprisen nicht oder allenfalls partiell der Logik der Musik, sondern dem Regiekonzept des Komponisten, der sie regelrecht inszeniert.[43] Zusätzlich hat Strauss auf den für ihn typischen Schwung, also auf dynamische, steigernde Prozesse gesetzt und natürlich auf die Bindekraft des jeweiligen Sujets.

Derartige Gestaltungsprinzipien walten in allen Tondichtungen, und wenn Strauss in der *Symphonia domestica* mit der Tradition der Symphonie spielt, dann sind die Differenzen zu den früheren Stücken allenfalls gradueller, nicht aber prinzipieller Art. Über den allgemein als antisymphonischen, ja banal empfundenen Plot des Stückes haben Youmans und Steinbeck schon gehandelt. Schon der Titel, so Youmans, „simultaneously evokes and scrutinizes the grandiose aesthetic character of the late-nineteenth-century symphony by offering a seemingly absurd alternative".[44] Es handle sich letztlich um einen durch Nietzsche inspirierten Gegenentwurf zur sakral konnotierten Symphonietradition des 19. Jahrhunderts, dessen philosophischer Gehalt gerade in der für Strauss so charakteristischen Wende von der heiligen Tonkunst zur säkularen Natur, von der absoluten Musik zur Tonmalerei liege.[45] Steinbeck spitzte die Argumentation weiter zu, als er von einer „Parodie oder Persiflage einer Symphonie" sprach. Der „Anspruch symphonischer Größe und Monumentalität" werde zwar artikuliert, zugleich aber „durch Überzeichnung untergraben und parodiert". Das Programm der *Symphonia domestica* habe „die Banalität schlechthin zum Thema". Steinbecks Resümee: Strauss habe die Gattung Symphonie ironisch gebrochen und ihr damit „ihr Fundament" genommen.[46]

Strauss selbst sah die Sache differenzierter. Als banal verstand er das Sujet des Stückes sicher nicht. Die autobiographische Färbung, die Feier des künstlerischen Schaffens, die Entwicklung des Kindes vom unmündigen Säugling bis zum symphonischen Helden[47]: Das waren Themen, die er partiell schon in *Ein Heldenleben* der heiligen Tonkunst vergangener Zeiten entgegensetzt hatte und die ihm in der *Symphonia domestica* einer „neuen" Symphonie würdig erschienen. Die altehrwürdige Gattung erhielt neue Inhalte, und so herausfordernd das Stück erschien, so graphisch hier gelegentlich illustriert wird, so frei Strauss mit den vertrauten Tonfällen der Symphoniesätze und ihrer Formen umgeht, so hat er das Stück doch durchaus ernst gemeint – und das gilt auch für das so oft beklagte Missverhältnis zwischen Inhalt und Aufwand.

Auch die *Alpensinfonie* kann als Manifestation einer neuen künstlerischen Weltanschauung gelten. Es hatte seine Gründe, dass Strauss, mit Unterbrechungen, etwa 15 Jahre an dem Stück gearbeitet hat.[48] Zu Recht betonte Youmans, Strauss setze hier, ähnlich wie schon zuvor in der *Domestica*, an die Stelle der aus seiner Sicht überlebten Metaphysik die Physik, nämlich die Natur als Manifestation ewiger Größe und zugleich einer Diesseitigkeit, die der Künstler in seinem Werk feiert.[49] Nicht von ungefähr enthält das Stück zahlreiche lyrische, ja hymnische Passagen. Auch die Orgel wird (keineswegs nur ironisch, wie noch in *Zarathustra*) eingesetzt, und selbst choralartige Bläserpartien, die Strauss bei Bruckner und Gustav Mahler eher irritiert haben dürften, lassen sich finden.[50] Übrigens hat Strauss, worauf Ulrich Konrad hinwies, in seiner parallel zur abschließenden Arbeit an der *Alpensinfonie* im Sommer 1913 fertiggestellten *Deutschen Motette* über Friedrich Rückert-Texte ebenfalls die künstlerische Arbeit zum Thema gemacht und seinem Stück, wohl nicht zufällig, einen religiös gefärbten Titel gegeben, der manchem Zeitgenossen vermutlich ebenso wenig gefiel wie derjenige der *Symphonia domestica*.[51]

*

Halten wir fest: Strauss schrieb lediglich zwei frühe Symphonien, hat sich aber mit der Gattung auch noch in seinen Tondichtungen, besonders augenfällig in den beiden letzten, auseinandergesetzt. Ganz anders verhält es sich mit dem „Symphonischen“ bzw. der symphonischen Schreibart. Hier haben wir es nicht mit bestimmten Gattungen zu tun, sondern mit einer zentralen Maxime von Strauss' kompositorischer Praxis. Mit anderen Worten: Strauss hat zwar nur zwei Symphonien, aber unentwegt symphonisch komponiert.

Symphonisch hieß zunächst: Arbeit mit einem tendenziell groß besetzten Orchester in der Tradition Beethovens und Wagners. Der enge Konnex des Symphonischen mit der Oper bei Strauss wurde schon erwähnt: Strauss war Wagnerianer, und Wagner hatte bekanntlich Beethovens Symphonien zu Vorbildern für Orchestersatz und Themenbehandlung in seinen Musikdramen erklärt. Ergo bereitete sich Strauss, auf Ritters Rat, mit dem Schreiben symphonischer Programmmusik gezielt auf die Opernkomposition à la Wagner vor. Dabei war darauf zu achten – und hier kommt ein weiterer, spezieller Aspekt des Symphonischen ins Spiel –, einen Fehler zu vermeiden, der in zeitgenössischen Darstellungen immer wieder artikuliert wurde: die mangelnde Polyphonie bzw. die ausgeprägte Homophonie von Liszts Symphonischen Dichtungen.[52] Ich kann hier auf die Triftigkeit dieses Vorwurfs nicht näher eingehen – sicher ist jedenfalls, dass zu den Merkmalen des neuen Weges, den Ritter Strauss wies, eine möglichst polyphone Schreibweise gehörte. Sprechende Motive waren prinzipiell auf alle Instrumente zu verteilen, um nicht nur die Liszt'sche Homophonie, sondern auch und vor allem die bei Brahms und Bruckner kritisierten planlosen Floskeln zu vermeiden.[53]

Seither verstand Strauss unter dem Symphonischen Prinzip die Verwendung eines polyphonen Orchestersatzes – gleich ob im Rahmen einer Oper oder nicht. Konkrete Hinweise dazu enthält das Vorwort seiner Ausgabe von Hector Berlioz' *Instrumentationslehre*. Das Orchester, so führt Strauss hier aus, habe sich seit J. S. Bach, Georg Fr. Händel, Christoph W. Gluck und Joseph Haydn auf zwei Wegen entwickelt: dem symphonischen bzw. polyphonen und dem dramatischen bzw. homophonen. Zum Ursprung des polyphonen Orchesters erklärt er das Streichquartett Haydns und W. A. Mozarts. Dem dramatischen Weg hingegen, bei Händel, Haydn und Gluck, eigne eine wachsende Koloristik. Wagners Leistung endlich sei es gewesen, beide Wege zusammenzuführen: die polyphone Kompositionstechnik des symphonischen Orchesters mit den illustrativen Ausdrucksmitteln des dramatischen Orchesters.[54]

Dem so durch Wagner festgelegten symphonischen Stil fühlte sich Strauss auch als Opernkomponist zeitlebens verpflichtet. Zahlreiche Äußerungen belegen das: etwa die Apostrophierung der Oper *Salome* als Scherzo mit tödlichem Ausgang[55] oder überhaupt von Opern wie *Salome* oder *Elektra* als Symphonien mit den Mitteln des Dramas (Norman Del Mar sprach, daran anknüpfend, von „Stage Tone Poems"[56]), der Hinweis auf die Notwendigkeit symphonischer Einheit bei der Arbeit am *Rosenkavalier*[57] oder die Ausstattung von *Intermezzo* mit „Symphonischen Zwischenspielen".[58] Kaum überraschend, dass die programmatisch konnotierte Sonatenform, mit der Strauss schon in seinen Tondichtungen gearbeitet hatte, auch in seinen Opern nachgewiesen wurde.[59] Aber nicht nur fertige Opern tragen symphonische Eigenschaften. Auch beim Komponieren von Opern ging Strauss, wie Bryan Gilliam gezeigt hat,[60] ähnlich vor wie bei der Arbeit an symphonischen Orchesterwerken: Er pflegte grundsätzlich das zunächst vorliegende Handlungsgerüst (in den Orchesterstücken einen eigenen Entwurf, in den Opern das Libretto) mit Motiven bzw. Themen, bestimmten Klangvorstellungen und harmonischen Stationen zu versehen. Themen und Tonarten waren hier wie dort üblicherweise bestimmten Personen und Situationen zugeordnet; bei ihrer Wahl spielten, unabhängig von der Gattung, inhaltliche Topoi ebenso wie musikalische Gesichtspunkte eine wichtige Rolle. Das thematische Material war folglich grundsätzlich austauschbar.

Ein schönes Beispiel für dieses prinzipiell austauschbare Verfahren bietet das erste Thema des *Rosenkavalier* mit seinem erotisch konnotierten Aufschwung, den Strauss sich offenbar nur in E-Dur vorstellen konnte. Es entstand, wie Gilliam nachwies,[61] nicht etwa im Kontext der Oper, sondern schon mehrere Jahre vorher, und zwar als „Abfallprodukt" bei der Arbeit an der *Symphonia domestica*. Strauss hielt es wie andere noch verwertbare Einfälle im Skizzenbuch fest, um es bei passender Gelegenheit zu verwenden. Die Gelegenheit kam mit dem *Rosenkavalier*; Strauss griff für die Oper also auf ein im symphonischen Arbeitsprozess gefundenes Thema zurück.

Die Verarbeitung der Themen, ihre Entwicklung zu längeren Komplexen und ihre Einbindung in den Tonsatz gestaltete sich ebenfalls hier wie dort auf analoge Weise, was nicht selten dazu führte, dass Strauss musikalische Passagen einer Oper ohne Rücksicht auf den Text entwarf. In solchen Fällen forderte er beispielsweise von Hugo v. Hofmannsthal entsprechende Nachdichtungen – wie etwa beim Schlussduett zwischen Octavian und Sophie im *Rosenkavalier*, hier sogar mit Angabe des metrischen Schemas, weil Strauss die längst komponierte Musik möglichst wenig ändern wollte. Auch der Wunsch nach einem größeren Ruhepunkt für die Erkennungsszene in *Elektra* bedingte zusätzlichen Text und war symphonisch bedingt: Große Steigerungen, so hatte Strauss schon in den Tondichtungen erprobt, erhielten durch entsprechend ausgedehnte Ruhezonen ihre formale Balance.[62]

Freilich schloss eine sinnvolle symphonische Arbeit bei aller Polyphonie homophone Passagen in der Oper (ebenso wie in der Tondichtung) keineswegs aus. Strauss hat das in einem Gespräch mit Ludwig Karpath am Beispiel der Oper näher erläutert. Im Normalfall bedarf sie der symphonischen Schreibweise. Die Trennung zwischen Gesangsmelodie und Orchesterbegleitung ist aufgehoben, die Singstimme muss vollständig in den Tonsatz integriert werden. Ist aber die Verständlichkeit des Textes oberstes Gebot, dann könne auch eine homophone Schreibweise geboten sein. Entscheidend sei die Arbeit mit Kontrasten – denn nichts ermüde das Publikum mehr als die Einförmigkeit eines immer gleichartigen Stils.[63] Mit Kontrasten gearbeitet aber hatte Strauss schon seit seinen frühesten instrumentalen Anfängen; in den Tondichtungen gehören Expositionen mit gegensätzlichen, jeweils scharf profilierten Themen zu den Selbstverständlichkeiten, von denen er auch in der Oper reichlich Gebrauch machte.

Nicht überall stieß Strauss' spezifische Art symphonischen Komponierens auf Verständnis. Felix Weingartner etwa bemängelte, fraglos mit Blick auf Strauss, die unselige „Vermengung des dramatischen mit dem symphonischen Stile". Themen für Symphonien, so seine Forderung, sollten breit und melodisch sein, Themen für Opern hingegen prägnant und „bedeutsam" kurz.[64] Auch andere Kritiker stießen sich gelegentlich an der Dominanz des symphonisch behandelten Orchesters, weil es auch leichtere Stoffe allzu sehr belaste: Beispielsweise sprach Hofmannsthal mit Blick auf den *Rosenkavalier* von einer symphonischen Sauce, die Strauss über seinen Text wie über einen Braten gegossen habe.[65] Strauss nahm sich die Kritik zu Herzen. In *Ariadne auf Naxos* verkleinerte er das Orchester, sorgte für eine perfekte Textverständlichkeit und schrieb mehrere homophone Lieder bzw. Arien. Dennoch: Symphonisch dachte er bis zuletzt – auch wenn er von der Symphonie schon lange nichts mehr wissen wollte.

1 Genau genommen hatte Strauss sich schon seit den 1890er-Jahren ständig nach Opernstoffen umgesehen. Sein Entschluss, nach der dritten Tondichtung *Tod und Verklärung* (vollendet im November 1889) sich ganz dem Musiktheater zuzuwenden, führte zwar zu seiner ersten Oper *Guntram*, doch danach stockte die musikdramatische Ader: *Guntram* war ein Misserfolg, die Idee einer *Eulenspiegel*-Oper ließ sich nicht realisieren (sie mündete stattdessen 1894/95 in eine neue Tondichtung), und auch in den folgenden Jahren erwog Strauss zwar Bühnenwerke, doch erwiesen sich die Stoffe zu Tondichtungen als attraktiver. Erst mit der zweiten Oper *Feuersnot* von 1901 war der Knoten geplatzt, und nach *Salome* hat Strauss nicht mehr ernsthaft an eine Fortsetzung seiner Karriere als Orchesterkomponist gedacht. Vgl. dazu Walter Werbeck: Die Tondichtungen von Richard Strauss. (Dokumente und Studien zu Richard Strauss. Bd. 2). Tutzing 1996, S. 65–78.

2 In einem Brief an Willi Schuh vom 8. Oktober 1943 formulierte Strauss: „[...] meine sinf. Dichtungen waren nur Vorbereitungen zur *Salome*." Richard Strauss: Briefwechsel mit Willi Schuh. Zürich 1969, S. 49.

3 Die *1. Sonatine F-Dur* TrV 288 für 16 Blasinstrumente „Aus der Werkstatt des Invaliden".

4 Strauss hatte mit einem zweiten Bläserstück begonnen; der erste Satz (das spätere Finale mit vorausgehender langsamer Einleitung) war am 9. 1. 1944, der zweite (der spätere Kopfsatz) am 6. 3. 1944 fertig geworden.

5 Richard Strauss – Clemens Krauss. Briefwechsel. Gesamtausgabe (Hg. v. Günter Brosche) (Publikationen des Instituts für österreichische Musikdokumentation, Bd. 20). Tutzing 1997, S. 516. (Brief an Strauss vom 17. 3. 1944).

6 Ebenda, S. 517. (Brief an Krauss vom 21. 3. 1944).

7 Scott Warfield: Friedrich Wilhelm Meyer (1818–1893). Some Biographical Notes On Richard Strauss's Composition Teacher. In: Richard Strauss-Blätter. Neue Folge. H. 37 (1997), S. 54–72.

8 Otto Biba: Richard Strauss und Johannes Brahms. In: Musikblätter der Wiener Philharmoniker 37/7 (1983), S. 195ff.

9 In einer für einen Verlagskatalog bestimmten biografischen Skizze von 1897/98 hat Strauss selbst an der Bedeutung Ritters für seine musikalische Entwicklung keinen Zweifel gelassen. Es heißt dort: „Bekanntschaft mit Alexander Ritter, der mich, bis dahin streng classisch Erzogenen, nur mit Haydn, Mozart, Beethoven Aufgewachsenen, soeben erst durch Mendelsohn [sic!] über Chopin, Schumann bei Brahms angelangten, durch langjährige liebevollste Bemühungen u. Belehrungen endgiltig zum Zukunftsmusiker gestempelt hat, indem er mir die kunstgeschichtliche Bedeutung der Werke u. Schriften Wagners u. Liszts erschlossen. [...] er hat mich auf den Weg gewiesen, den ich nun selbstständig zu gehen im Stande bin." Werbeck: Tondichtungen, a. a. O., S. 528.

10 Das geht aus einem Brief Ritters an Strauss vom 17. 1. 1893 hervor; Charles Youmans: Ten Letters from Alexander Ritter to Richard Strauss. 1887–1894. In: Richard Strauss-Blätter. Neue Folge. H. 35 (1996), S. 3–22, hier S. 15f. Hinzuweisen wäre auch auf Strauss' Bemerkung in seinen „Erinnerungen an die ersten Aufführungen meiner Opern", wo es zu *Guntram* einleitend heißt: „Die Anregung hierzu gab Alexander Ritter. Ihm verdanke

ich, meinen dramatischen Beruf entdeckt zu haben." Richard Strauss: Betrachtungen und Erinnerungen (Hg. v. Willi Schuh). Zürich 3/1981, S. 219.

11 In diesem Sinne schrieb Strauss am 2. 12. 1888 an den slowakischen Komponisten Ján Levoslav Bella: „Hinweg mit dem öden viersätzigen Formelwesen, dem seit der IX.ten [Symphonie Beethovens W.W.] kein neuer Inhalt mehr entsprossen ist; der musikalisch poetische Inhalt muß künftig die Form bestimmen u. darin ist Liszt [...] der Wegweiser für uns jüngere gewesen." Dobroslav Orel: Ján Levoslav Bella. (Sborník Filosofickej Fakulty university Komenského v Bratislave, Rocnik II. Cislo 25.[8.]). Bratislava 1924, S. 567.

12 Vgl. Strauss' Brief an Bülow vom 24. 8. 1888. In: Willi Schuh (Hg.): Richard Strauss Jahrbuch 1954. Bonn 1953, S. 69f.

13 Orel: Bella, a. a. O., S. 567.

14 Jürgen Schaarwächter: Richard Strauss und die Sinfonie. Köln 1994, S. 40.

15 Ebenda, S. 9.

16 Ebenda, S. 49.

17 Ebenda, vor allem S. 91–100.

18 Charles Youmans: The Twentieth-Century Symphonies of Richard Strauss. In: The Musical Quarterly 84 (2000), S. 238f.

19 Wolfram Steinbeck: Von der Symphonie zur „Tondichtung": Richard Strauss. In: Ders. u. Christoph von Blumröder (Hg.): Die Symphonie im 19. und 20. Jahrhundert. Teil 2: Stationen der Symphonik seit 1900. (Handbuch der musikalischen Gattungen. Bd. 3,2). Laaber 2002, S. 15.

20 Werbeck: Tondichtungen, a. a. O., S. 221.

21 Ebenda, S. 222.

22 Ebenda, S. 183–207. Außerdem Rainer Bayreuther: Richard Strauss' Alpensinfonie. Entstehung, Analyse und Interpretation. (Musikwissenschaftliche Publikationen. Bd. 6). Hildesheim etc. 1997, passim.

23 Werbeck: Tondichtungen, a. a. O., S. 270–277.

24 Oscar Bie: Die moderne Musik und Richard Strauß. (Die Musik. Bd. 33/34). 2. Aufl Leipzig 1907, S. 56f.

25 Franz Strauss mahnte seinen Sohn am 20. November 1903: „Im Hause (Domus) darf man keinen so großen Lärm machen!" Richard Strauss: Briefe an die Eltern (Hg. v. Willi Schuh). Zürich 1954, S. 282.

26 So schrieb etwa Theodor Helm nach der Wiener Erstaufführung (Musikalisches Wochenblatt 35 (1904), S. 895) über das eingangs als „überaus liebenswürdig, reizend humoristisch und staunenswert polyphon kunstvoll" gelobte Werk: „Mein einziges Bedenken: ob es denn notwendig war, dass Richard Strauss für die musikalische Illustration einer so traulich-familiären Geschichte eine solche Riesenmasse von Instrumenten aufbot, ist freilich auch durch die sonst hinreissende Gesamtwirkung der Aufführung nicht ganz beschwichtigt worden. Wie bescheiden instrumentiert erscheint dagegen R. Wagner's köstliches, duftig-poetisches ‚*Siegfried-Idyll*'!". Vgl. zur Rezeption auch: Mark-Daniel Schmid: The Tone Poems of Richard Strauss and Their Reception History from 1887–1908. Ph.D. Diss. Northwestern University (Illinois). Ann Arbor 1997, S. 410–449.

27 Werbeck: Tondichtungen, a. a. O., S. 261f.

28 So bei Arthur Seidl: Moderner Geist in der deutschen Tonkunst. Gedanken eines Kulturpsychologen zur Wende des Jahrhunderts. (Deutsche Musikbücherei. Bd. 5). Regensburg o. J. (1912), S. 91.

29 Dazu zuletzt James Hepokoski: Framing Till Eulenspiegel. In: 19th-Century Music 30 (2006), S. 4–43; Walter Werbeck: Inszenierung von Form. Richard Strauss und seine Tondichtungen. In: Inszenierung durch Musik. Der Komponist als Regisseur. Liber amicorum für Silke Leopold (Hg. v. Dorothea Redepenning und Joachim Steinheuer). Kassel etc. 2011, S. 299–302.

30 Werbeck: Tondichtungen, a. a. O., S. 454, Anmerkung 250.

31 Die dritte Fassung von *Macbeth*, deren Partitur Strauss am 4. März 1891 abschloss, war ein Nachzügler. Doch in der kompositorischen Substanz differiert sie kaum von der zweiten Fassung, die Anfang 1888 fertig war; vor allem die Instrumentation wurde modifiziert.

32 Anthony Newcomb sprach, in Anlehnung an die russischen Formalisten, von einem musikalischen „plot archetype“: Once More „Between Absolute and Program Music“: Schumann's Second Symphony. In: 19th-Century Music 7 (1984), S. 234.

33 Das Gedicht endet in der der gedruckten Partitur vorangestellten längeren Version, mit den Zeilen: „Aber mächtig tönet ihm/Aus dem Himmelsraum entgegen,/Was er sehnend hier gesucht:/Welterlösung, Weltverklärung!“ In der kürzeren Version, die Strauss im Partiturautograf notierte, fehlen noch die beiden Schlussworte. Stattdessen heißt es hier in der letzten Zeile: „was er suchend hier ersehnt“.

34 Jürgen Schaarwächter z. B. erkannte in der zweiten *Symphonie* TrV 126 mehrfach Verbindungen zur *Alpensinfonie*. Schaarwächter: Strauss, a. a. O., S. 25, 27, 31. Auch Youmans, The Twentieth-Century Symphonies, a .a. O., 18, S. 245) sah hier Parallelen.

35 Vgl. zu beiden Symphonien Scott Warfield: From „Too Many Works“ to „Wrist Exercises“: The Abstract Instrumental Compositions of Richard Strauss. In: Mark-Daniel Schmid (Hg.): The Richard Strauss Companion. Westport u. London 2003, S. 200–203, 209–212; Arnfried Edler: Symphonische und konzertante Werke. In: Walter Werbeck (Hg.): Richard Strauss Handbuch. Stuttgart 2014 (im Druck).

36 Vgl. etwa die Kritik von „C.W.“ (vermutlich Karl Wolff) aus Köln vom 10. 1. 1885 zur zweiten *Symphonie*, abgedruckt im „Musikalischen Wochenblatt“ 16 (1885), S. 83: „Selbständigkeit und Eigenart der Gedanken besitzt natürlich Richard S t r a u s s [...] noch nicht. Was aber bei ihm geradezu überraschend wirkt, ist seine Meisterschaft in der Behandlung der Formen.“ (Sperrung original).

37 Zu *Aus Italien* vgl. die umfangreiche Studie von David Larkin: *Aus Italien*: Retracing Strauss's Journeys. In: The Musical Quarterly 92 (2009), S. 70–117. Zu den Reaktionen vgl. Willi Schuh: Richard Strauss. Jugend und frühe Meisterjahre. Lebenschronik 1864–1898. Zürich 1976, S. 140–144.

38 Am 30. 12. 1887 schrieb Bülow aus Hamburg an Alexander Ritter, er sei sich über das Stück nicht recht im Klaren, um dann fortzufahren: „Ich finde eben, daß der geniale Autor bis an die äußerste Grenze des tonlich Möglichen [...] gegangen ist, dieselbe eigentlich ohne dringende Noth häufig überschritten hat.“ Hans von Bülow: Briefe. Bd. 7:

Höhepunkt und Ende. 1886–1894 (Hg. v. Marie von Bülow). (Hans von Bülow. Briefe u. Schriften. Bd. 8). Leipzig 1908, S. 174.

39 Hans-Joachim Hinrichsen nahm zwar *Aus Italien* mit Verweis auf eine Berliner Aufführung vom 23. Januar 1888 in seinen Katalog von Bülows Konzertrepertoire auf. Tatsächlich aber dirigierte Strauss sein Stück an diesem Abend selbst. Hans-Joachim Hinrichsen: Musikalische Interpretation. Hans von Bülow. (Beihefte zum Archiv für Musikwissenschaft Bd. 46). Stuttgart 1999, S. 508.

40 Walter Werbeck: *Macbeth* von Richard Strauss: Fassungen und Entstehungsgeschichte. In: Archiv für Musikwissenschaft 50 (1993), S. 232–253 passim, zu *Don Juan*: S. 247.

41 Charles Youmans: Richard Strauss's Orchestral Music and the German Intellectual Tradition. The Philosophical Roots of Musical Modernism. Bloomington and Indianapolis 2005, Teil 1, S. 29–142.

42 Die Reprise beginnt unüberhörbar in T. 429, wird jedoch schon 20 Takte später zugunsten einer Steigerung abgelöst, die zwar in T. 465 neuerlich zu einer Wiederaufnahme von Expositionsmaterial (T. 63ff.) führt, ihr Ziel aber erst in T. 485 in einer hymnischen Variante des *Eulenspiegel*-Hornthemas erreicht hat. Reprisenelemente werden zur Funktion einer tatsächlich dominierenden dynamischen Gestaltung gemacht.

43 Dazu Werbeck: Inszenierung, a. a. O. Arno Forchert sprach von einer „künstlichen Konservierung" tradierter Formmittel bei Strauss, der frei mit ihnen agiere; sogar die Form selbst werde „zum Material in der Hand des Komponisten". A. Forchert: Zur Auflösung traditioneller Formkategorien in der Musik um 1900. Probleme formaler Organisation bei Mahler und Strauss. In: Archiv für Musikwissenschaft 32 (1975), S. 93, 96.

44 Youmans: The Twentieth-Century Symphonies, a. a. O., S. 239.

45 Ebenda, S. 243.

46 Steinbeck, Von der Symphonie, a. a. O., S. 15f.

47 Die Bedeutung des kreativen Schaffensprozesses für das Programm der *Symphonia domestica* geht aus frühen Notizen und Überschriften wie „Papa componirt" oder „Schaffen und Schauen" unmissverständlich hervor. Zugleich durchzieht die Musik wie ein roter Faden die Entwicklung des 3. Themas (das Kind) von unbeholfenen Anfängen (T. 156ff.) über munteres Spiel (T. 217ff.) bis hin zum pompösen, machtvollen Hymnus (T. 337ff.; noch bombastischer in T. 1321ff.). Vgl. dazu insgesamt Werbeck, Tondichtungen, a. a. O., S. 179–182 und 427–436.

48 Bayreuther: Alpensinfonie, a. a. O., vor allem Kapitel 1–3; außerdem Werbeck: Tondichtungen, a. a.O., S. 183–207.

49 Youmans: The Twentieth-Century Symphonies, a. a. O., S. 245.

50 Vgl. etwa T. 9ff., 599ff., 1139ff.

51 Ulrich Konrad: Die *Deutsche Motette* op. 62 von Richard Strauss. Entstehung, Form, Gehalt. In: Bernd Edelmann/Birgit Lodes/Reinhold Schlötterer (Hg.): Richard Strauss und die Moderne. Bericht über das Internationale Symposium München, 21. bis 23. Juli 1999. (Veröffentlichungen der Richard-Strauss-Gesellschaft, Bd. 17). Berlin 2001, S. 283–310.

52 Vgl. etwa Wilhelm Klatte: Zur Geschichte der Programm-Musik. Berlin o. J. S. 59: Liszt, so der Verfasser, habe „hier und da mit der kompositorischen Technik" gerungen, auch sei „seine Polyphonie gelegentlich magerer ausgefallen [...], als es unserem heutigen musikalischen Geschmack zusagt [...]".

53 Vgl. den folgenden Passus aus Strauss' „Aus meinen Jugend- und Lehrjahren": Die von Beethoven aufs Äußerste erweiterte Sonatenform sei „bei seinen Epigonen [...] ein leeres Gehäuse geworden [...], in dem bequem Hanslicks tönende Floskeln Platz hatten [...]. Daher bei Brahms und Bruckner besonders in den Übergangsperioden so viel Leerlauf." Richard Strauss: Betrachtungen und Erinnerungen, a. a. O., S. 210.

54 Hector Berlioz: Instrumentationslehre, ergänzt und revidiert von Richard Strauss. Teil 1. Leipzig 1905, Vorwort (unpaginiert). Polyphonie des Orchestersatzes bedingte für Strauss überhaupt erst die „psychologischen Ausdrucksmöglichkeiten" des Orchesterapparates. Vgl. Ulrich Konrad: Passacaglia und Symphonische Dichtung – Der *Panathenäenzug* op. 74 von Richard Strauss. In: Das Klavierkonzert in Österreich und Deutschland von 1900–1945 (Schwerpunkt: Werke für Paul Wittgenstein). Symposion 2007. (Studien zu Franz Schmidt, Bd. XVI. Hg. v. Carmen Ottner). Wien 2009, S. 190.

55 Günter Brosche: Richard Strauss. Werk und Leben. Wien 2008, S. 123 (hier mit der Variante „Lustspiel" statt Scherzo).

56 Norman Del Mar: Richard Strauss. A Critical Commentary on his Life and Works, Vol. 1. Ithaca, New York 1986 (1st ed. London 1962), Chapter VIII: „The Stage Tone Poems".

57 An Hofmannsthal schrieb Strauss am 4. 5. 1909: „Schlußszene herrlich, wird sich wie Öl und Butter komponieren, [...] ich wollt, ich wär schon so weit. Da ich aber der symphonischen Einheit wegen der Reihe nach komponieren muß, heißt es halt Geduld haben." Richard Strauss – Hugo von Hofmannsthal – Briefwechsel. (Hg. v. Willi Schuh). 5. Aufl. München 1978, S. 58.

58 Walter Werbeck: Oper und Symphonie. Zur formalen Konzeption von Intermezzo. In: Richard Strauss-Blätter. Neue Folge, H. 45 (2001), S. 109–123.

59 Akeo Okada: Oper aus dem Geist der symphonischen Dichtung – Über das Formproblem in den Opern von Richard Strauss. In: Archiv für Musikwissenschaft 53 (1996), S. 234–252.

60 Bryan Gilliam: Strauss's Preliminary Opera Sketches: Thematic Fragments and Symphonic Continuity. In: 19th-Century Music 9 (1986), S. 176–188.

61 Ebenda, S. 181f.

62 Strauss-Hofmannsthal, Briefwechsel, a. a. O., S. 65 (*Rosenkavalier*) und S. 36f. (*Elektra*).

63 Hermann T. Finck (Richard Strauss, the Man and His Works. Boston 1917, S. 65) überlieferte Äußerungen von Strauss aus Gesprächen mit Ludwig Karpath, in denen es u. a. heißt: „[...] it is unusually important to seek effects of contrast. In composing one cannot remain continually homophonic or polyphonic. Everything which music requires must assume symphonic form; that is to say must be worked out polyphonically. So that the voice on the stage is also regarded as an integral part of the musical texture. If, however, one is concerned with a portion of the text which is to make some definite event immediately clear to the spectator, one must undoubtedly compose homophonically."

64 Felix Weingartner: Die Symphonie nach Beethoven. Leipzig 4/1926, S. 65f.

65 Hugo von Hofmannsthal – Harry Graf Kessler, Briefwechsel 1898–1929. (Hg. v. Hilde Burger). Frankfurt/Main 1968, S. 234. Vgl. dazu auch Juliane Vogel: Nachwort. In: dies. (Hg.); Hugo von Hofmannsthal. Operndichtungen. Salzburg u. Wien 1994, S. 489f.

Wolfgang Fuhrmann (Wien)

Weltanschauungsmusik als Weltabwendungsmusik: Pfitzners paradoxe Symphonik

Am Ende von Hans Pfitzners „Musikalischer Legende“ *Palestrina* hat der Titelheld soeben die durch das Konzil von Trient vom Verbot bedrohte mehrstimmige Kirchenmusik gerettet: mit Hilfe der musterhaften Komposition seiner *Missa Papae Marcelli*. Die Huldigung durch den Kardinal Borromeo, ja sogar durch den Papst, nimmt Palestrina gelassen hin. Und während von draußen die Rufe des begeisterten Volks von Rom ertönen: „Eviva Palestrina, eviva der Retter der Musik!“, sitzt der Komponist, wieder allein, an der Orgel in musikalische Gedanken vertieft, „den Blick über die Tasten weg ins Weite gerichtet“.[1]

Als Pfitzners *Palestrina* 1917 in München seine Uraufführung erlebte, da hat Thomas Mann sofort erkannt, dass dieser Schluss die genaue Umkehrung des Finales von Richard Wagners *Meistersingern* darstellt, und der Komponist bestätigte diese Auffassung.[2] Im Finale der *Meistersinger* wird schlechthin alles versöhnt: Tradition und Avantgarde, Volk und Elite, Resignation und Fortschrittsglaube. Im *Palestrina* steht dies alles quer zueinander, klafft auseinander. Vor allem verweigert sich – und auf diesen Punkt kommt es hier an – Palestrina ganz gezielt der Öffentlichkeit, der öffentlichen Huldigung und Anerkennung. Die begeisterten Rufe des Volks tönen nur aus der Ferne herein, und Palestrina „scheint [sie] nicht zu hören“, wie Pfitzner in der letzten Szenenanweisung schreibt.

Das ist nicht nur ein Theatereffekt durch die Verweigerung alles Effektvollen, sondern hier schlägt sich Pfitzners von Schopenhauer geprägte Weltanschauung nieder. Seiner eigenen Aussage zufolge prallen im *Palestrina* „zwei Welten als Faktoren der Handlung gegeneinander: die eine äußerliche mit ihrem lauten und wilden Getriebe, die sich in der Zeitlichkeit abrollt, die man schlechthin ‚die Welt‘ nennt, und die andere innerliche, stille, die im Herzen des schöpferischen Menschen die Ewigkeit sucht. Diese erzeugt das Geisteswerk nicht mit der anderen Welt, auf deren Geheiß; auch nicht gegen sie, gegen ihren Willen, sondern über jene hinaus, ohne sie, ganz andern Gesetzen gehorchend, als in jener wirksam sind.“[3]

Wenn Pfitzners große Musikdramen „Weltanschauungsmusik“ sind,[4] und das ist wohl unbestreitbar, dann sind sie solche als „Weltabwendungsmusik“. Das Schlussbild des *Palestrina* bringt es auf den Punkt, dass es hier, sieht man es nicht philosophisch, sondern soziologisch, um den Rückzug in die Innerlichkeit geht. Innere Vorgänge – meist ethische Entscheidungen – stehen in Pfitzners Musikdramen im

Vordergrund; die äußere Aktion tritt zurück – wie in Wagners *Tristan und Isolde* –, dessen erotisches Drängen Pfitzners Musik freilich fremd blieb.

Es ist paradox, dass es gerade *Palestrina* war, dessen Erfolg Pfitzners öffentliche Stellung als deutscher Komponist in der Zwischenkriegszeit eigentlich begründete. Es ist ebenso paradox, dass gerade Pfitzner sich in seinen eifernden Polemiken „Futuristengefahr" (1917) und „Die neue Ästhetik der musikalischen Impotenz" (1919) so emphatisch an eine Öffentlichkeit wandte, von der er doch, vielen seiner Aussagen zufolge, kein wahres Verständnis zu erhoffen hatte. Und nicht weniger paradox erscheint es, dass Pfitzners nächste große Weltanschauungsmusik, die „Romantische Kantate" *Von deutscher Seele* (1921), aus den Verstörungen nach dem verlorenen Krieg und den Auswirkungen des Vertrags von Versailles heraus entworfen, alles andere denn nationalistisch-säbelrasselndes Pathos verströmt. Sie webt sich vielmehr in eine dämmernde-zwielichtige und wiederum todessehnsüchtige Eichendorff-Welt ein, die allenfalls im Schluss-Stück martialischen Glanz entfalten kann.[5]

Dieses merkwürdige Schwanken zwischen einer (ohn-)„machtgeschützten Innerlichkeit" und dem zähen Ringen um die Aufmerksamkeit der so geringgeschätzten Öffentlichkeit ist sicherlich keine Spezialität Pfitzners. Das Schwanken zwischen Verachtung des unmusikalischen oder korrumpierten Publikums und der Suche nach seiner Gunst, zwischen Verachtung des Pöbels und Glorifizierung der Nation ist, fast möchte man sagen: ein Sonderweg der deutsch-österreichischen Musikgeschichte, der sich vielleicht schon bei Wolfgang Amadé Mozart und Ludwig van Beethoven, sicherlich bei Robert Schumann und Richard Wagner, Johannes Brahms und Gustav Mahler beobachten lässt, stets individuell nuanciert, stets mit ganz eigenen Paradoxien verknüpft. Wenn im Folgenden argumentiert werden soll, Pfitzners Symphonik habe sich durch ihre musikalische Konkretion einer Indienstnahme durch die „Welt" nationalsozialistischer „Kunstpolitik" verweigert, ist damit keineswegs die Absicht verknüpft, den Komponisten von seiner Parteinahme für das Regime reinzuwaschen.[6] Es geht vielmehr um die erstaunliche, und man darf wohl sagen: typisch deutsche Denkweise einer Trennung zwischen Kunst und Politik, die Pfitzners Symphonien gerade in ihrer spröden Verweigerung gegenüber einer sich ansinnenden ideologischen Nutzbarmachung als ein eklatantes Beispiel deutscher Ideologie erscheinen lassen.[7]

Pfitzners Symphonik ist heute nahezu unbekannt, man bekommt sie so gut wie nie im Konzertsaal zu hören, und selbst der musikalisch Gebildete dürfte bei der Frage, wie viele Symphonien Hans Pfitzner eigentlich komponiert habe, leicht in Verlegenheit geraten. Tatsächlich hat Pfitzner – auch das eine interessante Verweigerung gegenüber der Tradition – seine Symphonien nicht nummeriert. Drei sind es,[8] und jede von ihnen artikuliert auf eigene Weise die Paradoxie eines Komponisten, der die Öffentlichkeit sucht, indem er sie zu fliehen scheint (oder umgekehrt). Pfitzners erstes symphonisches Werk, die *Symphonie cis-Moll* op. 36a (1932), uraufgeführt 1933, bearbeitet ein 1925 komponiertes *Streichquartett* für Orchester. Die Bearbeitung folgt dem Quartett Takt für Takt und oft genug, wenn auch nicht ganz konsequent, Note für Note. Dieses eigentümliche Werk, sicherlich Pfitzners symphonische Hauptleistung, soll im Mittelpunkt der folgenden Untersuchung stehen.

1939 und 1940 hat Pfitzner dann zwei weitere Symphonien zur Uraufführung gebracht. Wer aber angesichts der mit diesen Daten verbundenen historischen Ereignisse meint, es müsse sich hier um groß angelegte orchestrale Schlacht- und Siegesfeiern handeln, geht fehl.[9] Der Komponist Pfitzner, anders als der Mensch, verweigerte sich der Anbiederung an die Nazis – zumindest hier:

Die *G-Dur-Symphonie* op. 44 (1939) trägt den Titel „Kleine Sinfonie" – man beachte die nunmehr an das Italienische angelehnte Schreibweise „Sinfonie" statt „Symphonie" –, und das nicht nur aufgrund ihrer bloß geringen Besetzung (auch die beiden anderen Symphonien beschränken sich sehr bewusst im orchestralen Apparat). Sie dauert, trotz ihrer traditionellen Viersätzigkeit, gerade einmal zwanzig Minuten.[10]

Im dritten und letzten Gattungsbeitrag, *Sinfonie in C-Dur* op. 46 (1940), schließen sich die drei Sätze – ohne Scherzo – „attaca" aneinander an, und der Schluss des letzten kann als Reprise des ersten verstanden werden.[11] Bemerkenswert erscheint die Überschrift „An die Freunde". Dieses Motto oder diese Widmung – Pfitzner hat sie in einem Brief als Zitat bezeichnet, das sich freilich nicht mehr genau identifizieren lässt[12] – musste in einem totalitären Staat eigentümlich privatistisch, zumindest nicht das „völkische Gemeinschaftsgefühl" fördernd wirken. Ein Überblick über die Rezensionen zur Ur- und Erstaufführung wäre überaus interessant.[13] Dazu kommt auch hier, trotz eines wieder normal großen Orchesterapparats und trotz Pfitzners eigener Äußerung, dass es „dieses Mal nicht eine ‚Kleine Sinfonie', sondern eine große" werden würde,[14] der Umfang: Das Werk dauert gerade einmal etwas mehr als eine Viertelstunde. Das sind geradezu die Dimensionen früher Haydn- und Mozart-Symphonien.[15]

Paul Bekkers These von 1918, bei einer Symphonie handle es sich um den „Gegenstand eines weitreichenden Allgemeininteresses", und „die Aufführung einer Sinfonie [sei] gleichbedeutend mit einer musikalischen Volksversammlung, einer Versammlung, in der ein durch Musik zum Ausdruck gelangendes Gemeingefühl lebendig und tätig wird"[16] hätte Pfitzner sich wohl kaum zu eigen gemacht, und nicht allein, weil er gerade gegen Bekker um 1919 einen ästhetischen Feldzug führte. Jede von Pfitzners Symphonien artikuliert in irgendeiner Form einen Privatanspruch, zumindest gerade nicht jenes „weitreichende Allgemeininteresse", von dem Bekker sprach. Dass der Komponist während der Arbeit an seiner *Sinfonie in C-Dur* 1940 erklärte, er werde sich von der Oper „ganz auf das Gebiet der Sinfonie zurückziehen", obgleich dieses für ihn das „eigentlich fernst liegende" sei, bestätigt den Verdacht, dass sich in Pfitzners Symphonik eine tiefgehende Paradoxie verbirgt. Schon Pfitzners repräsentative Werke der Zwischenkriegszeit, die wohl an den Publikumserfolg des *Palestrina* anzuknüpfen versuchten – die Kantate *Von deutscher Seele* op. 28 (1921), das *Klavierkonzert* op. 31 (1922), das *Violinkonzert* op. 34 (1923) –, entgehen mit den Worten Johann Peter Vogels „nicht einer gewissen Zwiespältigkeit zwischen [*einer Pfitzner*] eigentümlichen introvertierten Grundhaltung und einer aufgesetzten ‚Öffentlichkeitspose'".[17] Das Gleiche gilt auch und gerade für Pfitzners Symphonik: Dieser These soll im Folgenden mit Blick auf Pfitzners symphonischen Erstling, die *cis-Moll-Symphonie*, nachgegangen werden.

Cis-Moll-Symphonie

Dass ein Streichquartett zur Symphonie umgearbeitet wird, ist ein einigermaßen einmaliger Fall. In der Gattungsgeschichte gibt es wohl nicht viele andere Beispiele außer einigen Werken von Charles Koechlin. Entfernt verwandt erscheint der langsame Satz von Haydns Symphonie Hob. I:102, der wohl tatsächlich zuerst in der Klaviertrio-Fassung existierte. Allerdings gab es seit Brahms eine Tendenz, das Symphonische bzw. die Symphonie als eine Art „erweiterte Kammermusik" aufzufassen, d. h. als eine satztechnisch ebenso differenziert und subtil wie die eigentliche Kammermusik zu behandelnde, nur eben klangfarblich und dynamisch erweiterte Gattung.[18] Insbesondere bei der Wiener Schule ist dieses Prinzip deutlich. Dazu kommt, als scheinbar gegenläufige, tatsächlich komplementäre Tendenz, der Anspruch einer Monumentalisierung der Kammermusik, wie er am stärksten in Schönbergs *1. Quartett* op. 7 spürbar wird, auch in seinem Versuch, in der *Verklärten Nacht* das Prinzip der „Symphonischen Dichtung" aufs Streichsextett zu übertragen. Und schließlich wären die Versuche eines Transfers zwischen symphonischem und kammermusikalischem Anspruch zu nennen: Schönbergs *Kammersymphonien* – von denen die erste bezeichnenderweise auch in einer Fassung für großes Orchester vom Komponisten selbst existiert –, Alban Bergs *Kammerkonzert,* auf ganz andere Weise auch die *Kammersymphonien* von Ermanno Wolf-Ferrari und Franz Schreker.[19]

Am nächsten steht Pfitzner in dieser Hinsicht Max Reger. Ausgerechnet Reger, der selbst nie eine Symphonie veröffentlicht hat, soll in Leipzig einer Kompositionsstudentin erklärt haben, um eine Symphonie zu komponieren, müsse sie nur ein Streichquartett orchestrieren.[20] Fast wie eine Paraphrase davon verhält sich der von Pfitzner kolportierte Ausspruch (1944), es hätte auch „Umwege" in seinem Schaffen gegeben:

„Ich habe einmal ein Streichquartett schreiben wollen, und es wurde ein sinfonisches Werk",[21] – ein Ausspruch, der auf op. 44 (das mit einer Art „Fugato" der Streicher beginnt) ebenso bezogen werden kann wie auf op. 36a.

Mit Bezug auf dieses Werk hat sich Pfitzner in einem Brief an seinen Verleger Otto Fürstner, dem er das Projekt schmackhaft zu machen versuchte, folgendermaßen geäußert: „Ich habe den Plan, mein *Streichquartett cis moll op. 36* als Sinfonie zu bearbeiten. Die Existenz dieses Werkes als Streichquartett bleibt natürlich bestehen. Im Gegenteil: das Erklingen als Sinfonie in einem größeren Kreis wird vielleicht beitragen zur sozusagen Popularisierung des Werkes als Streichquartett; denn eine Sinfonie hat immer ein größeres Publikum und die Rückwirkung wird kaum ausbleiben. Künstlerisch betrachtet fordert die Struktur und die Klangwelt dieses Stückes zur Behandlung als Sinfonie gerade zu heraus."[22]

Diese letzte Bemerkung wirkt geradezu verblüffend. Pfitzners 1925 vollendetes *cis-Moll-Quartett* ist eines seiner harmonisch, rhythmisch und formal komplexesten Werke. Versteht man Kammermusik als eine Gattung für „Kenner", als eine der anspruchsvollsten Formen westlicher Kunstmusik, so wendet sie sich naturgemäß an einen eng umgrenzten Adressatenkreis. Zudem war die Gattung nach dem Ende des Ersten Weltkriegs offenbar nicht an der Zeit – die bedeutendsten Beiträge zwischen 1915 und 1925, Paul Hindemiths drei *Quartette* op. 16, 22, 32 sowie Leoš Janáčeks *1. Quartett*, standen kaum in der eben knapp umrissenen „bürgerlichen" Tradition, an die Pfitzners Werk unverkennbar anknüpfte. „Gründlicher als mit einem Streichquartett konnte sich Pfitzner zu diesem Zeitpunkt kaum ins Anspruchsvolle, Esoterische zurückziehen [...]".[23]

Betrachten wir also zuerst die Grundlage der Symphonie, das *Streichquartett*. Es gilt als eines der Hauptwerke Pfitzners, in dem sich seine Musiksprache am Rande der Tonalität bewegt, durchaus Reger oder dem frühen Schönberg vergleichbar.[24] Es beginnt mit einem in der Literatur meist als „Motto" bezeichneten Vorspann von vier Takten, einem rhythmisch komplexen Gebilde.[25] Wichtig ist vor allem die Gestalt des ersten Takts. Die beiden allerersten Akkorde des Werks sind ein Quartsextakkord der Grundtonart cis-Moll und ein Dominantseptakkord auf G. Zwei Akkorde also, deren Grundtöne im Tritonus-Abstand stehen und damit in denkbar größter tonaler Entfernung. Ich kenne nur einen Satz, der mit einer derartigen Akkord-Verbindung beginnt: das Adagio aus Antonín Dvořáks *9. Symphonie*; dort aber handelt es sich um reine Dur-Dreiklänge auf E und B, und vor allem folgen die Harmonien sehr viel langsamer aufeinander, während sie bei Pfitzner durch die schnellere Abfolge, ohne eigentlich dissonant zu sein, doch irritierend querständig klingen. Diese harmonisch allerdings auch gelegentlich leicht variierte Akkordfolge und der ihr folgende Auftakt eines Triolenfragments bilden den Kern des Mottos, der an entscheidenden formalen Einschnitten wieder auftaucht und auch im Finale zitiert wird. Es folgt das eigentliche erste Thema, eine lang gedehnte Melodie der ersten Violine, die vom Cello weitergesponnen wird.[26] (Dass dabei kleine rhythmische Floskeln aus dem Motto in Thema und Begleitung weiterverarbeitet werden – sozusagen submotivische, fast anonyme kleine Zellen – erinnert einmal mehr an Reger oder Schönberg.) Ein episodischer Gedanke in Triolen, geradezu ein zweites Thema, schließt sich an, der wiederum in das Motto mündet, das nun verarbeitet und variiert gesteigert wird.[27] Was aber wie eine Durchführungspassage anhebt, die Fortspinnung der Triolenfigur im Violoncello, das verrinnt in den Mittelstimmen zum Hintergrund, vor dem das Cello das eigentliche Seitenthema anstimmt.[28]

Diese zweifellos zunächst spröde, durch die verwickelte Rhythmik und die chromatische Führung der Nebenstimmen nicht gerade eingängig oder mitreißend wirkende Musik als besonders geeignet für eine symphonische Bearbeitung zu empfinden, wird nicht unmittelbar einleuchten. Verhaltenheit, In-sich-Gekehrtheit ist denn auch ein Merkmal der sieben Jahre später, 1932, vollendeten *cis-Moll-Symphonie*. Tatsächlich verstärkt Pfitzners Orchestration die spröde Komplexität der Musik eher, als sie zu verwischen. Das Motto erklingt in einem reinen Holzbläsersatz, der die harmonischen Spannungen und das kontrapunktische Liniengeflecht schärfer und klanglich herber hervorhebt, als das etwa im Streicherchor möglich wäre. Gemessen an den Traditionen der symphonischen Eröffnung mit ihren oft signalartig konturierten, Aufmerksamkeit fordernden Prägungen, ist das ein außerordentlich indirekter, verhaltener Beginn.[29]

Reinhard Wiesend hat in einer Analyse dieser Eröffnungstakte gezeigt, wie der dem Streichquartettsatz in der Symphoniefassung hinzugefügte Basston Cis in Pauke und Kontrabass zu Beginn des fünften Takts zugleich die Harmonie verdeutlicht und formal mit dem ersten Thema den „eigentlichen" Beginn des Satzes markiert.[30] Der gleichzeitige Einsatz der Streicher verdeutlicht gleichfalls den neuen Abschnitt. Die Art und Weise, wie die Holzbläser nun in prismatischem Klangfarbenwechsel die Streicherstimmen verdoppeln (wobei der Wechsel durchwegs von der Lage der Melodie bestimmt wird), ist durchaus typisch für den Klang zumal dieses ersten Satzes, der über weite Strecken ein Mischklang ist, in dem die Streicher dominieren.[31] Die Bläser treten über längere Passagen nur dort hervor, wo thematisch wieder das Motto zur Sprache kommt, wie zu Beginn der Durchführung, wo die Streicher erst zum Schluss die Führung übernehmen.[32]

Verdeutlichung der formalen Abschnitte durch Klangfarbenwechsel und zumindest tendenziell stärkere Klärung der harmonischen Verhältnisse, das sind Pfitzners sehr verhaltene Zugeständnisse an die symphonische Form. Dagegen steht die – zumindest vor dem Hintergrund anderer Symphoniker oder auch Opernkomponisten seiner Zeit konservativ erscheinende – Tendenz zum durchbrochenen Mischklang. Seinem Verleger Adolph Fürstner erklärte Pfitzner, „... daß ich die Instrumentation in bescheidenen Grenzen halten werde. Wahrscheinlich komme ich mit dem Brahms-Orchester aus, allerdings mit Zuziehung einer Harfe. Höchstens etwa d r e ifaches Holz. Auf keinen Fall aber ein modernes Monstre-Orchester. Es soll eine richtige *Sinfonie* werden im alten guten Sinn."[33] Regelrechte Orchestertutti sind in dieser Partitur äußerst rar.

Das von der Textur und Klangfarbe wesentlich einfacher gestaltete Adagio ist durchaus nicht leichter zugänglich. Die Sechzehntelfigur, die zu Beginn quasi-imitatorisch durch die Streichergruppen geführt wird, umschreibt im Aufstieg eine verminderte und eine reine Quint gis d a, im Abstieg eine reine und eine übermäßige Quart gis dis a. Selten hat sich Pfitzner so am Rande der Tonalität bewegt wie hier, auch wenn der vierte Takt, wie versehentlich, in einem h-Moll-Akkord endet.[34] Als Kontrast, aber eben auch nur als viertaktige Episode gibt es dann eine ausgesprochen klar in D-Dur stehende Passage, die später, ebenso erratisch, in strahlendem Orchesterklang wiederkehren wird.[35]

Zum Eindruck des Verhaltenen und in sich Gekehrten, des gerade nicht auf öffentliche Wirkung und „Gemeinschaftsgefühl" Abzielenden, trägt auch die im symphonischen Repertoire wohl ziemlich einmalige Tatsache bei, dass jeder der vier Sätze leise anfängt und schließt, wobei dieser Schluss stets – außer im ohnehin langsamen Adagio – mit einer Zurücknahme des Tempos einhergeht. Allein im Scherzo, sicherlich der extrovertierteste und nach herkömmlichen Maßstäben effektvollste Satz des Ganzen, wird nach der Verlangsamung für die miniaturhafte Schlusspointe der allerletzten Takte wieder ins Ausgangstempo zurückgekehrt.

Besonders auffällig ist das bei jenem Satz, der im symphonischen Zyklus seit Beethoven mit besonderen Erwartungen befrachtet war: dem Finale. Schon dessen Hauptthema, ein über einem statischen Sekundklang immer wieder neu ansetzender und stockender tänzerischer Gestus, ist alles andere als eine ungebrochene Melodie, sei sie gedacht zum großen symphonischen Schlusstriumph oder zum unbeschwerten Kehraus.[36] Man beachte den Einzelton dis, mit dem das Thema anhebt und zugleich abbricht, hartnäckig gefolgt vom synkopisch dawiderhaltenden Basston cis (man beachte auch die erstaunliche Entscheidung, das Thema zu Beginn ausgerechnet vom Englischhorn anstimmen zu lassen, traditionell einem Instrumentalklang der Trauer und Klage.) Was der junge Wolfgang Rihm 1981 als „die spezifische Diktion" von Pfitzners Musik bestimmte, nämlich „die des stockenden Schwungs", wird hier ungemein evident.[37] Zwar versucht die Musik zu Beginn des Satzes zu Bewegung zu finden, ja in Schwung zu geraten, aber dieser Schwung, so könnte eine ausführlichere Analyse wohl zeigen, wird den Motiven eher von außen angetan als aus ihnen entwickelt. Wo bei Gustav Mahler der „élan vital" pseudo-folkloristischer Melodien vom Zerfall bedroht wird, da kommt er bei Pfitzner gar nicht erst zustande.

Das Tempo dieses Beginns, dessen Vorschrift immerhin „Ziemlich schnell (Allegro)" lautet, wird, wie erwähnt, hier wie in den anderen drei Sätzen gegen Ende zurückgenommen. Ausgerechnet am Ende verlangsamt Pfitzner ganz entschieden das Tempo. Die drei letzten Tempovorschriften lauten „mit Ruhe", „immer ruhiger" und „Im ruhigen Tempo bleiben" – erstere steht genau dort, wo die Musik bei einer letzten Reprise des Hauptthemas nach Des-Dur wechselt, also in die enharmonische Durvariante der Grundtonart cis-Moll.[38] Der „Durchbruch" ins Durgeschlecht geht hier nicht, wie bei Beethoven oder auch Mahler, mit Akzeleration und Klangentfaltung einher, sondern mit Entschleunigung und Verhaltenheit. Zwar wird das Thema anfangs noch lyrisch, ja zunehmend hymnisch fortgesponnen und gesteigert, doch bricht diese Steigerung im Sinne von Rihms „stockendem Schwung" in T. 312 rasch wieder in sich zusammen. Noch einmal deutet sich das Motto vom Beginn des Werks an (T. 316f., 318f.) – auch andere Themen wurden rekapituliert – dann aber versickert der Satz. In den letzten acht Takten löst sich eine Variante des Themas in halbe Noten auf, und die beiden letzten Ansätze der motivischen Floskel, in denen die den Satz motivierende Dissonanz cis – dis zwischen Haupt- und Nebenstimmen in Des vereint scheint, wirken weder apotheotisch-verklärt noch tragisch verstummend, sondern etablieren eher einen friedlich-resignativen Tonfall, den Tonfall des genügsamen Scheiterns, der ein wenig an den Schluss-Satz einer Erzählung des von Pfitzner so sehr geliebten Eichendorff erinnert, nämlich „Aus dem Leben eines Taugenichts": „[U]nd es war alles, alles gut!"[39] Das ist, für eine am 23. März 1933 in München uraufgeführte Symphonie, schon ein erstaunliches Finale.

Kurzum: Was Carl Dahlhaus schon im Zusammenhang mit dem Topos von Brahms' Symphonik als „orchestraler Kammermusik" festgehalten hat, gilt in jeder Hinsicht verschärft für Pfitzners Werk, nämlich: dass „sich die Brahmsschen Symphonien, obwohl sie gattungsgeschichtlich die Erbschaft der Beethovenschen antreten, nicht an eine als Masse versammelte bürgerliche Öffentlichkeit, sondern primär an den isolierten Einzelnen wenden (an das in Gefühle und Gedanken verlorene Subjekt), daß sie also – nach ästhetischen Kriterien – wahrgenommen werden, als wären sie Kammermusik".[40] Und es ist offenbar der Schluss von Brahms' *3. Symphonie*, der – wenn auch nur entfernt – als Vorbild für diese außergewöhnliche Coda diente.

Einen Schlusspunkt haben nun auch unsere Überlegungen erreicht. Dass es sich bei Pfitzners Symphonien um eine bewusste Zurücknahme, wenn nicht Verweigerung jeder emphatischen Wendung an die Öffentlichkeit, auch jeder appellhaften Wendung ans Nationale oder Völkische handelt, das war die Ausgangsthese.[41] Auch wenn sie hier nur an wenigen Ausschnitten der *cis-Moll-Symphonie* erörtert wurde, sind hoffentlich einige Argumente dafür deutlich geworden: die bewusst herausgestellte spröde Komplexität von Pfitzners wohl avanciertestem Kammermusikstück auch im Orchestersatz, die Verweigerung jedes symphonisch demonstrativen Gestus und weitgehend jeder Extroversion, die den Rand der Tonalität streifende musikalische Sprache, schließlich die Verhaltenheit, Gedämpftheit, die jeden Satz im piano oder pianissimo beginnen und enden lässt, wobei sich das Ende stets in gemäßigtem Tempo vollzieht. Für diese wie für die beiden späteren Symphonien Pfitzners ist letztlich die Paradoxie zu verzeichnen, dass sie als Rückkehr zur „richtige[n] *Sinfonie* [...] im guten alten Sinn" zugleich auch eine Abkehr von den Großformaten der „Weltanschauungsmusik" um 1900 vollzogen. Das Moment von Weltanschauungsmusik als Weltabwendungsmusik sorgte für Abstand zum „élan vital" und zur Apotheose ebenso wie zum öffentlich ausgetragenen metaphysischen Ringen, zur ungenierten Selbstdarstellung und natürlich auch zur politischen Botschaft. Mit solcher Symphonik ließ sich nicht repräsentieren, ließ sich kein Staat machen – schon gar kein nationalsozialistischer.

Anmerkungen

1 Alle Zitate folgen der im Eulenburg-Verlag erschienenen Studienpartitur Hans Pfitzner: Palestrina. Musikalische Legende in drei Akten. Mainz o. J.

2 Thomas Mann: Große kommentierte Frankfurter Ausgabe: Werke, Briefe, Tagebücher, Bd. 13, 1: Betrachtungen eines Unpolitischen. (Hg. und textkritisch durchgesehen von Hermann Kurzke). Frankfurt/Main 2009, S. 460. Pfitzner selbst, berichtet Mann, habe in einer Rede darauf hingewiesen, und es folgen Pfitzners (angeblich) eigene Worte im Zitat: „Der Unterschied drückt sich am sinnfälligsten in den szenischen Schlußbildern aus. Am Ende der *Meistersinger* eine lichtstrahlende Bühne, Volksjubel, Verlöbnis, Glanz und Gloria; bei mir der freilich auch gefeierte *Palestrina* allein im Halbdunkel seines Zimmers unter dem Bild der Verstorbenen [der Lukrezia] an seiner Orgel träumend. Die *Meistersinger* sind die Apotheose des Neuen, ein Preis der Zukunft und des Lebens; im *Palestrina* neigt alles zum Vergangenen, es herrscht darin **Sympathie mit dem Tode**." Eine Formulierung, in der der verblüffte Thomas Mann seine eigene Formel aus dem *Zauberberg* wiedererkannte. (Vgl. auch Gerhard Winkler: Hans Sachs und Palestrina: Hans Pfitzners „Zurücknahme" der *Meistersinger*. In: Richard Wagner 1883–1983: Die Rezeption im 19. und 20. Jahrhundert. (Hg. v. Ursula Müller). Stuttgart 1984, S. 107–130.

3 Hans Pfitzner: Sämtliche Schriften. Bd. 4. (Hg. v. Bernhard Adamy). Tutzing 1987, S. 422. Eine etwas andere Interpretation des Werks und seines Endes bietet Tim Lörke: Die Verteidigung der Kultur. Mythos und Musik als Medien der Gegenmoderne. Thomas Mann – Ferruccio Busoni – Hans Pfitzner – Hanns Eisler. Würzburg 2010, S. 97–112.

4 Zum Begriff vgl. Hermann Danuser: Weltanschauungsmusik. Schliengen 2009. Pfitzner wird darin keine eigene Untersuchung gewidmet. – Pfitzner selbst äußerte sich ambivalent: „Freilich ergibt sich aus alle dem, was während eines ganzen Künstlerlebens an Ar-

beiten entsteht, eine ‚W e l t a n s c h a u u n g'. Aber es ist sehr gefährlich und schwierig, von dem Standpunkt der Weltanschauung und nicht dem des ‚S p i e l t r i e b s' aus, einen schaffenden Künstler, der noch nicht seine letzte Note und sein letztes Werk geschrieben hat, beurteilen und ihm seine ‚E n t w i c k l u n g' vorschreiben zu wollen [...]." Hans Pfitzner: „Von deutscher Seele". Romantische Kantate. In: Mitteilungen der Hans Pfitzner-Gesellschaft. N. F. H. 41 (1980), S. 29.

5 Gemeint ist die Passage „das Land ist ja frei". Vgl. dazu Birgit Jürgens „Deutsche Musik" – Verhältnis von Ästhetik und Politik bei Hans Pfitzner. Hildesheim u. a. 2009 (Historische Texte und Studien 24), S. 143f. Ironischerweise werden in Ingo Metzmachers vielumstrittener Aufführung zum Tag der Deutschen Einheit 2007 (Mitschnitt: *Phoenix Editor*, wieder veröffentlicht auf *Capriccio*) die Blechbläser weitaus drastischer profiliert als in der Aufnahme des generationsmäßig und von der politischen Biographie Pfitzner viel näher stehenden Eugen Jochum (erschienen bei *Orfeo*).

6 Sicherlich ist Pfitzners von „dauernder Anbiederung und Zurückweisung" geprägtes Verhalten im Dritten Reich differenzierter nachzuzeichnen, als es hier geschehen kann. Sabine Busch: Hans Pfitzner und der Nationalsozialismus. Stuttgart 2001 (Zitat S. 368). Buschs biographisch orientierte Studie geht leider auf die Frage, ob und wie Pfitzners Musik in der gleichgeschalteten NS-Presse beurteilt wurde, nur sporadisch ein.

7 Für diese Sicht können paradigmatisch jene Sätze aus Arthur Schopenhauers „Parerga und Paralipomena" (1851) stehen, die Pfitzner der Partitur des *Palestrina* (1915) – dessen Uraufführung ursprünglich zur Feier des „Siegs der deutschen Waffen" im Ersten Weltkrieg vorgesehen gewesen war – vorangestellt hat: „Jenem rein intellektuellen Leben des Einzelnen entspricht ein eben solches des Ganzen der Menschheit, deren r e a l e s Leben ja ebenfalls im W i l l e n liegt. – Dieses rein intellektuelle Leben der Menschheit besteht in ihrer fortschreitenden Erkenntnis mittelst der Wissenschaften, und in der Vervollkommnung der Künste, welche Beide, Menschenalter und Jahrhunderte hindurch, sich langsam fortsetzen, und zu denen ihren Beitrag liefernd, die einzelnen Geschlechter vorübereilen. Dieses intellektuelle Leben schwebt, wie eine ätherische Zugabe, ein sich aus der Gärung entwickelnder wohlriechender Duft über dem weltlichen Treiben, dem eigentlich realen, vom W i l l e n geführten Leben der Völker, und neben der Weltgeschichte geht schuldlos und nicht blutbefleckt die Geschichte der Philosophie, der Wissenschaft und der Künste." Busch: Hans Pfitzner, a. a. O., S. 422 gibt dieses Zitat im Faksimile eines Klavierauszugs wieder, der mit folgender Widmung versehen ist: „Seiner Excellenz Benito Mussolini verehrungsvoll überreicht von Dr Hans Pfitzner 5 Mai 1934". Auf dieses Datum fiel Pfitzners 65. Geburtstag.

8 Es ist in der Forschung gelegentlich erwogen worden, ob man nicht etwa *Von deutscher Seele* ebenfalls als Symphonie für Chor, Solisten und Orchester betrachten könne, und sicherlich sind das Klavierkonzert und namentlich das Violinkonzert mit seiner komplexen Struktur von Mehrsätzigkeit in der Einsätzigkeit „symphonische Konzerte" zu nennen. Schließlich hat Pfitzner selbst über seine späte Kantate *Urworte Orphisch* 1947 an Walter Abendroth geschrieben: „Denn mir schwebt (wenn schon, denn schon) doch eine richtige dreisätzige Symphonie vor, jedenfalls ein Orchesterwerk [...]". Zitiert nach Hans Rectanus: Hans Pfitzners nachgelassene Goethe-Kantate „Urworte Orphisch" op. 57. In:

Hans Pfitzner – „Das Herz" und der Übergang zum Spätwerk. Bericht über das Symposion Rudolstadt 1993. (Hg. v. Peter Cahn und Wolfgang Osthoff). Tutzing 1997 (Veröffentlichungen der Hans Pfitzner-Gesellschaft 7), S. 243–259, hier S. 247. Mein Interesse gilt hier allerdings ausschließlich jenen Werken, die Pfitzner selbst ausdrücklich in der Publikation als Symphonien bezeichnet hat.

9 Die mitunter geäußerte Vermutung, die *Sinfonie in C-Dur* op. 46 von 1940 feiere den Sieg über Frankreich, ist aus chronologischen Gründen nicht haltbar: Yoko Rieger-Yokota: Die *Kleine Sinfonie* (1939) und die „große(?)" *Sinfonie in C-Dur* (1940) von Hans Pfitzner. In: Symphonik 1930–1950. Gattungsgeschichtliche und analytische Beiträge. (Hg. v. Wolfgang Osthoff und Giselher Schubert). Mainz etc. 2003 (Frankfurter Studien 9), S. 140–153, hier Anm. 11, S. 141f.

10 Pfitzner nannte sie „sozusagen eine Sonatine für Orchester und mit kleiner Instrumentierung": Hans Pfitzner: Briefe. (Hg. v. Bernhard Adamy). Tutzing 1991, Bd. 1: Textband, Nr. 790, S. 845 (an Josef Müller-Blattau, 10. Oktober 1939). Dagegen verwahrte er sich heftig gegen die Bezeichnung „Symphonietta" (sic!); vgl. Rudolf Stephan: Überlegungen zu Hans Pfitzners Sinfonik. In: Hans Pfitzner – „Das Herz", a. a. O., S. 201–207, hier S. 201. Das Werk wurde am 17. November 1939 in Berlin unter Wilhelm Furtwängler uraufgeführt. Peter Cahn: Zum Charakter von Pfitzners Spätstil am Beispiel der Kleinen Sinfonie op. 44. In: Symposium Hans Pfitzner Berlin 1981. Tagungsbericht. (Hg. v. Wolfgang Osthoff). Tutzing 1984, S. 99–113. Rieger-Yokota: Die *Kleine Sinfonie*, a. a. O.

11 Vgl. Stephan: Überlegungen, a. a O., 204. Das Werk wurde am 11. Oktober 1940 in Frankfurt am Main unter Franz Konwitschny uraufgeführt, am 23. und 24. November dirigierte es Wilhelm Furtwängler mit den Berliner Philharmonikern.

12 Allzu spekulativ bleibt die These von Rolf A. Tybout: An die Freunde. Die Widmung von Hans Pfitzners *Sinfonie* op. 46. In: Acta musicologica 74 (2002), S. 195–218, Pfitzner beziehe sich hier auf Joseph von Eichendorffs Gedicht „An die Freunde" als versteckte Kritik am NS-Regime.

13 Eine von offenbar mehreren positiven Rezensionen zitierte Rieger-Yokota: Die *Kleine Sinfonie*, a. a. O., S. 142.

14 Pfitzner: Briefe, a. a. O., 1, Nr. 799, S. 857 (an Walter Abendroth, 29. März 1940). Auch nach Abschluss der Komposition hielt Pfitzner an der Ansicht fest, man könne das Werk „nicht als ‚klein' bezeichnen" und die Symphonie sei „zwar nicht lang, aber doch eine ‚große'"; vgl. ebd., Nr. 800 und Nr. 801, S. 858. Vgl. Rieger-Yokota: Die *Kleine Sinfonie*, a. a. O., S. 141f.

15 Angesichts der Bonsai-Dimensionen dieser Symphonie wirkt es fast kurios, dass man in der Forschung den Beginn, an dem ein Hornmotiv über einem Paukenwirbel und ostinat murmelnden Sechzehntel-Sextolen der Violoncelli ertönt, gelegentlich mit Bruckner verglichen hat. Aber dieser Vergleich bleibt an der Oberfläche, denn das Thema tritt schon fertig auf, wenn es auch in den Wiederholungen klanglich gesteigert wird. Überdies konnte Pfitzner mit Bruckners Symphonien nichts anfangen (vgl. etwa Pfitzner: Briefe, a. a. O., 1, Nr. 547, S. 574f.; Nr. 570, S. 596f.). Tatsächlich erinnert die Art und Weise, wie das charakteristische Auftaktmotiv abgespalten und dynamisch mobilisiert wird, an ein ganz anderes Werk, nämlich an Mendelssohn-Bartholdys *Italienische Symphonie*. Auch

das mag nur eine oberflächliche Assoziation sein; besser begründen lässt sich hier jedoch, dass Pfitzner im musiksprachlichen Gestus, wie für sein Spätwerk generell charakteristisch, sich auf die Tonsprache und die formale Klarheit der romantischen Musik vor der Mitte des 19. Jahrhunderts zu beziehen scheint. Vgl. auch Stephan: Überlegungen, a. a. O., S. 201 (dort auf op. 44 bezogen) sowie im selben Band Peter Cahns Diskussionsbeitrag zu Wiesend: Pfitzners Streichquartett, a. a. O., S. 241, sowie Tybout, An die Freunde, a. a. O., S. 215-217.

16 Paul Bekker: Die Sinfonie von Beethoven bis Mahler. 1918, 15, hier zit. Nach: Wolfram Steinbeck/Christoph von Blumröder (Hg.): Die Symphonie im 19. und 20. Jahrhundert. Teil 1: Wolfram Steinbeck: Romantische und nationale Symphonik. Laaber 2002 (Handbuch der musikalischen Gattungen 3,1), S. 33.

17 Johann Peter Vogel: Hans Pfitzner, Streichquartett Cis-Moll Op. 36. München 1991 (Meisterwerke der Musik 54), S. 6.

18 Vgl. Carl Dahlhaus: Die Musik des 19. Jahrhunderts. Wiesbaden 1980 (Neues Handbuch der Musikwissenschaft 6), S. 223–225.

19 Vgl. auch Stephan: Überlegungen, a. a. O., S. 201f.

20 Rainer Cadenbach: Max Reger und seine Zeit, S. 213.

21 Wolfgang Boetticher: Begegnung mit Pfitzner im Zeichen Schumanns. In: Mitteilungen der Hans Pfitzner-Gesellschaft, N. F. H. 42 (1981), S. 11–16, hier S. 15.

22 Pfitzner: Briefe 1, a. a. O., Nr. 569, S. 595 (München, 17. 6. 1932).

23 Vogel: Streichquartett, a. a. O., S. 6.

24 Ebenda, S. 7f.

25 Hans Pfitzner: Quartett in cis-moll für 2 Violinen, Viola u. Violoncello op. 36. Studienpartitur, London, [ca. 1952], S. 1. Von T. 1–4 als einem „Motto" spricht Ulrik Skouenborg: Von Wagner zu Pfitzner. Stoff und Form der Musik. Tutzing 1983 (Veröffentlichungen der Hans-Pfitzner-Gesellschaft 2), S. 137; ebenso Vogel: Streichquartett, a. a. O., S. 14; Friedhelm Krummacher: Das Streichquartett. Teilband 2: Von Mendelssohn bis zur Gegenwart. Laaber 2003 (Handbuch der musikalischen Gattungen 6,2), S. 213.

26 Pfitzner: Quartett, a. a. O., S. 1f. (vor Ziffer 1).

27 Ebenda: S. 2 (ab Ziffer 1) und S. 3 (bis Ziffer 2). Dieses „zweite Thema" (Skouenborg: Von Wagner zu Pfitzner, a. a. O., S. 133) tritt nur als geschlossener, von der Durchführung nicht berührter Komplex in Exposition und Coda auf und wird im Finale wieder aufgegriffen; Vogel nennt es daher „Quartett-Thema" (Streichquartett, a. a. O., S. 14, vgl. S. 34): Krummacher (Das Streichquartett, a. a. O., S. 213f.) spricht treffender von einem „zyklischen Thema".

28 Ebenda: S. 3 (ab Ziffer 2). Zur Analyse des gesamten Satzes vgl. Skouenborg: Von Wagner zu Pfitzner, a. a. O., S. 133–151; Vogel: Streichquartett, a. a. O., S. 13–21; John Williamson: The Music of Hans Pfitzner. Oxford 1992 (Oxford Monographs on Music), S. 287–300; Krummacher: Das Streichquartett, a. a. O., S. 212–215.

29 Hans Pfitzner: Symphony op. 36a. Taschenpartitur. London, Mainz [ca. 1987] (Edition Eulenburg 1521), S. 1, T. 1–4.

30 Reinhard Wiesend: Pfitzners Streichquartett op. 36 als Sinfonie. In: Hans Pfitzner – „Das Herz", a. a. O., S. 213–234, hier S. 223, vgl. auch S. 235 (Diskussionsbeitrag Ste-

phan). Für die Absicht dieses Textes konnte die verdienstvolle Arbeit von George Alexander Albrecht: Das sinfonische Werk Hans Pfitzners: Textkritische Anmerkungen und Hinweise zur Aufführungspraxis (Tutzing 1987; Veröffentlichungen der Hans Pfitzner-Gesellschaft 7), nichts beitragen (im Gegensatz zu der vorzüglichen Einspielung von Pfitzners Orchesterschaffen durch diesen Musiker mit den Bamberger Symphonikern). Vgl. auch die Bemerkungen bei Skouenborg: Von Wagner zu Pfitzner, a. a. O., S. 151ff.

31 Pfitzner: Symphony, S. 1ff., T. 5–12. Generell werden dabei auch im Ambitus weitgespannte Linien, die im Quartett einem Soloinstrument anvertraut sind, in der Symphonie auf verschiedene Streichergruppen verteilt. Die angespannte Expressivität der geforderten (oder überforderten) vier Musiker wird von Pfitzner im Orchesterklang durch eine bewusste Zurücknahme ersetzt, statt (was ja auch möglich gewesen wäre) auch hier an die Grenzen des Spielbaren zu gehen (etwa in der Zuspitzung der Durchführung unmittelbar vor der Reprise). Der Orchesterklang erscheint so im Vergleich zur Quartettfassung gefälliger, aber auch weniger ausdrucksvoll: „Die Zerlegung einer Melodie oder die Zuweisung von Melodiepartikeln an verschiedene Instrumente ist im allgemeinen ein Mittel zur Vermeidung des Espressivo." Stephan: Diskussionsbeitrag zu Wiesend: Pfitzners Streichquartett, a. a. O., S. 236. Vgl. auch unten Anm. 32.

32 Pfitzner: Symphony, S. 10, T. 85–90. In T. 23f., S. 4, wird eine Variante des Mottos auch den Posaunen und Hörnern überantwortet.

33 Pfitzner: Briefe 1, a. a. O., Nr. 572, 598f. (München 7. 7. 1932), hier S. 599.

34 Pfitzner: Symphony, S. 46, T. 1–10 (vor Ziffer 37).

35 Pfitzner: Symphony, S. 46f., T. 11–14. Vgl. S. 50, T. 46–49. Im Vergleich zur Streichquartettfassung scheint hier die Plakativität gesteigert, hingegen wird (wie schon bemerkt) das Moment der interpretatorischen Anstrengung zurückgenommen; vgl. Wiesend: Pfitzners Streichquartett, a. a. O., S. 228–233.

36 Pfitzner, Symphony, S. 52, T. 1–4. Zum motivischen Geschehen und zur Problematik der Form vgl. auch die Analyse bei Vogel: Streichquartett, a. a. O., S. 31–39.

37 Wolfgang Rihm: Zur Aktualität Pfitzners. In: Symposium Hans Pfitzner Berlin 1981. Tagungsbericht. (Hg. von Wolfgang Osthoff). Tutzing 1984 (Veröffentlichungen der Hans Pfitzner-Gesellschaft 3), S. 189–193, hier S. 192. (Neudruck: Wolfgang Rihm: „ausgesprochen". Schriften und Gespräche. 2 Bde., (Hrg. v. Ulrich Mosch). Winterthur 1997, Bd. 1, S. 267–272, hier S. 271).

38 Pfitzner: Symphony, S. 85, T. 272. Im Streichquartett, wo der Wechsel in die Dur-Variante übrigens nicht durch den Wechsel nach Des-Dur markiert, sondern durch Vorzeichen ausnotiert wird, vermerkte Pfitzner bei der Reprise sogar ausdrücklich: „Im ruhigen Tempo bleiben. (viel langsamer, als am Anfang des Satzes)". Vgl. Pfitzner: Quartett, S. 61.

39 Joseph von Eichendorff: Werke in einem Band. (Hg. v. Wolfdietrich Rasch). München o. J., S. 832.

40 Dahlhaus: Die Musik, a. a. O., S. 223.

41 Und noch einmal ist zu betonen, dass dies die Symphonie eben nicht „ideologiefrei" oder „rein" erscheinen lässt, sondern dass die Ideologie gerade in dieser Verweigerung gegenüber propagandistischer Nutzbarmachung erscheint, eine Verweigerung, die Pfitzner freilich nicht überall durchgehalten hat. Dass die „Spätromantik" und ihre „Sympathie

mit dem Tode", auf die Pfitzner oft abgestempelt wurde, mit den ästhetischen Einstellungen des NS-Regimes (so widersprüchlich und wirr uns diese heute erscheinen mögen) nicht recht übereinkam – diese These Fred K. Priebergs (In: Musik im NS-Staat. Frankfurt/Main 1982, S. 125) wäre allerdings noch detailliert zu begründen. Aber die nationalsozialistische Kulturpolitik hätte wohl über manches schwer Erträgliche im Umgang mit dem Menschen Pfitzner hinweggesehen, wäre seine Musik als ein geeignetes Mittel zur Inszenierung eines „deutschen" Musiklebens des Dritten Reichs erschienen. Hinter Pfitzners „withdrawn later style" eine innere Emigration zu vermuten, wie es Williamson (In: The Music, a. a. O., S. 301f.) tut, scheint mir jedoch abwegig.

Gerhard J. Winkler (†; Eisenstadt)

Außer der Norm – Formprobleme bei Franz Schmidts zweiter und vierter Symphonie*

Wie viele Sätze hat Franz Schmidts *2. Symphonie* eigentlich? Diese Frage scheint nur auf den ersten Blick unangebracht, denn bei näherer Untersuchung ist sie gleich bei zwei Symphonien berechtigt; d. h. es gibt unter den vier Symphonien Franz Schmidts zwei, bei denen die Frage nach der Anzahl der Sätze nicht beim ersten Hinsehen und eindeutig beantwortet werden kann.

Die *2. Symphonie*, komponiert 1913, hat zwar materiell alles, was zur konventionellen Viersätzigkeit erforderlich ist, ist aber in der Partitur als dreisätzig ausgewiesen, weil Scherzo und Trio, also ein vollständig vorhandener dritter Satz, als Unterabteilungen, nämlich als Variationen IX und X, des zweiten Satzes, der ein Variationensatz ist, geführt sind.

Die *4. Symphonie*, die erst zwanzig Jahre später komponiert wurde, geht zwar ebenfalls vom gewohnten viersätzigen Modell aus; ihre vier Satzabschnitte, die den im klassisch-romantischen Repertoire üblichen Symphoniesatztypen entsprechen, gehen aber ohne Pause ineinander über. Als vierter Satz fungiert eine Variante des ersten, sodass die Symphonie als ein einziger großer, in sich geschlossener Satzkomplex verstanden werden kann.

Um also die Ausgangsfrage einmal ganz „äußerlich" zu beantworten: Die *2. Symphonie* ist dreisätzig mit einem im Mittelsatz „versteckten" weiteren Scherzo-Satz (also sowohl drei- als auch viersätzig); die *4. Symphonie* ist ein großes zusammenhängendes Ganzes, das aber auf dem traditionellen viersätzigen Werkzyklus basiert. Es ist dieses Phänomen der mehrfachen Optik der Zählbarkeit in den Satzzyklen, in denen sich der Symphoniker Schmidt, dem man ansonsten leicht eine allzu sklavische Anwendung von Formmodellen nachsagen kann, als durchaus originell erweist. Ich möchte im Folgenden ein wenig näher auf das Phänomen, seine Voraussetzungen und Implikationen eingehen, und beginne dabei mit der *4. Symphonie*.

---

* Dieser Beitrag basiert auf dem Aufsatz „Ist die Zweite Symphonie viersätzig?", den Gerhard Winkler für einen Vortrag in Bratislava verfasste. Da der Autor im Juni 2012 verstarb, lag keine neue, wesentlich erweiterte Fassung, die – wie geplant – alle vier Symphonien einbezieht, vor. Für das Symposion in Wien, 13.–15. 12. 2012, stellte seine Witwe, Frau Susanne Winkler-Klement, dankenswerterweise den Text zur Verfügung. Die Eingangspassage wurde von ihr leicht modifiziert, der Aufsatz entspricht dem Originaltext.

4. Symphonie

Die *vierte Symphonie* entspricht einem bewährten Muster, das Schmidt zweifelsohne von Schönbergs *1. Kammersymphonie op. 9* oder dessen *Streichquartett op. 7* übernommen hat, dessen Ahnentafel jedoch bis zu Franz Liszts *h-moll-Klaviersonate* oder Schumanns *4. Symphonie* zurückreicht, nämlich jenem Modell, das die Musikwissenschaft als „double-function-form" oder „Mehrsätzigkeit in der Einsätzigkeit" bezeichnet hat. Dieses Modell ist natürlich im Lichte jener großen symphonischen Vereinheitlichungstendenzen des 19. Jahrhunderts zu sehen; als eines der Verfahren, ein großes Werkganzes wie aus einem Gusse von A bis Z zusammenzuschließen. Es beruht darauf, dass die Form des gesamten Werks im „Großen" mit der eines Einzelsatzes überblendet wird, d. h. der Verlauf des ganzen Werkzyklus ist so organisiert, dass er dem eines Einzelsatzes entspricht:

Die Abfolge: Kopfsatz, langsamer Satz, Scherzo und Finale können auch als Exposition, Durchführung und Reprise „im Großen" gelesen werden, wie dies bei der *h-Moll-Sonate* von Franz Liszt ja tatsächlich der Fall ist. Durch diese Überlagerung paralleler Verläufe kommt es zu einer mehrfachen Optik, je nachdem, ob man ein Detail auf die Form „im Großen" oder „im Kleinen" bezieht (double function). Wie weit und plausibel diese gegenseitige Überlagerung nun tatsächlich funktioniert, ist Sache der jeweiligen Verfahren, aber auch eine Frage der Interpretation, denn eine solche kann natürlich nie restlos aufgehen. In jedem Fall ergeben sich aber aus der Reibung der verschiedenen Formebenen Doppeldeutigkeiten und unterschiedliche Interpretationsmöglichkeiten, wie eben bei der *h-Moll-Klaviersonate*, in der Franz Liszt diese formalen Auffächerungen geradezu zelebriert. Praktisch eingelöst wurde das Modell meist nach folgendem Muster (und dies gilt im Großen nicht nur für Liszts Sonate, sondern z. B. auch etwa für Schumanns *4. Symphonie* oder für einen weiteren „Vorläufer", nämlich die große *C-Dur-Fantasie* für Klavier von Franz Schubert, die sogenannte *„Wanderer-Fantasie"*): Der erste Satz geht nach der Durchführung ohne Reprise gleich in den zweiten über, und der Schlusssatz übernimmt in gewisser Weise auch die Funktion einer Reprise des ersten Satzes, die dort ausgespart ist, und holt diese sozusagen nach. Ob die dazwischenliegenden Teile, der zweite und dritte Satz, auch die Funktion einer „großen" Durchführung übernehmen, die die „kleine" oder „engere" des Kopfsatzes fortsetzen, ist eine Sache der jeweiligen Konzeption und Lösung. Am Ende des Werks finden jedenfalls beide Verläufe, der „große" und der „kleine", am selben Punkt ihren Abschluss.

Schmidt folgt in der *4. Symphonie* exakt diesem Muster; aber es ist sehr charakteristisch, dass er das Modell, wenn er es aufgreift, sozusagen „bereinigt", d. h. die Doppeldeutigkeiten und formalen Grauzonen, die bei Liszt eben vorhanden sind, so weit wie möglich zurückdrängt. Die formale „double function" besteht eigentlich nur darin, dass die reguläre Reprise des ersten Satzes an den Schluss des Werks versetzt ist, quasi „als" Schlusssatz erscheint. Würde man diese getrennten Teile unter Auslassung der dazwischengeschalteten Abschnitte einfach zusammenfügen, hätte man einen formal völlig regulären Kopfsatz, wie ihn Schmidt auch für die drei anderen Symphonien geschrieben hat, vor sich. (Man könnte also darüber streiten, ob die *4. Symphonie* nun „einen", „vier" oder „drei" Sätze hat, da der erste ja in die beiden Klammern aufgeteilt ist.)

Die dazwischengeschalteten Sätze zwei und drei sind in sich abgeschlossene Satzeinheiten; sie übernehmen nur eingeschränkte double-function-Aufgaben im Detail. Damit meine ich die Tatsache, dass ihre Hauptthemen identisch bzw. klar erkennbare Varianten voneinander sind, beide abgeleitet von dem Trompetenmotto, mit dem das Werk beginnt und schließt, und dass Themen des ersten Satzes, das Trompetenmotto und das zweite lyrische Thema, im dritten Satz in anderem Gewand wiederkehren. Schmidt erhöht also nicht – wie dies etwa Schönberg tut – die Komplexität des Formmodells, sondern reduziert sie auf ihre rudimentärste Stufe. Dies alles steht natürlich im Zeichen des allgemeinen Programms dieser Symphonie, nämlich dessen, was Schmidt als „Requiem" für seine Tochter bezeichnete, deren Tod den Anlass zu dieser Komposition gab: Der Mittelteil des zweiten Satzes, sozusagen das „Herzstück" des Werks, ist ein ausgedehnter Trauermarsch, eben das „Requiem", der dritte Satz ist nicht eigentlich ein „Scherzo", sondern eine Art Tarantella, die in eine Riesenkatastrophe à la Gustav Mahler mündet. Wenn dann die Musik des Beginns und zum Schluss vollends das Trompetenthema wieder erklingt, ist es, als ob die Symphonie sich in sich selbst schließe, als ob sie die symphonische Wegstrecke, die sie bisher zurückgelegt hat, verneint und an den Punkt null zurückkehrt: eben „Requiem"!

Die *4. Symphonie* ist zweifellos eindrucksvoll und in sich abgerundet. Die zwanzig Jahre früher komponierte *2. Symphonie* ist jedoch in ihrer doppelten Formlösung nicht weniger interessant, obwohl sie vielleicht nicht so perfekt gestaltet ist wie die *Vierte*, vor allem aber deswegen, weil sie sich nicht nach einem überlieferten Modell richtet.

2. Symphonie

Die *2. Symphonie* zeichnet sich, wie anfangs schon gesagt, durch das originelle Charakteristikum aus, dass ihr dritter Satz, das Scherzo–Trio–Scherzo, nicht als ein eigener Satz ausgewiesen ist, sondern als zwei Unterabteilungen des zweiten Satzes, nämlich als dessen Variationen IX und X, figuriert. Und es handelt sich dabei nicht um eine Verschachtelung zwischen einem langsamen Satz und einem Scherzo, wie es Schmidt im *B-Dur-Klavier-Klarinettenquintett* von 1932 gleichfalls vorgelegt hat (Modell hierfür ist der Mittelsatz der *A-Dur-Violinsonate op. 100* von Johannes Brahms), sondern in diesem Fall ist etwas sehr viel Komplexeres am Werk, eine vollständige Überlappung von zwei Sätzen!

Der Mittelsatz der *2. Symphonie* ist auf den ersten Blick ein Variationensatz. Das Thema im 3/8-Takt besteht aus vier Verszeilen, hat dreißig Takte und ist liedhaft und sehr einfach gehalten, ohne ganz regelmäßig zu sein (die Verszeilen sind verschieden lang) – insgesamt also ideal für ein Thema, das variiert werden soll.

Nb. 1: *2. Symphonie*, Beginn des zweiten Satzes: Thema und Var. I

Will man die ersten acht Variationen charakterisieren, so handelt es sich nicht um „strukturelle“ oder „motivisch“ gearbeitete Variationen, sondern um Charaktertravestien unter dem Prinzip der größtmöglichen Buntheit: Dem unschuldigen Einfall wird ein farbenprächtiges Gewand nach dem anderen übergeworfen (darunter auch ein „ungarisches“), sodass man ihn am Schluss kaum mehr wiedererkennt. (Die achte Variation ist übrigens eine deutliche Paraphrase des Zwischenspiels aus der Oper *Notre Dame.*) Dabei werden aber die ursprünglichen dreißig 3/8-Takte nach und nach verbreitert, gedehnt und gestreckt. Dann kommt die neunte Variation, der Scherzo-Satz. Ein solcher muss noch breiter ausgearbeitet sein, aber hier ist es mit einer weiteren Dehnung allein nicht mehr getan, will man vor allen Dingen große

Nb. 2: *2. Symphonie*, Beginn des „dritten" Satzes: Var. IX

14
Kl. Fl.
Fl.
Ob.
Englh.
Es-Kl.
Kl.
Fg.
Hr. in F
Vl.
Br.
Vc.
Kb.
ff
cresc.
mf
dim.

symphonische Dimensionen erreichen: Ein Scherzo bedarf nicht nur eines plausiblen Scherzo-Themas, das aus der ursprünglichen Liedzeile zu entwickeln ist, ein Scherzosatz hat auch, um als solcher erkennbar zu sein, eine traditionelle, festgeschriebene Form, die nur schwer im ursprünglichen Liedthema zu finden ist. Er besteht aus der bekannten A-B-A-Form mit den zwei Wiederholungszeichen, die das ursprüngliche Liedthema nicht hat. D. h. der Verlauf des ursprünglichen Themas muss nicht nur „variiert", sondern auch umgruppiert werden, um für ein Scherzo zu passen.

Um ein Beispiel zu geben: Die letzte Verszeile des „Themas" hat nur die Andeutung der Reprise des Anfangs, das „Scherzo" aber bringt an der entsprechenden Stelle eine vollständige Wiederkehr des Themas „a". Schmidt kehrt diese geänderte Situation sogar noch hervor: Er schreibt die Wiederholungen aus und instrumentiert sie anders. Die Musik ertönt also zweimal, in unterschiedlicher Klangfärbung. Die Wiederholung des zweiten Teils bricht merkwürdigerweise dann in der Mitte ab. Es folgt das Trio (die 10. Variation), bzw. beim zweiten Mal unmittelbar eine Coda, so als wollte der Komponist sagen, das Weitere könne man sich denken!

Und vollends besteht ein Scherzosatz aus Scherzo–Trio–Wiederholung des Scherzos, sodass also, was den Variationensatz betrifft, nach der zehnten Variation die neunte noch einmal wiederholt werden müsste. Die neunte Variation, das Scherzo, ist keine Variation wie die vorherigen mehr, sondern ein eigenständig organisiertes Musikstück, das sich nur ganz im Groben an den ursprünglichen Verlauf hält, oft von ihm abweicht und sich hauptsächlich nur punkt- oder abschnittsweise einiger thematischer Einsprengsel bedient, die den Zusammenhang mit dem Vorherigen halten. Teilweise sind es Verarbeitungspartien, die dazwischengeschaltet sind. Mit anderen Worten: An der Wende von der achten zur neunten Variation ändert sich auch das Prinzip der Variation – aus strengen Variationen werden freie Varianten, „Variationen" im übertragenen, symbolischen Sinn. Um den Unterschied mit einem großen Beispiel aus der Geschichte zu verdeutlichen, nämlich mit der schon angesprochenen *Wandererfantasie* Franz Schuberts: Der langsame Satz dieser Fantasie ist eine Folge von Variationen über das Thema des Liedes „Der Wanderer". Der übrige Verlauf aber wird von Varianten des Anfangsthemas der Fantasie gestaltet, das sich nach und nach in ein Scherzothema und ein Fugenthema travestiert und als solches Ausgangspunkt von den entsprechenden größeren Formen wird. In eben diesem Sinne ist die neunte Variation keine „Variation" mehr, sondern eine „freie" Variante.

Die Wende von der achten zur neunten Variation ist in der Tat der Knackpunkt, die Scheidemarke in der ganzen Symphonie. Schmidt tut alles, um diesen zentralen Punkt auch perfekt nach allen Seiten hin in der Schwebe zu halten: Einerseits meint die Betitelung des Scherzos als neunte Variation nichts anderes, als dass der Dirigent hier keine Pause machen darf, wie sie zwischen Sätzen einer Symphonie üblich ist

– die Zäsur darf nicht auffallender sein als beispielsweise die zwischen der 7. und 8. Variation! Andererseits hebt er sie ja doch hervor: mit dieser gezackten Figur und dem Triller, die das Scherzo einleiten, als ob ein „Jolly Joker" da herausspringt und ruft: „Hört, Leute, was ich da noch vorhabe!" Denn mit diesem Prinzip der „freien Variante" beschränkt sich Schmidt nicht auf den zweiten Satz, sondern er setzt es noch bis in das Finale fort.

Dieses Finale ist von Gottfried Scholz in seiner Analyse als Verschränkung zwischen Fuge und Rondoform beschrieben worden, und in der Tat besteht dieser Satz aus einem verwirrenden Reigen von Abschnitten, in denen das Variationsthema kontrapunktisch – in fugierter Art – behandelt wird, und verschiedenen Themen aus dem ersten sowie dem Variationensatz (8. Variation). Dieses Finale wirkt aber wahrscheinlich deswegen so locker und uneinheitlich gelöst, weil hier drei Funktionen miteinander zur Deckung gebracht werden:

1. Einerseits setzt sich hier das Prinzip der freien Variante fort, und zwar in freier kontrapunktischer Form, wobei Originalgestalt und Umkehrung des Themas berücksichtigt werden.
2. Zweitens soll dieses Finale auch den Schlusspunkt des Variationenzyklus bilden, diesen zusammenfassen, ähnlich wie dies die Passacaglia am Schluss der *Haydn-Variationen* von Johannes Brahms tut.
3. Drittens soll dieses Finale auch den Kulminationspunkt des ganzen Werks bilden und dieses überklammern; daher auch die Rückgriffe auf den ersten Satz. Das Finale ist daher auch nicht streng Rondo-artig angelegt, sondern als Steigerungsform, und es setzt mit seiner Steigerungswirkung den zweiten Satz, die Variationen, fort: Es beginnt feierlich langsam, geht ins schnelle Tempo über und endet triumphal. Wenn zuletzt das Thema in vollem Bläserchor in Gestalt einer Choralvariation (Thema als Choral; das Material der 8. Variation als Zwischenstücke) erklingt, sind alle drei Funktionen sozusagen in Deckung.

Um nochmals zur Ausgangsfrage zurückzukehren: Wie viele Sätze hat die *2. Symphonie* nun eigentlich? Vier, nach der Substanz, drei nach der Zählung der Partitur, oder nur zwei, nämlich Präludium und Variationen, nach der gestaffelten Finalwirkung der kombinierten Variationen: So ist jede der drei Antworten richtig.

Franz Schmidts Lösung des Finalproblems auf dem Weg über mehrere Arten von Variationen mag sich nach den vielen erprobten Finalkonzeptionen von L. v. Beethoven, Anton Bruckner, Johannes Brahms vielleicht ein wenig unbefriedigend ausnehmen, doch ist dies seine ganz persönliche Lösung. Ist nicht das auch für Schmidt so ungewohnt locker gefügte Finale der passende Schluss einer Symphonie, die sich im Variationensatz in so viele luxuriöse Gewänder gekleidet hat?

Thomas Leibnitz (Wien)

Die Symphonien Franz Schmidts – eine Außensicht

Das folgende Referat war als Koreferat mit meinem Freund und Kollegen Gerhard J. Winkler gedacht, der im Juni dieses Jahres verstorben ist. Es war vereinbart, dass er die formal-strukturelle „Innenseite" der Symphonien beleuchten sollte, ich hingegen die „Außenseite", also Aspekte der Entstehung, der Einbettung in den biographischen Kontext und vor allem der Rezeption. Im wissenschaftlichen Nachlass Gerhard Winklers fand sich ein Text, der auf die kompositorische Struktur der *Zweiten* und der *Vierten Symphonie* Schmidts eingeht und damit die beiden formal außergewöhnlichen Symphonien Schmidts analysiert. Diesen Text, der im Rahmen des Symposions vorgestellt wird, darf ich im Sinne der ursprünglichen Schwerpunktsetzung verstehen und ihm meine Ausführungen zum biographischen Kontext gegenüberstellen.

Der „Ort" der Symphonie im Schaffen Franz Schmidts

Franz Schmidt hat insgesamt vier Symphonien geschrieben; Skizzen zu einer nicht ausgeführten Symphonie in C-Dur finden sich in seinen Skizzenbüchern zu *Notre Dame* und sind zeitlich zwischen der *1.* und der *2. Symphonie* einzureihen. Was mag Schmidt bewogen haben, sich der Gattung der Symphonie zuzuwenden? Zunächst ist an das hohe Prestige zu denken, das die Symphonie nach der „Kanonisierung" der Gattung im Gefolge Beethovens während des 19. Jahrhunderts erlangte und sie zur „Königsdisziplin" aufsteigen ließ. Man denkt an Johannes Brahms, der um 1870 Hermann Levi gegenüber äußerte, er werde nie eine Symphonie komponieren; Levi habe keinen Begriff, wie einem zumute sei, wenn man immer einen Riesen hinter sich marschieren höre. Brahms hat dann bekanntlich trotz des übermächtigen Vorbilds Beethovens doch Symphonien geschrieben, aber erst nach umfänglichster Vorbereitung und zahlreichen Übungen mit der orchestralen Palette, zuletzt mit den symphonischen *Variationen über ein Thema von Joseph Haydn*. Man denkt weiters an Anton Bruckner, dessen *Erste Symphonie* während seiner Jahre als Linzer Domorganist entstand und für ihn als praktikable Gattung keineswegs nahelag. Schwer denkbar, dass ein anderes Motiv als Ehrgeiz Bruckners Interesse für die prestigeträchtige Gattung anfachte, wenn er auch, sich gleichsam rechtfertigend, feststellte: „In die Symphonie hat mi der Mayfeld einig'hetzt";[1] Moritz von Mayfeld, der kunstsinnige oberösterreichische Statthaltereirat, der Bruckners außerordentliche Fähigkeiten frühzeitig erkannte, hätte seinen Schützling kaum in eine Gattung „hetzen" können, die dieser nicht aus innerstem Antrieb selbst angesteuert hätte.

Der hohe Rang der Gattung in der öffentlichen Geltung mag auch Franz Schmidt bewogen haben, sich als fünfundzwanzigjähriger Cellist der Wiener Philharmoniker an die Komposition einer Symphonie zu wagen. Die *1. Symphonie* in E-Dur entstand 1899 und errang im gleichen Jahr den ersten Preis der „Beethoven-Stipendium-Stiftung" der Gesellschaft der Musikfreunde in Wien. Die Auszeichnung bewog Schmidt jedoch nicht, im Komponieren von Symphonien fortzufahren; vielmehr entstanden die weiteren Werke der Gattung jeweils im Abstand vieler Jahre und markieren sehr unterschiedliche Abschnitte seines Lebenswerkes. Die *2. Symphonie* in Es-Dur folgte erst 1913, nach der Komposition der Oper *Notre Dame* und nach Schmidts Austritt aus dem Verband der Wiener Philharmoniker. Es trat nun die insgesamt längste „symphonische Pause" ein, bis 1928, als Schmidt nach der Komposition seiner zweiten Oper *Fredigundis* und zahlreicher Werke anderer Gattungen wieder den Weg zur Symphonie fand, allerdings aufgrund einer äußeren Anregung: Im Schubert-Gedenkjahr 1928 setzte die amerikanische „Columbia-Graphophone-Gesellschaft" einen Kompositionspreis für die geglückteste Symphonie „im Geiste Schuberts" aus; Schmidt reichte seine *3. Symphonie* in A-Dur ein und errang den zweiten Platz. Hatte Schmidt in den bisherigen Symphonien das Prinzip der „absoluten Musik" im Gefolge Johannes Brahms' vertreten, so steht seine vierte und letzte Symphonie explizit unter dem erschütternden Eindruck des Todes seiner Tochter Emma 1932. Die *4. Symphonie* in C-Dur (1933) ist Schmidts Beitrag zur Tradition der „Bekenntnismusik", allerdings nicht unter einem philosophischen Aspekt, sondern unter einem zutiefst persönlichen und emotionalen.

Der Versuch, zwischen diesen zeitlich weit auseinanderliegenden Werken Gemeinsames und Trennendes festzustellen, ist sicherlich spekulativ, lohnt aber dennoch. Eine doppelte „Paarbildung" zeichnet sich ab: Gemeinsam ist der *2.* und der *4. Symphonie*, dass sie das klassische Satzschema verlassen und neue formale Lösungen anstreben, wobei die *4. Symphonie* hier am weitesten geht, indem das gesamte, nicht mehr in Einzelsätze unterteilte Werk den Charakter eines riesenhaften Sonatensatzes trägt, dessen formale Großabschnitte die Funktionen von Hauptsatz, Seitensatz, Durchführung und Reprise erfüllen. Dem gegenüber verharren die *1.* und die *3. Symphonie* im klassischen Satzschema, und sie haben ein weiteres, äußerliches, aber nicht bedeutungsloses Kriterium gemeinsam: Sie wurden bei Wettbewerben eingereicht, wobei der Entschluss dazu bei der *1. Symphonie* möglicherweise erst nach der Fertigstellung erfolgte, bei der *3. Symphonie* jedoch als der konkrete Entstehungsanlass anzusehen ist und auf Charakter und Struktur des Werkes Auswirkungen hatte. Eine weitere Eigenschaft haben diese zwei Symphonien gemeinsam: Sie standen und stehen im Schatten ihrer „interessanteren" Schwestern. Bereits zu Lebzeiten Schmidts zeichnete sich diese Wertung durch die Öffentlichkeit ab und verfestigte sich im Laufe der weiteren Rezeptionsgeschichte, in der die Symphonien Franz Schmidts – dies sei offen konstatiert – insgesamt nicht gerade einen Siegeszug durch die Konzertsäle der Welt antraten. Aber wenn vereinzelt doch eine Symphonie Schmidts auf dem Programm steht, dann ist es mit hoher Wahrscheinlichkeit die *Vierte*, gefolgt von sporadischen Aufführungen der *Zweiten*, während die Kenntnis der *Ersten* und *Dritten* heute nur den ausgewiesenen Schmidt-Kennern und -Verehrern vorbehalten zu sein scheint.

Legt man der vergleichenden Betrachtung das Kriterium der kompositorischen „Fortschrittlichkeit" zugrunde, vor allem in Hinblick auf Satztechnik und Harmonik, ergibt sich ein etwas anderes Bild. Entgegen dem beliebten Etikett des „Spätromantikers", das eine gewisse Statik in der stilistischen Entwicklung suggeriert, durchlief Schmidt in seinem Komponistenleben eine sehr markante Entwicklung, an der die Umbrüche im Gefolge des Schönbergkreises keineswegs spurlos vorübergingen, wenn sich Schmidt auch bekanntlich der Absage an die Tonalität verweigerte und damit nie zu den „Neutönern" im engeren Wortsinn zählte. Aber die Präsenz der „Neuen Musik", die Diskussionen um sie übten zweifellos Einfluss auf ihn aus, und es ist an die Tatsache zu erinnern, dass unter seinem Rektorat und aufgrund seiner Initiative an der Wiener Musikhochschule am 26. April 1929 ein Schönberg-Abend stattfand, an dem *Pierrot lunaire* aufgeführt wurde. An Schmidts Werken der späten zwanziger Jahre ist zu bemerken – und es wurde auch von zeitgenössischen Kritikern bemerkt –, dass Schmidt das tonale Spektrum bis an die Grenzen auslotete und durch lineare Stimmführung durchaus „avancierte" Wirkungen erzielte. Als markantestes Werk dieses Grenzbereichs wird häufig das *2. Streichquartett* in G-Dur (1929) genannt; auch der *3. Symphonie* in A-Dur (1928), vor allem dem Adagio, ist die Herkunft aus dieser „linearen" Phase Schmidts anzumerken, und das Epitheton „Im Geiste Schuberts" wurde vom Komponisten offensichtlich nicht auf die harmonische Gestaltung bezogen. Der weite Entwicklungsbogen von der *1.* zur *3. Symphonie* wurde vom Schmidt-Biographen Carl Nemeth ziemlich unterspielt; seine Lebensdarstellung trägt den Untertitel „Ein Meister nach Brahms und Bruckner" und legt damit die Annahme nahe, Schmidt hätte als Symphoniker „nach Brahms und Bruckner" angesetzt. Das Erscheinungsbild der *1. Symphonie* straft diese Einstufung durchaus Lügen; die Symphonie des Fünfundzwanzigjährigen schließt an Stilregionen des 19. Jahrhunderts an, die vor Brahms und Bruckner liegen und am ehesten in der Symphonik Robert Schumanns eine Entsprechung finden. Für den unvoreingenommenen Hörer würde das Etikett „Im Geiste Schumanns" der *1. Symphonie* weitaus besser entsprechen als das Etikett „Im Geiste Schuberts" der *3. Symphonie*, wo das Schubert-Motto nur in einem sehr vermittelten Sinn als eingelöst betrachtet werden kann.

Es führt also ein Entwicklungsbogen von der epigonalen, sich auf tradierte Muster stützenden *1. Symphonie* über die formal ausgeweitete, harmonisch und klanglich weitaus „fortschrittlichere" *2. Symphonie* zur phasenweise linear betonten, das harmonische Spektrum bis an die Grenzen auslotenden *3. Symphonie*. Die *4. Symphonie* setzt, und dies mag überraschend sein, diesen Bogen nicht fort und kehrt tendenziell in die „gesicherten" Bereiche der romantisch-emotionalen Ausdruckssphäre zurück. „Moderne" Ausdrucksmittel wie das tonal vage Trompetensolo am Beginn der Symphonie werden in harmonisch-formale Prozesse eingebunden, die sich als groß angelegte Kadenzen erweisen und auf den „sicheren Boden" des tonal Gefestigten zurückführen. Dies findet in anderen Werken Schmidts der 30er-Jahre, etwa dem *Es-Dur-Klavierkonzert* oder dem Oratorium *Das Buch mit sieben Siegeln*, seine Entsprechung und kann, ohne jede Wertung, als konservative Restauration interpretiert werden. Dass die 30er-Jahre des 20. Jahrhunderts in umfassender Weise, vor allem politisch und kulturell, im Zeichen restaurativer Tendenzen standen, mag mit dieser Beobachtung in Zusammenhang gebracht werden.

1. Symphonie E-Dur, 1899

Die „Beethoven-Stipendium-Stiftung" der Gesellschaft der Musikfreunde in Wien konnte 1899 auf eine beinahe dreißigjährige Tradition zurückblicken; ihre Gründung erfolgte am 7. Oktober 1870 mit einem Fonds von 5000 Gulden, aus dem im Abstand von zwei Jahren ein Kompositionspreis verliehen wurde. Beethoven-Preisträger vor Franz Schmidt waren 1881 Robert Fuchs (*Klavierkonzert b-Moll*), 1883 Victor Ritter von Herzfeld für die Musik zu Grillparzers *Der Traum ein Leben*, 1885 neuerlich Robert Fuchs (*Symphonie C-Dur*), 1889 Julius Zellner und Ludwig Thuille (ein *Quintett* bzw. *Sextett*), 1897 Alexander Zemlinsky und Robert Gound (*Symphonie B-Dur* bzw. *Symphonie g-Moll*).

Die Ausschreibungsbedingungen für den Wettbewerb, an dem Schmidt – zu dieser Zeit Cellist des Hofopernorchesters – sich beteiligte, wurden am 16. Dezember 1899 veröffentlicht und lauteten: „Am 16. Dezember 1900, dem Geburtstage L. van Beethovens, gelangt der oben bezeichnete Compositions-Preis der Gesellschaft der Musikfreunde in Wien zur Verleihung. Derselbe beträgt 1000 Fl. Ö.W. und wird für die beste Composition auf dem Gebiete der Oper, des Oratoriums, der Cantate, der Symphonie, des Concertes und der Sonate (für ein oder mehrere Instrumente) nebst einschlägigen Arten verliehen. Als Schlußtermin für die an die Gesellschaft der Musikfreunde in Wien zu richtende Einreichung der Concurrenz-Werke hat der 15. September 1900 zu gelten. Zur Bewerbung sind alle Tonsetzer berechtigt, die – gleichviel in welchem Fache – dem Conservatorium der Gesellschaft der Musikfreunde in Wien angehören, oder innerhalb der dem Tage der Ausschreibung vorangegangenen 10 Jahre angehört haben."[2]

Die bis dahin verzeichneten Preisträger können – wohl mit der Ausnahme Zemlinskys – als „gediegenes kompositorisches Mittelmaß“ eingestuft werden: eher konservativ und der Brahms-Richtung nahestehend. Dies verwundert keineswegs, wenn das 1899 bzw. 1900 amtierende Preisgericht namentlich genannt wird: Ignaz Brüll, Robert Fuchs, Richard Heuberger, Eduard Kremser, Eusebius Mandyczewski, Richard v. Perger, Rudolf Weinwurm. Diese Jury erkannte der von Franz Schmidt eingereichten *1. Symphonie* in E-Dur „einstimmig“ den Preis zu und informierte ihn darüber am 16. Dezember 1900 in einem offiziellen Schreiben. Ob Schmidt seine Komposition jedoch bereits als Wettbewerbswerk konzipierte und in Kenntnis der stilistischen Orientierung des Preisgerichts bewusst „klassizistisch“ ausrichtete oder ob er ein vorliegendes Werk erst nach dessen Fertigstellung einreichte, kann mangels überlieferter Aussagen nicht festgestellt werden. Sollte die zweite Möglichkeit zutreffen und Schmidt die Symphonie ohne jegliche „taktische“ Absicht geschrieben haben, so hatte er offensichtlich dennoch der Erwartungshaltung seiner Preisrichter exakt entsprochen.

Das harmonisch, satztechnisch und formal an bewährten Mustern orientierte Werk wurde unter Schmidts eigener Leitung am 25. Jänner 1902 im Rahmen eines Novitäten-Konzerts im Wiener Musikverein uraufgeführt. Carl Nemeth kolportiert eine selbstkritische Bemerkung des Komponisten: „Hätte ich nur einen Takt der ‚*Salome*‘ geschrieben, würde ich die Symphonie für immer beiseite legen.“[3] Manches spricht für die Vermutung, dass Schmidt mit der Komposition dieses Werkes sich und seiner Umwelt demonstrieren wollte, dass er fähig war, nach allen Regeln der Kunst eine Symphonie zu schreiben. Die Reaktionen der Wiener Presse zeigen, dass dies auch von den meisten Rezensenten als Intention vermutet wurde.

„Wiener Allgemeine Zeitung“[4]: „Franz Schmidt führte seine von der Gesellschaft der Musikfreunde durch den Beethoven-Preis ausgezeichnete Symphonie in E-Dur vor. Durch die Thatsache der einstimmigen Preiszuerkennung wird auch das Werk charakterisiert – in gutem wie in weniger gutem Sinne. Es ist zunächst schulgerecht. Ein schüchterner Hauch von Modernität gibt vorsichtigen, mit dem Maßstab des ‚ewig Schönen und Guten‘ ausgerüsteten Beurtheilern das Recht, in dem Stück erlaubte Originalität zu vermuthen. Der erste Satz zeichnet sich durch besondere musikalische Gottgefälligkeit aus. Ein richtiger Symphoniesatz, der sich neben denen anderer, die es schon besser gemacht, immerhin anhören läßt. Lobenswerte Auchmusik.“

„Neues Wiener Journal“[5]: „Nun also hat auch einer der Herren vom Cello eine Symphonie componirt. Eine echte, rechtschaffene Symphonie, von der man nur mit Anerkennung reden kann. Eine Symphonie, die man auch ohne Programm versteht, weil sie ganz und gar wirkliche Musik ist. Ja, manchmal will es eben die Ironie des Zufalls, daß ein Cellist besser componirt als ein Dirigent, wenn auch das Normale immer weniger interessant sein mag als die Abnormalität. Den ersten Satz der Symphonie kann man am wenigsten loben. Es fehlt ihm an stärkeren Gegensätzen, an einer größeren symphonischen Wucht der Themen. Auch ist die Instrumentirung, der es im ganzen Werke an größerer Freiheit und reicherem Wechsel der Farben fehlt, zu gleichmäßig dick. Im zweiten Satz erfreut ein schöner Aufbau und die eigenthümlichen Wendungen der Themen, die manchmal an nordische (Grieg), manchmal an slavische Musik (Smetana) erinnern. Gegen Schluß wird der Satz durch Sequenzen gesteigert – dramatisches Strohfeuer, das prasselt und nicht zündet. Der dritte Satz ist ein geistreich gebautes Scherzo; ein originelles, flottes Stück. Der Schlusssatz interessirt am meisten. Als Form ist die alte Form der Toccata gewählt, wie Brahms in der vierten Symphonie nach der Passacaglia griff."

In der „Neuen Freien Presse"[6] schrieb Eduard Hanslick zur erste Aufführung der Symphonie im Rahmen eines Philharmonischen Abonnementkonzertes am 23. November 1902: „Eine gute Aufführung und günstige Aufnahme – das ist der willkommenste Preis für einen jungen Componisten. An beiden war gestern kein Mangel und der Erfolg wohlverdient. Die Symphonie verrät ein anmuthiges, dabei ernstes Talent, Sinn für Form und Klang, dabei gewissenhafte Arbeit. Freilich weiß Herr Schmidt sich nicht genug zu thun und dehnt die einzelnen Theile weiter aus, als ihr Inhalt es verträgt; insbesondere die beiden Ecksätze."

2. *Symphonie* Es-Dur, 1913

Zwischen der *1.* und der *2. Symphonie* liegt die Komposition der Oper *Notre Dame* (1902–1904), die Schmidt an der Hofoper zu platzieren versuchte; doch weder das Vorspiel bei Gustav Mahler noch bei Franz Schalk hatte Erfolg (erst am 1. April 1914 kam es zur Uraufführung unter der Hofoperndirektion Hans Gregors, Dirigent: Franz Schalk). Bei Schmidt trat zwischen 1904 und 1911 eine kompositorische Schaffenspause ein; diese mag durch die Wartezeit auf die Aufführung von *Notre Dame* erklärbar sein, doch aus Äußerungen zu Bekannten und Freunden geht hervor, dass Schmidt zu dieser Zeit erwog, die Komponistenlaufbahn grundsätzlich zugunsten einer Pianistenkarriere aufzugeben.

Zu Beginn des Jahres 1912 teilte der Komponist seinem Freund Alexander Wunderer jedoch den Entschluss zur Arbeit an einer neuen Symphonie mit und zeigte ihm erste Partiturseiten; im Sommer 1913 schrieb er über die Vollendung des Werkes. Franz Schalk, dem das Werk auch gewidmet ist, dirigierte die Uraufführung am 3. Dezember 1913. Die *2. Symphonie* tritt markant aus dem Schatten der *Ersten*; zum einen macht sie sich den Zug der Zeit zur Riesenbesetzung zu eigen (man denke an die Zeitgenossenschaft von Mahlers *Achter Symphonie* und Schönbergs *Gurre-Lie-*

dern), zum anderen verlässt sie das tradierte Formschema der Symphonie und überrascht durch eine individuelle Gestaltung des Mittelsatzes. Der mittlere Satz nämlich des insgesamt dreisätzigen Werkes – ungewöhnlich bei Symphonien – besteht aus einer Folge von Variationen, deren neunte und zehnte Variation Scherzo und Trio der Symphonie darstellen. Die thematische Verklammerung überschreitet die Satzgrenzen, indem der Schlusssatz die Variationen in freier Form weiterführt und als fünfstimmige Fuge über das Thema des zweiten Satzes beginnt. In der Kombination von verästelter Kontrapunktik mit einem Blechbläserchoral schließt Schmidt unverkennbar an Bruckners *Fünfte Symphonie* an und wird hier der (von seinem Biographen Nemeth verliehenen) Etikettierung als eines „Meisters nach Brahms und Bruckner" erstmals gerecht. Weiters wird, vor allem im ersten Satz, Schmidts Vertrautheit mit der Klangwelt Richard Strauss' offenbar, insbesondere mit der des 1911 in Wien aufgeführten *Rosenkavaliers*.

Der satz- und instrumentationstechnische Reichtum der *2. Symphonie* übertrifft die Faktur des symphonischen Erstlings bei Weitem, die individuelle Tonsprache des Komponisten der *Notre Dame* tritt klar zutage, aber dennoch traf dieses Werk in der zeitgenössischen Presse auf zwiespältige Aufnahme. Die Verhaftung in der Tradition wurde – je nach Standpunkt der Kritiker – im guten wie im schlechten Sinne als das hervorstechende Merkmal des Werkes gelobt und getadelt. Zunächst eine zustimmende Meinung in den „Signalen für die musikalische Welt": „Was man heutzutage kaum recht erwarten konnte, es ist diesmal doch wieder gelungen; man kann in Franz Schmidt ohne geradezu in mystische musikalische Wahrsagerei zu verfallen, eine ausgesprochen symphonische Begabung begrüßen, dessen Begabung wohl noch etwas aus Brucknerischen Gebieten herwandelt, aber doch so überwiegend selbständig ist, daß man das künstlerische Heimatland kaum erkennt. Es weht klassische Luft in dieser durchaus modernen Symphonie, die sich der lang und unnötig vernachlässigten Dreiklänge wieder annimmt und aus ihnen ganz überraschende Wirkungen holt."[7]

Ebenso zustimmend der ehemals erbarmungslos scharfe Bruckner-Kritiker Max Kalbeck, der aus Schmidts Werk die Tendenz zur Brahms-Nachfolge heraushörte und eine Lobrede anstimmte: „Viel Wienerisches und noch mehr Österreichisches steckt in der wunderschönen, jedermann, Musiker wie Laien, gleich lebhaft ansprechenden Tondichtung. Die Variationen lassen die sangesfrohen und tanzlustigen Völker der vereinigten Monarchie defilieren. Slawische, magjarische, italienische, polnische und deutsche Idiome lösen einander ab oder klingen durcheinander – kein Tohuwabohu schnöder Misslaute, sondern ein Konzert wohlbegründeter, auf tonaler Grundlage sich bewegender, nach harmonischer Auflösung lechzender Dissonanzen. Ein Meister des Tonsatzes ist hier überall am Werke und auch, wo er fehlgreift, irrt er noch als Meister. Den Preis möchten wir dem geradezu klassischen Allegretto con variazioni geben, das an Brahmssche Vorbilder heranreicht, ohne sich der Schablone des Nachahmens zu bedienen."[8]

Als gewichtige Gegenstimme sei die ausführliche Stellungnahme zitiert, die Richard Specht 1915 anlässlich der Aufführung der Symphonie beim Essener Musikfest verfasste und die über eine augenblicksbezogene Wertung weit hinausgeht; es handelt sich geradezu um eine „Fundamentalkritik" am Werk Schmidts, die übergreifende Charakteristika seines kompositorischen Gesamtschaffens in Frage stellt und die den Komponisten offensichtlich tief traf; in einer unveröffentlichten Darstellung Alexander Wunderers wird vermerkt, dass Specht zu den wenigen Menschen gezählt habe, die Schmidt „wirklich hasste".[9]

„Als Franz Schmidts Es-Dur Symphonie, die nach der Wiener Uraufführung durch Franz Schalk von einem großen Teil der Wiener Kritik mit dem Prädikat des bedeutendsten symphonischen Meisterwerks seit Bruckner (von anderen gar: seit Brahms) bedacht worden war, auf dem Essener Musikfest zu Gehör gebracht wurde, schüttelten die Deutschen die Köpfe. Von jeher mehr auf Sachlichkeit als auf musikpolitische oder gar musikkonfessionelle Fragen eingestellt, fanden sie es wieder einmal kurios, dass man in Wien eine Schöpfung, der alle Attribute des tüchtigen Mittelmaßes, des Gekonnten und Klangreichen, des Festgefügten und einer sehr sinnlichen Musizierfreude zuzusprechenden, aber ebenso auch die des Begrenzten im eigentlichen Sinn Ideenlosen und Ungeistigen, als die Tat eines Genies plakatiert, und dass der Tondichter zum größten lebenden österreichischen Komponisten, zu einem Gesundheitbringer unserer Musik ausgerufen werden konnte. So schön es gewesen wäre, wirklich wieder einen Meister zu begrüßen und das edle Amt eines Vermittlers seines Wesens üben zu dürfen – der Unbefangene wird diesen behutsamen und verwunderten Stimmen recht geben müssen. Schon des Substantiellen des Werks halber, das einer Prüfung auf Meisterwerke nicht standhält: die Thematik ist insignifikant und wenig plastisch und der hinreißende Wohllaut, der das ganze von Anfang zum Ende rauschend, lodernd, jauchzend durchweht, verhüllt eine Verschwommenheit der Architektur, die nicht allein aus der ermangelnden Profilierung der Themen zu erklären ist. Ein Hauptthema wie das melodisierend figurierte des ersten Satzes, das überdies – sowie alle anderen Motive – gar kein symphonisches Dasein im Sinne von Entfaltung, Verwandlung und Erhöhung erlebt und in der karusselmäßigen unveränderten Wiederkehr den Satz nicht gleich der Keimzelle beherrscht, aus der alles andere in Blüte und Frucht austreibt, sondern nur so, dass es gleichsam wie ein umspannendes Netz über das Ganze geworfen scheint – ein solches Hauptthema hätte Bruckner höchstens zur Umspielung einer seiner stolz aufstrahlenden symphonischen Eingebungen zu nutzen gewagt; hätte ein Thema wie das der Variationen, die weniger Veränderung als Maskierung des gleichen Einfalls bedeuten, aber darin ein paar glanzvoll klingende und lebendige Kostümbilder in Tönen erreichen, kaum jemals aufgeschrieben, weil diese altväterische Kindlichkeit seinem Wesen unwahr erschienen wäre, und wohl auch, weil er die Ergiebigkeit des Motivs (mit Recht) bezweifelt hätte. [...] Es gibt auch einen Eklektizismus des Gemüts; bei Schmidt finde ich ihn stärker ausgesprochen als irgend anders wo. Zudem: seine Musik hat in ihrer Unbestimmtheit gleichsam die Melodie noch vor sich, nicht in oder hinter sich; ist dabei nicht banal, aber nicht, weil sie sich der Banalität entrungen und sie überwunden hat, sondern weil sie noch nicht bei ihr angelangt, weil sie ohne Schärfe und Gestalt ist. Gewiss, sie wirkt immer ‚schön', aber ungefähr wie eine schöne, üppige, nicht eben kluge, nur dem physischen Behagen liebenswürdig zugewandte Frau, mit der man vielleicht gern ein Abenteuer haben, die einen aber niemals als Gefährtin des wahren Lebens zum eigentlichen Daseinssinn führen wird. [...] Dass es nicht ungefährlich im Sinne der Entwicklung sein könnte, wenn gerade diese Art von retrospektiver, ererbten Besitzes vergnügter Musik die Meisterkrönung zuteil wird, ist nicht zu verhehlen; nur dass tröstlicherweise die Musik ihren Gang geht und das wirklich Fruchtbare auch durch das bequemer zu Genießende nicht aufzuhalten ist. Seltsam immerhin, wenn in der Stadt, in der Gustav Mahler in neun symphonischen Kolossen die ungeheuersten Probleme angepackt, zu den fernsten Höhen des Menschengeists emporgerissen und die Pforten des Zukünftigen gesprengt hat, Intensitäten des Ausdrucks erreicht wie keiner zuvor, Beschwichtigungen und Ekstasen, Himmlisches und Höllisches in einer Tonsprache von schmerzlichster Gewalt und wieder von verklärtester Heiterkeit gegeben hat – wenn gerade in dieser Stadt all dieses Große geschäftig beiseite geschoben oder gar verhöhnt wird, um das Reich des gesunden Mittelmaßes zu verkündigen."[10]

Damit ist bezüglich der *2. Symphonie* eine Linie vorgegeben, die auch zahlreiche Beurteilungen der Folgezeit bestimmen sollte und deren Kernaussage lautet: Handwerklich gediegene Arbeit, aber ohne Perspektiven, Visionen und emotional-individuelle Aussagen. Wie eine Variation der Rezension Spechts mutet das knappe Statement Karl Löbls Jahrzehnte später (1958) an. Löbl rühmt zunächst die Qualitäten des Dirigenten Dimitri Mitropoulos und geht dann auf die Es-Dur-Symphonie Franz Schmidts ein: „Man erkannte das am besten bei der zweiten Symphonie von Franz Schmidt, die fast wie ein gutes Stück klang, weil sie von Mitropoulos mit Energie und gewaltigem Aufwand an effektvollen Retuschen zumindest spannend nacherzählt wurde. An ihrer akademisch fundierten, schönseligen, wenn auch durchaus achtbaren Hinterwäldler-Mentalität vermochte allerdings auch er nichts zu ändern. Aber er kaschierte sie gut."[11]

3. Symphonie A-Dur, 1927–1928

Erst im Abstand von 14 Jahren befasste sich Schmidt mit einer neuen Symphonie. Er erstieg in dieser Zeit die Karriereleiter an der Wiener Musikakademie bzw. -hochschule; von 1927 bis 1931 bekleidete er das Amt des Rektors. Auf kompositorischem Gebiet machte er in den frühen zwanziger Jahren den zweiten großangelegten Versuch, als Opernkomponist zu reüssieren, doch *Fredigundis* (nach dem gleichnamigen Roman von Felix Dahn, uraufgeführt in Berlin 1922) krankte noch mehr als *Notre Dame* an einem unzulänglichen Text und vermochte sich im Spielplan nicht zu behaupten. Der Typus der Monumentalsymphonie im Sinne Gustav Mahlers oder der Tondichtungen Richard Strauss' war inzwischen obsolet geworden, neoklassizistische Tendenzen gewannen an Einfluss. Diese blieben als Epochentendenz zweifellos nicht ohne Einfluss auf Schmidts *3. Symphonie*, obgleich als wesentlichster Einfluss auf Gestalt und Typus dieses Werkes der sehr konkrete Entstehungsanlass anzusehen ist.

In seinen Erinnerungen berichtet Alexander Wunderer: „Eines Tages auf einem Ausfluge von Perchtoldsdorf auf den Parapluiberg erzählte mir Schmidt, ein Amerikaner namens Wannemaker habe einen Preis ausgesetzt für die Vollendung der *h-moll-Symphonie* von Schubert. Ich lachte und meinte, so eine verrückte Idee könne nur ein Amerikaner haben, denn das sei unmöglich. Schmidt hörte mir aufmerksam zu, ob ich erklärte, warum man nicht mit den Gedanken eines anderen komponieren könne und ich entnahm seinen Gegenreden, daß ihn der Preis mehr lockte, als die Absicht, die damit verbunden war. Später überredeten einige vernünftige Leute den Amerikaner, den Preis für eine Symphonie überhaupt zu bestimmen."[12]

Der Kompositionspreis in Höhe von 10.000 Dollar wurde schließlich für „die beste Symphonie aus dem Geiste Schuberts" ausgesetzt. Anlass des Wettbewerbs war die Feier des 100. Todestages Franz Schuberts 1928, Veranstalter war das amerikanische Komitee der Schubert-Zentenarfeier in Verbindung mit der Columbia-Graphophone-Gesellschaft New York. Schmidt verschmähte die pekuniäre Seite des Komponierens nicht grundsätzlich; dies zeigen auch die mehrfachen und hoch dotierten Kompositionsaufträge, die er vom einarmigen Pianisten Paul Wittgenstein erhielt. Sicherlich darf angenommen werden, dass sowohl der ausgesetzte Preis als auch die künstlerische Herausforderung ihn bewogen, sich am Kompositionswettbewerb mit einer Symphonie zu beteiligen, seiner *Dritten Symphonie* in A-Dur. Die Wertung der eingereichten Werke fand Ende Juni 1928 statt. Zu den Juroren zählten renommierte Persönlichkeiten wie Maurice Ravel, Thomas Beecham, Ottorino Respighi und Karol Szymanovski. Gewinner wurde der schwedische Komponist Kurt Atterberg, Franz Schmidt errang den (wesentlich geringer dotierten) Länderpreis für Österreich. Kaum überraschend, dass die österreichische Presse in gekränktem patriotischen Stolz diese Wertung in Frage stellte und Schmidt zum eigentlichen Gewinner des Wettbewerbs erkor.

In der Besetzung der Symphonie hielt sich Schmidt an die Ausschreibungsrichtlinien und kommt der Größe des Schubert-Orchesters nahe; auch in der Vierzahl der Sätze, die der klassischen Satzfolge entsprechen, nahm er am historischen Vorbild Maß. Dem „Geist Schuberts" entspricht zwar die lyrische Grundhaltung des Werkes, nicht aber die idiomatische und harmonische Gestaltung. Hier geht Schmidt – vor allem im Adagio – deutlich weiter als in seinen bisherigen Symphonien, wenn auch die zeitgenössische Presse, offensichtlich fixiert auf eine programmatische „Schubert-Nähe" des Werkes, diesen Punkt kaum betonte und im Gegenteil der Symphonie eine lyrisch-idyllische Grundhaltung attestierte. Doch ist zu bedenken, dass sich in der kompositorischen Umgebung des Jahres 1928 die Tonsprache Schmidts – auch wenn sie sich innerhalb des individuellen Gesamtschaffens weiterentwickelt hatte – weiterhin konservativ und moderat ausnahm. Die reduzierte Besetzung und die maßvollen Satzlängen entsprachen zwar primär den Richtlinien des Wettbewerbs, korrelieren jedoch auch mit den neoklassizistischen Grundtendenzen des Jahrzehnts.

Nach der Uraufführung am 2. Dezember 1928 durch die Wiener Philharmoniker unter Franz Schalk, bei der die Schmidt'sche Symphonie dem Siegerwerk von Kurt Atterberg gegenübergestellt wurde, schrieb die „Reichspost"[13]: „Die Sinfonie Franz Schmidts hätte einen schwereren Sieg, einen ebenbürtigeren Gegner verdient. Was da zu hören war, trug den Stempel des Wahren und Echten. Das war wirklich eine Sinfonie ‚im Sinne Schuberts', wie das nicht ganz glücklich gewählte Thema des Wettbewerbes lautete. Im Sinne Schuberts, nicht in der Ähnlichkeit des Formalen oder der äußeren Ausdrucksmittel, sondern dem Geiste nach, insofern das Werk aus echtem Empfinden, aus den ewig gleichen Quellen schöpferischer Inspiration entspringt." Etwas kritischer die „Zeitschrift für Musik"[14]: „Weit eher kann man zustimmen, dass Franz Schmidts dritte Sinfonie des ersten Preises für die österreichische Zone wert befunden wurde: eine Schöpfung, ausgestattet mit den guten und schwächeren Wesenszügen ihrer Heimat, wodurch sie den denkbar größten Gegensatz zum Vorangegangenen bildet. Hier wird alles Stimmung und z. T. mimosenhaftes Gefühl, ein behäbiges Vor-sich-hin-Träumen, das – wie im ersten Satze – mit einem unvermittelten Ruck abbrechen muss, um überhaupt zu einem Ende zu kommen. [...] Alles in allem die Leistung eines Künstlers, der es mit seinem Metier heilig ernst meint, wenn auch die subtile Zeichnung, die zierlichere Form der Kammermusik seiner Individualität angemessener sein mag als das sinfonische al fresco." Eine völlige Ablehnung erfuhr das Werk seitens Elsa Bienenfelds, die im „Neuen Wiener Journal"[15] urteilte: „Die zweite, minder preisgekrönte, aber doch auch einbezogene Symphonie stammt von Franz Schmidt, dem Wiener. Sie ist weder liebenswürdig, noch hat sie Humor; daher scheint man geneigt, ihr, weil sie sich so ernst gebärdet, den Vorzug zu geben. Franz Schmidt gehört zu den Komponisten, die mit viel Noten wenig sagen; große Aufmachung, geringer Inhalt. Treffliche kontrapunktische Arbeit, viel rhythmische

Bewegung, reiche Harmonik: alles zusammen völlig unpersönlich." Die Ähnlichkeit mit dem Verdikt Richard Spechts über die *2. Symphonie* ist unverkennbar.

4. Symphonie C-Dur, 1933

Zwischen der *3.* und der *4. Symphonie* Franz Schmidts liegt die kürzeste „symphonische Pause"; sie betrug hier nur fünf Jahre. Dennoch ist der – auch allgemein konstatierte – Gegensatz zwischen den beiden Werken beachtlich: Während Schmidt in der *3. Symphonie* ein Höchstmaß an Klassizismus im Sinne von emotionaler Objektivität anstrebte (was ihm, wie zu sehen war, auch als Persönlichkeitsdefizit ausgelegt wurde), gilt die *4. Symphonie* als seine emotionalste und persönlichste Aussage, nicht nur innerhalb der Symphonien, sondern seines Gesamtwerks. Als „Requiem für meine Tochter" bezeichnete Schmidt dieses Werk – seine Tochter Emma starb im März 1932, kurz nach der Geburt ihrer Tochter Marianne. Schmidt empfand das Ereignis als geradezu übermächtigen Schicksalsschlag. Ein Trauermarsch, der formal und mental den Mittelpunkt der Symphonie bildet, macht dies deutlich, wie auch der gesamte musiksprachliche Gestus des Werkes, der an die – für Schmidt bis dahin keineswegs charakteristische – Tradition der Bekenntnismusik der Jahrhundertwende anschließt.

Im Programmheft der Uraufführung vom 10. Jänner 1934 befindet sich eine Einführung von Hedwig Kraus, die ausführlich auf die Form des Werkes eingeht. Mit Sicherheit ist davon auszugehen, dass dies mit Wissen und Zustimmung des Komponisten geschah. Zweierlei darf daraus geschlossen werden: Die Interpretation der *4. Symphonie* als Sonatensatz von Riesendimensionen ist authentisch, und Schmidt war es wichtig, dass dieses Konzept hörend mitverfolgt wurde. Kraus: „In der IV. Symphonie zeigt sich uns eine eigentümliche Verschmelzung der Form einer viersätzigen Symphonie mit der eines ersten Symphoniesatzes. Hier sind die vier Sätze: Allegro, Adagio, Scherzo, Finale durch thematische Einheit und künstlerische Durcharbeitung einander so nahe gebracht, daß man sie auch als Teile: Hauptsatz, Seitensatz, Durchführung und Reprise einer größeren Einheit, eines einzelnen typischen Sonatensatzes in höherem Sinne auffassen könnte ..."[16]

Es scheint, dass Schmidt, der in dieser Symphonie ein deutliches Bekenntnis zur romantisch-emotionalen Tonsprache abgab und sich somit von der Avantgarde distanzierte, dennoch „Neues" suchte – auf dem Feld der Form, wo ihm die Möglichkeiten der Abwandlung tradierter Muster noch lange nicht als ausgeschöpft erschienen. Ein (nicht realisierter) Denkansatz zu einer sehr ungewöhnlichen Lösung des Formproblems in der Symphonie findet sich in den Erinnerungen seines Schwagers Alfred Jirasek, mit dem Schmidt über das Potenzial der Sonatenform sprach: „Weiters besprachen wir die Tatsache, dass man bei den Meistern immer wieder einmal die Tendenz spüre, die Form des Sonatensatzes, ja die Form der Symphonie zu erweitern, neue Elemente einzuführen, Umstellungen vorzunehmen, ohne sich ins Uferlose zu verlieren oder zerstörend zu wirken. Dass Schmidt selbst sich über derartige Veränderungen der Form immer wieder Gedanken machte – er hatte uns ja in seiner Zweiten schon ein eklatantes Beispiel gegeben –, erklärte mir eine Äußerung, die mich aufhorchen ließ. Er meinte damals, man könne einmal eine Symphonie mit der Durchführung beginnen (mit einem Knoten, mit einer Ballung des Materials also) und diese dann nach verschiedenen Richtungen hin auflösen, was die einzelnen Sätze ergeben müsste."[17]

Die Uraufführung der Symphonie am 10. Jänner 1934 durch die Wiener Philharmoniker unter Oswald Kabasta, der sich bis zu Schmidts Tod intensiv für dessen Werk einsetzte, wurde zu einem unbestrittenen Erfolg für den Komponisten. Schmidt, der nun als ehemaliger Rektor der Wiener Musikakademie und als Doyen der österreichischen Komponistenszene großes Ansehen besaß, wurde vom Publikum gefeiert: „Nicht oft in den letzten Jahren hat eine symphonische Novität von solcher Tiefe und von solchen Dimensionen eine so einmütig enthusiastische Aufnahme erfahren. Immer wieder musste Franz Schmidt aufs Podium. Bewunderung umbrandete ihn, Liebe stürmte auf ihn ein. Er dankte bescheiden, fast verwundert."[18]

Die musikalisch-expressive Seite des Werkes wird von den weitgehend gleichlautenden, durchaus lobenden Rezensionen hervorgehoben, oftmals in Abgrenzung zur bisherigen Tonsprache Schmidts. Neue Freie Presse: „Der Gesamteindruck war, wie gleich festgestellt sei, rein und tief. Es war ein Triumph für Franz Schmidt, aber auch für das dem Zeitgeist abgewandte österreichische Musikschaffen. Es ist bekennende Musik. In Leid und seelischer Qual empfangen, glorifiziert sie mit Größe, nicht mit Wehleidigkeit die Majestät des Schmerzes. Und es ist die Tonsprache eines Künstlers, den der Schmerz geadelt, nicht gebrochen hat. Darum ist sie echt und ihr weihevoller Ernst schließt sich selbstverständlich gegen das klangliche und harmonische Experiment ebenso ab wie gegen den Gedanken des äußeren Effekts. Der innere Reichtum verrät sich nicht durch aufprunkende musikalische Mittel, über die Franz Schmidt in seinen Bühnenwerken und auch in seinen früheren Symphonien verschwenderisch gebot. Die Themen haben Atem, sie sind in ihren weitausgreifenden und charakteristischen Intervallen genügend profiliert."[19] Sehr ähnlich die Rezension der „Reichspost", die mit einem kurzen Auszug zitiert sei: „Die Tonsprache ist edel, vornehm, modern, gehoben durch den Schliff einer auf höchster Stufe stehenden Satztechnik, klar und plastisch, rhythmisch interessant und bekennt sich, was besonders erfreulich ist, zur Melodie, was besonders in dem von Parsifalstimmung und tiefer Tragik erfüllten ‚Adagio' zum Ausdruck kommt."[20]

Bekannt wurde die knappe Anerkennung seitens Hans Pfitzners: „Ehrlicher als Richard Strauss, einfallsreicher als Reger und formvollendeter als Bruckner". Joseph

Marx verband seine Rezension mit einer langen Polemik gegen Atonalität und Avantgarde, um zur rühmenden Besprechung der Symphonie Franz Schmidts mit dem Satz überzuleiten: „Künstler, deren Kompositionstechnik hohe Kultur und jene Eigenart des Gestaltens zeigt, die in jedem Takt an die Glanzzeit österreichischer Meister erinnert, in denen noch etwas vom Geiste jener Großen lebt, die unsere Heimat als das klassische Land der Musik unsterblich machten – mit einem Wort Künstler mit edler österreichischer Tradition –, haben stets unsere ganze Sympathie."[21]

Der Triumph Schmidts im Zeichen des Konservativismus wurde zur Hypothek für die Wirkungsgeschichte der Folgezeit, insbesondere in Kombination mit der tragischen Tatsache der (unvollendeten) Kantate *Deutsche Auferstehung* von 1938/39. Wie die gegenwärtige Rezeption der Symphonien Franz Schmidts ohne diese medial sehr potenten Hemmfaktoren aussähe, bleibt der Fantasie überlassen, doch insbesondere die *4. Symphonie* hätte sich als eindrucksvolle Wegmarke am Ende einer jahrhundertlangen Geschichte der Gattung größere Beachtung verdient.

Anmerkungen

1 Haymo Liebisch: Anton Bruckner einst und jetzt. 1824 bis 1896: ein Bericht. Steyr 1996. S. 144.
2 Carl Nemeth: Franz Schmidt. Ein Meister nach Brahms und Bruckner. Wien 1957. S. 62f.
3 Ebenda, S. 68.
4 2. 2. 1902.
5 28. 1. 1902.
6 25. 11. 1902.
7 Signale für die musikalische Welt 52, 24. 12. 1913. S. 1966.
8 Neues Wiener Tagblatt: 6. 12. 1913.
9 Johannes Wildner: Die Symphonien von Franz Schmidt. Phil. Diss. Wien 1979. S. 139.
10 Nemeth: a.a. O., S.107ff.
11 Wiener Express: 29. 9. 1958.
12 Wildner: a. a. O., S. 190.
13 Ebenda, S. 194.
14 1929, I, S. 27f.
15 4. 12. 1928. Wildner: a. a. O., S. 200.
16 Programmheft der Aufführung vom 10. 1. 1934 im Großen Musikvereinssaal in Wien.
17 Alfred Jirasek: Erinnerungen an Franz Schmidt. Graz 1975. S. 43f.
18 Neue Freie Presse: 13. 1. 1934.
19 Ebenda.
20 Reichspost: 16. 2. 1934.
21 Neues Wiener Journal: 14. 1. 1934.

Eike Fess (Wien)

An der Wegscheide
Zu den Kammersymphonien von Arnold Schönberg und Franz Schreker

Der Vergleich zweier Kammersymphonien ist ein problematisches Unterfangen. Denn ein Vergleich impliziert verwandte Gegenstände, deren Gemeinsamkeiten und Differenzen beiderseits gewinnbringend untersucht werden können. So sind die Streichquartette von Felix Mendelssohn und Robert Schumann durch die Gattungsgeschichte und einen klar definierten, historisch gewachsenen Werkkorpus verknüpft. Weniger verbindet dagegen die *Streichquartette op. 1* von Niccolò Paganini (ca. 1815) mit dem *1. Streichquartett* von Luigi Cherubini (1814) – denn trotz geringer historischer Distanz handelt es sich um divergierende Konzepte im Umgang mit der Besetzung. Die Bezeichnung „Kammersymphonie" gewährleistet demgegenüber in keiner Weise, dass sich so benannte Werke sinnvoll vergleichen lassen. Dazu fehlen systematisch erfassbare Merkmale, die eine verbindliche Gattungsnorm begründen könnten. Historische Modelle wie die „Sinfonia da camera" des 17. und frühen 18. Jahrhunderts sind bereits für die Entwicklungsgeschichte der klassischen Symphonie nur von eingeschränkter Bedeutung – es kann sich dabei um Werke mit vielen oder wenigen beteiligten Instrumenten handeln, um fakultativ chorische oder solistische Besetzungen.[1] Bei Johann Adolph Scheibe meint „Kammersymphonie" jene Gattungsbeiträge, „die, ohne sich ins besondere auf Singestücke, oder auf darauf folgende Handlungen, zu beziehen, als ordentliche Instrumentalstücke gebrauchet werden."[2] Der Wortteil „camera" markiert lediglich den Aufführungsort, nämlich den fürstliche Hof gegenüber dem Theater, während Scheibes weitere Ausführungen unterstreichen, dass der Begriff schon Mitte des 18. Jahrhunderts für den zukünftig allgemein verbindlichen Typus von Symphonie gelten konnte: das von einem außermusikalischen Kontext unabhängige, mehrsätzige Orchesterstück.

Nach einer Absenz von gut 200 Jahren wird die Bezeichnung erst im frühen 20. Jahrhundert wieder aufgenommen. Ein struktureller Bezug auf die historischen Vorgänger ist dabei nicht feststellbar, auch wenn oberflächliche Assoziationen nicht auszuschließen sind. Ermanno Wolf-Ferrari, heute allenfalls noch als Opernkomponist bekannt, widmete der Münchner Kammermusikvereinigung 1901 eine *Sinfonia da camera* in B-Dur für elf Instrumente; 1905 folgte Paul Juon mit einer *Kammersinfonie* in Oktettbesetzung. Was brachte diese beiden Komponisten dazu, ihre Stücke nicht als reine Kammermusik zu deklarieren, was angesichts der Instrumentation ja durchaus möglich gewesen wäre?[3] Im Falle Wolf-Ferraris könnte die Entscheidung der ideellen Aura der Gattung geschuldet sein: die Kammermusikvereinigung erhielt damit ein Werk, das sich hinsichtlich der Besetzung gut in die Programme fügte und zugleich am Nimbus der Symphonie als Krönung der Instrumentalmusik teilhatte. Das Ideal der Symphonie als große und erhabene Gattung[4] realisiert sich in beider Werke durch die musikalische Faktur: Bei Juon kulminiert der Klang immer wieder in Ballungen, wobei eine Stimme – hier das Klavier – die Führung übernimmt, während die übrigens Instrumente kolorieren. Durch die reiche Besetzung sind auch Wechsel der Klangregister als Gestaltungsmittel möglich.

Nb. 1: Paul Juon: *Kammersinfonie op. 27*

Problematisch erweist sich allerdings die Rolle des Klaviers, das sich immer wieder in den Vordergrund drängt: das Stück wirkt oft wie ein übersteigertes Klavieroktett mit konzertantem Einschlag. Vor dem Hintergrund der Gattung Symphonie, bei der das Instrument kaum eine Rolle spielt, wirkt diese Konstellation besonders irritierend. Um solche Effekte zu vermeiden, setzt Wolf-Ferrari das Klavier in der Art eines modernen basso continuo ein, also als Grundierung des musikalischen Geschehens. Angesichts der relativ kleinen Besetzung gelingen ihm beachtliche Klangballungen, die geschickt Duetten und vom Klavier begleiteten solistischen Passagen gegenübergestellt werden, sodass es gelegentlich zu einer Art Wechselspiel zwischen kammermusikalischem und symphonischem Gestus kommt.

Nb. 2: Ermanno Wolf-Ferrari: *Sinfonia da camera op. 8*

Neben einer unpublizierten *Kammersymphonie in F-Dur* aus dem Jahr 1906 von Ernst Toch, die im Rahmen dieses Beitrags nicht untersucht werden konnte, nahmen Arnold Schönberg und Franz Schreker den Titel in zwei im Abstand von ungefähr 10 Jahren komponierten Werken wieder auf. Schönberg verzichtet in seinem Stück ganz auf Akkordinstrumente und konzentriert sich allein auf den Klang der 15 Solisten. Bei Schreker sind Klavier, Harfe und Harmonium tief im Geflecht der insgesamt 23 Instrumente verwoben – die Gefahr einer Alleinstellung wie bei Juon tritt erst gar nicht auf. Beide Werke leisten einen originären Beitrag zur Arbeit mit kammermusikalisch besetzten Instrumentalensembles – strukturell zeigen sie gleichwohl erhebliche Differenzen: Schönberg schreibt meist einen aufgelichteten, durchbrochenen Satz, während bei Schreker oft ein kompakter Klang vorherrscht. Auch stärker instrumentierte Passagen setzten sich bei Schönberg zumeist aus motivisch klar konturierten Linien zusammen. Demgegenüber weisen ausgedünnte Stellen in Schrekers Partitur kaum kontrapunktische Verflechtungen auf. Die teilweise ornamentalen Tonfolgen bilden ein Gespinst aus Motivpartikeln, das sich in der Wahrnehmung des Hörers zu einem Gesamtklang verbindet. Wie diese Faktur sich zur Idee der Kammersymphonie verhält, wird an anderer Stelle noch einmal thematisiert werden.

I.

Arnold Schönbergs *Kammersymphonie* entstand in den Jahren 1905/06 offenbar ohne äußeren Anlass. Der Komponist verfügte zu dieser Zeit zwar bereits über ein gewisses Renommee, konnte aber noch kaum mit regelmäßigen Aufträgen rechnen. Neue Werke entstanden vornehmlich aus schöpferischen Impulsen, sie suchten Lösungen kompositorischer Probleme und markierten Stationen auf seinem Schaffensweg. Schönberg bezeichnete die *Kammersymphonie* als „wirklichen Wendepunkt" seiner Entwicklung. Er glaubte, einen „persönlichen Kompositionsstil" gefunden und die wesentlichen Probleme, welche die „jungen Komponisten durch die harmonischen, formalen, orchestralen und emotionalen Neuerungen Richard Wagners" erfahren hatten, gelöst zu haben.[5] Die in der *Kammersymphonie* entwickelten Strategien sind allgemein bekannt: auf harmonischer Ebene sucht Schönberg durch Integration von Quartenakkorden und Ganztonskalen zu neuen Klangbildungen zu kommen, die fließende Übergänge zum Dur-Moll-tonalen System erlauben. Formal gestaltet sich das Werk als Verbindung von vier Sätzen zu einem ununterbrochenen Satz, ähnlich der *h-Moll-Sonate* von Franz Liszt oder Schönbergs eigener symphonischer Dichtung *Pelleas und Melisande op.* 5 – wobei der Symphoniezyklus in der Kammersymphonie ganz entgegen den zeitgenössischen Tendenzen auf etwa 17 Minuten gestaucht ist. Schönberg war überzeugt von der Wirkung des Stücks auf das Publikum, er versprach sich einiges vom „Klang der außergewöhnlichen Kombination von fünfzehn Soloinstrumenten".[6]

Das Ensemble, welches für die Uraufführung der *Kammersymphonie* zusammengestellt wurde, verkörperte durch seine Mitglieder gewissermaßen die Idee des Titels: Alfred Rosé vertrat mit dem „Rosé Quartett" die Kammermusik, die Bläservereinigung der Wiener Hofoper (deren Orchester auch damals eng mit den Wiener Philharmonikern verknüpft war) war Repräsentant der symphonischen Tradition. Diese Konstellation verdankte sich der steten Förderung Schönbergs durch Rosé, ohne dessen Einfluss als Konzertmeister des Hofopernorchesters eine Uraufführung mit solch renommierter Besetzung wohl kaum zustande gekommen wäre.[7] Das Zusammenspiel zweier musikalischer Sprachebenen spielt eine wichtige Rolle für die

Nb. 3: *Kammersymphonie op. 9*, T. 79-80

musikalische Faktur des Werkes, welches kammermusikalische und orchestrale Charaktere nebeneinander vereinigt. Nahezu jede beliebig aufgeschlagene Seite der Partitur zeigt ein äußerst vielschichtig verwobenes Stimmengeflecht, in dem die einzelnen Parts in stetiger Interaktion stehen und dabei tatsächlich auch immer wieder solistisch oder in kleineren Gruppen agieren. Zu behaupten, es handle sich hier um eine Unterhaltung zwischen fünfzehn vernünftigen Leuten[8], wäre vielleicht etwas überzogen, auf sechs oder mehr eigenständige Stimmzüge kommt man aber leicht.

Bereits Anton Webern stellte fest, dass „das Werk infolge der durchaus solistischen Besetzung und Behandlung der Instrumente den Charakter eines Kammermusikwerkes trägt."[9] Das stetige Dialogisieren der Stimmen gehört zu den auffälligsten Merkmalen der Komposition. Dabei ist das Eindringen kammermusikalischer Prinzipien in symphonische Literatur für jene Zeit nicht neu: Schönberg konnte entsprechende Tendenzen in den Werken seiner Vorbilder Johannes Brahms und Gustav Mahler beobachten. Die Orchesterpolyphonie erfährt eine – wie Rudolf Stephan in Bezug auf *Pelleas und Melisande* formuliert hat – „konstruktive Verdichtung"[10], welche zuvor zwar durchaus im Streichquartett, kaum aber in der Symphonik als angemessen galt. Dieser Umstand erschwert die Abgrenzung einer genuin kammermusikalischen gegenüber einer orchestergemäßen Schreibweise. Ein komplex polyphoner Satz innerhalb einer Symphonie lässt sich schwerlich noch als gattungsfremd definieren. Schönberg arbeitet in Werken wie der symphonischen Dichtung *Pelleas und Melisande* zwar mit allen klanglichen Möglichkeiten des großen Orchesters, allerdings kaum in al-fresco-Manier, sondern oft in subtiler Verwebung selbständiger Stimmen. Allerdings zeigt der Vergleich zweier Engführungen in der *Kammersymphonie* und in *Pelleas*, dass solche Texturen ganz unterschiedlich gehandhabt werden können: Das Thema der Melisande wird in der symphonischen Dichtung über insgesamt 12 Takte hinweg enggeführt, wobei die Einsatzabstände teilweise nur zwei Viertelnoten betragen. Reiht man die Anfangstöne der Thementranspositionen aneinander, entfaltet sich zweimal ganz allmählich eine Ganztonleiter von c nach b. Die Passage ist nicht als komplexe Verknüpfung von Motiven gestaltet, sondern als gut durchhörbares Stimmgewebe, das von einer zweiten Entwicklungsebene – den Ganztonleitern – getragen wird und somit als geschlossene, in sich ruhende Episode erscheint.

Nb. 4: *Pelleas und Melisande op. 5*, T. 21–30
© Copyright 1939 by Universal Edition A. G. Wien/UE 34134

In der *Kammersymphonie* stößt man demgegenüber auf eine Engführung, die bei lediglich sechs Takten und einer zeitlichen Dauer von wenigen Sekunden eine wesentlich höhere musikalische Ereignisdichte generiert. Die Passage beginnt als Wiederaufnahme des ruhigen Seitenthemas (T. 84), dessen vierter Takt sich abspaltet und über sämtliche Stimmen des Ensembles eine Verdichtung erfährt, an deren Ende wiederum der charakteristische Ansatz des Taktes mit punktierter Achtel – welcher auf eine Figur der Quartenfanfare zurückgeht – abgespalten und umgekehrt im Horn fortgeführt wird, während die Streicher den Seitengedanken augmentiert weiterentwickeln. Diese Zusammenhänge lassen sich visuell als faszinierendes Geflecht verfolgen – hörend ist solch ein Prozess kaum im Einzelnen nachzuvollziehen. Damit begibt sich die Kammersymphonie in den Rezeptionshorizont des Streichquartetts als Gattung, für die das Partiturstudium seit jeher als sinnvolle Ergänzung der akustischen Wahrnehmung propagiert wurde.[11] Die anspruchsvolle musikalische Faktur fordert Aufmerksamkeit aufseiten des Rezipienten und zugleich höchste technische Meisterschaft beim Komponisten.

Die Vielschichtigkeit des musikalischen Satzes scheint nahezulegen, die *Kammersymphonie* eher als vergrößertes Streichquartett zu betrachten, was Traditionshintergrund und Verortung innerhalb der Rezeption angeht. Dem gegenüber steht allerdings eine vordergründige gestische Prägung, welche unmittelbar mit symphonischer Tradition verknüpft ist. Gleich am Anfang bekennt sich das Stück durch eine „Mannheimer Rakete“ unmissverständlich zur Symphonie. Schönberg greift hier auf eine Eröffnungsformel zurück, die weniger mit einem bestimmten Komponisten zu identifizieren ist, als dass sie assoziativ mit symphonischen Sprachelementen verknüpft wird. Bei der Formulierung dieses Initiums dürfte er kaum an die durch Hugo Riemann geprägte Begrifflichkeit gedacht haben – ohne Zweifel war ihm aber der gestische Kontext bewusst, welcher sich von Joseph Haydn über W. A. Mozart bis zu Anton Bruckner verfolgen lässt.[12] Den Charakter der Figur prägt neben der aufsteigenden Bewegung auch das Quartintervall, welches etwa den fanfarenartigen Beginn von Mahlers *3. Symphonie* ausmacht oder den Beginn eines frühen Symphonieprojekts von Schönberg selbst. Mit der *Kammersymphonie* kulminiert diese Eröffnungsgestik in der berühmten Quartenfanfare, gemeinhin auch als „Fanal des 20. Jahrhunderts“ bezeichnet.

Nb. 5-1: Haydn: *Symphonie Nr. 82*, I. Satz

Nb. 5-2: Bruckner: *7. Symphonie*, I. Satz

Nb. 5-3: Mahler: *3. Symphonie*, I. Satz

Nb. 5-4: Schönberg: *Anfang einer Symphonie,* um 1900 (Arnold Schönberg Center, Wien [MS 92, U264])

Nb. 5-5: Schönberg: *Kammersymphonie op. 9*, T. 4–6

Die Quartenfanfare ist nicht das einzige Motiv der *Kammersymphonie*, welches sich in den Kontext einer symphonischen Sprache fügt. Der in T. 97 einsetzende Seitengedanke weist eine klare Gliederung auf und lässt sich – sofern die ersten drei Töne als Auftakt aufgefasst werden – als achttaktige Periode lesen. Die begleitenden Instrumente agieren zunächst zurückhaltend, die Melodie bleibt im Vordergrund. Einen durchbrochenen, kammermusikalischen Satz weiß Schönberg deutlich entgegengesetzt zu formulieren: Der Seitengedanke des *1. Streichquartetts op. 7* (ab T. 152) entwickelt das motivische Material unmittelbar nach Themeneinsatz im Dialog der vier Stimmen. Seine Bestandteile dienen als Grundlage einer Variationenfolge, deren flexible Gestaltung durch die Heterogenität des Materials begünstigt wird. Das Thema ist von Beginn an asymmetrisch angelegt und trägt damit den Keim seiner Bestimmung in Verwandlung und Auflösung der Substanz bereits in sich. Demgegenüber eignet sich der Seitengedanke der *Kammersymphonie* zur breiten klanglichen Entfaltung – wenngleich diese Entfaltung angesichts des komprimierten Charakters der *Kammersymphonie* nur eine kurze Blüte erlebt. Neben strukturellen Aspekten verweist auch die Verwandtschaft der Melodie mit dem Seitenthema des III. Satzes aus Mahlers *IV. Symphonie* auf einen symphonischen Rezeptionshorizont. Die Themen verbindet ein gemeinsamer Duktus im mehrfachen, gemächlichen Aufschwung der Achtelgruppen und den markanten Sekundschritten.

Nb. 6-1: Mahler: *4. Symphonie*, 3. Satz (T. 66–71)

Nb. 6-2: Schönberg: *Kammersymphonie*, Seitengedanke (T. 84–92)

Ein beabsichtigtes Zitat sei Schönberg damit ebenso wenig unterstellt wie eine unbewusst einfließende Allusion. Das Thema eröffnet unabhängig von jeder Intention einen kontextuellen Raum, in den sich assoziativ verknüpfte Elemente fügen – darunter auch ein mehrfach auftretendes Doppelschlagmotiv. Diese Figur war historisch zunächst mit der barocken Verzierungspraxis verbunden, entwickelt sich aber im 19. Jahrhundert zur ausdrucksvollen Geste innerhalb der Orchesterliteratur.[13] Doppelschläge begegnen etwa im Seitengedanken des I. Satzes aus der *7. Symphonie* Bruckners, in der *IV. Symphonie* Mahlers (siehe Nb. 6-1) oder – mit herausragender Bedeutung – in dessen *9. Symphonie*. In Schönbergs *Kammersymphonie* wird der Doppelschlag bereits früh als figurales Inventar eingeführt, um gegen Ende des langsamen Formabschnitts eine ebenso kurze wie intensive Apotheose zu erfahren (T. 394–398).

Mit kaum zu überbietender Eindeutigkeit schreibt sich endlich die Schlusspassage der *Kammersymphonie* in den Kontext symphonischer Literatur ein. Die Tonika E-Dur wird nach dem letzten Erklingen des Quartenmotivs im Horn in einer furiosen Stretta insgesamt vierzehnmal bekräftigt, davon achtmal unmittelbar hintereinander. Anklänge an die schier endlose Wiederholung der Tonika in Ludwig van Beethovens *3.* und *9. Symphonie* sind kaum zu überhören.

II.

Franz Schrekers Lebenssituation zur Zeit der Komposition seiner ***Kammersymphonie*** unterschied sich deutlich von jener Schönbergs, vor allem was die Position im gesellschaftlichen und kulturellen Leben anbelangt. Er blickte auf den Erfolg seiner Opern *Das Spielwerk und die Prinzessin* und besonders *Der Ferne Klang* zurück. *Die Gezeichneten* harrten ihrer baldigen Premiere. Seit 1912 unterrichtete er an der Akademie für Musik und darstellende Kunst in Wien. Seine *Kammersymphonie* war als Festgabe für das hundertjährige Gründungsjubiläum dieser Institution gedacht, bei der Uraufführung 1917 spielten – neben Mitgliedern der Wiener Philharmoniker – die an der Hochschule lehrenden Professoren.[14] Die relativ kleine Besetzung hing also unmittelbar mit dem Anlass zur Komposition zusammen, im solistisch besetzten Ensemble können einzelne Spieler eher zur Geltung kommen als im großen Orchester.

Formal entspricht das Stück in etwa der traditionellen symphonischen Satzfolge, die wie bei Schönberg in einem einzigen Satz zusammengefasst ist. Bei Schreker bildet dieser Formverlauf jedoch bloß den „Hintergrund, von dem sich ein anderer Architekturwille [...] abhebt", wie Gösta Neuwirth in seiner Analyse des Stücks anmerkt.[15] Die Komposition lässt sich kaum im Kontext der klassisch-romantischen Literatur, sei es im Rahmen der Symphonie oder der Kammermusik, erschließen. Querverbindungen ergeben sich vielmehr zu Schrekers Opernschaffen – auf die Verwandtschaft des musikalischen Materials zu dem unvollendeten Projekt *Die tönenden Sphären* wurde in der Literatur bereits mehrfach hingewiesen. Schrekers Einlassungen zum

Umgang mit dem Orchesterklang in dem kurzen „Anbruch"-Artikel *Meine musikdramatische Idee* lassen sich nahezu unbeschränkt auch auf die *Kammersymphonie* übertragen: „Ich verneine [...] den allzu deutlich differenzierbaren Klang und möchte [...] nur *ein* Instrument anerkennen: das Orchester selbst."[16] Der Sinn eines Ensembles solistisch agierender Partner scheint damit zumindest im Schönberg'schen Sinne ad absurdum geführt. Schreker weiß die Möglichkeiten der außergewöhnlichen Instrumentation jedoch auf eigenständige Weise fruchtbar zu machen. Giselher Schubert betrachtete das Stück in seinem Artikel über die Geschichte des Kammerorchesters als hybrides, von überlieferten Gestaltungsnormen weitgehend unabhängiges Gebilde, da die Instrumente „weniger orchestral als kammermusikalisch-konzertant [...]" geführt werden, „obwohl das Werk keinerlei kammermusikalische oder orchestrale Züge trägt."[17] Die Instrumente agieren insofern eigenständig, als die klangliche Faktur – abgesehen von gelegentlichen homophonen Passagen – auf dem Zusammenspiel individuell agierender Stimmen beruht, die allerdings nicht einzeln hervortreten, sondern in einem gewebeartigen Gesamtklang resultieren. Dieser entsteht aus dem Zusammenspiel ständig variierter Motivpartikel, wie Eckhardt van den Hoogen in seiner teilweise problematischen, aber sehr detailgenauen Studie erklärte. An die Stelle strukturell oder thematisch definierter Abschnitte tritt ein fließender Wechsel musikalischer Zustände.[18] In direktem Vergleich mit der *Kammersymphonie* Schönbergs erläutert Martin Kapeller Schrekers Vorgehen als „höchst differenziertes System von Unschärfen [und] Ambivalenzen".[19] Er analysiert die originäre Gestaltungsweise des Stücks exemplarisch für den Anfang, vor allem im Hinblick auf Harmonik und Klangschichtung – eine konventionelle motivische Analyse vermag hier kaum zu greifen. Gleichwohl verdeutlicht der folgende Einblick in Schrekers Umgang mit kleinsten diasthematischen Einheiten, wie weit sich die Komposition von Schönbergs Idee einer *Kammersymphonie* entfernt.

Das Stück beginnt mit einem irisierenden Klang, getragen von Harmonium, Celesta und Klavierarpeggien, zu denen die Flöte eine ornamental wirkende Tonfolge spielt, die reduziert auf Kernelemente einen chromatisch absteigenden Skalenabschnitt markiert (Flöte, T. 1–5: d-cis-c-h), welcher von den Violinen aufgenommen (Vl. 1+2: a-gis-g-fis) und zu einem späteren Zeitpunkt erneut thematisch relevant wird. Violinen 1 und 2 schließen mit einer Sechzehntelfigur an die Bewegungsmuster im Klavier an (T. 5). Diese wird als gebrochener E-Dur-Akkord mit ergänztem Ton c in der Flöte beantwortet (T. 7–8). Die folgende Melodie aller vier Violinen erinnert mit der anfänglichen Auf-und-ab-Bewegung wiederum an die Flötenfigur des Beginns (T. 9–12). Zunächst scheint sich ein flächiger Klang auszubreiten, der jedoch bald schon in ein Spiel von Einzelstimmen aufgelöst wird (T. 12) und in eine kurze Wiederaufnahme der Klavierfigur in der vierten Violine mündet (T. 12, Sextole auf dem letzten Schlag).

Nun scheint diese Passage formal die Funktion einer langsamen Einleitung zu übernehmen und ist als solche bereits in der klassischen Symphonik als thematisch und motivisch weniger klar konturiert definiert. Gösta Neuwirth hat jedoch darauf hingewiesen, dass allein der Umfang des ersten sinnvoll abteilbaren Formabschnitts (T. 1–42) diesen eher als „Alternative zum [...] Hauptsatz“[20] erscheinen lässt, zumal das Klangmaterial der Einleitung an mehreren Stellen immer wieder aufgenommen und durchführungsartig verarbeitet wird. Diese Interpretation ist umso schlüssiger, als die Unschärfe der strukturellen Entwicklung sich im Verlauf des Stücks nicht wesentlich klärt. Traditionelle Kriterien motivisch-thematischer Entwicklung, welche bei Schönberg durchaus greifen, lassen sich kaum sinnvoll einbringen – Neuwirth und van Hoogen entwickeln jeweils eigene analytische Strategien.

III.

Der Vergleich von Schönbergs und Schrekers *Kammersymphonien* zeigt ein Phänomen auf, das prinzipiell symptomatisch für die Geschichte der „Kammersymphonie“ ist:

Schönbergs Beispiel war zweifellos wirkungsmächtig, sodass nach ihm kaum Stücke dieses Titels geschrieben werden konnten, ohne das Initialwerk kompositorisch oder auch nur in der Rezeption vergessen zu machen[21] – ein Vergleich mit den *Streichquartetten op. 33* von Joseph Haydn ist dabei durchaus angemessen. Dennoch lässt sich die *Kammersymphonie* nicht als Erstlingswerk einer neuen Gattung betrachten: im Gegensatz zu Haydn zog Schönbergs Gestaltungsansatz höchstens im engeren Rahmen der „Wiener Schule“ Konsequenzen nach sich. Bereits Schönbergs eigene, *2. Kammersymphonie* ist kaum mit ihrer Vorgängerin zu vergleichen und reiht sich in der vollendeten Fassung von 1939 eher bei Schönbergs Orchesterwerken ein. Zum Scheitern ist auch der Versuch verurteilt, Schrekers Beitrag innerhalb einer hypothetisch definierten Gattung „Kammersymphonie“ im Verhältnis zu Schönberg zu deuten. Zwar können beider Stücke innerhalb gewisser Grenzen im Hinblick auf ihr Verhältnis zur symphonischen Tradition betrachtet werden. Damit würde jedoch präjudiziert, dass der Wortteil „Kammer-“ lediglich eine kleinere Besetzung anzeigt und ansonsten bedeutungslos ist. Es wäre dann gleichgültig, ob das Vergleichsobjekt zu einer dieser *Kammersymphonien* eine *Symphonie* von Franz Schmidt oder Hans Pfitzner oder auch Max Regers *Sinfonietta* wäre. Um das Verhältnis Schreker-Schönberg zu untersuchen, gibt es geeignetere Beispiele als ausgerechnet die *Kammersymphonien,* denen hierzu die gemeinsame konzeptuelle Grundlage abgeht.

Während bei Schönberg die Erweiterung der Instrumentation auf reguläre Orchestergröße, wie sie in beiden Stücken in der Partitur für größere Räume vorgeschlagen ist, tatsächlich eine Veränderung im Charakter des Werks bewirkt, ist die Übertragung bei Schreker kaum problematisch. Der Satz verliert in solchem Fall das Filigrane, nähert sich dafür aber dem Klangbild wieder an, dem er eigentlich ohnehin schon verpflichtet ist. Schönbergs Konstruktionsprinzipien sind dagegen auf weiter Strecke kammermusikalisch, während die Gestik vielfach auf große Symphonik verweist. Diese reizvolle Ambivalenz verliert sich in den diversen Bearbeitungen für großes Orchester, deren letzte als *Opus 9B* eine veritable Uminstrumentierung des ursprünglichen Werkes darstellt.[22] Die virtuose Behandlung des ausdifferenzierten kammermusikalischen Apparates, wie sie für die Ursprungsfassung prägend ist, hatte ohne Zweifel wesentliche Bedeutung für die Entwicklung der Ensemblekultur im 20. Jahrhundert. Eine Geschichte der Kammersymphonie, verstanden als Gattung, lässt sich trotzdem kaum anders denn als stetiges Auseinanderdriften erzählen.

Anmerkungen

1 Zur „Sinfonia da camera" als Gattung vgl. Stefan Kunze: Die Sinfonie im 18. Jahrhundert. Von der Opernsinfonie bis zur Konzertsinfonie (Handbuch der musikalischen Gattungen 1). Laaber 1993, S. 143–154.

2 Johann Adolph Scheibe: Critischer Musikus. Neue, vermehrte und verbesserte Auflage. Leipzig 1745, S. 597.

3 Paul Juon trägt dem mit dem Alternativtitel „Octett" Rechnung. „Undezett" wäre demgegenüber recht ungewöhnlich – allerdings hätte Wolf-Ferrari sein Stück ohne Irritationen auszulösen auch als „Serenade" bezeichnen können.

4 Vgl. zur Etablierung des Topos Wolfram Steinbeck: Romantische und nationale Symphonik. In: Wolfram Steinbeck/Christoph von Blumröder: Die Symphonie im 19. und 20. Jahrhundert (Handbuch der musikalischen Gattungen 3.1). Laaber 2002, S. 28–34.

5 Arnold Schönberg: Wie man einsam wird. In: Stil und Gedanke. Hg. v. Ivan Vojtech. Frankfurt a. M. 1976, S. 354.

6 Ebenda.

7 Dies vermutet auch Ullrich Krämer. In: Arnold Schönberg: *Sämtliche Werke*. Abteilung IV: Orchesterwerke. Reihe B, Band 11, Teil 4. *Kammersymphonien*, hrsg. von Ulrich Krämer. Wien, Mainz 2010, S. 60.

8 Das Streichquartett wurde nachweislich erstmals 1773 bei Friedrich Reichardt als „Gespräch[...] unter vier Personen" bezeichnet, vgl. Hans Michel Schletterer: Joh. Friedrich Reichardt: Sein Leben und seine Werke. Augsburg 1865, S. 204; Goethe rekurriert erst 1829 in den Gesprächen mit Eckermann auf den Topos.

9 Anton Webern: Über Schönbergs Musik. In: Arnold Schönberg. Mit Beiträgen von Alban Berg, Paris von Gütersloh, Kurt Horwitz, Heinrich Jalowetz, Wassili Kandinsky. München 1912 (Reprint 1980), S. 32.

10 Rudolph Stephan: Schönberg als Symphoniker. In: Österreichische Musikzeitschrift 29/6 (1974), S. 274.

11 Zu den frühesten Taschenpartituren gehört Ignaz Pleyels zehnbändige Ausgabe der Streichquartette Joseph Haydns, erschienen ab 1802 bei Ignaz Pleyel in Paris – eine Publikationsform, die ausdrücklich nicht zum praktischen Musizieren, sondern zum Studium der Musik dienen sollte. Ein Rezensent der Allgemeinen musikalischen Zeitung bemerkte angesichts einer Reihe von Streichquartetten Johann Evangelist Brandls: „[...] wer sich die Mühe nehmen will, eines dieser Quartette in Partitur zu setzen, der wird noch weit mehr sehen, als er hört [...]“ In: AMZ V/19, 2. Februar 1803, Sp. 328.

12 Zur „Mannheimer Rakete“ vgl. Hugo Riemann: Der Stil und die Manieren der Mannheimer. In: ders. (Hg.): Sinfonien der Pfalzbayerischen Schule (Mannheimer Symphoniker). II. Teil, 1. Hälfte (Denkmäler der Tonkunst in Bayern VII/2). Leipzig 1906, S. XVI. Die frühesten Belege der Figur finden sich in der italienischen Opernsinfonia, von dort fand sie ihren Weg in die Gattungsgeschichte der Symphonie (u. a. Haydn Pariser Symphonie Nr. 82/I, Mozart Symphonie g-Moll KV550/IV, Brucker Symphonie Nr. 7/I).

13 Kurt von Fischer: Die Doppelschlagfigur in den zwei letzten Sätzen von Gustav Mahlers *9. Symphonie*. Versuch einer Interpretation. In: Archiv für Musikwissenschaft 32 (1975), S. 99–105.

14 Gösta Neuwirth: Vorwort. In: Franz Schreker: *Kammersymphonie*. UE 34 138, S. V.

15 Neuwirth: a. a. O., S. VI.

16 Franz Schreker: Meine musikdramatische Idee. In: Musikblätter des Anbruch 1/1 (1917), S. 7.

17 Giselher Schubert: Zur Geschichte des Kammerorchesters im 20. Jahrhundert. In: Axel Beer, Kristina Pfarr, Wolfgang Ruf (Hg.): Festschrift Christoph-Hellmut Mahling zum 65. Geburtstag. (Mainzer Studien zur Musikwissenschaft. 37). Tutzing 1997, S. 1236.

18 Eckardt van den Hoogen: Die Orchesterwerke Franz Schrekers in ihrer Zeit. Werkanalytische Studien. Regensburg 1981.

19 Martin Kapeller: Zweierlei *Kammersymphonien*. Über Schönberg und Schreker. In: Österreichische Musikzeitschrift 1/65 (2010), S. 18.

20 Neuwirth: Vorwort. a. a. O., S. VII.

21 Der Wirkungsgeschichte von Schönbergs *Kammersymphonie* widmete sich erstmals ausführlich Christoph von Blumröder in: Wolfram Steinbeck/Christoph von Blumröder: Die Symphonie im 19. und 20. Jahrhundert (Handbuch der musikalischen Gattungen 3.2). Laaber 2002, S. 99–128.

22 Margret Jestremski vertritt in ihrer hellsichtigen Studie („Ich glaube, das ist doch ein Irrtum, diese Solobesetzung ...“. Die Fassungen von Arnold Schönbergs *Kammersymphonie op. 9*. In: Archiv für Musikwissenschaft 53 [1996], S. 259–289) die Ansicht, das Werk sei von Anfang an primär als große Symphonie konzipiert gewesen. Schönberg zeigte sich mit der Instrumentation stets unzufrieden, vor allem aufgrund von Problemen mit dem klanglichen Gleichgewicht zwischen Blech und Streichern. Die Begeisterung späterer Generationen für das solistische Ensemble sollte laut Jestremski nicht darüber hinwegtäuschen, dass der Komponist selbst das Stück eher orchestral wahrnahm.

Joachim Diederichs (Wien)

Symphonie als Klangwelt

„Symphonie“ hat für Josef Matthias Hauer exemplarische Bedeutung. Im Umfeld des in Wien um 1906–09 formulierten Paradigmenwechsels, der von der Großen Form zur Kammermusik, statt dem Pathos des Erhabenen zum wahren Gefühl, zur unmittelbaren Expression als Kondensat des Lebens führte, wählte Hauer „Symphonie“ als Möglichkeit, „Neue Wege in der Musik“ zu manifestieren.[1]

Zentral ist für Hauer „Bewegung“: Er sieht diese als universales Prinzip, in wechselnder Beziehung zwischen Einzelnem und Ganzem; begründet zuerst naturwissenschaftlich im Gesetz der Erhaltung der Energie (nach Julius Robert Mayer), zum anderen geistig als Inspiration zu wesentlicher Existenz (durch Ferdinand Ebners Geisteslehre). So dem physikalischen und geistigen Bereich zugeordnet, leistet Musik Orientierungen für den Menschen zur Harmonie.

Ursprünglich erklingen mit einem Ton Intervalle von Oktav, Quint, Quart – als Klangordnung erfahrbar am Monochord seit vielen archaischen Kulturen. Diese reinste Obertonreihe, in Einheit und Vielfalt, interessiert Hauer musikalisch zuerst. Im Ton‚system‘ (in Akustik von Saveur, von Rameau geistig geprägt) fasst er Akkorde einerseits als ruhende (Dur als primär natürlich), alle anderen andererseits (geistig sekundär, auch die in Moll) als dazu bewegte auf. Der Tonzusammenhang ist von Tonarten gelöst, von Leittönen befreit – vertikal wie horizontal im Verlauf. Konzeptuell wird von Hauer „Musik“ umfassend geordnet.

Symphonie als Klang-System legt Hauer von Anbeginn strukturell an. In Opus 1 (1912) in sieben Sätzen, variabel im Grundtonbezug, ausgehend von der Mitte wie die Rückkehr suchend. Entscheidend ist farbreicher Klang, der von Solostimme bzw. Instrumentencharakter das Ganze orchestriert. Elementar sind die Intervalle im Zusammenhang von Bewegung wie Ruhe. Das Werk bei Beginn, Ausdehnung und Ende im endlosen Kosmos von Raum wie Zeit wurde als Ausschnitt bedacht.

Wird Harmonik so abstrahiert, nicht mehr in klassisch-romantischer Tradition durch Tonarten und Modulation bedingt, sollte dem auch Analyse, Verständnis und Bewertung entsprechen. Atonalität ist bei Hauer eine Strukturordnung, referenziell betreffend Material wie Geist und von Anfang bis Ende weiterentwickelnd gehandhabt. In der Musik mathematisch-geometrisch gewonnen, gibt er durch die Reinheit der Abstraktion auch weiter wesentliche Anregungen für Künstler in verschiedener Generation.

In der Klang-Welt griff Hauer zurück auf archaischen Urgrund. Zum einen, da er sich in der Geschichtsschreibung beruft auf Terpandros als früheste festumrissene Gestalt graecistischer Musikwissenschaft, der begann Saiteninstrumente erstmals im Oktavumfang mit sieben Saiten zu bauen[2]; zum anderen, weil er – noch Egon Wellesz gegenüber 1916 geäußert[3] – als Ästhetik, wie bei den Griechen vermutlich, eine Erhabenheit klarer Einfachheit sucht. Dementsprechend sollte dieses Gründungswerk nicht in der Klavierfassung wie allzumeist, sondern nur orchestral in höchst klangfarbiger Sinnlichkeit wie klarer Schönheit geistiger Bewegung zu Gehör gebracht werden.

1911 begann Hauers eigenständiges kompositorischen Denken. Belegt wird dies durch eine Skizze, die Hauer zum Testament seines Lebens dem protokollierenden Begleiter Johannes Schwieger zur Dokumentation angab: „*Äolsharfen-Arpeggien für Klavier*", datiert 2. 5. 11, mit dem Vermerk „Musik wie ich sie höre".

Nach Angabe zum Tonumfang wie der Anweisung „hutschen" geht es um Ruhe und Fortschreitung; im Bass der volle Obertonakkord, vorrückend in Quarten, während Vierklänge sich wandelnd zum Dreiklang mutieren. Hier zeigt sich, was der Komponist bis zuletzt forderte: im Bleibenden das Veränderliche zu erfahren.

Nr. 1: J. M. Hauer, „Musik wie ich sie höre …", Federskizze NL J. Schwieger[4]
Erstpublikation Verlag Lafite, Wien

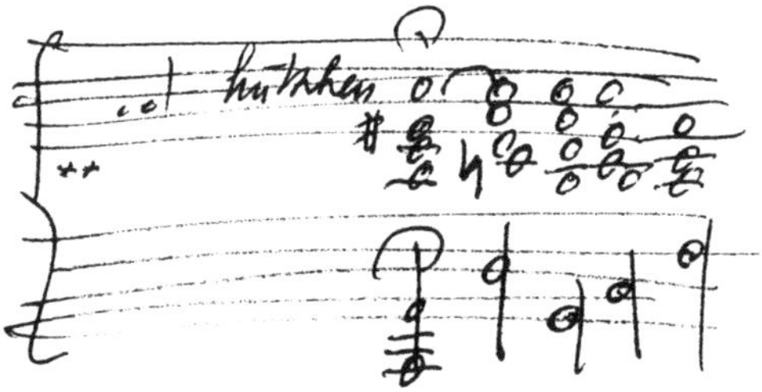

Dieser Keim des Komponierens in der Viertonfolge, kadenziert erklingend, ist als Formel vergleichenswert mit griechischer Tetrachordik einerseits und könnte andererseits auch mit der *Kammersymphonie* Schönbergs im Konnex der Toröffnung zur Quartenstruktur (*Harmonielehre* S. 478–482) gesehen werden. Doch jenseits der Funktionsharmonik wird Musik hier nicht mit Quartakkorden entwickelt in Motiv und Modulation, sondern gesetzmäßig in allen Elementen aufgebaut.

Zuvor wandelte sich im Geschichtsbild Hauers Orientierung von Ludwig van Beethoven zu J. S. Bach – wie er meint vom Kontrapunkt sinnlicher Kämpfe zu umfassend strukturierender Musik. Hauers Weltbild geht der Frage nach, welche Ordnung in der Vielfalt der Natur steckt – ein göttlich Absolutes? Ab 1907 suchte er die persönlichen Antworten – neben der Realität von Ehe und Beruf, als Lehrer ausgebildet für Singen, Turnen, auch Religion. Die musikalische Basis gab „fließender Gesang und ein einziges vollkommenes Ganzes" bei Johann Philipp Kirnberger[5] oder Harmonie und Kontrapunkt von Heinrich Bellermann[6] durch intervallmäßige Bewegung und deren mathematischer Berechnung. Aber „was bei Bellermann als tote Materie und Methode begann, wird bei Hauer erst zum wahren, wirklichen Leben erweckt"[7] – sein Komponieren erstrebt Farbigkeit im Wachsen bei organischer Ordnung.

Symphonie als ganzheitliche Ordnung

Symphonie opus 1

Die Partitur entstand in drei Monaten (Spätherbst 1912 bis 2. Februar 1913) mit der Bezeichnung „Eine Symphonie"; die im Anschluss erarbeitete Fassung für Klavier zu vier Händen wurde sogleich 1913 in St. Pölten uraufgeführt, die Orchester-Uraufführung folgte erst 1987.

Die Komposition mit „sieben Sätzen" korrigierte der Komponist im Klavierauszug als „Symphonische Stücke", nannte sie schließlich „Nomos in sieben Teilen". In der Partitur unterfertigt mit handschriftlichem Vermerk „Sonatenform von Olympos, Terpandros 700 v. Chr.". Sein Bezug zum Ursprung trifft erstens inhaltlich den ordnenden Begriff Nomos (Gesetz), und zweitens die außergewöhnliche Formanlage sowohl in Benennung als auch in der Abfolge der einzelnen Sätze. Daher zielt Hauer schon mit dieser Symphonie – ausgehend vom Urgrund nach naturwissenschaftlicher Art – auf eine überzeitliche Struktur als Klangwelt.

Das Werk ist als Einheit ausgehend von der Mitte erarbeitet. Das Zentrum zeigt C-Dur, wohin die Sätze in Tonbasis und Klangschluss sich entwickeln.

Satz	Symphon. Vortrag	Basis	Schlussklang
1.	„Vorgesang"	es	Quint es / b
2.	„Anfang"	des	Quint des / as
3.	„Übergang"	c	c + Quint e / h
4.	„Hauptsatz"	c	Quint d / a
5.	„Rückwendung"	des	Quint des / as
6.	„Schluss"	h	Quint h / fis
7.	„Epilog"	c	Quint c/ g

Der Komponist meinte dazu: „Die andern Tonarten gruppieren sich sofort nach dem Intervallengesetz, also gleichsam wie Kristalle oder auch Korallen, Pflanzen um den Hauptstamm."[8] Wie in der Gesamtanlage die Bewegung von Ganzton zu Halbton prägend ist, so bewegt sich strukturell auch der zentrale „Hauptsatz".

Nr. 2: J. M. Hauer Opus 1 „Eine Symphonie" 1912. 4. Satz als zentraler Beginn, notiert für Klavier. Dazu Hinweis auf Harmonie, Bewegung und Klangfarben der Orchesterpartitur.

Als Klang besteht der Anfang – nicht als sprachliches Motiv, sondern als Bewegung bedingt – aus Akkord-Anschlag und Abwärts-Schritten mit Sprung zum Schluss. Das „sehr langsam und bestimmt" beginnende Stück wächst aus Bewegung und Gegenbewegung, Stimmentausch und Kontrapunkt, erreicht den „mächtigen, sehr breiten" Kulminationspunkt und endet „leiser und langsamer, zum Schluss nur noch ein Hauch".[9] Ordnend ist – aber nicht in harmonischer Funktionsfolge – der strukturelle Grundtonbezug zum C. Das Veränderliche folgt dann in den Instrumentalgruppen mit Wechsel ihrer Tonlagen, im Farbcharakter. In der Orchesterfassung notierte Hauer für alle Streicher „Quartett", statt Pauken „Stahlglocken" und „Harfen" statt Klavier. Der an Ebner überreichte Klavierauszug deutet durch Nennung der Orchesterinstrumente einen Wesenswandel im Klangcharakter an. Für die Version temperierter Instrumente ist Klavier im grundliegenden Bass angegeben und im Diskant Harmonium mit Farben orchestraler Register.

Vom musikgeschichtlichen Blickwinkel wurde noch Tradiertes gesucht – in der Akkordik, in Satzform oder Motivik von Bruckner wie Wagner –, aber Hauer wies stets darauf: „Es war gar nicht so leicht, sich mutig einzugestehen, dass das alte Überlieferte nun nicht mehr zu brauchen war. Alles, alles musste ich mir selbst erwirtschaften."[10] Angelika Abel erkennt in den zum Konzentrationspunkt intervallisch orientierten Tonarten der Sätze den Beginn von Hauers neuem Klangsystem.[11] Gerhard Zeller sieht Nomos wachsend, um aus innerer Intuition musikalische Logik auszuleuchten; vom Anfangsakkord bis zum Quintklang an jedem Schluss interpretiert er das Melos – anstatt von gegebener Form – wie es kontrastiert auspendelnd sich zu einem harmonischen Ganzen im Überblick rundet.[12] Gerhard Crepaz wertet den 3. „Übergangssatz" als strukturell vorausweisend, wenn ein Klang in Rotation durch mutierenden Tausch der Stimmtöne variiert.[13]

Nr. 3: Wie Musik mutiert, Op. 1, 3.
Satz: Rotation von Takt 1 zu 10 1–3–2 2–1–3 3–2–1

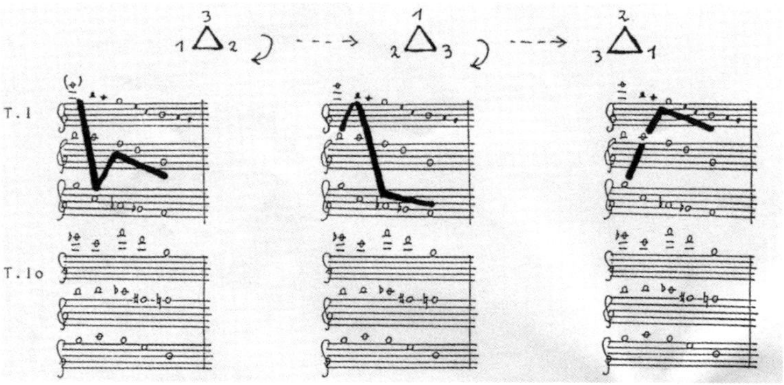

Hauers Wissen vom Musikursprung in Griechenland[14] war, dass – ohne Polyphonie – höchste Wirkung der Harmonie durch Oktaven erreicht wurde. Vom Grundmaß (da der Silbe), mit Betonung, auch Pausen versehen, werden Takte mit Hand wie Fuß gegeben, dazu Rhythmisierungen, bis aus freien Perioden ein reicher Bau erwächst. Anfang und Ende eignet vollkommene Konsonanz durch Einklang, Oktave, Quint oder Quart; ansonsten ist jedes Intervall erlaubt. Kontrastvoll zu Richard Wagner fand Hauer hier Maß wie Klarheit, das geistig Erhabene, den besonderen Charakter seiner Musik.[15]

Symphonie Opus 2

Das Werk wurde in drei Wochen (2.–23. 2. 1913) komponiert. Die Klavierfassung zu zwei und vier Händen lag 1913 („zu Ostern") in lithographierter Handschrift vor, dann die Partitur als gebundenes Autograph (Wiener Neustadt 3. April 1914). Nach dem Krieg wurde die Fassung für Klavier zu zwei Händen im Wiener Musikverein durch den „Verein für musikalische Privataufführungen" am 2. 2. 1919 uraufgeführt.

Mit dieser Komposition berief sich Hauer auf den „Nomos" rein instrumentaler Musik, der in Griechenland als „Sonatenform in fünf Teilen" begann.[16] Die symphonischen fünf Stücke werden statt wie in op. 1 von der Mitte, nun von orgelpunktgeprägten Außensätzen zyklisch verbunden.

Nr. 4 und 5: J. M. Hauer Opus 2, Symphonie 1. Satz, Takte der Anfangsbewegung und der schließenden Bewegung; beide in der Klavierfassung, als Hinweis die Orchestrierung dazugesetzt.

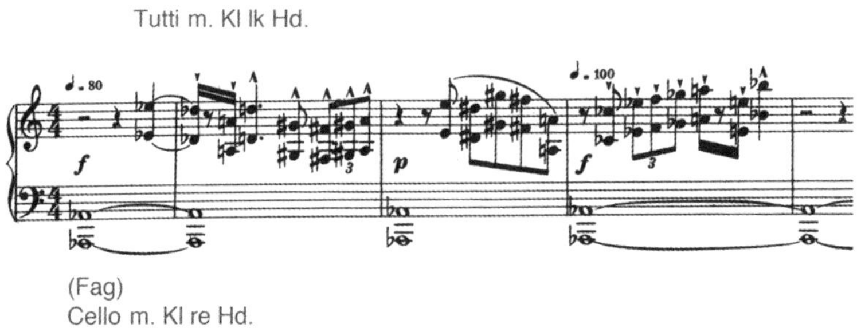

Bewegung ist hier als Klang im Grundsatz ganzheitlich aus zwei Schichten gebunden: unten die bleibende Basis, oben das Veränderliche. Struktur gibt das Rhythmische, einfach im Takt in der Ensemblefassung, mit Zäsuren noch klarer in der Klavierversion. Das Melos wächst aus der Basis von 2 + 2 Takten erst im Solo, dann zwei-, schließlich dreichörig; hörauffällig werden parallele Läufe in Terzen, Oktaven oder zu Quart-, auch Sept-Akkorden – enharmonisch unterschiedlich notiert, ob fürs orchestrale oder das temperierte Tonsystem.

Das Klavier wird Mitte dieses Musikwerkes, mit Bass und Diskant, zwischen Streichern und Holzbläsern. Hauer erwähnte das „Klavierquartett" der Tradition; erweitert wollte er wegen der orchestralen Wirkung sein gesamtes Frühwerk als „kammerorchestral" komponiert kennzeichnen.[17] Damaliger Verbreitung entsprechend können alternativ auch ein und mehrere Harmonien Anwendung finden; hinsichtlich des Klavierumfangs (z. B. ein 8-Fuß vom Kontra A bis zum a''', ein 16-Fuß vom Subkontra A bis zum a'' und ein 4-Fuß vom A bis zum a''''); Harmonien sollen nur den Vortrag, ähnlich dem Pedal, zu ausfüllender Wirkung unterstützen.

„Herr, erbarme Dich" Opus 8

Diese Symphonie für Kammerorchester mit Gesang wird ähnlich am Anfang und zum Schluss gebaut, tragend zu kurzem skandierenden Fortissimo: Ky-ri-e, e-lei-son! Das finale Werk mit zugehörigen Skizzen – das als Auftragswerk in Kriegszeit im Oktober 1914 entstand und heute im Hauer-Nachlass der Musiksammlung der Österreichischen Nationalbibliothek liegt –, gewährt Einblicke in Hauers Arbeitsprozess.

Notiert wird die melische Bewegung nur im Wesen zuerst durch die tragenden einzelnen Notenköpfe, im Umkreis des ganzheitlichen Baus; dann nach dieser prinzipiellen Setzung folgt die musikalische Ausdeutung.

Der Klangkörper insgesamt wird durch Lauf im Horizontalen oder Akkorde im Vertikalen umfassend bewegt. Das Wesen des Musikalischen wird dann zu Rhythmus, Takten, Tempo, zu unterschiedlicher Agogik und subtil in den Klangvolumina geformt.[18] In der Einheit der Grundanlage des Werkes ist die Bewegung einerseits und andererseits deren Zeitfolge und Dauer beschlossen.

Im Überblick zu Hauers Werkverständnis verwendete er „Symphonie" als übliche Bezeichnung für orchestrale Werke. Sein Frühwerk wurde 1913 als futuristisch geschmäht; rückblickend nannte er es revolutionär, nach nötiger Anarchie als neue Ordnung.[19] Sich auseinandersetzend mit Bach[20] fand Hauer das neue Tonsystem; überlegte Heinrich Schenkers Reduktionsanalyse anhand klassischer Meister[21] und diskutierte höchste Farbigkeit im Orchesterspiel.[22] Zerfällt die Form, wie Hans Ulrich Götte meinte[23], wenn zum Zusammenhalt bei einfacher Baustruktur der Komponist Elemente variabel einsetzt? Insgesamt haben die Werkteile, ausgehend vom Einzelnen, eine innere Geometrie erst zu finden. Hauer sah als Orientierung „Du hältst dich an ein ungeschriebenes großes Gesetz der Töne [...]" Die Weiterentwicklung symphonischen Klangs prägte Opus 5: „[...] mein eigentliches Sturm- und Drang-Werk, hat mir vollends die Ohren geöffnet über den Weg, den ich nehmen werde und den ich auch tatsächlich genommen habe." [24]

„Apokalyptische Fantasie" Opus 5

Sechs Jahre nach der Entstehung des Werkes suchte Hauer dessen Struktur zu verdeutlichen. Ferdinand Ebner fertigte zugleich zu Ästhetik und Farbendenken einen Essay.[25] Damit wurde die Form in Teilen und Ganzem, auch mit inhaltlicher Benennung kenntlich gemacht, um insbesondere zu Hauers neuem Komponieren kritische Fachbeurteilung zu erhalten.

Nr. 6: *Farben-Symphonie* op. 5, 1913; Ferdinand Ebner sucht 1919, die ästhetische Struktur zu erfassen, Niederschrift durch den Komponisten zur Überreichung an Johannes Itten.

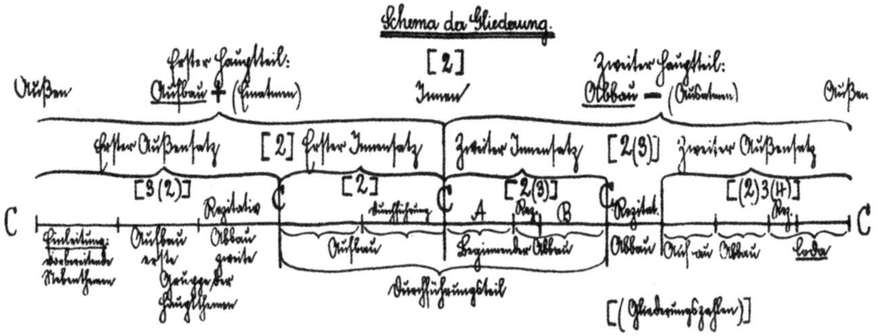

Diese vor dem Krieg entstandene 3. Symphonie (16. 9.–23. 10. 1913) lag erst als Klavierfassung vor – als lithographierte Handschrift zur Uraufführung mit Rudolf Réti[26] 1914 und dann 1918 gedruckt. Die Orchesterversion, in den 20er-Jahren autographiert, 1969 gedruckt, wurde dann im „steirischen herbst" Graz präsentiert.

Nr. 7: Opus 5, Symphonie der Intervalle kristalliner „Klangfarben“

Die Gesamtanlage prägt das C, das in jedem Teil die Komposition vom Ausgang bis zum Schluss bestimmt. Intervalle sind nicht mehr als körperlicher Gestus, sondern hell oder dunkel in Bezug zum Licht, mehr geistig-ganzheitlich bedingt. Bewegung von obertonoffenem ruhigen Klang, variiert durch Ton-Schichten, dann schneller und voller zur Mitte, in dreifachem Unisono mit Fortissimo vom Contra-C zum höchsten Fis – Zentrum emporreißender „Elementargewalt“ – um im Abbau das „Menschliche“ fallender und retardierender Schritte als Gegenpol zu bringen. Die „Farben-Symphonie“ prägt die Zuordnung von Klangfarben- und Lichtkreis.

Ausgehend vom C werden Farben musikalisch gereiht, nach Intervallschritten der Obertonordnung, zu zwölf Stufen im Oktavenraum. In Aufwärtsbewegung wird positiv Wärme gewonnen und geht im Minus abwärts verloren. Das umfassendste Intervall im Klangfarbenkreis ist vom c zum fis, über alle Stufen hinweg, in komplementärem Kontrast. Der fast reine Oktavklang – weiß läge außerhalb des Farbkreises – wechselt zwischen Purpurviolett bis Blauviolett zu dunkelster Ferne – dem Schwarz am Farbenende ohne Licht.

Nr. 8: Hauers Parallelsetzung von Farblicht- und Klangfarbenkreis, vom Absoluten (C) beidseitig (+ bzw. –) bewegbar

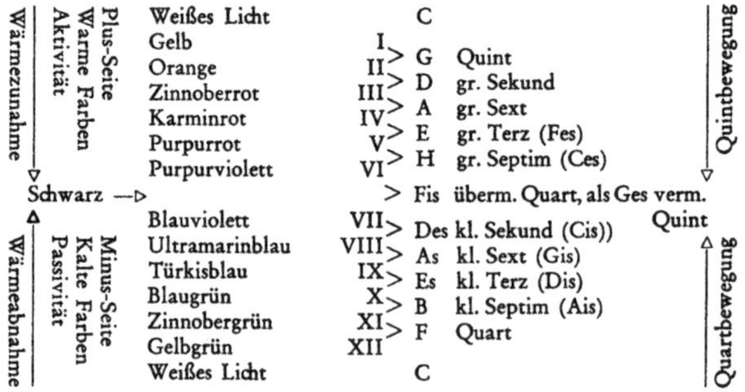

Nr. 9: Ton-Kreisordnung mit Klangcharakteren

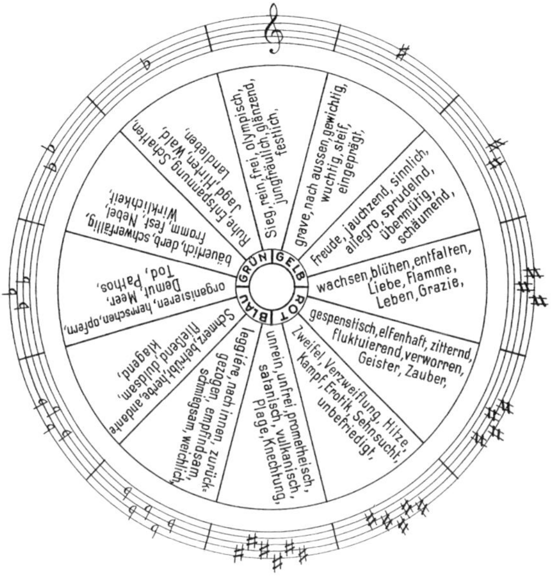

Musik zwischen Natürlichem und Geistigem

Die Welt der Natur erkannte Hauer durch ordnende Prinzipien, direkt erlebbar am Material, an den Einzelbewegungen im Bauzusammenhang des Ganzen.

„Symphonie" sah er kontrastiert zu Gustav Mahler im Anbeginn: keine Tonmalerei, nicht imitierte Laute, Verzicht auf breite Schilderung als symphonisches Geschehen. Und auch zu Richard Strauss mit instrumentalen Charakterisierungen, verfeinerten Klangeffekten im dramatischen Erzählen, zog Hauer einen klaren Scheideweg nach Studium von *Also sprach Zarathustra* oder *Tod und Verklärung*. Wohl nahm Hauer den Begriff „Klangfarbenmelodien" aus Schönbergs *Harmonielehre* auf, ließ ihn aber als Melodie nur im temperierten Klangspektrum gelten.

Aus eigener Grundlegung definierte Hauer eine Klangfarbenlehre der Musik.[27] Dazu Hermann Bahr:

> „Ich sprach mit Richard Strauss [...] auch Arnold Schönberg [...] (Aber von Hauer ein) solches Programm bloß auch nur aufzustellen und nun endlich einmal mit

> dem Finger auf das Analogische von Licht und Ton zu zeigen, scheint mir schon ein ungewöhnliches Verdienst."[28]

Diese Theorie ist der „Farbenkreis der Temperatur", erarbeitet ab 1915, im Manuskript gefertigt 15. 7. 1917 und als Schrift *Über die Klangfarbe* 1918 als Eigenverlag publiziert. Den 17-seitigen Text kennzeichnet Hauer als „Opus 13", da er zum Gesamtwerk grundlegend wurde.

Hauers Farb-Ton-Kreis fußt auf Pythagoras' Quintenzirkel, Andreas Werckmeisters gleichschwebender Temperatur, Bachs *Wohltemperiertem Klavier.*

> „Der Großmeister [Bach] benützt alle zwölf Töne nacheinander, die ganze musikalische Welt (...) [Aber:] Einen Hauch weiter und die Leitton-, Leitmotiv- und Themenwirtschaft liegt hinter uns."[29]

Hauers Darlegungen lenken unsere Vorstellung der Intervalle auf den 7-oktavigen Gesamttonraum; sie zeigen natürliche Intervallreihen auf (z. B. im Quinten- und Quartenzirkel, von Sekunden oder Septimen zur Grundlinie *C,* alle Verhältnis-Differenzen von Obertonintervallen) und setzen dagegen die mathematisch-geometrisch definierte, von ihm als Ordnung unabdingbar betrachtete geistige Temperatur (Abb. 9). Das Ganze, bipolar, hat zwei Hälften und zwölf Stufen in komplementärem Kontrast. Der Tonkreis als unendliches Ganzes wird durch Zwölfteilung zu Quinten gebrochen und umgekehrt hat jeder Ton im harmonikalen Ganzen einen festen Ort.

Klangfarbe fasst Hauer auf: a) aus Art der Obertonreihe, b) Schwebungen bei der Brechung von Intervallen (analog vom Licht zu Regenbogenfarben). Die ungebrochen reinen Schwingungsverhältnisse ergeben vollendete Harmonie, da das Geistige und Natürliche ungetrennt wirken. Bewahrheiten sich gleiche Ordnungen für Auge und Ohr? Ebner vermutete, dass Sehen und Hören – im intuitiven Schaffensprozess wie der Rezeption – eine gleiche innere Wurzel haben. Anders analysierte später Hans Florey den Farb- und Ton-Kreis, der beide nur auf ein Gleiches, die ordnende Zahl bezog.[30]

Inspirierend wirkte auf Hauer 1917 Goethes *Farbenlehre* [31].

- Erstens zitierte Hauer in seiner Lehre Goethes analoge Auffassungen. Abgewinnen konnte er von ihm, welche Empfindungswerte den zwölf Farblicht-Stufen zukommen; und er bezog auch Tonartencharakteristik historischer Musik in Klang und Komplementärkontrasten beispielhaft ein.
- Zweitens wurde Musik im Ansatz von Goethes „*Tonlehre*" in den Bereich physikalischer Gesetze eingeordnet. Die dortige Forderung zur Stimmung der gleichschwebenden Temperatur wie die identische Reihung der Töne, konnte Hauer zu „höherer Musik" bestärken.[32]

Wie für Goethe die unendliche Obertonreihe ins System zu bringen ist, gemäß generellem Naturgesetz von „vis centrifuga“ und „vis centripeta“, brachte Hauer ab jetzt beide Energien in harmonikales Gleichgewicht – in der Musik wie im Weltgeschehen, im Mikro- wie im Makrokosmos. Wie findet solch Symbolik Gestalt?

Nr. 10: Melos mit maximal 11 Farben; Partitur in Hauers Handschrift Takt 83

Die „Farben-Symphonie“ bringt höchstes Melos, aber bewusst nicht 12 Töne zugleich, wenn Ebner dazu in o. g. Analyse schrieb:

> „Alle Farben, mit Ausnahme der lichtesten, des Gelb, verklingen ineinander wogend in ein farbig schillerndes Grau: die dunkelst schattierte Nuance Karminrot Purpurrot geht über in Zinnobergrün Gelbgrün, diese in Türkisblau Blaugrün usw. und endet mit Purpurrot in stärkstem Helligkeitsgrad, hinüberspielend in Purpurviolett.
> Käme noch Gelb dazu, so löste sich das Ganze in das unerträgliche, gleichsam sowohl das Auge als auch das Ohr vernichtende Nichts eines Farben- und Klangchaos auf.“

Hauer suchte Schönberg 1917 zur Vervollkommnung des Komponierens auf, 1918 ging er zu den öffentlichen Anhörungen der *Kammersymphonie* op. 9 mit Adolf Loos – überprüfte dann seine Auffassungen mit der Musik von Anton v. Webern und Schönberg im „Verein für musikalische Privataufführungen“.[33] Als Ebner ihm zur Vervollkommnung noch riet, einen modernen Maler zu konsultieren, suchte Hauer Johannes Itten im Zentrum Wiens auf.[34]

Dieses Treffen hatte geistesgeschichtlich u. a. den Boden in Kunst und Musik verändert. Festzumachen ist das neue Denken an folgenden Datierungen: Noch am gleichen Tag, dem 30. 4. 19, begann Hauer mit der Komposition *Fünf kleine Stücke* op. 15. Das 3. Klavierstück zeigt Dreher im Dreiachtel-Takt – bewusster Beginn zur neuen Basis einer „Bausteintechnik“:

Nr. 11: *Kleines Stück* op. 15/3; Musik aus Bausteinen strukturiert – Beginn von Kontrapunktik als geistigem Prinzip

Das kurze, aus 8+8 Takten gebaute Stück bringt Einheiten selbstständiger Zellen, die fast ident oder gedreht sowie variiert wiederholt werden. Bewegung wechselt in die innere Struktur; dann werden frei die Einzelelemente verknüpft. Kontrapunktik wird hier zum Spiel zwischen gegebener Materie und ausdeutendem Geist – die *Glasperle* mentaler Natur!

Am 12. 5. 19 besuchte der Künstler den Komponisten und war angesichts des *Farbenkreis* hoch erstaunt und durch die Farben-Symphonie op. 5 tief ergriffen – aus diesem Anlass begann Ebner seinen oben genannten Essay zu verfassen und schilderte die beidseitige Offenbarung durch Ton- und Bild-„Apokalypse“: es ist ein Einswerden zweier Welten.

Zukunftsentscheidend wird ein von Walter Gropius für Hauer zum Aufbau einer Musikschule in Weimar gewünschter Testlauf bei Alma Mahler und Freunden im Juni 1919, also ein Angelpunkt zwischen Wiener Salongesellschaft und Weimarer Bauhaus – wie gelang da der Aufbruch vom Alten zu Neuem? Aus universeller Kenntnis des Kontrapunkts fokussierte der Komponist den Weg neuer Musik, verwarf seinsvergessene[35] abendländische Tradition, postulierte den sachorientierten Menschen beginnender Zukunft – Stoff für Romane großer Literaten ...

Hauers *Nomos* 1919 – als Klangwelt-Anschauungswerk zum Bauhaus – gilt zugleich als epochales Werk der Zwölftonmusik[36]. Das vom 25.–28. Aug. erarbeitete Klavierstück beginnt im Auf- und Abgang des Melos, zu verschiedenen farblichen Flächen aus fünf Tönen bewegt, in der räumlichen Struktur wie ein Dodekaeder – weder musikalischer Gedanke noch Motiv; rückblickend wird Palestrinas „Marien-Anrufung“ auf der Skizze der Zwölftonkomposition genannt.

Bausteine legen die Basis von kreisorientiertem Material. „Jeder Baustein ist also ein kleines in sich geschlossenes Musikstück, eine Zelle im Organ, und aus Organen baut sich der Körper auf.“[37] Zum Nomos nutzte Hauer 197 Bausteine – Primzahl, die in dreigliedriger Geometrie seit Horaz Beachtung fand. „Ich hatte erfasst, dass die ‚Bausteine mit allen zwölf Tönen des Zirkels‘ die eigentlich formgebenden, die musikalisch ergiebigsten sind. Das Melos ging mir auf in seiner Größe.“[38]

Aus dem gegebenen Urstoff ordnet Hauer nurmehr sinnfällig an durch Reihung, Spannung, Verknüpfung das Werk farbig ausdeutend: Am Beginn in der Einheit des klaren Sonnenlaufs, dem gegenüber suchend und schwankend der Mensch, dann Welt als Vielfalt zwischen Chaos und Ordnung. Eine höchst intensive Arbeitsphase beginnt, um die Musiksprache der Zwölftonmusik auszuforschen und aufbauend zur Gemeinschaft zu fundieren.

Nr. 12: J. M. Hauer *Nomos* 1919, Gründungswerk der Zwölftonmusik, vorzeichenlos notiert. Zu Beginn der aus Vormaterial gegriffene, durchgeformte 1. Baustein

Zwölftonmusik – Klangordnung als universale Vision

Die Musiksprache kreisbezogener Klangwelt erarbeitete Hauer 1919–22. Kompositionen untersuchen das Melos im Umfang der Möglichkeiten und ihrer Struktur für Instrumente und Vokalstimmen – Klang im Kontrast, auch zu barocker Kontrapunktik. Wie eine Grundlehre zum Bauhaus erscheint diese Musik, in Grammatik und Syntax elementar dargelegt (siehe Abb. Nr. 13).

Die Bewegung von 12 Tönen in ganzheitlich harmonikaler Struktur ist prinzipiell in klangfarblich 44 bzw. in mathematischer Anschauung 35 Konstellationen änderbar.[39] Hauer komponierte wie gehabt: „Jeder Baustein hat seine ‚Mediallinie', von der aus nach vorne und nach rückwärts ‚abgewogen' wird. Aufgesang – Abgesang, Einatmen – Ausatmen [...]

Nr. 13: Zwölftonmusik als Gesamtsystem möglicher Tonarten. (Hauer-Studie über die Tropen von Hans Florey. In: Österr. Musikzeitschrift 60/4 2005)

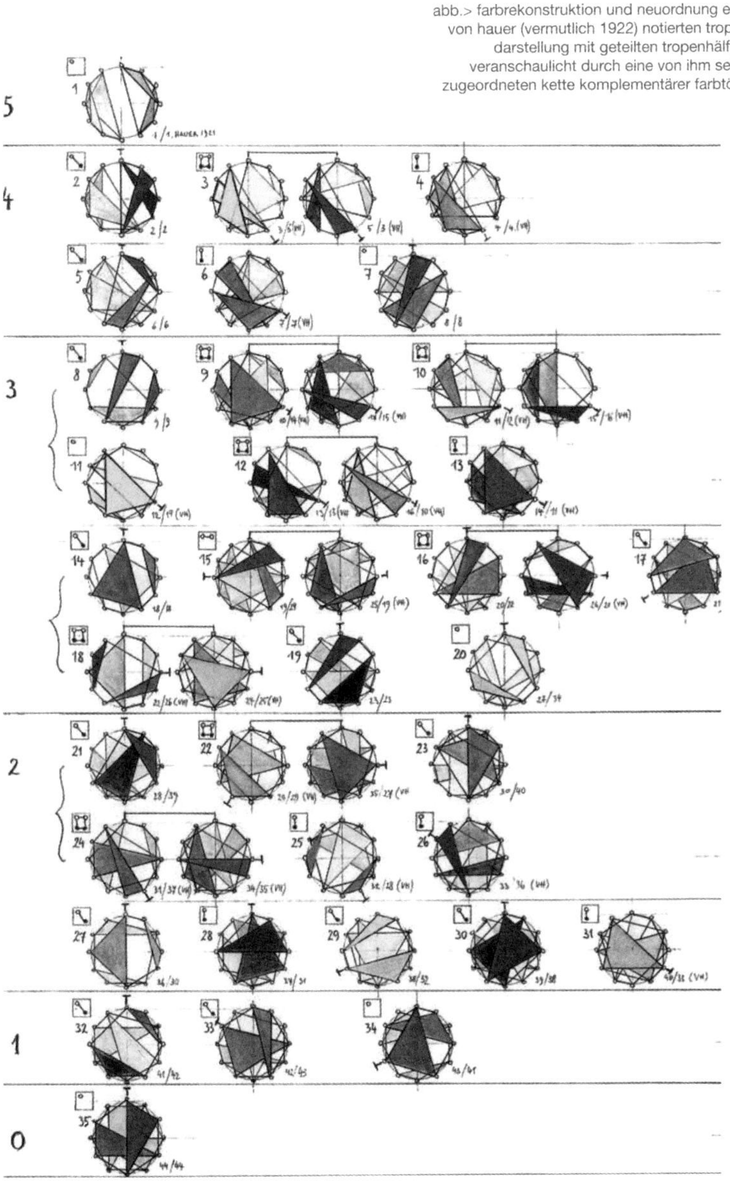

Im Mai 1922 ist völlig klar, was Hauer forderte und förderte[40]: Der neue Sprachboden aller Komponisten wird die atonal zwölftönige Musik sein. Réti wollte mit Hauer, dass solch Nomos – als Credo „Neuer Musik“ – Realisierung finden wird in der Gründung der „IGNM“. Doch dort, Sommer 1922 in Salzburg, wurde Musik als Tonkunst und ein Werk als Formsprache verstanden; ein „Konzert“ galt den Verantwortlichen damals noch nicht als kommunikativer Anlass, schöpferische Haltung mit Kenntnissen über Musik und Welt darzulegen. Bereits im dreisprachigen IGNM-Programmheft zu neuen Tonsystemen der Zeitschrift Melos hatte Hauer sein neues Werk abgedruckt: „1. Klavierstück“, 9. 5. 1922. Die Musikblätter des Anbruch polemisierten gegen Hauer und Réti. Als Hauer nach seiner Ankunft in Salzburg erfuhr, dass stattdessen nur frühe Hölderlin-Lieder angesagt waren, war es nicht nur Affront, sondern Eklat zwischen dem Kompositionsdenken in rivalisierenden Musikzeitschriften: hier begann der Grundsatzstreit Hauer / Schönberg auf öffentlicher Bühne. Dennoch baute Hauer solche Präsentationen von Musik und Wort in Wien wie Donaueschingen aus, dazu rhetorisch von Hermann Bahr im „Burgtheaterkammerl“ trainiert. Er musste daher der angekündigten Aufführung entsagen, aber seine Gespräche wirkten im atonalen Melos auf Carl Nielsen und als Exempel des „ludus tonalis“ wie zur „Harmonie der Welt“ für den befreundeten Paul Hindemith zuerst als Keim und dann als Reibebaum und Hermann Scherchen blieb weiterhin mehr als freundschaftlich zu Hauer.

Ergebnis ist, dass in den Nomoi 1912 und 1919 Hauers Konzeption von Musik in der Ästhetik des Einfachen wie Erhabenen und auch im universalen Anspruch gleichbleibt. Klang-Welt wurde vom Erstling konsequent bis zur Gründung von „Zwölftonmusik“ ausgebaut. Die große „Symphonie“ suchte Hauer zeitgemäß vom üppig Orchestralen zu Grundprinzipien zu reduzieren. Das Nomos des Musikalischen hat er in Opus 1 entwickelt aus der Ordnungskoordinate des zum archaischen Grundton gegebenen Klangs, in Opus 19 wird die Ordnungskoordinate erneuert durch Bezug zum Kreisganzen mit dem Urprinzip der Zwölfteilung. Zugleich mit seiner geistigen Musik eines Mikro- wie Makrokosmos weist Hauer 1912 aus der Gegenwart zur Struktur griechischer Archaik, 1919 aber zur fernöstlich orientierenden Struktur des TAO. Hauer nahm in seiner Musikauffassung, als einer geistigen Vision zum Leben in der Natur, einen parallelen Konnex zu Kui, dem frühesten Musiker der Universalgeschichte an: „Die Wurzel zu erforschen und das Veränderliche zu erkennen, ist die Aufgabe der Musik.“[41]

Musikgeschichtlich ist Hauers neues „Werk“-Verständnis zu bewerten: einerseits schafft er eine Vielfalt kristalliner Objekte für unser sinnlich-geistiges Vernehmen, andererseits findet er darin sein Rückgrat in ethischer Haltung – Struktur einer mathematisch-geometrischen Erkenntnislehre.[42]

Der Musikbegriff wird mit Hauers Farb-Ton-Kosmos zur Klangwelt erweitert. Die Tradition des Symphonischen ist nicht versickert, sie erscheint vielmehr überführt zur Ganzheit des Wahrnehmbaren. Realität wird umfassend durchdrungen aus der Konzeption des All-Einen, was zu einem gewichtigen Strang der Künste im 20. Jahrhundert wurde.

Nr. 14: Standbild von Josef Matthias Hauers „teaching actions", Juli 1924, nach seinem *1. Streichquartett* op. 30, u. a. von Hindemith uraufgeführt

Matthias Hauer spricht auf der Kurhausterasse über seine Zwölftönetheorie.

Kammermusikfest Donaueschingen.

Anmerkungen

1 Gleichnamiger Vortrag von Hauer in der „Weltkulturgesellschaft" des Instituts für Kulturforschung von Erwin Hanslick in Wien am 9. 4. 1918.

2 Terpander aus Lesbos lebte um 712 bis nach 676 v. u. Z. Er begründete einen ersten klassischen Stil in griechischer Musik, indem er Fundamente insbesondere für den Gesang zur Zitherbegleitung kanonisierte.

3 Egon Wellesz, The Origins of Schönberg's Twelve-Tone System. Vortrag am Lincoln College in Oxford 1957, publiziert von der Library of Congress, Washington 1958, S. 7–9.

4 Notat von Johannes Schwieger. Als Tondokument an der Celesta von Gerhard Zeller eingespielt, in: Josef Matthias Hauer: Schriften – Manifeste – Dokumente (Hg. Joachim Diederichs, Nikolaus Fheodoroff, Johannes Schwieger). Wien 2007, S. 298, 491/1-II.

5 Johann Philipp Kirnberger: Die Kunst des reinen Satzes in der Musik. Berlin 1771.

6 Heinrich Bellermann: Die Größe der musikalischen Intervalle als Grundlage der Harmonie. Berlin 1873.

7 Notat des für Hauer kooperierenden Partners J. Schwieger 23. 2. 1960: Hauer: Schriften, a. a. O., S. 7/4-IId.

8 Josef Hauer: Vom Wesen des Musikalischen – ein Lehrbuch der atonalen Musik. (Entstanden Mai 1919). In: Schriften, a. a. O., S. 122.

9 Hauers handschriftliche Eintragung im Manuskript: Österreichische Nationalbibliothek, Musiksammlung F (Fond) 91Hauer 2.1.

10 Josef Matthias Hauer: Säen und Ernten. Anbruch 8/1 (1926). In: Schriften, a. a. O., S. 298.

11 Angelika Abel: Die Zwölftontechnik Weberns und Goethes Klangfarbenlehre (Dissertation, mit Bezug auf Hauers Klangfarbentheorie). In: Beihefte zum Archiv für Musikwissenschaft 19. Wiesbaden 1982, S. 16f.

12 Gerhard Zeller, Professor der Kunstuniversität Graz und Pianist, spielte Klavierwerke aus allen Schaffensperioden ein (Josef Matthias Hauer – Das Klavierwerk. amadeo LP, Wien 1983) und Hauers Liedschaffen zusammen mit seiner Frau, Gesangsprofessorin Annemarie Zeller.

13 Gerhard Crepaz: Josef Matthias Hauers op. 1 ‚Nomos'. In: Melos 50/4 (1988), S. 20–44. Die Analyse bezog sich auf die von Martin Sieghardt dirigierte orchestrale Uraufführung in Innsbruck.

14 Richard von Kralik: Altgriechische Musik. Wien ^{2}1900. Kralik weist überdies für Oktavwirkungen zu Georg Friedrich Händels *Messias* oder Christoph Willibald Glucks *Iphigenie*.

15 R. v. Kralik, a. a. O., meint zu wissen, wie damals das Melos in allen Tongeschlechtern unter Nutzung der 12 Halbtöne dargebracht wurde.

16 Durch Olympos (733 v. Chr.), Sohn des Marsyas (766) und Lehrer von Terpandros – nach R. v. Kralik, a. a. O. In der Schrift teilt er zu Terpandros mit:

> „Das Wichtigste, dass er die von der Singstimme contrapunktisch verschiedene Instrumentalbegleitung aufbrachte."

So z. B. zur Lyra folgende Verse:

„Zeus, du Ur-an-fang, du Ur-grund des Alls, Zeus, zu dir send ich des Preis-lieds Anfang. [...]“

17 „Dieser Klangkörper ist bei allen meinen Kompositionen zu verwenden (auch bei den Liedern und Chören mit Klavierbegleitung). Das ‚Kammerorchester‘ eignet sich selbstverständlich nur für intimere Wirkungen in kleinen Räumen. Auf Massenwirkungen, Effekte u. dgl. ist meine Musik überhaupt nicht abgezielt.“ In: Anmerkung zur Aufführung im Notendruck 1918.

18 Hauers Angaben sind individuell zu deuten, keine Vorschreibungen. Eine Skizze dazu zeigt als Tempi: „20 largo, 40 adagio, 60 andante, 80 allegretto, 100 allegro, 120 presto“.

19 Musikalische Biografie (= Selbstdarstellung Hauers). In: Schriften, a. a. O., S. 4/4-II

20 Das Wohltemperierte Klavier: anhand der Analysen von Hugo Riemann.

21 „Ursatz“ und „Urlinie“: Hauer besaß Schenkers Tafeln des Bachwerkes.
Hauers Bezug zur Lehre Schenkers ist bisher noch nicht untersucht worden.

22 Anleitung zur Aufführung dieser Symphonie. Nomos 6. 11.1913. In: Schriften. S. 359/2-IIA. Konzert mit Rudolf Réti am Klavier: Wagner-Liszt, Rameau, Debussy, auch Mahlerlieder und Vorspiel der *Gurrelieder* von Schönberg, 9.5.1914 (Schriften, S. 9).

23 Hans Ulrich Götte: Die Kompositionstechniken Josef Matthias Hauers. Dissertation 1989, S. 184–187.

24 Josef Matthias Hauer: Säen und Ernten, 1926. In: Schriften, a. a. O., S. 299f.

25 Autograph von 20 Seiten in der ÖNB-Musiksammlung (F 91.Hauer 7. Mus). Ebner zu seinem Formrückblick: „Ich entdeckte dabei das eigentümliche Gesetz ihres Aufbaus, das dem Hauer selbst ganz unbekannt gewesen war.“ In: Ferdinand Ebner: Schriften II, München 1963, S. 1073.

26 Rudolf Réti (1885–1957) dissertierte an der Universität in Wien 1912 über Farben in der französischen Musik am Beispiel Debussy. Im Klavierspiel war er in engem Kontakt mit Hauer und suchte als Komponist zu Schönbergs, dann Hauers Musik schließlich seine eigene Position.

27 Diese wurde Gesprächsbasis von Hauer mit Schönberg Sommer 1917; darauf verbreitet durch Elsa Bienenfeld in der St. Pöltener Dt. Volkszeitung und im Wiener Journal 30. 12. 1917. Hauers Vortrag am 9. 4. 1918 (FN 1) führt zu besonderem Kontakt mit Adolf Loos und Hermann Bahr. In: Schriften, a. a. O., S. 164.

28 Herman Bahr: Tagebuch. In: Neues Wiener Journal Nr. 8773, 7. 4. 1918, S. 5.

29 Hauer: Musikalische Biografie. In: FN 16.

30 Hans Florey – Komponist, Maler und Hauer-Analytiker (1931–2013): Zur Farbgestalt der vier Urformen des ganzheitlich-harmonikalen Gesetzes. In: Österreichische Musikzeitschrift 65/10–12 (2010), S. 94f.

31 Goethe-Ausgaben edierte Rudolf Steiner, der in Wiener Neustadt vor Hauer und Ebner an gleicher Stätte Schüler war. Im Kontext musikalischer Ästhetik ist auch das „geistige Auge“ zu betrachten (John Covach) im frühen Bezug auf Schönbergs „Gedanke“ (Severine Neff) und Weberns – auch an Gesprächen mit Hauer – anschließendem Naturverständnis der „Urpflanze“ (Angelika Abel).

32 Z. B. Goethes Werke, Bde. 5–6, (Cottasche) 1833, S. 73: „Vergleichung mit den natürlich immer fortschreitenden Tönen und der in die Oktaven eingeengten gleichschwebenden

Temperatur. Wodurch eine entschieden durchgreifende höhere Musik, zum Trutz der Natur, eigentlich erst möglich wird."

33 Josef Hauer: Musikerbriefe. 12 in Erstpublikation 2003. In: Schriften, a. a. O., S. 55–83.

34 Der von Loos errichtete Galerieraum Kärntnerstraße 4 zeigte von Itten, der ab 1917 in Wien wohnte, eine Ausstellung mit seiner privaten Malschule in Döbling, deren aufstrebende Schüler 1918 die Gruppe „Bewegung" gegründet hatten.

35 Zum begrifflichen Zusammenhang unter Hinweis auf den im Hauer-Kreis geschätzten Martin Heidegger siehe Rudolf Stephan: Über Josef Matthias Hauer. In: Archiv für Musikwissenschaft 18/3–4 (1961), S. 288.

36 Rudolf Stephan: Zwölftonmusik. In: Musik in Geschichte und Gegenwart. Kassel 1998, Bd. 9, Sp. 2506. Als Zeitzeuge äußert sich zu Hauers Rolle Egon Wellesz, in FN 2, S. 8f.:

> „However he provided Schönberg with the principal idea, the row of twelve tones as a new principal of composition. [...] Hauers composition became known in our small circle and were brought to Schönberg [...] Undoubtedly Hauers twelve-tone compositions showed him the way out of his crisis; they came to him as the right impulse at the right moment."

37 J. M. Hauer: Vom Melos zur Pauke. Wien 1925. In: Schriften, a. a. O., S. 215.

38 Josef Matthias Hauer: Die Tropen. Wien 1925. In: Schriften, a. a. O., S. 12 und 272.

39 Die Tropen in ihrem Unterschied zu den Tonarten, zu früheren alten oder neuen Modi werden systematisch von Hans Florey untersucht. Dominik Sedivys Dissertation „Tropentechnik" (Wien 2006) widmet sich den Verfahren Hauers im Hinblick auf Klangreihenkomposition.

40 „Die zwölfstufige gleichschwebende Temperatur, der Nomos, das Zwölftönegesetz – und auf diesem Boden können wir uns alle verstehen, achten, würdigen, einander erwecken." Atonale Melodienlehre – eine Hörschule", Ms. 1923, publiziert in: Schriften, a. a. O., S. 166–195, bes. S. 175.

41 J. M. Hauer exzerpiert das Zitat zum Zwölftonspiel 1946 aus dem der altchinesischen Zeit des Konfuzius entstammenden Buch der Riten LI GI. Siehe Schriften, a. a. O., S. 323, 249, 403.

42 Hauer bezeichnete als Gesamtwerk I. das Tönende Testament, II. das Schriftliche Testament und III. Gespräche – als Monolog wie Dialog. Sein persönliches Erbe mit weiteren fünf Nachlässen befindet sich in der Musiksammlung der Österreichischen Nationalbibliothek.

Reinhard Kapp (Wien)

Symphonien und Verwandtes von Angehörigen der Wiener Schule Verzeichnis und Kommentar

I.

In seinem „Die Symphonie der Wiener Schule“ überschriebenen Beitrag zu dem Band „Die österreichische Symphonie im 20. Jahrhundert“[1] hat Christopher Hailey einen Ausspruch Schönbergs an den Anfang gesetzt: „Jeder [meiner] Schüler sollte auch eine Symphonie geschrieben haben“. Alban Berg rief diesen Satz am 9. Juli 1913 seinem einige Monate zuvor nach Berlin übersiedelten Lehrer brieflich in Erinnerung, um gegen dessen Vorschlag, „eine Suite für Orch. (mit Charakterstücken)“ zu schreiben, seinen eigenen Plan einer großen einsätzigen Symphonie[2] zu verteidigen.[3] Die *Drei Orchesterstücke* op. 6, die schließlich daraus resultierten und Schönberg gewidmet wurden, sind so etwas wie die Synthese aus beiden Ideen, und damit zugleich ein Statement über die Situation der Gattung Symphonie.

Schönbergs eigener Beitrag zu dieser Gattung nimmt sich auf den ersten Blick bescheiden aus. Allerdings ist die Reihe der veröffentlichten Werke, ob mit oder ohne Opuszahlen, kein zuverlässiger Gradmesser. Es ist viel mehr entstanden, teils unter anderen Namen gleichsam versteckt, teils nicht fertiggestellt. Es lohnt sich, die Schönberg'schen Werke und die Projekte daraufhin durchzugehen, ob sie etwas mit dem großen Thema Symphonie zu tun haben und gegebenenfalls was.

Bereits 1882 lässt sich das Bedürfnis nach größer dimensionierten Stücken in der (noch dilettantischen) Partituraufzeichnung einer langsamen Einleitung nebst Beginn des Hauptsatzes einer *D-Dur-Symphonie* nach klassischen Mustern greifen. Aus den Jahren 1898/99 stammen Notizen zu *Frühlings Tod nach Lenau für großes Orchester* sowie zu *Hans im Glück. Eine Symphonische Dichtung* nach dem Märchen der Brüder Grimm (bzw. Ludwig Bechstein). Ausgeführt wurde erst 1902 *Pelleas und Melisande. Symphonische Dichtung* nach Maeterlinck op. 5.

Schönberg hatte 1900 aber auch mit der Komposition einer *Symphonie* in G-Dur (mit langsamer, harmonisch bereits weit ausgreifender Einleitung in g-Moll) begonnen, mit der er bereits beim Beginn des Hauptsatzes steckenblieb (oder die zugunsten der Komposition der *Gurre-Lieder* beiseitegelegt wurde?), und er notierte 1905 zumindest das Thema für eine *Sinfonie in B*[4]. 1906 aber gelang es, die (Erste) *Kammersymphonie* E-Dur op. 9 zu vollenden und eine *zweite* in es-Moll in Angriff zu nehmen, die jedoch erst Ende der 30er Jahre fertiggestellt wurde. Eine *dritte* in

C-Dur kam über die ersten 22 Takte nicht hinaus.[5] In verschiedener Hinsicht mag 1911/12 die Reihe von Generalbassaussetzungen für die „Denkmäler der Tonkunst in Österreich" der historischen Vergewisserung gedient haben, zumal sich unter den vorgenommenen Stücken je eine *Symphonie* bzw. *Sinfonia* von Matthias Georg Monn und Franz Ignaz Anton Tuma befand. Jedenfalls begann Schönberg im folgenden Jahr mit der Arbeit an einer sehr groß angelegten Symphonie mit Chören, aus der einerseits das (wiederum Fragment gebliebene) Oratorium *Die Jakobsleiter* (ursprünglich das Symphonie-Finale), andererseits die Methode der Komposition mit zwölf nur aufeinander bezogenen Tönen erwachsen sollten. 1921 entwarf er den Anfang einer Kammerorchester-Bearbeitung von Mahlers *Das Lied von der Erde. Eine Symphonie* mit Blick auf den Verein für musikalische Privataufführungen. 1928 fiel bei der Suche nach zur Orchestration geeigneten Kompositionen J. S. Bachs die Wahl auf das Eröffnungs- und Schlussstück von *Clavierübung III,* die als Präludium und dreiteilige Tripelfuge so etwas wie einen vierteiligen symphonischen Miniaturzyklus ergeben. 1929/30 übersetzte sich Schönberg den (angesichts der ersten Tonfilme wohl etwas zu spät erteilten) Auftrag für vielfach einsetzbare Beiträge zu der musikalischen Preis-Kino-Bibliothek des Verlags Heinrichshofen in eine knapp gefasste Symphonische Dichtung[6] *Begleitungsmusik zu einer* [imaginären] *Lichtspielscene (Drohende Gefahr, Angst, Katastrophe)* op. 34.

In der Emigration erhielt das Anliegen neuen Auftrieb: 1936 bearbeitete Schönberg, wohl zum eigenen Gebrauch als Dirigent, seine *1. Kammersymphonie* für großes Orchester (op. 9b), 1937 orchestrierte er Brahms' *g-Moll-Klavierquartett* quasi als „Brahms' Fünfte", nachdem er Anfang desselben Jahres den Plan und einige Themen einer viersätzigen Symphonie mit dem offenen oder verschwiegenen Programm der Situation der Juden in einer feindlichen Umwelt skizziert hatte. 1939/40 wurde die *2. Kammersymphonie* aus den Skizzen fertiggestellt. 1942 schließlich plante Schönberg, *Pelleas und Melisande* in eine auch als Ballettmusik verwendbare vier- bis fünfsätzige Suite mit einer praktikableren Orchesterbesetzung zu verwandeln.

Dies könnte so zusammengefasst werden, dass der Begründer der Wiener Schule keine einzige „reguläre" Symphonie herausgebracht hat, obwohl er verschiedentlich Anläufe dazu nahm, sondern neben einer großen Symphonischen Dichtung zwei Kammersymphonien, deren erste allerdings in der Geschichte der Symphonie Epoche gemacht hat. Darüber hinaus hat er die Idee und den Begriff der Symphonie beharrlich und fast lebenslang umkreist – jedenfalls bis Anfang der 1940er Jahre.

Schönberg hatte schließlich eine ganz schöne Sammlung von zeitgenössischen Symphonien und symphonischen Werken größeren ebenso wie bescheideneren Stils beisammen, teils in Partitur, teils im Klavierauszug[7] – Kompositionen von Samuel Barber, John J. Becker, Ernest Bloch, Henry Cowell, Richard Engelbrecht, Walther

Gmeindl[8], Roy Harris, Leos Janáček, György Koso[9], Ernst Křenek, René Leibowitz, Gian Francesco Malipiero[10], Darius Milhaud, Gouglas Moore, Joseph Gustav Mraczek, Walter Piston, Maurice Ravel[11], Max Reger[12], Artur Schnabel, William Schuman, Aleksandr Scriabin, Roger Sessions, Dmitri Shostakovich, Gerald Strang, Igor Stravinsky[13], Josef Suk[14], Randall Thompson, Anton Webern und Alexander Zemlinsky, von Debussy[15], Mahler, Sibelius und Strauss zu schweigen. Welche davon er von sich aus angeschafft hat, welche ihm zugeschickt oder dediziert wurden, wäre noch im Einzelnen zu prüfen. So besaß er immerhin von Weberns *Symphonie* op. 21 neben dem ihm von Webern gewidmeten Exemplar noch ein weiteres.

II.

Das folgende Verzeichnis, das lediglich Ausgangspunkt für weitere Forschungen sein kann, dürfte zeigen, dass für die Wiener Schule die Symphonie insgesamt keine erledigte Gattung war, weder durch den Schritt zur Atonalität noch durch die ästhetische Wende nach dem Ersten Weltkrieg[16], als sonst allgemein die dem modernen Spaltklangideal besser entsprechende Gattung „Konzert“ vorübergehend bevorzugt behandelt wurde, bis in den 1930er Jahren die Symphonie wieder Raum zurückgewann.

Der Begriff der Wiener Schule ist hier einigermaßen liberal gehandhabt. Von den Schülern Weberns und Bergs abgesehen sind keine „Enkelschüler“ berücksichtigt. Der Zusammenhang mit diesen drei Lehrern heißt nicht unbedingt: unter ihrem direkten Einfluss. Vor oder nach dem Unterricht bei Schönberg/Webern/Berg entstandene Werke werden unterschiedslos aufgelistet, damit untersucht werden kann, ob sich die persönliche Schreibweise oder die Auffassung von der Gattung durch den Unterricht verändert haben. So kann eine Komposition ihr Schul-Profil erst nach und nach offenbaren. Die *Kammersinfonie für 17 Soloinstrumente* von Viktor Ullmann beispielsweise wurde bereits während der Gymnasialzeit 1916 komponiert und dem Freund Travnicek (später Trauneck) vorgespielt.[17] Als sie 1917 instrumentiert wurde, geschah das bereits unter dem Eindruck der Schönberg'schen *Kammersymphonie*, zugleich aber im Bewusstsein der Existenz der Schreker'schen[18].

Es wird aber auch nicht berücksichtigt, ob die Komponisten sich mit der Schule identifiziert oder sich davon distanziert haben, denn wie sich der Einfluss der Lehrer jeweils ausgewirkt hat, hängt weder von der generell eingenommenen Haltung noch von öffentlichen oder privaten Erklärungen ab. Allerdings zeigen bisweilen schon die Titelangaben etwas von der vertretenen Position.

Der Schulzusammenhang kann auf unterschiedliche Weisen akzentuiert werden: in Widmungen, in Anspielungen, in der Wahl der Gattungsbezeichnung Kammersymphonie (bei Apostel, Barlow, Eisler, Leibowitz, Newlin, Spinner, Ullmann, Weiss), in der Verwendung der Zwölftontechnik, in der Zwölfzahl der verwendeten Instrumente (bei Leibowitz und Newlin).

Als Appendix habe ich einige Komponisten einbezogen, die zwar keinen formellen Unterricht empfangen haben, aber entweder nähere persönliche Beziehungen zu Schulangehörigen unterhielten oder sich bestimmten Denkweisen und kompositorischen Prinzipien der Schule soweit angenähert haben, dass sie als Mitglieder ehrenhalber fungieren dürfen. Erst dieser erweiterte Kreis vervollständigt das Bild einigermaßen.

Aber auch unter den Schülern im engeren Sinne wurden offenbar alle sich damals bietenden Möglichkeiten ergriffen. So ist etwa das gesamte stilistische und kompositionstechnische Spektrum der Zeit vertreten, von funktionsharmonisch (wobei die Angabe einer Tonart keinesfalls automatisch als ein Zeichen der Gegnerschaft verstanden werden darf) über modal und zentraltönig bis atonal und dodekaphonisch, rhythmisch-metrisch alles zwischen dem unversehrten System der Taktarten mit nach ihrem Gewicht abgestuften Akzenten und dem Strawinsky'schen Konzept der Addition kleinster Zellen. Selbst die Idee des erweiterten oder totalisierten Serialismus konnte von einzelnen Autoren noch adaptiert werden.

Im Œuvre der Komponisten können Symphonien Solitäre sein, bisweilen besonders aufgeladene, oder aber eine längere Reihe bilden. Namentlich eine durchgezählte Folge macht einzelne Autoren zu förmlichen Symphonikern, es lässt sich aber auch die Neigung beobachten, zwar zahlreiche symphonische Werke zu schaffen, aber die Titel zu variieren (Křenek, Leibowitz).

Symphonie kann einen völligen Neuansatz im Schaffen eines Komponisten bedeuten (Stefan Wolpe[19]) oder als Corpus von Stücken die „avantgardistische" Position des Autors repräsentieren (wie die entsprechenden englischen Werke von Robert„o" Gerhard).

Ein spezieller Fall ist die intensive Auseinandersetzung mit der österreichischen symphonischen Tradition aus der Distanz des Exils bei Egon Wellesz, der seine *erste* von dann immerhin noch *neun Symphonien* im Alter von 60 Jahren schrieb, nach den Bruckner-Mahler-Nachklängen der *Ersten* aber auch noch in progressivere Bereiche vorstieß – etwa mit einer ansatzweise dodekaphonen *Fünften*.

Die Stücke können einsätzig oder mehrsätzig sein, unter den mehrsätzigen sind die verschiedensten Zusammenstellungen möglich. Ganz selten begegnen noch Vertreter des Typus der „Weltanschauungs"-Symphonie der Jahrhundertwende; Stücke von gewaltiger Ausdehnung, die einen riesigen Apparat mobilisieren (ausgerechnet der

Meister der Ökonomie Hanns Eisler hat mit seiner *Deutschen Symphonie* ein spätes Exemplar geliefert). Ebenso kommt jedoch der Typus der miniaturisierten Symphonie à la Milhaud (*Petite Symphonie, Sinfonietta* etc.) vor.

Neben der Gattung Symphonie existiert aber auch die Idee oder das Prinzip des Symphonischen, die sich etwa in Ouvertüren, Konzerten oder Suiten als Überformung des gängigen Gattungsbilds artikulieren und dann eine bessere Verschmelzung der instrumentalen und vokalen Kräfte, erweiterte Dimensionen oder größeren Anspruch bedeuten können. So habe ich grundsätzlich alle Stücke verzeichnet, die die Qualifizierung „symphonisch" im Titel führen. Da aber auch Schönbergs *Orchesterstücke* op. 16 oder *Orchestervariationen* op. 31 der Idee der Symphonie verpflichtet sind wie die *Klavierstücke* op. 11 jener der Sonate[20], wurden jeweils anhangsweise auch freiere Reihen von Orchesterstücken oder solchen etwa für reine Streicherbesetzung aufgezählt.

Schließlich habe ich auch Bearbeitungen und Monographien erfasst, soweit sie Gegenstände der symphonischen Literatur betreffen, da auch dort die Frage der Symphonie thematisiert wird und eine kategorische Trennung zwischen Komposition, Musiktheorie und Musikschriftstellerei vor allem in der Wiener Schule nicht angeht. (Als Hintergrund zu bedenken ist überdies die Tätigkeit mancher der Genannten als Dirigenten des symphonischen Repertoires.)

III.

Verzeichnis

1.) Symphonien aus der Wiener Schule[21]

Theodor W. Adorno (1903–69; 1925–26 bei Alban Berg und Eduard Steuermann)
6 kurze Orchesterstücke op. 4 (1929)[22]

Hans Erich Apostel (1901–72; 1921–25 bei Arnold Schönberg, 1925–35 bei Alban Berg)
Symphonie (1937) – daraus 2. Satz als Adagio f. gr. Str.-Orch., 2 Hf, Cel. und Kl. op.11 (1946)
Kammersymphonie in 5 Sätzen op. 41 (1965–67)
Variationen über ein Thema von Joseph Haydn f. Orch. op. 17 (1949); Ballade op. 21 (1953–55, Bearb. der Fantasia ritmica für Kl.); Variationen üb. 3 Volkslieder f. mittl. Orch. o. O. (1956); Rondo ritmico f. gr. Orch. op. 27 (1957); Epitaph für Str.-Orch. op.43 (1969); *Paralipomena dodekaphonika. Der Haydn-Variationen. op. 17 anderer Teil* op. 44 (1969/70); Passacaglia op. 50 (1972)

Wayne Barlow (1912–96; Sommer 1935 bei Schönberg an der USC)
Sinfonia da camera (1960)
De profundis. Symphonic Poem

Alban Berg (1885–1935; 1904–10 bei Schönberg)
Fragment einer Symphonie (1913)
Wozzeck (der 2. Akt der Oper stellt eine 5-sätzige Symphonie dar) (1917–22)
Symphon. Stücke aus „Lulu" (1929–35/1934)
Passacaglia-Fragment u. -Entwürfe (1911); 3 Orchesterstücke op. 6 (1914–15/1929); 3 Stücke aus „Wozzeck" (1917–22/1924); *Lyrische Suite* f. Streichquartett (1925–25, mit Zitat aus Zemlinskys *Lyrische*r *Symphonie*); 3 Stücke f. Str.-Orch. (n. d. *Lyrische*n *Suite* f. Str.quartett) (1925–26/1928)
(Arnold Schönberg, 1. Kammersymphonie E-Dur op. 9 f. Klavier 4-hd. (1913–15)
(Arnold Schönberg, *Pelleas und Melisande*, Klavierauszug-Fragment)
(Klavierauszug von Teilen von Mahlers Achter Symphonie]
Arnold Schönberg „Kammersymphonie" op. 9. Thematische Analyse, UE [1918]
Arnold Schönberg „Pelleas und Melisande" (nach dem Drama von Maurice Mæterlinck). Symphonische Dichtung für Orchester op. 5 von Arnold Schönberg. Kurze thematische Analyse, UE [1920]
[*Zu Mahlers Neunter Symphonie*], in: *23 – Eine Wiener Musikzeitschrift* Nr. 26/27 (8.6.1936)
[textkritische Kommentare zu Mahlers Zehnter Symphonie, Ms.]

Bernd Bergel (1909–67; 1931–33 bei Schönberg)
Thema u. Variationen f. Orch. (1951); Divertimento f. kl. Orch. (1957); 2 Movements f. Strings (4teilig – 1963); Suite f. Orch. n. d. Oper *Ja'akobs Traum* (1966)

Marc Blitzstein (1905–64; 1927 kurzes Studium bei Schönberg)
Freedom Morning. Symphon. Gedicht f. Männerstimmen u. Orch. (1943)
The Airborne Symphony f. Sprecher, Männerchor, Solo-Tenor, Solo-Bariton u. Orch. (1946)

John Cage (1912–92; 1935–37 privater Theorieunterricht bei Schönberg)
Concert for Piano and Orchestra (1958)[23]

Karl Alfred Deutsch (1903–?; 1932–33 bei Schönberg)
Symphonie[24]

Max Deutsch (1892–1982; 1913–21 mit kriegsbedingten Unterbrechungen bei Schönberg, auch bei Eduard Steuermann)
Der Schatz. E. Film-Symphonie in 5 Akten (1923, zu d. Film v. Georg Wilhelm Pabst)
Symphonie pour Péguy f. Chor u. Orch.[25]

Hanns Eisler (1898–1962; 1919–22 bei Schönberg; 1922 bei Webern)
Kleine Sinfonie op. 29 (1932)
Deutsche Sinfonie f. Solostimmen, Sprecher, Chor u. Orch. op. 50 (1930–58)[26]
Kammer-Sinfonie op. 69 (1940)
Leipziger Symphonie (Fragmente, 1949–62; Rekonstruktion in 4 Sätzen v. Tilo Medek 1998)
6 Orchestersuiten (1927–34) u. Zusammenstellungen v. Orchesterstücken nach Filmmusiken, 2 Suiten nach Schauspielmusiken; Scherzo mit Solovioline (1938); Rhapsodie f. gr. Orch. m. Sopran-Solo nach Faust II (1949)
(Anton Bruckner, Symphonie Nr. 7 E-Dur, 1. u. 3. Satz für Kammerorch. (1921))

Fré Focke (1910–89; 1941–44 bei Webern)
Symphonie Nr. 1 a. d. Oper *Deirdre* (1952)
Symphonie Nr. 2 (1953)
Symphonie Nr. 3 (1964 – nur Particell)
Symphonietta Nr. 1 (1938)
Symphonietta Nr. 2 (1939–1946?)
Symphonietta Nr. 3 (1946)
Symphonietta Nr. 4 (1946)
Symphonietta Nr. 5 (1947)
Symphonietta Nr. 6 (1951)

Hugo Friedhofer (1901–81; Privatstunden bei Schönberg in Los Angeles)
Richthofen and Brown. Symphonic Suite

Robert(o) Gerhard (1896–1970; 1923–26 bei Schönberg in Wien und Berlin)[27]
Sinfonia *Homenaje a Pedrell* (1940–41)
Symphonie Nr. 1 (1928/1952–53)?
Symphonie Nr. 2 in 1 Satz *Metamorphoses* (1957–59)
Symphonie Nr. 3 *Collages* (1960)
Symphonie Nr. 4 in 1 Satz *New York* (1957–59)
Symphonie Nr. 5 (Fragment)
Concertino f. Str.orch. (1927/28); Concerto per orquestra (1965)

Rudolf Goehr (1906–81; 1930–31 bei Schönberg, auch danach noch enger Kontakt)
3 Bagatelles for String Orch. (1942); 2 Suiten f. Orch. (1943, 1957); *Pentatonica* in 4 Sätzen f. Orch.

Walter Goehr (1903–60; 1926–28 bei Schönberg)
Sinfonietta in 3 Sätzen f. Kammerorch. (Juni 1927)[28]
Beginn v. 3 Sätzen e. symphon. Werks[29]
Orchestersuite (vor 1933)[30]

Walter Gronostay (1906–37; 1926–28 bei Schönberg)
Zeitgemäßes Divertimento 1929 f. kl. Orch.

Norbert von Hannenheim (1898–1945; 1828–29 bei Alexander Jemnitz, 1929–33 bei Schönberg)
Symphonie f. gr. Orch. in 1 Satz[31]
Symphonie Nr. 1 in 4 Sätzen
Symphonie Nr. 2 in 4 Sätzen
Symphonie Nr. 3 in 4 Sätzen
Symphonie Nr. 4 f. kl. Orch.
Symphonie Nr. 5 f. kl. Orch.[32]
Symphonie Nr. 6 f. gr. Orch. (vor 1932)
Symphonie Nr. 7 f. gr. Orch.[33]
5 Orchesterkonzerte; 2 Suiten im alten Stil f. kl. Orch.; Suite im alten Stil f. Str.orch.; Suite im alten Stil f. Blechorch.; 4 Konzerte f. Str-orch., 1 Konzert f. solist. Streicher

Lou Harrison (1917–2003; 1942 bei Schönberg an der UCLA)
Symphony On G (1948–1964/1966)
Elegiac Symphony (later Symphony No. 2 – 1942–1975)
Third Symphony (1937–1982/1985)
Symphony No. 4 (Last Symphony for orchestra with baritone) (1984–1990/mehrfach revidiert)
Fifth Symphony for 4 percussionists (1939)
Simfony in Freestyle (for 17 specially constructed plastic flutes in Just Intonation, 8 viols with movable or independent frets, 5 harps, trombone, bells, drum and tack piano – 1955)
Simfony for Organ (1937)
Simfony No. 13 for 4 percussionists (1941)
Suite for Symphonic Strings (1936–1960); 2 Suiten f. Str.orch.

Karl Amadeus Hartmann (1905–63; 1941–42 bei Webern; in den frühen 1950er Jahren Teilnahme an den Internationalen Zwölftonkongressen)
Symphonien (z. T. unter Rückgriff auf frühere Stücke):
Symphonie Nr. 1 *Versuch eines Requiems* (1935–36/1954–55)[34]
Adagio (2. Sinfonie) f. gr. Orch. (Umarbeitung des langsamen Satze aus *Vita nova* 1946)
Symphonie Nr. 3 f. gr. Orch. (1948–49)
Symphonie Nr. 4 f. Str.orch. (1948)
Symphonie concertante (Symphonie Nr. 5) f. Blasorch. (1950)
Symphonie Nr. 6 f. gr. Orch. (1951–53)
Symphonie Nr. 7 f. gr. Orch. (1958)
Symphonie Nr. 8 f. gr. Orch. (1960–62)
Sinfonia tragica (1940–43)
Miserae. Symphon. Dichtung für Orchester (1933–34)
L'Œuvre (1937/38). Symphonie f. Orch. (1937–38)
Symphoniae dramaticae (1941–43); III. Teil: Symphon. Suite *Vita nova*
Symphon. Ouvertüre *China kämpft*, revidiert als *Symphon. Ouvertüre* (1942/1947)
Symphon. Hymnen f. gr. Orch. (1941–43)

Richard Hoffmann (1925; 1947–51 bei Schönberg, seit 1948 als dessen Assistent)
Orchestra Piece (1952); Orchestra Piece (1961); Music for Strings (1970/71); *Lacrymosa '91* f. orch. and chorus (1990)

Karl Horwitz (1884–1925; 1904–08 bei Schönberg)
Sinfon. Ouvertüre f. gr. Orch. Op. 5 (1922)
Vom Tode. Vorspiel u. 3 Gesänge f. Bariton u. Orch. (1922)[35]

Serge Hovey (1920–89; Studium bei Steuermann, Eisler und 1940 bei Schönberg)
Symphony No. 1
Symphony [?] *A Robert Burns Rhapsody* (1959)

Hanns Jelinek (1901–69; 1918–19 bei Schönberg)
Symphonie in D in 1 Satz f. gr. Orch. Op. 2 (1926–30/1940/1945–46[36])
Sinfonia ritmica f. Big Band u. gr. Orch. op. 6 (1928–29/1949)[37]

Heitere Symphonie f. Blechblasinstr. u. Schlagwerk op. 8 (1931/1953[38])
Symphonia/Sinfonia concertante f. Str.quart. u. gr. Orch. op. 12 (1931)[39]
Symphonia brevis f. Orch. op. 16 (1948/1950)
Sinfonia concertante op. 22 (1953/1957)
Suite f. Str.orch. op. 11 (1931); 3 Sätze f. Str.orch. (= Sätze III, II u. IV des 2. Str.quartetts) op. 13B (1934–35/1957); Concertino f. Streicher (Str.quart. u. Str.orch.) op. 17 (1950/51); Festliche Musik f. 2 gr. Orch. (1958)

Alexander (Sándor) Jemnitz (1890–1963; 1913–15 bei Schönberg in Berlin)
Konzert f. Kammerorch. op. 12 (1921; 1947 zum Ballett *Divertimento* umgearbeitet); Konzert f. Str.orch. op. 61 (1954)

Otto Jokl (1898–1970; 1926–30 bei Alban Berg)
Sinfonietta f. Str.orch.
Sinfonietta seria (1927 = *Sinfonietta seria* op. 27 in 3 Sätzen 1934?)
Eight-minute-Symphony
Präludium und Fuge f. Orch. op. 7; Passacaglia f. Orch. (Fragment); Trauermarsch f. Orch. (1922); 2 Orchestersuiten[40]; 5 Pieces for string orch. (1945)
(Edition von Gustav Mahler, Symphonie Nr. 10: Adagio – Purgatorio, 1951)

Erich Itor Kahn (1905–56; engerer musikalischer Kontakt mit Schönberg und Webern in Frankfurt, lose Bekanntschaft mit Schönberg in den USA)
Symphonies bretonnes pour orch. op. 6a (1940–41)
Symphonie (?)
Pièces pour orchestre (?); *Präludien zur Nacht* Suite f. Kammerorch. (1927); *Actus Tragicus* f. 10 Instr. (1946–47)

Alfred Keller (1907–87; 1927–30 bei Schönberg)
Variationen üb. e. Thema v. Arnold Schönberg f. gr. Orch. (1962/1967); *Ossia* f. gr. Orch. (1980–81)

Leon Kirchner (1919–2009; 1937–40 bei Schönberg an der UCLA)
Sinfonia (1951)
Music for Orch. (1969); Music for 12 (1985); Orchestra Piece (Music for Orch. II) (1990); *The Forbidden* for Orch. (2008, Teil eines Triptychons zus. m. Klaviersonate Nr. 3 und Str. quart. Nr. 4)

Paul von Klenau (1883–1946; persönliche Kontakte zu Schönberg und Berg, bei diesem auch „einige Stunden" genommen, als Komponist Vertreter einer persönlichen Variante der Dodekaphonie)
Symphonie Nr. 1 f-Moll (1908)
Symphonie Nr. 2
Symphonie Nr. 3 (1913)
Symphonie Nr. 4 *Dante-Symphonie*
Symphonie Nr. 5 *Triptikon* (1939)
Symphonie Nr. 6 *Nordische Symphonie* (1940)

Symphonie Nr. 7 *Sturmsymphonie* (1941)
Symphonie Nr. 8 *Symphonie im Alten Stil* (1942)
Symphonie Nr. 9 f. Chor u. Orch. (1945)
Paolo und Francesca aus Dante: Divina Comedia. Inferno V. Gesang. Symphonische Dichtung f. gr. Orch. (1913/1919)
Jahrmarkt bei London [Bank Holiday, Souvenir of "Hampstead Heath"]. Orch.phantasie [m. Knaben- od. Frauen-Altstimme] (1922); *Musik n. Weisen d. Minnesänger* f. Orch.

Józef Koffler (1896–1944; 1921–24 bei Schönberg)
1. Symphonie op. 11 (1930)
2. Symphonie op. 17 (1933)
3. Symphonie op. 21 (1935)
4. Symphonie op. 26 (1940)

Fritz Heinrich Klein (1892–1977; 1917–18 bei Schönberg, 1918–21? bei Berg, auch danach noch enge Zusammenarbeit)
Symphon. Variationen über ein Thema v. Franz Schubert f. gr. Orch. op. 25 (1928)
Symphon. Zyklus f. gr. Orch. op. 53 (1936)
Linz. Symphon. Dichtung f. gr. Orch. op. 54 (1936)

Otto Klemperer (1885–1973; Mitte der 1930er Jahre Privatstunden bei Schönberg)
Symphony in two movements (1961)
Symphony No. 2 (1969–70); *Recollections*; *Scherzo* (aus der 2. Fassung 1968)
Symphony No. 3 (1969–71, 2 Fassungen)
Symphony No. 4 (1968, 2 Fassungen)
Symphony No. 5 (1969)
Symphony No. 6 (1969)
Serenata f. large orch. (1968–69); *Adagio* f. large orch. (1969); *Fugue* f. large orch. (1970)
(Mendelssohn Bartholdy, Revised conclusion to the Symphony No. 3 A minor op. 56 „Scottish", 1968)

René Leibowitz (1913–72; nach eigenen Angaben kurze Hospitanz bei Schönberg an der Berliner Akademie der Künste sowie Privatunterricht bei Webern; 1947–48 und 1950 persönlicher Austausch mit Schönberg in LA)
Symphonie op. 4 (1939–41) Arnold Schönberg gewidmet[41]
Chamber Symphony op. 16 pour 12 instr. (1946–48) à la mémoire d'Anton Webern
Perpetuum mobile: The City. A Dramatic Symphony for Narrator and Orch. (W. C. Williams) op. 24 (1951)
Träume vom Tod und vom Leben. A Symphony for Soli, Narrator, Mixed Chorus and Orch. (Hans Arp) op. 33 (1954/55)
Sinfonietta da camera op. 55 (1961)
Symphonic Fantasia op. 39 (1956)
Symphonic Rhapsody op. 63 (1965)
A Prayer. A Symphonic Cantata (J. Joyce) op. 68 (1965)
Six Pieces for Orchestra op. 31 (1954)
(Franz Schubert, Grand Duo C-Dur D 812 f. Orch. 1961; Phantasie f-Moll D 940 f. Orch. 1961; *Lebensstürme* D 947 f. Orch.)

Oscar Levant (1906–72; 1935 sowie 1936–37 bei Schönberg)
Sinfonietta (1934)[42]
Nocturne for Orch. „To Arnold Schoenberg"(1936)

Kurt List (1913–70; bei Schönberg und 1932–35 bei Alban Berg)
Sinfonie f. Kammerorch. op. 3a (Orchestration der 5 Stücke f. Klar. u. Klav. op. 3)
2. Symphonie (1949/50)[43]
Orch.stück (1942)

Dika Newlin (1923–2006; 1932–ca. 36 bei Schönberg an der UCLA)
Chamber Symphony f. 12 instruments op. 1 „To Arnold Schoenberg"(1948)[44]
Symphony for Choir and Orchestra (?)
Cradle Song for Orch.[45]
(Carl Philipp Emanuel Bach, Symphonie G-Dur Wq 182, 1 neu orchestriert)

Charilaos Perpessa (1907–95; 1926–27 bei Schönberg)[46]
Symphonie Nr. 1 (1934)
Symphonie Nr. 2 (1936–37, Revision als *Christus* 1948–50)
Symfonikes parallages stin 8i Symfonia tou Betoven[47]
(Beethoven, 4. Symphonie neubearbeitet)
Symphonic Interpretations von Beethovens Streichquartett op. 127
Die Öffnung des siebenten Siegels. Zwei Teile: 1. sinfonisches Werk für Orchester und Chor; 2. ein Buch (Fragment)

Paul Amadeus Pisk (1893–1990; 1917–19 bei Schönberg)
Symphonic Ouverture/Symphonie Ouvertüre op. 1 (1914)
Partita f. Orch. op. 10 (1924); Little Suite f. Kammerorch. op. 11a (1932); Divertimento f. Orch. (ca. 1933–35 f. StreichQuart.?); String Music f. Str.orch. op. 40 (1936); Passacaglia. Concertino f. Kammerorch. op. 50 (1944)[48]; Suite on American Folksongs f. Orch.? (1944); Bucolic Suite for String Orch. op. 55 (1946); Adagietto and Finale f. Orch. (1952); 3 Ceremonial Rites op. 90 (1957–58)

Natalia Prawossudowitsch (1809–88; 1929–31 bei Schönberg)
1. Symphonie *Vita e Meditazione* in 4 Sätzen f. gr. Orch. op. 35 (1935)
2. Symphonie *Simplicissima* in 3 Sätzen f. gr. Orch. op. 40 (1960)
3. Symphonie *Sinfonia concertante* in 3 Sätzen f. gr. Orch. op. 41 (1961)
Skizzen f. Orch. op. 6 (1921); Fantasie f. Orch. op. 8 (1922); Tema e Variazioni f. gr. Orch. op. 37 (1937); *Passion und Auferstehung. Ostermusik* in 7 Sätzen f. gr. Orch. u. gem. Chor im Finale op. 34 (1939/40); Suite f. Orch.;

Karl Rankl (1898–1968; 1918–22 bei Schönberg, dann bei Webern, evtl. später noch weiterer Unterricht)
Symphony no. 1 for soprano, mezzo-soprano, alto, and large orchestra (1938)
Symphony no. 2 (1941)
Symphony no. 3 (1943/44)
Symphony no. 4 (1952/53)

Symphony no. 5 (1953/54)
Symphony no. 6 (1959–61)
Symphony no. 7 (1962)
Symphony no. 8 (1963)
Sinfonietta no. 1 (1957)
Sinfonietta no. 2 (1961)
Symphonic March for large orch. (1952)
Suite for Strings (1951–53); Christmas Ouverture (1957)
(Anton Bruckner, Symphonie Nr. 7 E-Dur, 4. Satz f. Kammerorch. (1921))

Kurt Roger (1895–1966; Studium bei Schönberg)
Symphony No. 1 in F major op. 52 (1946)
Symphony No. 2 for chamber orch. op. 102 (c. 1962)
Symphony No. 3 op. 104 (c. 1963)
Symphonic Variations on a Thema of Richard Wagner op. 65 (1951)
Gotische Phantasie u. Passacaglia op. 26 (1936, auch f. Orgel od. Violoncello u. Klav.?); *Fortinbras*, Overture op. 45 (1944); 2 Concerti grossi (1938, 1951)

Leonard Rosenman (1924–2008; 1951 einige Stunden von Schönberg)
Symphony No. 1 *Symphony of Dinosaurs* f. orch. and paleontologist (1997–99)[49]
Foci I for orch. or chamber orch. (1981)

Peter Schacht (1901–45; 1927–33 bei Schönberg)
Ouvertüre f. Orch. (1932); 3 Stücke f. Str.orch. (1936?)[50]

Julius Schloss (1902–73; 1925–28 bei Berg)
Symphony (1968/69)
3 Orch.stücke f. gr. Orch. (Alban Berg gewidmet, 1926/27)

Erich Schmid (1907–2000; 1930–31 bei Schönberg)
Ein Orchesterwerk[51]
= 3 Sätze f. [gr.] Orch. op. 3?

Humphrey Searle (1915–82; 1937–38 bei Webern)
Symphony no. 1 (1953)
Symphony no. 2 op. 33 (1956–58)[52]
Symphony no. 3 (1958–60)
Symphony no. 4 (1961/62)
Symphony no. 5 (1964)
Sinfonietta (1968/69)
mehrere Orchestersuiten; *Zodiac Vatiations* for small orch. (1970)

Nikos Skalkottas (1904–1949; 1927–32 mit Unterbrechung bei Schönberg)
Bläsersymphonie (1928)[53]
Symphon. Suite Nr. 1 f. gr. Orch. (1929)[54]
Symphonie in 1 Satz *The Return of Ulysses* (c. 1942)[55]
Symphon. Suite Nr. 2 (1944–46; 1949)[56]
Klassische Symphonie in A f. Blasorch., Kontrabässe, 2 Harfen u. Schlaginstr. (1947)

Sinfonietta in B f. Orch. (1948)
4 Bilder (orchestrierte Sätze des Balletts *The Land and Sea of Greece*, 1948)

Miroslav Spiller (1906–82; 1926–27 bei Schönberg)
Sinfonija u dva stava (Sinfonie in 2 Sätzen) f. gr. Orch.
Introdukcija i Largo f. Orch.; *Obsesija* f. gr. Orch. mit Klaviersolo

Leopold Spinner[57] (1906–80; 1926–30 bei Paul Amadeus Pisk, 1935–38 bei Webern)
außer mehreren Entwürfen zu Orchesterwerken, darunter Anläufen zu einer weiteren Symphonie:
Symphonie f. kl. Orch. (1933)[58]
Kammersymphonie op. 28 (1975–79)
Ouvertüre f. Orch. (1944)[59]; Ouvertüre f. Orch. op. 5 (1948–49); Konzert f. Orch. op. 12 (1956/57); Präludium u. Variationen f. Orch. op. 18 (1960–62)[60]; Ricercata f. Orch. op. 21 (1964/65)

Alexander Spitzmüller (Freiherr von Hamersbach) (1894–1962; von Alban Berg in seinen kompositorischen Ambitionen unterstützt)
Sinfonietta ritmica f. Orch. op. 11 (1935)
Symphonie pour archets op. 41 (1958)
40. Mai. Suite f. Kammerorch. op. 25 (1941); *3 Hymnes à la Paix* pour orch. (1943)

Erwin Stein (1885–1958; 1906–10 bei Schönberg)
(Bearbeitung von Gustav Mahler, Symphonie Nr. 4 G-Dur f. Kammerorch. 1921)
(Reduktion der Orchesterbesetzung von Gustav Mahler, Symphonien Nr. 1 – 3, 8 und *Das Lied von der Erde* für die Universal-Edition)
(Bearbeitung von Einzelsätzen aus Gustav Mahler, Symphonien Nr. 1 – 3 f. Kammerorch. für die Universal-Edition)
(Klavierauszug von Gustav Mahler, *Das Lied von der Erde*)
(Bearbeitung von Anton Bruckner, Symphonie Nr. 7 E-Dur, 2. Satz f. Kammerorch. 1921)

Edward (Eduard) Steuermann (1892–1964; 1912–14 bei Schönberg in Berlin)
Variations f. orch. (1958); Music f. Instruments (1959–61); Suite f. chamber orch. (1964)[61]; Overture[62];
(Arnold Schönberg, Kammersymphonie Nr. 1 bearb. f. Klav. zu 2 Händen, 1921)

Gerald Strang (1908–63; 1935 bei Schönberg, 1936–38 dessen Assistent an der UCLA)
Symphony op. 24 (1935)[63]

Joachim Stutschewsky (1891–1982; 1924–27 Mitglied des Wiener Streichquartetts, u. a. UA von Alban Bergs *Lyrischer Suite*)
Safed. Symphon. Dichtung (1960)
Israel. Symphonic Suite f. Orch. (1964/1973?)

Julius Toldi (1891–1965; 1920–21 bei Schönberg)
Variations on *Yankee Doodle* f. Symphony Orch. (1930)

Joseph Trauneck (Travnicek) (1898–1975; 1919–22 bei Schönberg)
Thabazimbi. Tone Poem f. Orch. (zw. 1934 u. 1954)

Viktor Ullmann (1898–1944; 1818–19 bei Schönberg)
Wie die meisten Prager Kompositionen verschollen:
Kammersinfonie f. 17 Soloinstr. 1916–17 (= *Styx-Symphonie*?)
Konzert f. Orch. 4 op. (1928; auch u. d. T. 1. Symphonie od. Symphonietta op. 11)
Symphon. Phantasie op. 7 (1924; auch u. d. T. *Solokantate f. Tenor u. Orch.*)
Missa symphonica zu Ehren des Erzengels Michael für Chor, Soli, Orch. u. Orgel op. 13 (1936)
Huttens letzte Tage. Lyrische Symphonie f. Tenor, Bariton u. Orch. op. 12 (1936/37?)
Variationen üb. e. Thema v. Arnold Schönberg f. Orch. op. 3b n. d. gleichnamigen Klavierwerk v. 1924–25 (1934?)[64]
In Theresienstadt komponiert, erhalten:
5. Klaviersonate op. 45 *Von meiner Jugend* mit Instrumentationsangaben – einer der erwogenen Titel: *I. Symphonie* (1943) –; Orchesterpartitur (Fragment) des 5. Satzes; das ganze Werk von Bernhard Wulff als Symphonie Nr. 1 bearbeitet
7. Klaviersonate mit Instrumentationsangaben – identisch mit einer angeblich „verschollenen D-Dur-Symphonie"? (1944); von Bernhard Wulff als Symphonie Nr. 2 bearbeitet

Fried Walter (= Walther Fried 1907–96; 1930/31 bei Schönberg)[65]
Kleine Sinfonie B-Dur (1. Sinfonie) (1942)
Bläser-Sinfonie in B f. gr. Blasorch. (2. Sinfonie) (1944)
3. Sinfonie in D (1947)
4. Sinfonie f. gr. Orch. (1985)
5. Sinfonie für großes Blasorchester. *Kurs positiv!* (1989)[66]
6. Sinfonie f. gr. Orch. Zum „Gedenken an den Heiligen Franz von Assisi"
Küchensinfonie. Mus. Scherz in 6 Sätzen f. Singstimmen, Küchengeräte, Fl., Vl., Br., Vc., Ob., Hr. (1929)
Sinfonische Tänze f. gr. Orch. (1942)
Bergsommer. Symphonisches Gedicht in 4 Sätzen f. kl. Orch. (1944)
Kleopatra. Sinfonisches Tanzdrama in 3 Bildern (Alice Zickler) op. 22 (1943)
2 symphon. Zwischenspiele a. d. Oper *Königin Elisabeth* f. Orch. od. Salonorch. (1939)
Suite in 5 Sätzen f. Orch. (1928); Ouvertüre f. Orch. (1929/30); Serenade f. Str.orch., 1. Satz (1930/31); Heroische Ouvertüre f. Blasorch. (1936); Die Tageszeiten. Suite in 4 Sätzen f. gr. Orch. (1937); 4 Stücke f. gr. Orch. (1942); dito (1964); Rhapsodie f. gr. Orch. (1943); Variationen üb. d. Hildebrandlied f. gr. Orch. (1956)
zahlreiche weitere Orchestersuiten (1928–74)

Max Walter (1899–1946; 1926–27 bei Schönberg)
1. Sinfonie in 4 Sätzen
2. Sinfonie in 4 Sätzen

Franz Waxman (Wachsmann, 1906–67; 1934 bei Schönberg)
Sinfonietta for String Orch. and Timpani (1953)

Vilma von Webenau (1875–1955?; 1898–1902 bei Schönberg in Wien und Berlin)
Symphonie f. Str.orch.
Trauersymphonie (?)
mehrere Orchestersuiten; Variationen üb. e. eigenes Thema f. gr. Orch.[67]

Anton (von) Webern (1883–1945; 1904–08 bei Schönberg)
Symphonie op. 21 (1927/28)
Passacaglia f. gr. Orch. op. 1 (1908); 5 Sätze f. Str.orch. op. 5 (nach den Streichquartettstücken, 1909/1929); 6 Stücke f. gr. Orch. op. 6 (1909); 5 Stücke f. Orch. op. 10 (1911); Variationen f. Orch. op. 30 (1940); weitere Orchesterstücke
(Bearbeitung von Schönbergs Kammersymphonie Nr. 1 für Pierrot-Ensemble 1923)

Adolph Weiss (1891–1971; 1926–27 bei Schönberg)
Chamber Symphony f. 10 Instr. (1927)[68]
American Life. Symphon. Dichtung[69] (1931?)
I Segreti (nach Goethes Die Geheimnisse) f. Orch. (1923); Theme and Variations f. Grand Orch. (1933); Suite f. Orch. (1938)

Leo Weiss (1905–28; 1926–27 bei Schönberg)
Kompozicija za veliki Orchestar[70]

Egon Wellesz (1885–1974; 1905–06 bei Schönberg)
Symphonie Nr. 1 op. 62 (1945)
Symphonie Nr. 2 Es-Dur *Die Englische* op. 65 (1947–48)
Symphonie Nr. 3 op. 68 (1949–50)
Symphonie Nr. 4 *Sinfonia Austriaca* op. 70 (1952)
Symphonie Nr. 5 op. 75 (1956)
Symphonie Nr. 6 op. 95 (1965)
Symphonie Nr. 7 op. 102 (1967–68)
Symphonie Nr. 8 op. 110 (1970)
Symphonie Nr. 9 op. 111 (1970–71)
Heldensang. Symphon. Prolog f. Orch. op. 2/op. 12 (1905)
Vorfrühling. Symphon. Stimmungsbild f. Orch. op. 12 (1911)
Prosperos Beschwörungen. 5 symphon. Stücke nach Shakespeares *Sturm* op. 53 (1936–38)
Symphon. Epilog f. Orch. op. 108 (1969)
Suite f. Orch. (*Studie im Ballettstil*) op. 16 (1913–14); Satz f. Kammerorch. (1920); Musik f. Str.orch. in 1 Satz op. 91 (1964)

Friedrich Wildgans (1913–65; 1929 erste Versuche mit dodekaphoner Kompositionsweise, persönliche Bekanntschaft mit Webern)
Sinfonia Austriaca op. 32 (1934, verschollen)
Kleine Symphonie (verschollen)
Konzert f. Trompete, Str.orch. u. Schlagzeug op. 39 (Intrada – Sinfonia – Serenade (Passacaglia), 1935)

Stefan Wolpe (1902–72; Bekanntschaft mit Hanns Eisler, 1933 bei Webern)
1. Symphony (1956)
2. Symphony (1958)?
5 und/oder 6 Stücke f. Orch./f. gr. Orch. (1933–34); Passacaglia f. Orch. op. 23 (1937, nach der Eduard Steuermann gewidmeten Klavierkomposition); *The Man from Midian.* Suite f. Orch. (1942)

Alexander Zemlinsky (1871–1942)[71]
Symphonie e-Moll (Fragment 1891)
Symphonie Nr. 1 d-Moll (1892)
Symphonie Nr. 2 B-Dur (1897)
Lyrische Symphonie in 7 Gesängen f. Sopran, Bariton u. Orch. (Tagore) op. 18 (1922)
Sinfonietta f. Orch. op. 23 (1934)
Sinfonische Gesänge f. Bariton (o. Alt) u. Orch. op. 20 (1929)
Orch.suite (1895); 3 Ballettstücke. Suite f. Orch. a. d. Ballett *Der Triumph der Zeit* (1902); *Die Seejungfrau.* Fantasie in 3 Sätzen f. Orch. (1903); *Ein Tanzpoem* f. Orch. (1904)
(Bearbeitung von Gustav Mahlers 6. Symphonie f. Klavier zu 4 Hd., 1906)
Streichquartett Nr. 2 op. 15, als *Kammersymphonie f. 14 Soloinstr. od. Kammerorch.* bearb. v. Richard Dünser

Winfried Zillig (1905–63; 1925–28 bei Schönberg in Wien und Berlin)
Romantische Symphonie C-Dur (1936)
Tanzsymphonie (1938)
Troilus und Cressida. Chorsymphonie f. 5stimmigen Chor u. Orch. n. d. gleichnamigen Oper op. 34 (1942–1949)
Filmmusik zu *Rheinsymphonie*
Choralkonzert (1924); 3 Serenaden f. 8 Blechbläser bzw. f. Kammerorchester (1927–28, 1929[72], 1952); Ouvertüre f. gr. Orch. (1928)[73]; Konzert f. Orch. in 1 Satz (1930/1948); Osterkonzert (1935); Concerto grosso (1935); Lustspielsuite; Fantasie, Passacaglia und Fuge üb. d. Meistersinger-Choral f. gr. Orch. (1963); versch. Orch.suiten aus Filmmusiken

2.) Schließlich aus dem näheren Umkreis der Schule – Komponisten, die keine direkten Schüler waren, aber bereits früh sich für die Musik aus der Schule interessierten und allgemeine oder auch spezielle Errungenschaften zu adaptieren suchten:

Mark Brunswick (1902 – 1971)[74]
Symphony in B^{b} (1945? 1948?)
Nocturne and Rondo f. Orch.

Henry Cowell (1897–1965)[75]
21 Symphonien (No 1 in B minor, No. 2 *Anthropos*, No. 3 for Band and Strings *Gaelic*, No. 4 *Short Symphony*, No. 13 *Madras*, No. 15 *Thesis*, No. 16 *Icelandic*. Zu No. 21 existieren nur Skizzen.
Sinfonietta (= *Marked Passages*? = *Three Pieces for Chamber Orch.*? 1928)[76]

Luigi Dallapiccola (1904–75)[77]
Frammenti sinfonici dal balletto *Marsia* (1942–43/1948)
Partita per soprano e orch. (1930–32); Frammento Orchestrale (1935/1950); Due Pezzi f. Orch. (nach Due Studi f. Violine u. Klav. (1946–47); Variazioni f. Orch. (nach Quaderno musicale per Annalibera f. Klav. 1952/1954); Piccola musica notturna f. Orch. (1954) od. Oktett (1961); Three Questions with Two Answers f. Orch. (1962)

Paul Dessau (1894–1979)[78]
1. Symphonie (1926/1929)
2. Symphonie (ursprünglich *Trois mouvements symphoniques* 1934; 1962 durch *Hommage à Bartók* zur 2. Sinfonie ergänzt)
3. Sinfonie (1970, Fragment)
Kleine Symphonie f. kl. Orch. (1934
Sinfon. Marsch f. gr. Orch. (1952–1953; 1963 bearbeitet als *Sozialistische Festouvertüre*)
Symphon. Mozart-Adaption nach dem Quintett KV 614 (1965)
4 Orchestermusiken (*Orchestermusik 1955* (1955), Nr. 2 *Meer der Stürme* (1967), Nr. 3 *Lenin* mit Schlusschor *Grabschrift für Lenin* (1969), Nr. 4 (1972/73); *Bach-Variationen* f. gr. Orch. (1963); *Musik f. 15 Str.instr.* (1978/79)

Bernard van Dieren (1887–1936)[79]
Liebe, Schwermut und Weisheit (Lieder nach chinesischen Dichtern von Hans Bethge) für Soli, Chor und Orchester = Symphonie Nr. 1 „Chinesische" op. 6 (1914)
Symphony (Nr. 2) in 3 dance movements (Ciaconna, Sarabande [unfinished], Gaillarde)
Symphonic Epilogue to *The Cenci* op. 3 f. large Orch. (1910)

Estéban (Stefan) Eitler (1913–60)[80]
Microsinfonía politonal (1943)
Dodecafónico «A» f. symphon. Jazzorch. (1945)
Microsinfonía atonal (1956)
Bolivia (1941); Poema f. Orch. (1943); Divertimiento (1950); Policromía (1950); *Tres Canciones sin Palabras* f. Kammerorch. (1952/53)

Wolfgang Fraenkel (1897–1983)[81]
5 Symphonien (1920, 1937, 1940, 1943, 1956; Nr. 3 und 4 Fragment geblieben)
Symphonic Aphorisms (1959)[82]
Aphoristische Symphonie (1970)
Der Wingwurzh [Symphon. Dichtung] (1926)
Music for Orch. (1948)

Benjamin Frankel (1906–73)[83]
2 zerstörte Symphonien
Symphony No. 1 in 3 movements op. 33 (1958)
Symphony No. 2 in 3 movements op. 38 (1962)
Symphony No. 3 in 1 movement op. 40 (1964)
Symphony No. 4 in 3 movements op. 44 (1966)
Symphony No. 5 in 3 movements op. 46 (1967)

Symphony No. 6 in 5 movements op. 49 (1969)
Symphony No. 7 in 4 movements op. 50 (1970)
Symphony No. 8 in 4 movements op. 53 (1971)

Hermann Heiß (1897–1968)[84]
Kleine Sinfonie für (grosse) Musikfreunde (1929–32)
Sinfonia giocosa
Sinfonia atematica
Symphon. Konzert f. Klavier u. Orch. (1944)

Bernard Hermann (1911–75)[85]
Sinfonietta for String Orch. (1935/36)[86]
Symphony (1941)

Erich Itor Kahn (1905–56)[87]
Symphonies bretonnes f. Orch. (1940)
Grosses Konzert im sinfonischen Stil unter besonderer Berücksichtigung einiger guter u. Volksmelodien u. mit schüchterner Benutzung d.h. Verwertung bzw. Entwertung derselben zur Hochzeit von Erni u. Ella F. für Violine und Klavier komponiert (1927)

Hans Joachim Koellreutter (1915–2005)[88]
Sinfonia de Câmera f. Kammerorch. (1948)
Mutações (1953); *Concretion 1960* f. Kammerorch. (1960); *Constructio ad Synesin* f. Kammerorch. (1962)

Józef Koffler (1896–1944)[89]
1. Symphonie op. 11 (1930)
2. Symphonie op. 17 (1933)
3. Symphonie op. 21 (1935)
4. Symphonie op. 26 (1940)
15 Variationen üb. e. Zwölftonreihe op. 9 (Bearbeitung d. Klavierwerks f. Streichorch. 1927/1931)
Verschiedene Ouvertüren und Suiten verschollen

Ernst Krenek (1900–91)[90]
Symphonie d-Moll WoO 59 (1920)
Sinfonie Nr. 1 op. 7 (1921)
Sinfonie Nr. 2 op. 12 (1922)
Sinfonie Nr. 3 op. 16 (1922)
Sinfonie Nr. 4 op. 113 (1947)
Sinfonie Nr. 5 op. 119 (1949)
Symphonie f. Blasinstr. u. Schlagwerk op. 34 (1924–1925)
Sinfonie *Pallas Athene* op. 137 (1954)
Kleine Symphonie op. 58 (1928)[91]
Sinfonietta a Brasileira f. String Orch. op. 131 (1952)
Symphon. Musik f. 9 Soloinstr. op. 11 (1922)

Symphon. Musik Nr. 2 (1923)
Symphon. Stück f. Str.orch. op. 86 (1939)
Symphonic Elegy In memoriam Anton Webern f. String Orch. op. 105 (1946)
Kette, Kreis und Spiegel. Symphon. Zeichnung op. 160 (1956–57)
Missa symphonica prima Es-Dur WoO 12 (1913)
2 Concerti grossi; 7 Orch.stücke op. 31 (1924)
(Revision von Gustav Mahler 10. Symphonie [Adagio – Purgatorio] WoO 72, 1924)

Juan Carlos Paz (1897–1972)[92]
Poema sinfónico (1934)
Passacaglia f. Str.orch. op. 28 (1936, 2. Fassung 1952–53); *Rítmica ostinata* op. 41 (1942, 2. Fassung 1952); *Seis superposiciones* f. Orch. op. 48 (1954); *Transformaciones canónicas* op. 49 (1955); *Continuidad 1960* f. Orch. op. 51 (1960)

Ben Weber (1916–79)[93]
Sinfonia for Cello and Orch. op. 21 (1945–46)
Symphony on Poems of William Blake f. Bariton and Orch. op. 33 (1950)

Anmerkungen

1 Hartmut Krones (Hg.): Die österreichische Symphonie im 20. Jahrhundert (= Wiener Schriften zur Stilkunde und Aufführungspraxis Sonderband 5). Wien 2005, S. 61–73.
2 Siehe das Particell in: Alban Berg. Sämtliche Werke, Separatum Symphonie-Fragmente. (Hg. v. Rudolf Stephan). Wien 1984.
3 Briefwechsel Arnold Schönberg – Alban Berg. Teilband I: 1906–1917. (Hg. v. Juliane Brand/Christopher Hailey/Andreas Meyer). (= Briefwechsel der Wiener Schule 3). Mainz 2007, S. 422f.
4 – sic, und das Thema steht auch nicht in g-Moll, wie in Band 14.2, S. 213 der Reihe B der Gesamtausgabe angenommen.
5 Josef Rufer: Das Werk Arnold Schönbergs. Kassel pp., S. 95.
6 In den Dimensionen etwa von *L'Apprenti sorcier* (Dukas) oder *Danse macabre* (Saint-Saëns).
7 Laut Verzeichnis der Musikalien in Schönbergs Bibliothek : http://www.schoenberg.at/scans/JabrefData/music_estate.html (19.1.2014)
8 *3 Orchesterstücke* op. 12.
9 *6 Stücke für großes Orchester.*
10 *Impressioni dal vero. 2.a parte*; *Ditirambo tragico per orchestra*; *Pause del Silencio. 7 espressioni sinfoniche.*
11 *Fragments symphoniques 2.e série* aus *Daphnis et Chloe.*
12 *Symphonischer Prolog zu einer Tragödie* op. 108.
13 *Chant du rossignol. Poème symphonique.*
14 *Ein Sommermärchen. Tondichtung.*
15 *La Mer. Esquisses symphoniques.*

16 – der hier als solcher auch gar nicht besonders ausgeprägt erscheint. Was bedeutet das? Dass die Wiener Schule die neusachlichen Trends weitgehend ignorierte, während sie aber natürlich auch die alten Formen pflegte?

17 Möglicherweise hieß sie damals noch *Styx-Symphonie* – ein so benanntes Stück ist ebenso verschollen wie die *Kammersymphonie.*

18 Siehe Ingo Schultz: Viktor Ullmann und Arnold Schönberg. In: Arnold Schönbergs Wiener Kreis/Viennese Circle. Journal of the Arnold Schoenberg Center 2/2000. S. 159–170; besonders S. 169f.

19 Siehe die betreffenden Beiträge in: Musik-Konzepte 152/153. Neue Folge. Stefan Wolpe II. München 2011, S. 122–157.

20 So wie die beiden Brahms'schen Serenaden und die Klavierkonzerte mit den Symphonien kommunizieren, sind bei Schönberg sogar die größer besetzten Kammermusikwerke *Serenade* op. 24 und Suite op. 29 sowie die *Suite für Streichorchester* im alten Stil G-Dur und die *Variationen für Blas-(Symphonie-)orchester* op. 43 in Betracht zu ziehen.

21 Dank an: Regina Busch, Daniela Fugellie und Hannes Heher für ihre Hinweise. Primavera Driessen-Gruber hat aus ihren Datenbanken zur Vorbereitung des „Österreichischen Biographischen Handbuchs der NS-verfolgten Musikschaffenden" wesentliche Informationen beigesteuert.

22 Walter Herbert gewidmet (geb. Seligmann, Schönberg-Schüler 1919–22, Dirigent der UA Berlin 16.2.1929).

23 Variable Besetzung. Die einzelnen Orchesterstimmen „may be played with or without other parts for other players. It is therefore a solo or a part in an ensemble, *symphony*, or concerto for piano with orchestra".

24 Emil-Hertzka-Preis der Universal-Edition 1934.

25 Klavierauszug im „Orpheus Trust Archiv" im Archiv der Akademie der Künste Berlin.

26 UA Berlin (DDR) 24. 4. 1959 mit Walter Goehr.

27 Joaquim Homs: Robert Gerhard i la seva obra. Barcelona 1991; Paul Convay: The Symphonies of Roberto Gerhard. In: http://www.musicweb-international.com/gerhard/index.htm

28 Walter-Goehr-Archiv der Akademie der Künste Berlin.

29 Cambridge University Library.

30 Ebenda.

31 Noch aus der Zeit des Unterrichts bei Paul Graener.

32 Emil Hertzka-Gedächtnispreis 1933.

33 UA von zwei Sätzen durch Erich Kleiber für 27.2.1935 mit den Berliner Philharmonikern geplant, wegen der Emigration Kleibers dann abgesagt.

34 UA als *Symphonisches Fragment* 1948 unter Winfried Zillig.

35 unter dem Eindruck von Mahlers *Das Lied von der Erde* geschrieben.

36 Die 1. Fassung ging durch die „Kriegswirren" verloren, die 2. Fassung verbrannte 1945; beide Male nach Skizzen rekonstruiert.

37 1. Fassung (als *Sonata ritmica*) verloren; bei der UA der 2. Fassung während eines Wiener Arbeiter-Sinfoniekonzerts am 14.3.1931 trug das Werk den Titel *Music in Jazz (Hot Variations)*; diese Fassung verbrannte 1945. In der 3. Fassung (1949/50) erhielt es den endgültigen Titel.

38 In der 2. Fassung.

39 1. Fassung (als *Konzert*) verlorengegangen, 1945 verbrannte auch das Particell. Rekonstruktion und teilweise Neufassung nach den Skizzen 1953 in Stuttgart uraufgeführt.

40 Die *erste Suite* (vermutlich die mit dem Emil-Hertzka-Preis 1934 ausgezeichnete) wurde Anton v. Webern gewidmet; zur Zweiten gehört möglicherweise ein *Scherzo-bizarro* für Orchester.

41 Abschrift der „Einleitung zur *I. Symphonie* von R. Leibowitz" im Arnold Schönberg Center Wien.

42 UA unter Bernard Hermann.

43 Im „Orpheus Trust Archiv", a. a. O., hier nur der 1. Satz.

44 3 Sätze, im Schönberg-Klassenabend aufgeführt. Exemplar im „Fondo Leibowitz der Università di Bologna"; Leibowitz bezeichnete seine Darmstädter Aufführung am 1. 7. 1949 als „First Performance".

45 – mit 11 Jahren komponiert, 2 Jahre später aufgeführt; manchmal als „Symphonie" bezeichnet.

46 Frühwerke aus der Studienzeit vernichtet.

47 In deutscher Sprache: *Symphonische Variationen über Beethovens 8. Symphonie.*

48 UA in Zürich unter dem Leibowitz-Schüler Jacques-Louis Monod.

49 Der Paläontologe hält einen einleitenden Vortrag, später erklingen Vogelstimmen vom Band.

50 – vom Komponisten brieflich als *Symphonie für Streichorchester im alten Styl* charakterisiert. In: Musik-Konzepte 117/118 (Arnold Schönberg „Berliner Schule"), S. 101.

51 Im Unterricht bei Schönberg diskutiert.

52 Rudolf Stephan: Humphrey Searle, *2. Symphonie* op. 33. In: Programmheft Musica viva München 25. 5. 1962, o. S.

53 UA als *Konzert für Blasorchester* im Schülerkonzert der Berliner Akademie 20. 5. 1930 unter Nikos Skalkottas.

54 1935 aus dem Gedächtnis erneut niedergeschrieben; die Themen wurden vielleicht noch unter der Aufsicht Schönbergs skizziert, die Ausarbeitung erfolgte in Griechenland.

55 Im Vorgriff auf eine Oper als Ouvertüre konzipiert, 1943 als *Sinfonie in 1 Satz* herausgegeben.

56 Orchestration nicht beendet; eine *Ouverture Concertante* und ein *Largo sinfonico* (1944) wurden als Einzelstücke aufgeführt.

57 Regina Busch: Leopold Spinner (= Musik der Zeit 6 [Sonderband]). Bonn 1987.

58 Emil-Hertzka-Preis 1933.

59 Arnold Schönberg zum 70. Geburtstag.

60 Igor Strawinsky zum 80. Geburtstag.

61 = Suite/Serenade. In: Library of Congress?

62 In: Library of Congress, aber unvollständig.

63 *Intermezzo. Second Movement of a Symphony* op. 24 (1935). New Music Edition, v. 14, no. 4, New York 1941. „Also available for string quartet". Das *Intermezzo* wurde von Klemperer in Los Angeles uraufgeführt (ein Mitschnitt hat sich erhalten), dann von Strang selbst mehrere Male dirigiert.

64 Emil-Hertzka-Preis 1934.
65 Fried Walter: Verzeichnis seiner Kompositionen und Bearbeitungen. Eine Dokumentation. Privatdruck 1987. Musikabteilung Staatsbibliothek Preußischer Kulturbesitz Berlin.
66 UA in Trossingen.
67 Schönberg gezeigt.
68 UA in Berlin; der 2. Satz wurde am 21. 2. 1932 in Wien von Webern dirigiert – im Rahmen eines Programms mit amerikanischer Musik.
69 Entstanden während des Unterrichts bei Schönberg. UA New York 1929. Eine weitere Aufführung erfolgte durch die Berliner Philharmoniker 1932.
70 (Komposition für großes Orchester); 25 Takte instrumentiert vom Autor, der Rest von Karel Reiner – auf Anregung von Alois Hába.
71 Hier aufgenommen als Lehrer und Schüler Schönbergs.
72 UA im Konzert der Schönbergschüler 20. 5. 1930 unter Leitung Zilligs.
73 Mit Widmung: im Arnold Schönberg Center Wien.
74 Zwar mit Webern zeitweilig eng befreundet, aber wohl kein eigentlicher Schüler.
75 1923 Besuch und Hospitanz bei Schönberg.
76 2. Satz (Scherzo) am 21. 2. 1932 in einem Wiener Programm mit amerikanischer Musik unter Weberns Leitung aufgeführt.
77 Bediente sich seit 1940 der Dodekaphonie. Siehe Hartmut Krones: Zu Luigi Dallapiccola und seinen „Wiener" Beziehungen. Unter Einbeziehung der Korrespondenzen mit A. Schönberg, A. Webern, M. Caridis und der Universal-Edition. In: Hartmut Krones/Therese Muxeneder (Hg.): Luigi Dallapiccola, die Wiener Schule und Wien (= Schriften des Wissenschaftszentrums Arnold Schönberg 8). Wien 2013, S. 9–125.
78 In Paris freundschaftlicher Kontakt mit René Leibowitz und Erich Itor Kahn, in Los Angeles mit Arnold Schönberg.
79 Freund Busonis, den er, wie auch Schönberg, 1912 in Berlin traf. Einige seiner Kompositionen befinden sich in Schönbergs Nachlass. Das Adagio aus Van Dierens 5. *Streichquartett* (1931) bearbeitete Humphrey Searle für Orchester.
80 Seit 1943 unter dem Einfluss seines Lehrers Paz und befördert durch den Kontakt mit Fré Focke (seit 1947) Beschäftigung mit Musik der Wiener Schule, deren Kenntnis er auch als Instrumentalist, Lehrer und Promoter in Südamerika verbreitete
81 Nicht in der Berliner, aber in der amerikanischen Zeit Kontakt mit Schönberg, seit den 30er Jahren zwölftönig komponierend.
82 Von Bruno Maderna 21. 10. 1966 in der Mailänder Scala uraufgeführt.
83 Seit den 30er Jahren intensive Auseinandersetzung mit der Musik der Wiener Schule, die er gemeinsam mit Hans Keller studierte; seit der *1. Symphonie* zwölftönig komponierend.
84 Auf Einladung Schönbergs 1932 als Gast in dessen Berliner Klasse, um sein gerade uraufgeführtes Klavierstück *Komposition E-Fis-D* zu erläutern. Heiß erklärte dies später zu einem Studium bei Schönberg, obwohl er Anhänger Josef Matthias Hauers blieb. Allerdings bewegte er sich in den Jahren nach 1932 noch in Schönbergs ehemaligem Berliner Umfeld.
85 Stark beeinflusst von Schönberg.
86 Seinerzeit nicht aufgeführt, später in der Filmmusik für *Psycho* verwendet.

87 Intensive musikalische Begegnungen mit Schönberg und Webern in der Frankfurter Zeit; in den USA persönlicher Kontakt zu Schönberg.

88 1941 erste Versuche mit dodekaphoner Kompositionsweise; Kontakte zu Krenek, Scherchen u.a.

89 Seit den 20er Jahren Interesse für die Musik der Wiener Schule, Kontakt zu einigen ihrer Mitglieder.

90 Hinwendung zur Musik der Wiener Schule Anfang der 30er Jahre, persönlicher Kontakt zu Mitgliedern der Schule in den USA und in Darmstadt.

91 Von Anton Webern am 22.6.1930 in der RAVAG dirigiert.

92 Seit den 1930er Jahren Beschäftigung mit der Musik der Wiener Schule. 1934 erste Versuche mit dodekaphoner Kompositionsweise; Kontakte zu Koffler, Pisk u.a.; Einführung der Dodekaphonie in Argentinien.

93 Weber betrachtete Schönbergs op. 19 als Ausgangspunkt für das eigene Komponieren; seine 5 *Bagatelles* [1940], geschrieben auf Hinweise von Ernst Krenek hin, gelten als die erste Zwölftonkomposition eines amerikanischen Komponisten.

Wilhelm Sinkovicz (Wien)

Paul Hindemith als Symphoniker

Von keinem Komponisten der sogenannten musikalischen „Moderne" wird wohl so konsequent ein völlig verzeichnetes, einseitiges Bild tradiert wie von Paul Hindemith. Die Schulweisheit – und nahezu sämtliche, vor allem via Programmheftbeiträge verbreitete Literatur – will wissen: Dieser Mann hatte sich zunächst als „Bürgerschreck" mit kräftig gegen den Strich gebürsteten Spielmusiken etabliert und dann in den Dreißigerjahren des 20. Jahrhunderts eine Kehrtwendung zum Meister im Sinne der musikalischen Handwerkertradition vollzogen, eine Biographie, die sich klingend in Hindemiths Abwendung von der Atonalität und der Rückgewinnung des tonalen Denkens nachvollziehen lässt und die er auch in Lehrwerken wie der „Unterweisung im Tonsatz" für die Nachwelt festgehalten hat.

Soweit die Mär.

Die entsprechende musikologische Begleitmusik stammte von ästhetischen Vordenkern wie Theodor W. Adorno und dessen Nachfolgern. Adorno bewertete bereits die vorwärtsdrängenden Allegrosätze der Frühzeit abschätzig, „Musikanten-Musik" dieses Zuschnitts, so Adorno, enthalte „Leerlauf", und zwar nicht jenen, den der Komponist als Widerstandsakt gegen „subjektiv-expressive Ausdrucksgehalte" zu provozieren vorgebe, „sondern Leerlauf im technisch-kompositorischen Verstand."[1]

Die dialektischen Volten, mit denen Adorno auch im Weiteren Hindemith jegliche Bedeutung absprach, ziehen sich in der wissenschaftlichen Literatur bis ins 21. Jahrhundert herauf. Auch Köpfe vom Format eines Rudolf Stephan waren zuzeiten nicht frei von untergriffigen Tendenzen. So finden wir in dessen schmaler Abhandlung über „Neue Musik"[2] allen Ernstes Gipfelwerke der Avantgarde mit einer harmlosen Spielmusik konfrontiert, die Hindemith für Lehrzwecke entworfen hat. Als wollte man eine angenommene Unterlegenheit Béla Bartóks unter Igor Strawinsky mittels Konfrontation des *Scare du printemps* mit Stücken aus dem ersten Band des *Mikrokosmos* unter Beweis stellen.

Der Komponist selbst hat es erleben müssen und mit einiger Bitternis zur Kenntnis genommen, von den Ideologen der sogenannten „Neuen Musik" „... in den großen Abfallkorb der Reaktionäre, Hinterwäldler und Mießmacher geworfen" zu werden, und zwar reflexartig „ohne weitere Überlegung"[3].

Bemerkenswert lesen sich in solchem Zusammenhang scheinbar nebensächliche Randbemerkungen wie jene Adornos vom „anderen Hindemith (...), dem dunkleren, gebundenen, der sich stets fast verschweigt"[4].

Peter Cahn verweist in einer Abhandlung über den „jungen Hindemith"[5] auf die für einen angeblich oberflächlich-frechen, in ästhetischen Fragen unreflektiert-ungenierten Bürgerschreck doch erstaunliche Wahl von Textvorlagen hin: Bei Walt Whitman und Christian Morgenstern fand Hindemith „... mit sicherem Griff [...], was er in der Dichtung suchte: Die Gestaltung des Dunklen, Schmerzlichen, Melancholischen, das ein bedeutender Teil seines Wesens war."[6]

Auch Hans Heinz Stuckenschmidt mahnte in einer Rede von 1974 eine umfassendere Perspektive ein und resümierte zauberhaft über den vorgeblich so oberflächlichen „Bürgerschreck": „Die beiden Wesenszüge des verspielten Buben und des nachdenklichen Wahrheitssuchers treten nun bei Hindemith fast gleichzeitig zutage; es ist ein Zusammenprall von Gegensätzen, die unversöhnt bleiben und dennoch eine schöpferische Synthese darstellen."[7]

In diesem Sinne wollen wir bei unserem Überblick über das Schaffen des Symphonikers Hindemith versuchen, Schlaglichter auf die zu wenig oder gar nicht beleuchteten Facetten seines Schaffens zu werfen. Die formalen Aspekte der Hindemith'schen Symphonien hat Siglind Bruhn im dritten Band ihrer „Hindemith Trilogie", der kurz vor Beginn unseres Symposions erschienen ist, akribisch abgehandelt und dabei auch mit mancher Inkorrektheit oder Schlamperei bisheriger einschlägiger Studien (etwa mit Irrtümern in Gerhard Allroggens Abhandlung über die Entstehung der *Symphonia serena*[8]) aufgeräumt.[9]

Es muss sich unsere Tour d'horizon also nicht mit Betrachtungen detaillierter formaler Aspekte aufhalten, sondern kann die Entwicklung von Paul Hindemiths künstlerischen Aussagen in großen Zügen zu folgen versuchen.

Die von Cahn angesprochenen „dunklen, schmerzlichen" Wesenszüge, die in der notorischen Hindemith-Vita völlig fehlen, prägen durchaus wesentliche Teile seines Schaffens.

Denken wir an die zahlreichen Nocturnes, die hier und da sogar ausdrücklich „Nachtstücke" genannten Sätze in frühen Kompositionen wie dem Klavierzyklus *In einer Nacht* oder manchen langsamen Sätzen in den *Kammermusiken* I bis VII, so finden wir die Urformen späterer, lyrisch-hintergründiger, ja zum Teil sinistrer Klanggesten, wie sie quer durch die stilistische Metamorphose Hindemiths bis zum *Klavierkonzert* von 1945 und den spätesten symphonischen und konzertanten Werken, der *Pittsburgh Symphony* und dem *Orgelkonzert* immer wiederkehren.

Der Hörer nimmt dergleichen als illustrative Stimmungsmusik wahr, die ihre Wurzeln in der „couleur locale"-Kultur der klassisch-romantischen Oper haben, vom Beginn des zweiten Akts von Beethovens *Fidelio* bis zur Schilderung der nächtlichen Stimmung am Nilufer in der Introduktion zum dritten Akt von Verdis *Aïda* – um zwei möglichst weit voneinander entfernte Beispiele zu wählen, die doch in dieselbe Kategorie musikalischer Ausdruckskunst gehören. Beispiele, die jedenfalls ohne programmatische Konnotation – etwa nur aus formaler Stringenz der musikalischen Textur heraus – schlichtweg nicht erklärbar wären.

Dies ist für die folgende Übersicht über die Symphonien Paul Hindemiths insofern von Belang, als manches in diesen Instrumentalwerken ohne mehr oder weniger detailliert formulierte programmatische Hinweise schwer verständlich bleiben müsste. Nicht nur dort, wo es sich wie bei den „Opern-Symphonien" *Mathis der Maler* und *Die Harmonie der Welt* zwangsläufig um Programm-Musik handelt.

Wir wollen uns der gebotenen Kürze halber ausschließlich jenen Werken zuwenden, die ausdrücklich als Symphonie (oder Sinfonietta) ausgewiesen sind. Obwohl selbstverständlich gewichtige Stücke wie die 1930 zur 50-Jahr-Feier des Boston Symphony Orchestra geschriebene ***Konzertmusik für Streicher und Blechbläser*** op. 50 zum Thema gehören würden.

Die bewusste Auseinandersetzung mit der mehrsätzigen symphonischen Form finden wir bereits im Frühwerk. 1916 entstand die ***Lustige Sinfonietta,*** laut Hindemiths vielzitierter Selbstanzeige von 1922 offenkundig eines jener „Stücke, die mir nicht mehr gefallen"[10]. Das Werk erlebte erst sechseinhalb Jahrzehnte nach seiner Entstehung, 1980, seine posthume Uraufführung, darf aber in einer Rückschau auf die Entwicklung des Symphonikers Hindemith nicht fehlen, auch wenn vieles an der Partitur ihrem Schöpfer später tatsächlich missfallen haben muss. Trotz aller unausgereiften Details enthält die *Sinfonietta* viele Parameter der Hindemith'schen Symphonik bereits im Keim. Vor allem ist es die Doppelbödigkeit, die hier fasziniert und die uns im weiteren Verlauf der Entwicklung immer wieder begegnen wird. Die groteske Lyrik Christian Morgensterns hat Hindemith inspiriert. Doch bezieht sich die Musik „eher atmosphärisch auf Morgenstern, zeichnet keinesfalls musikalisch einzelne Gedichte unmittelbar nach."[11]

Formal finden wir vor allem im Variationen-Finale eine Mischtechnik, die unterschiedliche Muster miteinander vereint – ein Spiel mit althergebrachten Topoi, die sich in der Symphonik des reifen Hindemith auf Schritt und Tritt wiederfinden wird. Dass der Komponist im Angesicht der Katastrophe des Ersten Weltkriegs, kurz nach dem Tod seines Vaters im Feld, ein Werk ausdrücklich eine „lustige" Sinfonietta nennt, lässt im Übrigen viel über die zur Camouflage neigende Nomenklatur

Hindemiths ahnen. Gern führte er sein Publikum – und, wie sich zeigt, die späteren Analytiker und Kommentatoren – in die Irre, nie gab er sich ganz preis. Wie diese *Sinfonietta* über weite Teile nicht unbedingt als „lustig" empfunden werden muss, darf man auch Hindemiths Klanggesten hinterfragen, mit denen er in anderen Frühwerken quasi mit dem Holzhammer die Tradition zu denunzieren suchte. Offenkundig verbarg er sein wahres Wesen gern, das klassische und vor allem romantische Residuen für sich umso mehr nutzt, je heftiger er sie vordergründig zu bekämpfen oder lächerlich zu machen sucht.

Mathis der Maler

Mit Eintritt in die offizielle symphonische Welt greift Hindemith ganz bewusst auf klassische, romantische und barocke Vorbilder zurück. Das erste Werk, das er als Symphonie bezeichnete, ist sein – vor der eigentlichen Komposition der Oper – erstellter symphonischer Auszug aus *Mathis der Maler,* ein Werk, dessen Uraufführung 1934 den Anfang vom Ende der Zeit Hindemiths in Deutschland markierte. Die Umstände sind bekannt und tun hier nur insofern etwas zur Sache, als in diesem Werk sich die eingangs erwähnte „Umkehr" des Komponisten zu manifestieren scheint – die Tonalität ist wieder in ihr Recht gesetzt und fungiert als architektonischer Raster und sogar als unmittelbarer Träger der programmatischen Aussage: Der Mittelsatz beginnt in c und endet in cis – was zum einen eine tonale Brücke zwischen dem Auftreten des Choralthemas *Es sungen drei Engel* im ersten Satz (Grundtonart G, Choralthema in Des) und dem Symphonie-Schluss (Des-Dur) schlägt; und zum andern bildhaft gedeutet werden kann, wie Siglind Bruhn mit Bezug auf die Opernhandlung kommentiert: „Die Coda steht mit ihrem fast durchgängigen Bezug zu cis wie neben dem den Satz eröffnenden c; nicht zuletzt deswegen wirkt sie wie das Aufscheinen einer neuen Dimension", die sich in der Szenenanweisung der Opernpartitur widerspiegelt: „Es wird hell. Im frischen Morgenlichte sieht man denselben Raum", heißt es über den letzten Takten des Intermezzos im siebenten Bild: „Auf der Ebene der dramatischen Handlung signalisieren diese Worte den Beginn eines neuen Tages, den Morgen nach der Nacht, in der Regina ihrer Schwäche erlegen ist."[12]

Im Übrigen scheint die Bildhaftigkeit der *Mathis-Symphonie* mit Blick auf die Altartafeln Matthias Grünewalds und dem Bezug zu altem Liedgut (das übrigens bei diesem Komponisten schon für die früheste Schaffensphase nachweisbar ist[13]) auch für unvorbereitete Hörer leicht zu dechiffrieren sein. Nicht zuletzt die Höllenqualen der *Versuchung des Heiligen Antonius* lassen an „Handgreiflichkeit" nichts zu wünschen übrig. Der angebliche „Neoklassizist" Hindemith nutzt die symphonische Form hier unzweifelhaft zur Klangmalerei. Die drei musizierenden Engel im *Engelkonzert* sollten uns bei der Analyse – im Gegensatz zu Bruhns Deutung – im Kopfsatz vielleicht doch von drei klar gesonderten Themen ausgehen lassen und nicht von zweien – auch wenn manche spekulative „Dreifaltigkeits"-Deutung dem Betrachter vielleicht zu weit gehen sollte.[14]

Faszinierend bei aller pittoresken Expressivität die Formbeherrschung, die Hindemith aus der zornig hochfahrenden Unisonogeste, mit der der letzte Satz beginnt, in dessen Ausklang ein Passacaglia-Thema gewinnen lässt. Übrigens enthält das Eingangsmelisma alle zwölf Töne der chromatischen Skala – wir werden diesem Phänomen noch bei späteren Symphonien begegnen. Im tonal fundierten Kontext der *Mathis-Symphonie* fungiert diese ausgreifende Geste, die den gesamten chromatischen Raum durchmisst, als Menetekel für die gefahrvolle Situation, die das Folgende beschreibt, ehe die Musik ihre Orientierung wiederfindet und in eine Des-Dur-Apotheose mündet. (In der Oper findet sich Letztere am Ende des sechsten Bildes, dem Tonartenplan des Gesamtwerks gehorchend, einen Halbton nach oben transponiert wieder).

Die tonale Sicherheit, die auch im harmonischen Gefüge der Oper *Mathis der Maler* durchwegs herrscht, scheint in der nächstfolgenden Symphonie Hindemiths, der

Symphonie in Es

bereits wieder unterminiert. Zwar nennt der Titel einen Grundton. Doch bemerkte Siglind Bruhn die konsequente Verschleierung der metrischen wie der tonalen Struktur, mit der Hindemith bereits im ersten Satz konsequent für Verunsicherung sorgt. Es sei „fast keine der thematischen Komponenten des Satzes in Ausdehnung und/oder Betonungsschema mit dem herrschenden 2/2-Metrum kongruent."[15] Abgesehen von dieser „Divergenz zwischen notierter Metrik und tatsächlicher Phrasenstruktur" sei die Tonalität über weite Strecken nicht mit der im Titel genannten zu identifizieren: „Als Ankerpunkt wird e s, nachdem es die einleitende Fanfare initiiert hat, vor der Coda nur noch zweimal kurz berührt: als das Hauptthema (dessen erste drei Segmente in der Exposition durch die begleitenden Stimmen an ges, dem harmonisch äußert vage definierten Zielton der Fanfare, orientiert bleiben) im vierten Segment schließlich in diesen Ton einmündet (den die anschließenden chromatischen Rückungen jedoch sofort wieder verlassen), und als eine quasi spiegelsymmetrische Folge chromatischer Rückungen im letzten Zweitakter der Exposition überraschend (und ebenso kurzlebig) nach es zurückführt. Dazwischen sowie nach der Durchführung erreicht die Musik solide tonale Verankerungen ausschließlich auf relativ entfernten Tönen (...) Eindeutig dient dem Zentralton nur die Coda, die den plagal kadenzierenden Schritt as–es sowohl direkt (acht Takte vor Schluss) als auch im Gesamt ihrer 49 Takte vollzieht."[16]

„Klassisch" scheint in der *Symphonie in Es* die handwerkliche Brillanz, mit der Hindemith Motive und Themen aus kurzen Urzellen gewinnt, dennoch aber thematische Gegensätze ausarbeitet, um „den Normen der Sonatensatzform" zu genügen.[17]

Winfried Kirsch hat den „Brechungen der symphonischen Tradition" in diesem Werk eine eigene Studie gewidmet und wies zudem auf die Nähe des Scherzosatzes zum Gegenstück in Anton Bruckners *1. Symphonie* hin, das mit einer sehr ähnlichen Streicherfigur beginnt[18]. Von Bruckner übernahm Hindemith auch die Tendenz, diesen Satz mit durchführungsartigen Elementen anzureichern[19].

Auf Hindemiths „sich auffällig intensivierende Pflege der Symphonik Anton Bruckners" in den Vierzigerjahren hat Rudolf Stephan hingewiesen[20] und sie in Beziehung gesetzt zu wiederholten Bezugnahmen auf die Lyrik und Philosophie Friedrich Hölderlins, die „von größter künstlerischer Relevanz"[21] für die Betrachtung des Hindemith'schen Schaffens sei. Sicher scheint, dass in weiterer Folge die ausladenden Entwicklungen der langsamen Symphoniesätze in ihren großen Steigerungswellen – wir finden sie bereits in der *Grablegung* in der *Mathis-Symphonie* angedeutet – ohne das Vorbild Bruckner kaum denkbar wären.

Das Finale der *Symphonie in Es* regt in seiner kaleidoskopischen, ältere Schemata gebrochen widerspiegelnden Form die Musikwissenschaft zu wechselnden analytischen Deutungen an. Annäherung an den Sonatensatz (Exposition und, wenn auch stark variierte und neu geschichtete Reprise) werden vom Mittelteil des Satzes, der sowohl den Charakter eines Intermezzos oder Trios trägt, aber sehr wohl Durchführungselemente enthält, relativiert ebenso wie bestätigt. Jedenfalls handelt es sich nicht einfach um die Anverwandlung eines überkommenen Formprinzips, sondern um eine phantasievolle Neudeutung und Weiterentwicklung.

Mag man an einen „ansteigenden Plan" der architektonischen Verdichtung glauben, dann erreicht der Komponist nach der Chromatisierung der tonalen Verläufe[22] hier nicht nur in der Formverdichtung eine höchste Stufe, sondern auch in der harmonisch-tonalen Freiheit, indem die Themen konsequent den gesamten Zwölftonraum durchmessen.[23]

Diese Tendenz zur Verwendung aller zwölf Töne der chromatischen Skala, die wir bereits im Finale der *Mathis-Symphonie* konstatieren konnten, verstärkt sich in späteren Werken (etwa im Hornkonzert von 1949) ebenso wie die mit Arnold Schönbergs dodekaphonischer Methode untrennbar verbundene Permutationstechnik: Hindemith wendete im späten, im Todesjahr 1963 vollendeten Orgelkonzert beispielsweise, konsequent Reihen, Umkehrungen, Krebs und Krebsumkehrungen auch bei Themen an, die nicht alle zwölf Töne enthalten.[24]

Die formalen Abenteuer der *Symphonie in Es* führte Hindemith in seiner

Symphonia Serena

von 1947 weiter, in der „Musik, die traditionelle Formen erkennen lässt, diese jedoch phantasievoll überhöht oder unterläuft, zwei in mehrfacher Hinsicht ungewöhnliche Mittelsätze"[25] umrahmt. Wobei die artifiziellen architektonischen Spiele, die bereits Giselher Schubert in seinem Aufsatz „Hindemiths Orchesterwerk"[26] bewunderte, sogar die Deutung zulassen, dass die Exposition des in Sonatensatzform gehaltenen Kopfsatzes durch einen kleinen Einschub im Seitensatz „zu einem Miniaturbild der gesamten Sinfonie"[27] wird.

Vermehrt findet sich bei Hindemith in jenen Jahren ein Denken in zwei Ebenen. Zum einen scheint die Struktur der Musik auch beim ersten Hören vergleichsweise simpel und durchschaubar. Zum andern birgt sie bei näherer Betrachtung höchst komplizierte und durch zahlreiche Querverbindungen vernetzte Beziehungsgeflechte. Die tonale Spannweite der Themen reizt wiederum in vielen Fällen den gesamten Zwölftonraum aus.

Wie schon in der *Symphonie in Es* zeigt sich auch in der *Symphonia Serena* eine merkliche Verdichtung der formalen Prozesse im Finale. Die zugrundeliegende Form-Idee versuchte Siglind Bruhn wieder als Variante des Sonatensatzes zu deuten. Während in der *Symphonie in Es* die Durchführung zu einem „Intermezzo" wird, findet sich hier „eine Sonatensatzform, in der Durchführung und Reprise verschmolzen sind und eine komplex polyphone Coda als zweite Durchführung fungiert, das Ganze umrahmt von einem als metrisches Verwirrspiel entworfenen Viertakter."[28] Es sei also eine „angekündigte, jedoch später nicht eigentlich verwirklichte Sonatensatzform".[29] Erneut führt uns Hindemiths Fantasie also über ahnungsvolle Formzitate hinaus ins Freie und erfindet, aufbauend auf Althergebrachtem, neue Ordnungen.

Auch die Instrumentation des Werks sucht die fortwährende Veränderung, vermeidet Wiederholungen und schafft ein changierendes Farbkontinuum, das nicht zuletzt auch der originellen Paraphrase von Beethovens *Yorck'schem Marsch,* die den zweiten Satz der Symphonie bildet, vorwärtstreibende Kraft verleiht und das scheinbar einfache zugrundeliegende Scherzo-Trio-Scherzo-Schema konterkariert. Vielmehr entpuppt sich Teil 1 als fragmentiertes, in eine hektisch-repetitive Struktur eingebundenes, vielfach unterbrochenes Zitat der (um zwei Takte verkürzten) Vorlage, Teil 2 (das „Trio") als weiche, von silbrigen Celesta-Klängen und kichernden Flötenpassagen überglänzte lyrische „Variation Nr. 2", der im kräftigen Fortissimo zuletzt als Abschluss das eigentliche „Thema" folgt.

In heftigstem Farb-Kontrast zu diesem Satz bleibt der dritte, „Colloquy" überschrieben, ganz den Streichern vorbehalten, die in der „Paraphrase" schweigen. Die Überlagerungstechnik des dritten Satzes findet sich in ähnlicher, satzübergreifender Weise bei Hindemith des Öfteren, auch in der späteren *Symphonie in B* für Blasorchester von 1951 und – komplizierter gesetzt, in der letzten der Symphonien, der *Pittsburgh Symphony.*

Das „Kolloquium" ist eine handwerklich brillant gemachte Anwendung des Prinzips von These, Antithese und Synthese. Ein lyrischer „arco"-Teil und ein gezupftes „Scherzando" werden zunächst getrennt vorgestellt, dann synchron abgewickelt.

Getrennt werden diese Abschnitte durch Solopassagen mit Echowirkungen von zwei Violinen bzw. zwei Bratschen, deren eine jeweils im Orchester, die andere hinter der Bühne platziert ist – ein apartes Schauspiel, das programmatische Konnotationen immerhin nahelegt, wenn Hindemith auch konsequent inhaltliche Andeutungen verweigert.

Er tut das auch dort, wo dem Hörer inhaltsschwere „Klangrede" suggeriert wird. So finden wir in der

Sinfonietta in E

am Beginn des Finalsatzes ein instrumentales Rezitativ in der Tradition von W. A. Mozart (KV 287) oder L. v. Beethoven (op. 132). Der instrumentalen „Rezitation" von Texten bedient sich Hindemith zuvor bereits in verschiedenen Werken, unter anderem in der *Klaviersonate Nr. 1* und im *Hornkonzert*. Dort stammen die Texte von Hölderlin bzw. vom Komponisten selbst. Ein deutscher Rezensent der Erstaufführung des *Hornkonzerts* nutzte diese Tatsache gleich zum für einen zeitgenössischen Komponisten „verräterischen" Verweis: „Ehemals galten gedichtete Deutungen eines Tonstücks als Merkmal musikalischer Romantik."[30]

Doch versagt im Fall des Rezitativs der Sinfonietta sogar der Versuch, inhaltliche Spuren in den erhaltenen Skizzen Hindemiths aufzuspüren. „There is no evidenc of any text for the Recitativ"[31], muss Ian Kemp resümieren, der dem Werk eine ausführliche Studie gewidmet hat, in der er nachzuweisen versucht, dass Hindemiths – schon in der *Symphonia Serena* zu beobachtender Trend, die Klangfarbe als wichtigen architektonischen Parameter zu behandeln, hier geradezu zum Motto des gesamten Werkes geworden sein könnte.

Der Fokus liegt in der *Sinfonietta* weniger auf der thematischen Arbeit, schon gar nicht auf der Prägnanz der Themen selbst, urteilt Kemp, sondern vielmehr auf der „Farbe", das gesamte Werk könnte „von den Orchesterfarben" handeln.[32]

Aparte Farbgebung hatte bereits die *Lustige Sinfonietta* von 1916 charakterisiert, zumal den skurrilen Mittelsatz. Sie spielt auch in der formalen Dramaturgie der folgenden Symphonie

Die Harmonie der Welt

eine Rolle. Schon der Beginn des Werks mit einem Beckenschlag und wild aufrauschenden Streicherfigurationen ist eine höchst eigenwillige koloristische Erfindung. Der Ausklang des Mittelsatzes wiederum bildet dazu ein poetisch-zartes Gegenbild über akkordischen Bildungen der tiefen Streicher: hoch geführte Solo-Violinen vor einer ätherischen Klangkulisse aus Pianissimo-Schlägen von Pauken, Triangel, Glockenspiel und kleinem Becken. Die Symphonie ist – wie jene zu *Mathis der Maler* – vor Komposition der gleichnamigen Oper entstanden. Hindemith unterlegt die subtil geschichteten, nach A-Dur führenden Klänge später Susannas Vision eines irdischen Garten Eden „aus Zahl, Kalkül und Proportionen", ein Paradies aus „Weisheit und Stille. Selig bin ich."

Die Zuordnung der Musik der Symphonie zu Opernszenen setzt uns in diesem Fall instand, programmatische Konnotationen scheinbar „absolut" erfundener Musik durch den Komponisten selbst zu konstatieren. Die nach intensiven historischen und wissenschaftlichen Vorstudien begonnene Arbeit an der Oper über Johannes Kepler führte Hindemith offenkundig zu höchst spekulativen musikalischen Konstruktionen. Schon die Introduktion vermittelt, so die Analyse von Siglind Bruhn, eine „tönende Einführung in die pythagoreische (und keplersche) Thematik"[33] inklusive Assoziationen zu originalen Kepler'schen Theoremen, einer „Tonartencharakteristik", in der den Anfangstönen die Symbolik des Irdischen und des menschlichen Leids zugewiesen wird – bei folgender Auslotung des gesamten Quintenzirkel-Raumes.

Den tonalen Raum schreitet Hindemith auch in diesem Werk weit aus, findet aber zuletzt als Symbol der höheren Ordnung, der *Harmonie der Welt,* zu einem affirmativen E-Dur-Finale, das die barocke Form der Passacaglia in Riesendimensionen weitet. Nach der bereits erwähnten Miniatur-Passacaglia im dritten Satz der *Mathis-Symphonie* und der strahlenden, aber vergleichsweise überschaubar dimensionierten im Finale der Ballettmusik *Nobilissima visione* sind hier die Grenzen scheinbar gesprengt. Wie im Ballett geht es hier um Höheres: War dort der Sonnengesang des Heiligen Franziskus das Motto, geht es bei dem Konglomerat aus zwei Passacaglien und einer Fuge um die Musik zu einer Szene, in der die Planeten zu kreisen beginnen und die Ordnung des Weltalls zu tönen beginnen soll.

Die spirituelle Konnotation ist für den Komponisten ganz offenkundig gegeben.

Siglind Bruhn hat herausgefunden, dass Hindemith das Thema bereits in einer während des Zweiten Weltkriegs komponierten *lateinischen Motette* verwendete, die zu seinen Lebzeiten nicht veröffentlich wurde. Hier unterlegte er die Musik den Eingangsworten des Johannes-Evangeliums. Eine bemerkenswerte Verquickung der Schöpfungsgedanken und Johannes Keplers Welteinsichten.

Oft entstanden in Hindemiths Schaffen zur gleichen Zeit in ihrer Aussage höchst konträre Stücke – etwa die noble, von großer Ruhe getragene Ballett-Musik zu *Nobilissima visione*, die neben der mit einem grell dissonierenden Trauermarsch endenden *Trompetensonate* steht. So wirkt die für eine amerikanische „Concert Band" geschriebene

Symphonie in B für Blasorchester

wie ein Satyrspiel zur gleichzeitig entworfenen *Harmonie der Welt*. „Hindemith schreibt von allem Anfang an – und damit müssen wir uns abfinden – verschiedene Musikarten: Kunstmusik und Gebrauchsmusik"[34], resümiert Rudolf Stephan. Ob es schwer ist, „sich damit abzufinden", dass in der *Bläsersymphonie* die Leichtigkeit des Tonfalls selbst im raffinierten Fugen-Finale durchwegs erhalten bleibt, sei dahingestellt. Der unverschleierte Griff zu althergebrachten Formschemata wie die tonale Ordnung machen das Stück, das ausdrücklich für jugendliche Musikanten einer der größten amerikanischen Militär-Bands gedacht ist, jedenfalls zum vergnüglichen Intermezzo in Hindemiths Symphonik. Die schon erwähnte Kombination von Adagio und Scherzo im Mittelsatz hat im Schaffen Hindemiths übrigens auch jenseits der Orchesterwerke etliche Vorbilder. So führt in der *Violinsonate in C* von 1939 die Geige die scherzosen Figurationen des heiteren Mittelteils fort, während im Klavier bereits die Reprise des langsamen Satzbeginns begonnen hat.

Im Gegensatz zur *Symphonie in B* blieb von der althergebrachten symphonischen Formenwelt in der 1958 vollendeten

Pittsburgh Symphony

nur noch der Name erhalten. „Keiner der Sätze der mit ca. 38 Minuten Aufführungszeit traditionell dimensionierten Sinfonie folgt den klassischen Vorgaben von Sonatensatz-, Scherzo- oder Rondoform", schrieb Siglind Bruhn, „... und keiner enthält auch nur ein einziges dem konventionellen Verständnis dieses Begriffes entsprechendes sinfonisches ‚Thema'"[35]. Schon der erste Satz sei „... in keine Beziehung zu setzen [...] zur hier sonst erwarteten und auch oft vorgefundenen Sonatenhauptsatzform“[36]. Bruhn widersprach mit dieser Aussage dem Verfasser der ersten wissenschaftlichen Arbeit über das Werk, Günther Metz, der traditionelle Schemata immerhin aufzufinden versuchte.[37]

Zu solch allgemeiner Verwirrung trug der Komponist selbst bei, der in einem anlässlich der Uraufführung dem Programmheft – und später auch der gedruckten Partitur[38] – beigelegten kommentierten Blatt mit Notenzitaten auf geradezu zynische Weise suggerierte, seine Komposition sei leicht fasslich.

Das Gegenteil ist der Fall.

„Zum leichteren (noch leichteren!) Verständnis“ zitierte der Komponist die „jedem Hörer zunächst auffallenden hauptsächlichen melodischen Abläufe“. Der Hörer freilich wird an den „melodischen Abläufen“ wenig finden, was er als einprägsam empfindet – und die Tatsache, dass der erste Satz der Symphonie „aus nichts weiter als einigen stets anders gefärbten Wiederholungen“[39] des zitierten Themas (und seiner „Umkehrung“) besteht, dürfte auch bei mehrmaligem Hören (zu dem es in aller Regel ja nicht kommt) schwierig zu erfassen sein. Siglind Bruhn sprach von „drei Einsatzpaaren“ des Themas: „Mit der sechsfachen Präsentation einer einzigen thematischen Komponente und den beiden die Paare trennenden Zwischenspielen schafft Hindemith eine Struktur, die (...) als eine Überlagerung von Spiegelsymmetrie und Entwicklung gelesen werden kann.“[40] Schon die melodische Faktur des Themas ist trotz einiger „charakteristischer Gesten“[41] nicht gerade simpel zu nennen, bewegt es sich doch frei von offenkundigen tonalen Fixierungen im Zwölftonraum:

Weiter als in den „Durchläufen" dieser Melodie hat sich Hindemith nie von den Grundsätzen des tonikalen Denkens entfernt. In einer Abhandlung über die *Weinheber-Madrigale* von 1958 brachte Thomas Seedorf die Tatsache auf den Punkt, dass jener Mann, der in den Dreißigerjahren ideologisch die Rückkehr zur Tonalität predigte, sich gegen Ende seines Lebens jedenfalls wieder weiter von derselben entfernte: „Die aufführungspraktischen Ansprüche korrespondieren mit einer musikalischen Sprache, die die in der Unterweisung im Tonsatz aufgestellten Grundsätze nicht leugnet, wohl aber erweitert."[42] Im Falle der rein instrumentalen *Pittsburgh Symphony* transzendierte Hindemith die Grundsätze erheblich.

Zwar lassen sich in der den ersten Satz beherrschenden Melodie durch Wiederholung bzw. sanfte Variation und Sequenzierung von Binnengliedern Zentraltöne festmachen – diese stehen aber in aller Regel quer zur harmonischen Struktur, in die der Komponist die Melodie einbettet. Glissandi und chromatische Läufe tragen das Ihrige zur Verunklarung der tonalen Zusammenhänge bei. Mit einiger Mühewaltung kann Es als Grundton der Symphonie und kann im gleitenden harmonischen Geschehen der Eingangspassage vor allem dank der Paukentöne auch ausgemacht werden. Doch verschiebt sich die Achse relativ rasch (in T. 9) einen Halbton nach oben, um erst wieder zehn Takte später „zurückzugleiten". Diese durch die in den vorangehenden Symphonien und in der *Sinfonietta* kultivierten koloristischen oft ins Pointilistische gesteigerten Extravaganzen noch gesteigerte Vagheit bleibt in dem Werk durchwegs erhalten. Die tonale Freiheit ermöglicht sogar ein (leicht adaptiertes) Zitat aus Anton von Weberns dodekaphonischer *Symphonie* im Finalsatz[43]. Selbst die eingestreuten Folklore-Elemente erscheinen in einem alles andere als simplen Umfeld. Ein Lied der deutschen Siedler wird im Mittelsatz in einer „Überlagerungs"-Struktur, wie schon erwähnt ähnlich jener der *Symphonia Serena* und der *Symphonie in B*, verarbeitet. Und die Hymne „Pittsburgh Is a Great Old Town" erfährt im Finale eine lärmende Apotheose in Es-Dur, doch erreichen die heftigen Wogen der „Begleitung" diese Tonika erst im allerletzten Takt. Von einem „leichten Verständnis" kann schon aufgrund dieser Tatsachen nicht gesprochen werden.

Der Weg von *Mathis der Maler* bis nach *Pittsburgh* ist ausgeschritten. Blicken wir zurück: Die von manchen Musikwissenschaftlern geteilte Vermutung, Hindemiths Kompositionsstil hätte sich quasi folgerichtig von kühnen Anfängen in Richtung der Einhaltung der als naturgegeben erkannten Gesetze der „Unterweisung im Tonsatz" hin entwickelt – Eberhard Zwink versucht diesen Gedanken in einer analytischen Studie[44] zu beweisen – müsste bei näherer Betrachtung der späteren Kompositionen jedenfalls zu dem Schluss führen, dass er sich nach Abfassung der „Unterweisung" schrittweise auch wieder von deren Grundsätzen entfernt hat.

Zuletzt schrieb er, wie Winfried Kirsch formulierte, „in jeder Beziehung individualistische, z. T. recht esoterische Arbeiten."[45] Der Autor bezog diesen Satz nicht zuletzt auf textgebundene Werke wie die *Weinheber-Madrigale* und ortete einen Widerspruch zwischen diesen und dem Hindemith'schen Instrumentalschaffen. „Man kann sich", schrieb er, „des Eindrucks nicht erwehren, dass das Erscheinungsbild des Komponisten hier mitunter in krassem Widerspruch zu dem steht, das uns ein Großteil der Instrumentalmusik vermittelt. Die textlich so verschiedenartigen Chorsätze zeugen von einer erstaunlichen geistigen und gefühlsmäßigen Ambivalenz des Komponisten. Mehreres davon, wie z. B. die Vertonung der Benn-, Nietzsche- oder Weinheber-Texte sind sehr persönliche Aussagen, und Persönliches kann jeweils nur von Wenigen für Wenige gesagt werden, somit sich diese Stücke von jeder Massenmusik weit distanzieren."[46]

Überblickt man den Werdegang des Symphonikers Hindemith, so ließe sich eher vermuten, der genannte „Widerspruch" existiere nicht zwischen dem Vokal- und dem Instrumentalkomponisten Hindemith, sondern zwischen der Realität seines Schaffens und seinem in missverständlichen ideologischen Zuschreibungen vermittelten Image im Sinne des Verdikts eines Theodor W. Adorno, der Hindemiths Anmerkungen zu metaphysischen Fragen vielleicht nie gelesen hat: „..., dass jenseits aller rationalen Erfahrung und aller Kunstfertigkeit eine Region der Vision und des Unerforschlichen liegt, in der die verschleierten Geheimnisse der Kunst wohnen – gefühlt, doch nicht erklärt; gebeten, doch nicht befohlen; sich neigend, doch nicht sich unterwerfend. "[47]

Anmerkungen

1 Theodor W. Adorno: Ad vocem Hindemith. In: „Musikalische Schriften IV. Frankfurt/M. 1982, S. 226.
2 Rudolf Stephan: Neue Musik. Versuch einer kritischen Einführung. Göttingen 1958.
3 Paul Hindemith: Sterbende Gewässer. In: Giselher Schubert (Hg.): Paul Hindemith. Aufsätze, Vorträge, Reden. Zürich 1994, S. 315f.
4 Adorno: Ad vocem, a. a. O., S 221.
5 Peter Cahn: Der junge Hindemith. Vernachlässigte Aspekte seines Frühwerks. In: Norbert Bolín (Hg.): Paul Hindemith – Komponist zwischen Tradition und Avantgarde. Mainz etc. 1999, S. 23ff.
6 Ebenda, S. 29.
7 Hans Heinz Stuckenschmidt: Paul Hindemiths Aufbruch und Heimkehr. In: JB 1974/IV, S. 19.
8 Gerhard Allroggen: Zur Entstehung der *Symphonia serena* von Paul Hindemith. In: Hindemith-Institut, Frankfurt/Main (Hg.) Hindemith Jahrbuch XXXIV. Mainz 2005.

9 Siglind Bruhn: Hindemith Trilogie. III. Hindemiths große Instrumentalwerke. Waldkirch Editino Gorz 2013, S. 260.
10 Paul Hindemith: Selbstporträt. In: Neue Musikzeitung Heft 20, 1922.
11 Giselher Schubert: Hindemiths *Lustige Sinfonietta*. Einführungstext im Booklet zur CD-Aufnahme bei Wergo. WER 60150-50.
12 Bruhn: Trilogie, a. a. O., S. 295.
13 Walter Salmen: Alte ‚Töne' und Volksmusik in Kompositionen Paul Hindemiths. In: Musik und Bildung 6 (1974), S. 362–369.
14 Vgl. H. Wiley Hitchcock: Trinitarian Symbolism in the *Engelkonzert* of Hindemith's *Mathis der Maler*. In: A Festschrift for Albert Seay. Colorado Springs 1982, S. 217–229.
15 Bruhn: Trilogie, a .a. O., S. 246.
16 Ebenda, S. 246.
17 Ebenda, S. 244.
18 Winfried Kirsch: Brechungen symphonischer Tradition. Paul Hindemiths *Symphonie in Es*. In: Wolfgang Osthoff /Giselher Schubert (Hg.): Symphonik 1930–1950. Gattungsgeschichtliche und analytische Beiträge. Mainz etc. 2003, S. 122.
19 Bruhn: Trilogie, a. a O., S. 249.
20 Rudolf Stephan: Die Musik der vierziger Jahre unter besonderer Berücksichtigung des Schaffens von Paul Hindemith. In: JB1998/XXVII, S. 48.
21 Bruhn: Trilogie, a. a. O., S. 219.
22 Vgl. Siglind Bruhns Anmerkungen über den Verlauf der Harmonik (Trilogie, a. a. O., S. 251).
23 Ebenda, S. 253f.
24 Ebenda, S. 219.
25 Ebenda, S. 255.
26 Giselher Schubert: Hindemiths Orchesterwerk. In Bolín (Hg.): Paul Hindemith, a. a. O., S. 56.
27 Bruhn: Trilogie, a. a. O., S. 256.
28 Ebenda, S. 264.
29 Ebenda, S. 265.
30 Der Spiegel. Ausgabe 24/1950 (15. Juni 1950), S. 37.
31 Ian Kemp: *Sinfonietta* 1950: Colour as Design. In: JB 1998/XXVII, S. 184.
32 Ebenda, S. 191.
33 Bruhn: Trilogie, a. a. O., S. 327.
34 Rudolf Stephan: Über Paul Hindemith. In: JB 1974/IV, S. 55.
35 Bruhn: Trilogie, a. a. O., S. 286.
36 Ebenda, S. 269.
37 Günther Metz: Die *Pittsburgh Symphony* von Paul Hindemith. In: Melos 47/2 (1985), S. 21ff.
38 Paul Hindemith: Programm-Notizen zur *Pittsburgh Symphony*. Edition Schott 5011. Mainz 1951.
39 Ebenda.
40 Bruhn: Trilogie, a. a. O., S. 269.

41 Ebenda.

42 Thomas Seedorf: Natur und Sangbarkeit. Zur musiktheoretischen Bedeutung des Singens bei Paul Hindemith. In: Bolìn (Hg.): Paul Hindemith, a. a. O., S. 92.

43 Günter Metz: Das Webernzitat in Hindemiths *Pittsburgh Symphony*. In: Archiv für Musikwissenschaft 42/3, 1965, S. 200ff.

44 Eberhard Zwink: Paul Hindemiths „Unterweisung im Tonsatz" als Konsequenz der Entwicklung seiner Kompositionstechnik. Graphische und statistische Musikanalyse. Göppingen 1974.

45 Winfried Kirsch: Paul Hindemiths *Weinheber-Madrigale*. In: JB 1978/VII. Mainz etc. 1980, S. 109.

46 Ebenda, S. 108.

47 Paul Hindemith: Komponist in seiner Welt. Zürich 1959, S. 265.

Nikolaus Urbanek (Wien)

Weberns Opus 21 und das Ende der Symphonie

Das „Ende der Symphonie" ist ein Gerücht.[1] Von Richard Wagner in der Mitte des 19. Jahrhunderts wortgewaltig artikuliert,[2] um mit seinem Musikdrama das musikhistorische Erbe der eigenhändig für tot erklärten Symphonie antreten zu können, handelt es sich hier freilich um ein Gerücht, das – über mehrere Jahrzehnte litaneiartig erneuert[3] – eo ipso ganz erstaunliche Wirksamkeit zu entfalten imstande war und gleichsam als musikhistorische Tatsache Einzug in die Musikgeschichtsschreibung halten konnte. Ob man – gleichsam in rhetorischem Reflex – bezüglich der symphonischen Situation in der ersten Hälfte des 20. Jahrhunderts dann von einer über etwa ein halbes Dezennium andauernden Agonie sprechen will, die sich an das schleichende Siechtum seit Beethovens Tod, Schumanns Wahnsinn und Wagners Musikdrama im 19. Jahrhundert anschließe, ist vermutlich schlichtweg eine Frage des wissenschaftlichen Geschmacks. Interessanter dürfte es in unserem Zusammenhang wohl sein zu hinterfragen, was die Rede von einem Ende der Symphonie denn eigentlich bedeutet, welche Konsequenzen sie nach sich zieht und welche spezifische Funktion sie innerhalb des Diskurses um die Gattung Symphonie einnimmt. Denn so klar einerseits ist, dass auch nach dem „Ende der Symphonie" noch munter Symphonien geschrieben wurden – und dies sogar in der von Carl Dahlhaus verorteten symphonischen Ödnis zwischen 1850 und 1870 in durchaus erklecklicher Zahl[4] –, so wird man andererseits nun aber nicht leugnen können, dass in dem Zeitraum von 1900 bis 1945, den zu betrachten wir uns hier vorgenommen haben, in gattungshistorischer Perspektive Entscheidendes passiert sein dürfte: Die Symphonie besitzt im Jahre 1928, in dem Anton Webern seinen Gattungsbeitrag vorlegte, wahrlich eine andere Bedeutung, eine andere Relevanz im Gefüge der musikalischen Gattungen und einen anderen musikästhetischen, kompositionstechnischen, musikhistorischen Kontext, als dies beispielsweise in den Jahren 1800 (1. Symphonie Beethovens), 1841 (1. Schumanns), 1876 (1. Brahms') oder 1889 (1. Mahlers) der Fall war. Unser Beobachtungszeitraum stellt sich – und ebendies macht ihn für eine Gattungsdebatte historiographisch gleichermaßen so interessant wie problematisch – nunmehr als eine Phase dar, in der das „Ende der Symphonie" durch die Symphonie(n) gewissermaßen selbst thematisiert wird. Es ergibt sich sodann an genau dieser Stelle ein signifikanter Widerspruch: Indem das „Ende der Symphonie" selbst zum symphonischen Thema avanciert – denken wir beispielsweise an Mahler,[5] an seine gewaltige *Sechste*,[6] deren Hammerschläge schon so manchem Ende gegolten haben sollen, oder an seine berührende *Neunte*, die ja nicht ungern (und nicht nur in Rekurs auf die Uraufführung 1912 oder die berühmt gewordene Aufführung 1938 unter Bruno Walter im Wiener Musikvereinssaal) als ein

„Abschied" rezipiert wurde (und wird)[7] –, indem also das eigene Ende sozusagen in musicis zum Gegenstand des Komponierens erhoben wird, führt sich die Gattung in eine paradoxe Situation: Solange man vom Ende spricht, ist das Ende des Sprechens noch nicht erreicht. Eben dieser immanente Selbstwiderspruch ist es, der – als genuines Phänomen der „Moderne"[8] – eine Distanz zur Gattung, zur Gattungstradition erlaubt und damit letztendlich, wie so oft in Krisenzeiten, eine Phase der produktiven Selbstreflexivität einläutet. Und genau dieses Moment ist es auch, das die Rede von einem „Ende der Gattung" im Rahmen einer Gattungsdiskussion zuallererst plausibel und interessant werden lässt.

Weberns Gattungsbeitrag

Der folgende Text versteht sich nicht als genuiner Beitrag zur Webern-Forschung. Denn es geht mir nicht darum, einmal mehr die *Symphonie* op. 21 von Anton Webern nach den Regeln musikwissenschaftlicher Kunst auszumessen und in all ihre Einzelheiten analytisch zu zergliedern.[9] Vielmehr erscheint es mir in Hinblick auf unsere Diskussion zweckmäßiger, mit einigen Stichworten diejenigen Aspekte zusammenzutragen, die für eine Verortung des symphonischen Schaffens von Anton Webern in einer Debatte über das „Ende der Symphonie in Österreich und Deutschland zwischen 1900 und 1945" von besonderer Relevanz sind.

Weberns Opus 21 könnte vor dem Hintergrund der etwas morbiden Gattungsdiskussion die Funktion eines Vergrößerungsglases einnehmen, das den Blick auf zentrale Momente und Tendenzen der Gattungsgeschichte gestattet: Zum einen werden diverse Stränge der musikalischen Tradition in diesem Knotenpunkt der Gattungs- und Musikgeschichte miteinander verknüpft und gehen in die *Symphonie* Weberns ein, zum anderen stellt Weberns Opus 21 seinerseits eo ipso einen zentralen Anknüpfungspunkt für nachfolgende Komponisten, Symphonien und (mehr noch, vermutlich) Nicht-Symphonien dar. Der vielschichtige Terminus des „Aufhebens" – und zwar genau in der Hegel'schen „Dreisinnigkeit" (conservare – elevare – negare) – benennt jenen Zusammenhang ausnehmend präzise, sodass man als Prämisse und Conclusio gleichermaßen formulieren könnte: *Weberns Opus 21 hebt die Gattung Symphonie auf.*

Damit ist viel behauptet und wenig gesagt, ich möchte mich daher im Folgenden kursorisch der Frage widmen, worin der „aufhebende" Beitrag der *Symphonie* Weberns zum (kompositorischen) Diskurs über das Ende der Gattung Symphonie denn konkret sich begründen ließe. Festzuhalten ist zuallererst, dass die *Symphonie* Weberns zu den meist- und bestanalysierten Werken des 20. Jahrhunderts gehört: Generationen von Musiktheoretikerinnen, Komponisten und Musikwissenschaftlerinnen haben ihre Zwölftonreihen ausgezählt und hin- und hergespiegelt, die kanonischen Künste bewundert, sich im analytischen Nachvollzug traditioneller Formpläne geübt und diese auf ihre Adäquanz hin befragt. Bereits Webern selbst sprach in Vorträgen in den frühen Dreißigerjahren über dieses Werk,[10] analysierte es mit Freunden und bisweilen sogar im Unterricht mit fortgeschrittenen Schülern;[11] von Luigi Nono, Pierre Boulez und anderen Komponisten dieser Generation wissen wir, dass sie das Werk nach 1945 ausgiebig diskutierten und analysierten – und mangels verfügbarer Druckausgaben bisweilen sogar eigenhändig abschrieben. In den Darmstädter Kreisen der frühen Fünfzigerjahre gehörte das Analysieren von Opus 21 gewissermaßen zu den unumgänglich zu praktizierenden Initiationsriten für fortschrittliche Komponisten und solche, die es gerne werden wollten.[12] Und all das scheint bis heute fortzuwirken; jedenfalls zeugen – um ein methodologisch vielleicht etwas wackeliges, in seiner unmittelbaren Anschaulichkeit jedoch durchaus Plausibilität beanspruchen könnendes Dokument als rezeptionshistorischen Fingerzeig heranzuziehen – beispielsweise die Studienpartituren der Universitätsbibliothek der Universität für Musik und darstellende Kunst in Wien (immerhin einer Institution, an der diverse Schüler und Enkelschüler der Wiener Schule ihr Wissen an die folgenden Generationen weitergaben) nach wie vor von intensivster analytischer Benutzung: Kaum noch sind zwischen all den analysierenden Eintragungen die wenigen Töne Weberns zu erkennen ... Weberns *Symphonie* ist – und daran dürfte sich nichts Wesentliches geändert haben in den letzten Jahrzehnten – der *locus classicus* der Diskussion um die „Komposition mit zwölf nur aufeinander bezogenen Tönen“ und dient dergestalt nach wie vor als zentraler Bezugspunkt in der musikanalytischen und kompositionstheoretischen Grundausbildung.[13]

Bevor ich jedoch frage, was ebendies für unsere Diskussion um das Ende der Gattung Symphonie bedeuten könnte, seien einige „Eckdaten“ der *Symphonie* Weberns benannt, an denen zunächst einmal offensichtlich wird, über welch' seltsamen Gattungsbeitrag wir hier eigentlich reden: Weberns *Symphonie* für Klarinette, Bassklarinette, zwei Hörner, Harfe, 1. und 2. Geige, Bratsche und Violoncell (das Streichquartett ist, was freilich eher selten realisiert wird, auch chorisch besetzbar) wurde im Sommer 1928 beendet und besteht aus nicht mehr als zwei Sätzen; der erste – „ruhig schreitend“ – wird gemeinhin als „Sonatensatz“ bezeichnet und gerne auch daraufhin analysiert,[14] der zweite ist ein Variationensatz und glücklicherweise sowohl in der Druckpartitur wie auch in den Skizzen mit eindeutigen diesbezüglichen formalen Hinweisen ausgestattet: Die einzelnen Formabschnitte (Thema, sieben Variationen und eine Coda) sind genau bezeichnet. Ein im zweiten Skizzenbuch Weberns[15] begonnener dritter Satz wurde nicht zu Ende geführt und seine Aufnahme in das Werk im Zuge des Schaffensprozesses schließlich verworfen. Weberns

Symphonie ist eine Zwölftonkomposition in strengstem Sinne. Ohne hier in die Details der Zwölfton-Konstruktion näher einzusteigen, sei lediglich auf einige Aspekte an der Oberfläche hingewiesen, da diese wichtige Konsequenzen für die formale und strukturelle Anlage des gesamten Werks nach sich ziehen. Die dem Werk zugrunde liegende Zwölftonreihe weist eine besondere Reihenstruktur auf: Der zweite Hexachord stellt den um einen Tritonus transponierten Krebs des ersten dar, die beiden Reihenteile stehen demnach in einem Spiegelverhältnis zueinander. Zentrale Konsequenz des kunstvollen Baus der Reihe ist, dass sich die Zahl der möglichen Reihenformen[16] auf die Hälfte reduziert, wie Webern selbst in seinen Vorträgen zum „Weg zur Komposition in zwölf Tönen" im Jahre 1932 erläutert:

> „Die Reihe lautet: F-As-G-Fis-B-A/Es-E-C-Cis-D-H. Sie hat die Eigentümlichkeit, daß der zweite Teil der Krebs des ersten ist. Das ist ein besonders inniger Zusammenhang. Es gibt also hier nur 24 Formen, weil immer zwei identisch sind."[17]

„Musikalischer Zusammenhang" ist in der Ästhetik der Wiener Schule eine wichtige, wenn nicht gar die zentrale Kategorie.[18] Webern ging davon aus, dass musikalischer Zusammenhang das zu erreichende kompositorische Ziel schlechterdings sei, da eine unmittelbare Korrelation zwischen Zusammenhang und Fasslichkeit herrsche – größter Zusammenhang garantiere höchste Fasslichkeit.[19] Eben dieser Zusammenhang sei nun aufgrund der vielfältigen internen Beziehungen im Reihengeschehen selbst, die in der Komposition in formaler und struktureller Hinsicht diverse Entsprechungen findet, auch für die *Symphonie* prägend, sodass Webern über den zweiten Satz seiner *Symphonie* im Rahmen seiner Vorträge durchaus mit einem gewissen Stolz berichten konnte: „Mehr Zusammenhang ist nicht möglich."[20]

Darüber hinaus manifestiert sich aufgrund der spezifischen Intervallstruktur innerhalb der Reihenanlage die Möglichkeit einer „unendlichen Reihe", – mit dem elften Ton der Originalreihe (O) beginnt eine transponierte Umkehrungsreihe (U), deren letzte Töne wiederum die ersten Töne einer transponierten Originalreihe darstellen:

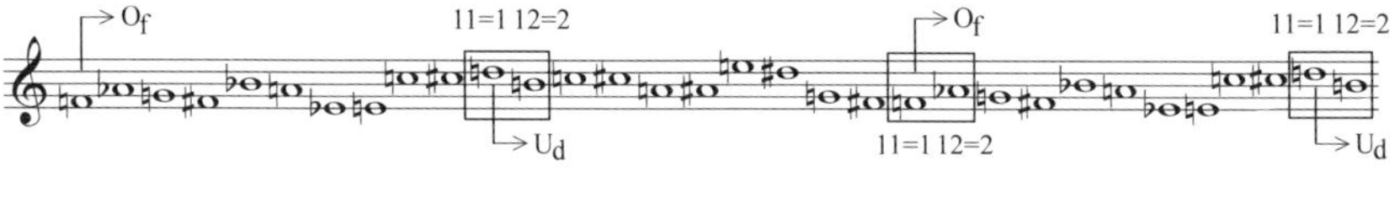

Abb. 1: Webern, *Symphonie* op. 21, „unendliche Reihe"

Die sich bereits in dieser spezifischen Verfasstheit der zugrundeliegenden Reihe anzeigende Möglichkeit der „Verschneidung“ von Reihen, also die Möglichkeit, dass die Schlusstöne einer Reihenform zugleich die Anfangstöne einer neuen darstellen, wird von Webern extensiv genutzt. Dies wird bereits beim ersten Blick auf die Reihenstruktur am Anfang des ersten Satzes deutlich, an dem zwei Reihenfäden kanonisch geführt und die jeweils nächsten Reihenformen mit genannter Technik „angeknüpft“ werden.

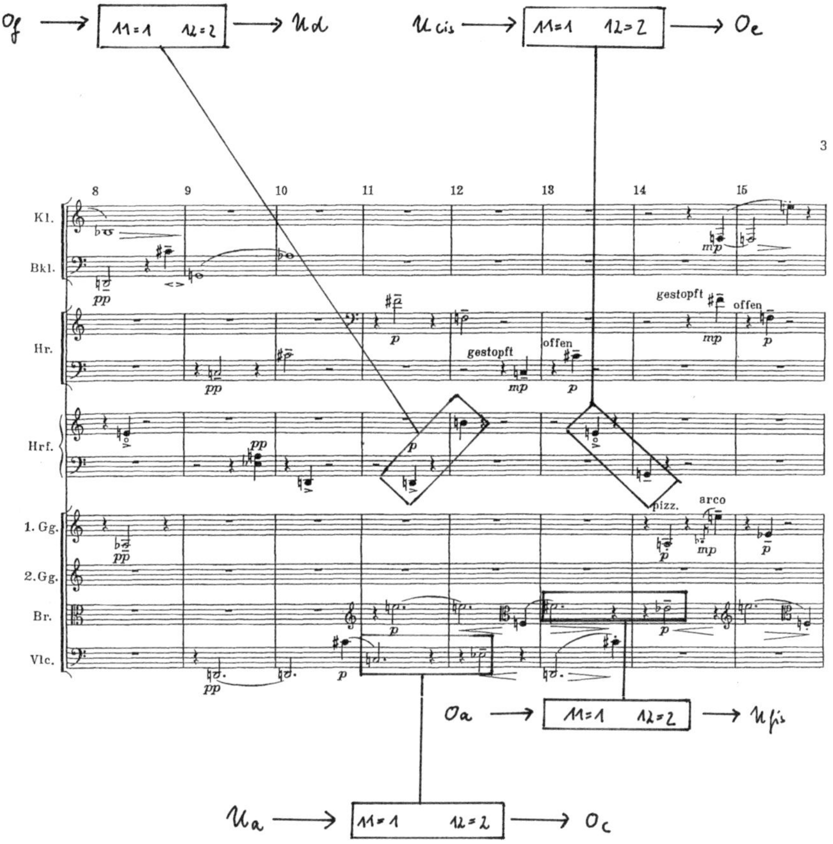

Abb. 2: Webern Symphonie op. 21, 1. Satz, Takte 8–15, „Reihenverschneidungen“

Es handelt sich nun bei diesem zehnminütigen Werk einerseits um eine der längsten Instrumentalkompositionen Weberns seit dem Durchbruch in die Atonalität 1908/09, andererseits wohl um eine der kürzesten Symphonien seit der Konsolidierung der Gattung im zweiten Drittel des 18. Jahrhunderts. (Dass Webern selbst als Aufführungsdauer allein für den ersten Satz „fast eine Viertelstunde“[21] veranschlagt, ist ein bemerkenswerter Aspekt, über den eigens nachzudenken wäre.[22]) Die Uraufführung des Werkes fand am 18. Dezember 1929 in New York (League of Composers), die österreichische Erstaufführung am 24. Februar 1930 unter der Leitung Weberns in Wien statt.[23]

Symphonie?

In einem Brief an seinen Freund und Lehrer Arnold Schönberg vom 25. November 1927 berichtet Webern, er beabsichtige, „etwas für Orchester, eine kleine Symphonie“ zu komponieren.[24] Dass Webern das Wörtchen „klein“ in diesem Zusammenhang in Verwendung nimmt, sollte nicht zu vorschnell zu der Annahme verleiten, er begnüge sich mit der Konzeption einer symphonischen Miniatur oder plane etwa eine „Kammersymphonie“ in der Folge des gattungsstiftenden Opus 9 seines Lehrers, sondern die Betrachtung des Kontextes sollte uns diesbezüglich mit philologischer Vorsicht respektive Skepsis ausstatten.[25] Beachten wir kurz die Dramaturgie dieses Briefes: Erkennbar wird in der äußeren Gestaltung und der inneren Einrichtung dieser Zeilen die Zurückhaltung des Verfassers, sobald es um die eigenen Werke geht, während hingegen die Werke des Lehrers, über die lange und hymnische Passagen handeln, mit großer Emphase in den Vordergrund gerückt wurden: Weberns fertiges *Streichtrio* op. 20 wird übersandt, aber sogleich mit dem Hinweis auf die in der Publikation existierenden Druckfehler „verkleinert“; anschließend handelt der Brief lange über Schönbergs *Streichquartett*, über das „wunderbare“ Stück und die „prachtvolle“ Aufführung durch Rudolf Kolisch, dem Schwager Schönbergs. Erst nach dieser eröffnenden captatio benevolentiae erlaubt sich Webern, kurz und knapp am Ende der Briefseite über den eigenen Plan einer Symphonie zu schreiben – diese darf dann, auch wenn eine *Symphonie* ein Streichquartett gattungshierarchisch zu übertrumpfen droht, naturgemäß nicht „größer“ sein als das „herrliche“ Werk des Lehrers. Die geplante Symphonie wird also in bescheidener Zurückhaltung des Schülers zur „kleinen“ Symphonie. Und noch etwas, das für eine Gattungsdiskussion aufschlussreich sein dürfte, lernen wir en passant aus diesem Brief: Es ist – wie an dem verwendeten Vokabular deutlich wird – durchgehend und ohne irgendwelche Einschränkungen von traditionellen Gattungen die Rede: „Streichtrio“, „Streichquartett“, „Symphonie“. (15 Jahre vorher schrieb man „Stücke“, 25 Jahre später „Strukturen“, „Kreuzspiele“ und „Polyphonien“).

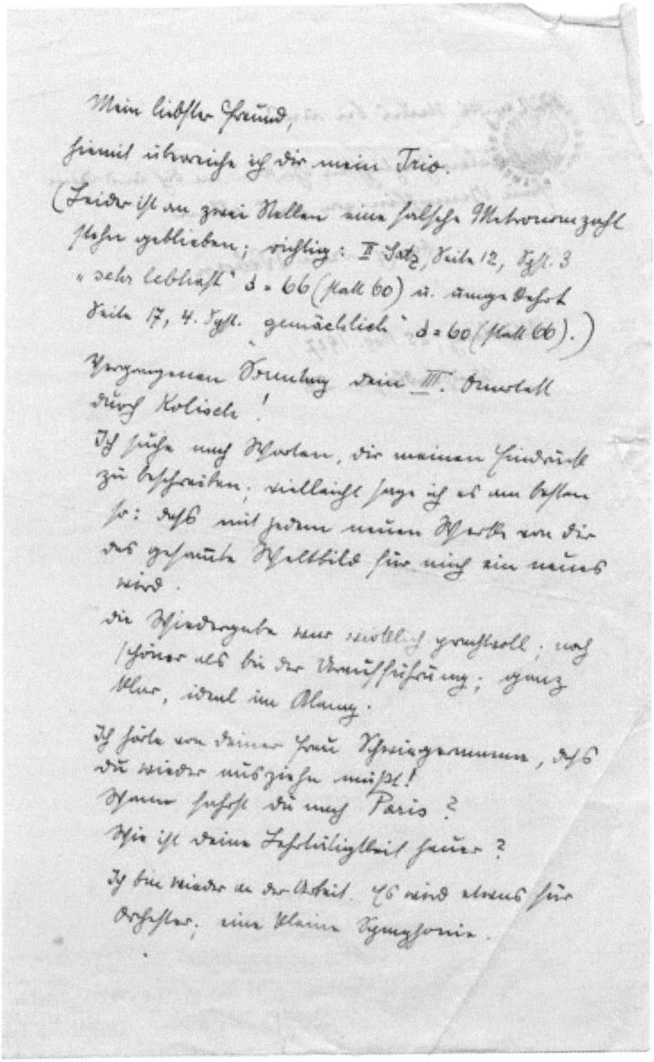

Mein liebster Freund,

hiemit überreiche ich dir mein Trio.

(Leider ist an zwei Stellen eine falsche Metronomzahl stehen geblieben; richtig: II Satz, Zeile 12, Takt 3 „sehr lebhaft" ♩= 66 (statt 60) u. umgekehrt Zeile 17, 4. Takt „gemächlich" ♩= 60 (statt 66).)

Vergangenen Sonntag dein III. Quartett durch Kolisch!

Ich suche nach Worten, dir meinen Eindruck zu beschreiben; vielleicht sage ich es am besten so: daß mit jedem neuen Werke von dir das gesamte Weltbild für mich ein neues wird.

Die Wiedergabe war wirklich großartig; noch schöner als bei der Uraufführung; ganz klar, ideal im Klang.

Ich höre von deiner Frau Schwiegermama, daß du wieder ausziehen mußt!

Wann gehst du nach Paris?

Wie ist deine Lehrtätigkeit heuer?

Ich bin wieder an der Arbeit. Es wird etwas für Orchester; eine kleine Symphonie.

Abb. 3: Brief von Anton Webern an Arnold Schönberg vom 25. November 1927, digitales Faksimile; Archiv des Arnold Schönberg Center Wien[26]

Wie in diversen Zeugnissen der Werkgenese ersichtlich wird, wurde stets davon ausgegangen, eine „Symphonie" zu schreiben. So findet sich bereits in frühesten Skizzen zur *Symphonie* im Rahmen des zweiten Skizzenbuchs ein entsprechender Titelvermerk:

> „Symphonie für Klar., Baß-Klar., (2 Hörner), 1. Geige, 2. Geige, Br., Cello, C.B. (ev. auch Tutti) u. Harfe"[27]

Im nachträglich erstellten Inhaltsverzeichnis dieses Skizzenbuches erweist sich dann abermals der unhinterfragte Gattungsbezug:

> „Symphonie op. 21 (nebst Skizze zu einem 3. Satze) (Jänner 1928 – Sommer 1928)".[28]

Das Werk war also von Anfang an expressis verbis als Symphonie geplant und wurde auch als solche realisiert. Ursprünglich hegte Webern freilich den Plan eines dreisätzigen Werkes. Im November/Dezember 1927 findet sich ein Konzept mit folgender Formdisposition:

„I. Rondo	II. Var.	III. Freie Form
lebh.	mäßig	sehr ruhig
Sonne		Mond"[29]

Einige Zeit später findet sich eine Umstellung und leichte Umformulierung einer immer noch dreisätzigen Formskizze, die einen ersten Satz als Variationssatz („1. Variationen"), einen zweiten Satz als Rondo („2. Rondo (Scherzo, Marschartig)") und einen langsamen Schlusssatz („3. Langsam") vorsah.[30] Das hier genannte scherzorespektive marschartige Rondo wurde noch skizziert, später jedoch verworfen und nicht in den Satzzyklus aufgenommen. Bei dem spät gefassten Entschluss, es in Hinblick auf die zyklische Anlage der *Symphonie* bei zwei Sätzen zu belassen,[31] handelte es sich freilich nicht um einen singulären Spezialfall: Dies ist auch bei einigen weiteren Opera Weberns, die entgegen der ursprünglichen Konzeption dann schließlich zweisätzig blieben, der Fall.[32] (Für eine differenziertere Gattungsdiskussion wäre sowohl die Zweisätzigkeit wie auch die zunächst konzipierte dreisätzige Formdisposition ein diskussionswürdiger Aspekt, Webern verweist – vermutlich in Hinblick auf die sich aus der symphonischen Gattungstradition ergebende Verpflichtung zur Viersätzigkeit ob der vermeintlich devianten Zweisätzigkeit zunächst offensichtlich doch ein wenig beunruhigt – in einem Brief an Schönberg –, dass ihn „schließlich das Vorbild so mancher zweisätziger Sonaten von Beethoven u. auch zweisätziger Orchesterwerke von Bach in ‚formeller Hinsicht' beruhigt habe."[33])

In seinen Vorträgen von 1932/33 über den „Weg zur neuen Musik", einem der zentralen Bausteine in der großen musikhistorischen „Legitimationserzählung" der „Wiener Schule",[34] findet sich eine Passage, in welcher die Notwendigkeit der kompositorischen Entwicklung hin zur Atonalität, hin zur Zwölftontechnik in der Analogisierung mit den spezifischen Problemen der „Klassiker" in Hinblick auf die Symphonie beschrieben wurde. Diese Passage ist in unserem Zusammenhang in besonderem Maße aufschlussreich, wird doch hieran deutlich, dass Webern die Bezeichnung „Symphonie" nicht leichtfertig und ohne Bezugnahme auf eine ganz konkrete Gattungstradition verwendete und sich demzufolge auch einer impliziten „Gattungsverpflichtung" durchaus bewusst gewesen zu sein scheint:

> „Eine Symphonie von Mahler sieht freilich anders aus in der Zusammensetzung als eine von Beethoven; aber im Wesen ist es dasselbe, und ein Thema von Schönberg fußt auch auf jenen Formen der Periode und des achttaktigen Satzes [...] Auch die moderne Symphonie beruht einfach auf diesen Formen, und niemand zerbricht sich den Kopf, um etwas Neues zu finden. Es ist vielmehr das Bestreben der letzten Jahre, diese Formen ganz streng einzuhalten. [...] Also das wollen wir festhalten: über die Formen der Klassiker sind wir nicht hinaus. Was später gekommen ist, war nur die Veränderung, Erweiterung, Verkürzung – aber die Formen sind geblieben – auch bei Schönberg!"[35]

Bereits mit diesen kursorischen Lesefrüchten sind einige Aspekte angeklungen, die für eine gattungshistoriographische Verortung der *Symphonie* op. 21 von Bedeutung sind. Einzubeziehen wäre in eine Diskussion um Weberns symphonischen Gattungsbeitrag der Ort seiner *Symphonie* innerhalb seines eigenen kompositorischen Œuvres, ihre Stellung im Diskurs der „Wiener Schule", der musikhistorische Kontext des Opus 21 in den späten Zwanzigerjahren sowie eine spezifische Bedeutung von Weberns *Symphonie* im Kontext der Gattungs- und Kompositionsgeschichte.

op. 21][12.ton, oder: Dodekaphoner Paradigmenwechsel

Weberns Œuvre, das bis auf die Oper alle „wesentlichen" Gattungen bedient, wird üblicherweise in mehrere Phasen oder Perioden eingeteilt: Auf eine „entwicklungslos einsetzende"[36] Frühphase folge – so Theodor W. Adorno[37] und nach ihm ein Großteil der Webern-Forschung – eine Phase der „freien Atonalität", die insbesondere durch eine „äußerste Konzentration zu Kurzformen"[38] in den instrumentalen Miniaturen op. 5–11 geprägt sei. Eine dritte Phase – eine Phase, in der vor allem Vokalwerke im Vordergrund stehen – finde ihren Abschluss sodann im *Streichtrio* op. 20, dem dodekaphonen „Meisterwerk".[39] Grundlegend für ebendiese Einteilung des Œuvres ist insbesondere eine spezifische Perspektive auf die Form der „Übernahme der Zwölftontechnik", die kompositionstechnisch und kompositionsästhetisch sich deutlich anders vollzog als dies bei Berg und Schönberg der Fall war. Kann man doch bei Webern – um pointierend zu benennen, was in differenzierter Analyse einzuholen wäre – in der Übernahme der Zwölftontechnik einen nahezu fließenden, fast unmerklichen Übergang in der Zeit der Opera 17 und 18 beobachten.[40] Ein „Bruch" oder ein kompositorischer „Paradigmenwechsel" wird in der Folge von René Leibowitz und Adorno erst später verortet – und zwar signifikanterweise nun genau zwischen dem *Streichtrio* op. 20 (1927) und der *Symphonie* op. 21 (1928).[41] Als bedeutsame Veränderungen an dieser Stelle werden Unterschiede in der Formgestaltung und im (kreativen) Umgang mit der Zwölftontechnik insbesondere in Hinsicht auf die spezifische Kanontechnik und die Tendenz zu symmetrischen Bildungen namhaft gemacht. In der *Symphonie* zeige sich nunmehr genau das, was Adorno im Sinne eines „Fetischismus der Reihe" einerseits so ungemein problematisch erschien, andererseits handelt es sich gleichzeitig um genau das, was das besondere Faszinosum für die Darmstädter Komponisten nach 1945 darstellte, da man an dieser Stelle einen Anknüpfungspunkt für den eigenen kompositorischen Weg sah.[42]

Von einem gewissen Interesse für eine Diskussion bezüglich des Kontextes der *Symphonie* innerhalb des Schaffens von Webern ist des Weiteren die Betrachtung ihres direkten kompositorischen Umfelds: In den Jahren 1927–1929 war Webern u. a. mit seinem *Streichtrio* op. 20 (1927), einer Klavierfassung der *Lieder* op. 19 (1928), einer Neu-Instrumentation der *Orchesterstücke* op. 6 (1928)[43] und einer Streichorchesterfassung der *Stücke für Streichquartett* op. 5 (1929) beschäftigt. Auch wenn Webern selbst in einem Brief an seinen Freund Heinrich Jalowetz die Rolle der Instrumentation und damit die Frage der Klanglichkeit für seine *Symphonie* als eher nebensächlich abtut,[44] wäre hierin durchaus die Überlegung zu verankern, dass Fragen der Instrumentation ein recht bedeutsames Thema für Webern in ebendieser Zeit gewesen sein dürfte.[45]

Wiener Schule

Der Begriff der „Wiener Schule"[46] impliziert mindestens zwei Facetten, die auseinanderzuhalten notwendig sein dürfte, um eine sinnvolle Bezugsetzung zwischen ihnen gewährleisten zu können: Einerseits bezeichnet der Begriff einen kompositorischen Diskurs zwischen zentralen Werken Schönbergs, Bergs und Weberns, in dem die Werke aufeinander reagierten, sich kommentierten, sich aufeinander beziehen; sich also – wenn man Musikgeschichte als „Problemgeschichte des Komponierens" erzählen möchte – ähnlichen kompositorischen Problemen stellen. Andererseits bezeichnet der Begriff einen pädagogischen Diskurs, in dessen Zentrum tatsächlich ein emphatischer Begriff einer „Schule" steht – man darf dies in Hinsicht auf die Situation des Unterrichts, die Ausprägung eines Lehrsystems und die Weitergabe eines zu vermittelnden Wissens in Vorträgen, Aufsätzen und vor allem Lehrbüchern durchaus wörtlich verstehen.

Blicken wir vor diesem Hintergrund in die musikhistorische Situation der Komposition der *Symphonie* op. 21 in der zweiten Hälfte der Zwanzigerjahre. Der kompositorische Diskurs zwischen Schönberg und seinen beiden Meisterschülern Berg und Webern[47] um eine „Problemgeschichte des Komponierens" hatte mehr oder weniger sein Ende gefunden: Schönberg war in Berlin, Berg feierte europaweit größte Erfolge mit *Wozzeck* und Webern war im Wiener Musikleben integriert.[48] Und auch in musikästhetischer Hinsicht könnte man in Hinblick auf die Musik der „Wiener Schule" von einer Krisensituation sprechen. Obwohl Schönberg in diesen Jahren mit der Berliner Kompositions-Professur eine durchaus prestigeträchtige Stelle innehatte, schien die „Wiener Schule" ihre Position als Vorreiterin kompositorischen Fortschritts in diesen Jahren verloren zu haben und drohte gleichsam von neoklassizistischen und neusachlichen Tendenzen überrollt zu werden. (Jedenfalls könnte man diverse Texte und Kompositionen Schönbergs, allen voran natürlich seine etwas gallige Polemik in den *Chorsatiren* op. 28, in diese Richtung deuten.)

In genau diesem zeitlichen Umkreis ist nun auch Weberns *Symphonie* zu verorten. Wäre nicht vielleicht auch sie vor jenem Hintergrund als eine Reaktion auf den Streit um die Vormachtstellung in der „Neuen Musik", die zugleich auch ein Streit um die Deutungshoheit in Bezug auf die musikalische Tradition darstellte, zu verstehen? Dies vertrüge sich nur allzu gut mit Argumentationsfiguren in der großen musikhistorischen Erzählung der „Wiener Schule", zu der neben den Schriften Schönbergs und den Vorträgen Weberns auch Erwin Steins berühmter Aufsatz „Neue Formprinzipien"[49] aus dem Jahre 1925 zu zählen wäre: wird doch an diversen Stellen dieser Erzählung die Überlegung lanciert, dass die „Methode der Komposition mit zwölf nur aufeinander bezogenen Tönen" in gewisser Weise eine Lösung des spezifischen Formproblems atonalen Komponierens darstelle, wobei dem Rekurs auf die musikalische Tradition und die traditionellen musikalischen Formen eine entscheidende Funktion in dieser Argumentation zukommt.

Vor dem Hintergrund eines doppelten Begriffs der „Wiener Schule" wäre die Frage nach der Gattungszugehörigkeit der Webern'schen *Symphonie* differenzierender zu stellen: Was stellt in diesem Kontext noch ein Kriterium für die Zugehörigkeit einer Komposition zu der Gattung Symphonie dar? Wie steht es um die Kriterien der „Zyklizität", der „Finalgerichtetheit", der Rolle der „motivisch-thematischen Arbeit", der Relevanz „musikalischer Logik", der vielbesprochenen Prozesshaftigkeit symphonischen Komponierens? In welcher Weise spielt der gerade für die Symphonik des 19. Jahrhunderts so prägende gattungshierarchische Anspruch der „Großen Symphonie" in ästhetischer, ideologischer und kompositorischer Hinsicht gerade in den Jahren um 1928 für Webern (noch) eine Rolle?

Kammersymphonie versus Große Symphonie

Christoph von Blumröder unternimmt in seinem Beitrag zum „Handbuch der musikalischen Gattungen" eine bedenkenswerte musikhistorische Verortung der *Symphonie* Weberns:

> „Unter diesem besonderen Aspekt läßt sich der kammersymphonischen Gattungspartialtradition des 20. Jahrhunderts auch Weberns *Symphonie* op. 21 zurechnen, eine Symphonie der Welt als klingender Natur in Gestalt musikalischer Variationen zwischen – wie die jetzt in ihrem essentiellen Sinn erkennbar werdenden Eckbegriffe in Weberns erster Formskizze lauteten – ‚Sonne' und ‚Mond', die Tag und Nacht gleichsam als die Konstituenten der Verfassung der organischen Natur bedeuten. Und auffällig ist unter dieser Perspektive ebenso der Umstand, daß Webern den Variationensatz aus Thema und Coda mit sieben Variationen gestaltete, deren Anzahl durchaus in eine explizite Entsprechung zu den sieben Schöpfungs- beziehungsweise Wochentagen gesetzt werden kann."[50]

Diese Lokalisierung von Weberns Opus 21 im Rahmen der Gattungsgeschichte scheint mir in einiger Hinsicht problematisch: Erstens bezog sich die hier argumentativ herangezogene Formdisposition, die den Begriff der „Sonne" mit ins skizzierende Spiel brachte, auf denjenigen Satz, der dann schließlich gar nicht realisiert wurde; im Laufe des creative process Verworfenes kann meines Erachtens nun aber nicht in dieser Weise direkt für eine hermeneutische Exegese des tatsächlich realisierten Werkes herangezogen werden. (Darüber hinaus sind diese paratextuellen Vermerke in den Skizzenbüchern Weberns sehr heikel, da ihr Status bisweilen kaum eindeutig sich klären lässt, so können wir nicht mit Bestimmtheit sagen, ob dieses Stichwort ein (auto-)biographischer Vermerk, eine formale Disposition, ein hermeneutisch auszudeutendes Programm oder was auch immer darstellt.[51]) Zweitens: Dass die sieben Variationen im Sinne einer „expliziten Entsprechung" auf die sieben Wochentage zu beziehen seien, findet in Bezug auf Weberns Werk schlichtweg nicht einen einzigen Anhaltspunkt. (Spitzfindig wäre dann natürlich nachzufragen, wie in diesen Welten- und Schöpfungsplan „Thema" und „Coda" des zweiten Satzes sinnvoll zu integrieren wären.) Mit meinem zaghaften Hinweis, dass diese Form der „Weltraumhaltigkeit" im Sinne einer übersinnlichen Natur-, Planeten- und Sphärenmetaphysik für Webern nicht sonderlich zutreffend sein dürfte, sei allerdings nicht behauptet, „Welt" oder „Natur" spielte für Webern keine Rolle – auch bei seiner Musik geht es keineswegs um ein reines, kristallines, abstraktes Glasperlenspiel.[52] Wenn es um eine plausible Darlegung einer möglichen „Perspektive des externen Gattungskriteriums einer musikalischen Reflexion der Welt"[53] gehen soll, wäre dies vielleicht auf anderem Weg einzuholen.

Erinnern wir uns in diesem Zusammenhang der „Hornfanfare"[54] am Beginn von Weberns *Symphonie*: Diese auffallende musikalische Situation findet tragfähige Anknüpfungspunkte in der Gattungsgeschichte: Nicht einmal müsste man hier archäologisch in die Anfangsgründe der Urgeschichte der Symphonie als einer *sinfonia*, mithin eines Einleitungsstückes für die Oper, zurückgehen, sondern ein Hinweis auf die Anfangssituationen der großen *C-Dur-Symphonie* von Schubert, der *Frühlingssymphonie* von Schumann oder der *3. Symphonie* von Mahler (Werke also, die auch im Aufbau der musikgeschichtlichen Welt Weberns eine gewisse Rolle spielten) möge hier als erste Orientierungsmarkierung vollkommen ausreichen. Es verbleibt freilich im Bereich des Spekulativen, ob dies als direkte Hommage Weberns an diejenigen Komponisten zu deuten wäre, die sich sehr bewusst den (steinigen) Weg zur „Großen Symphonie" gebahnt hatten und das Erreichte schließlich mit souveränem Stolz in musicis präsentierten. Dass aber die Horneinleitung als Fanfare und als Signal ein Spiel zwischen externen und internen musikalischen Momenten initiiert, bietet in Hinblick auf die Gattungsgeschichte fraglos einen wichtigen Anknüpfungspunkt.[55]

Vor allem ist von Blumröder aber zu widersprechen, wenn er Weberns *Symphonie* auf eine „kammersymphonische Gattungspartialtradition" verpflichtete: Weberns *Symphonie* ist gerade nicht eine „gepresste" Symphonie[56] – weder in horizontaler noch in vertikaler Hinsicht. Hierzu abschließend zwei kurze Bemerkungen. Webern plante, „etwas für Orchester" zu schreiben. Gegenstand seines kompositorischen Bemühens war also der orchestrale Klangkörper mit all seinen Differenzierungsmöglichkeiten. Nicht nur stellt sich Weberns *Symphonie* gleichsam als „Panakustikum" verschiedenartiger Klang- und Satzbilder dar, sondern für die ästhetische Erfahrung ebendieses Werkes sind neben den strukturellen Gegebenheiten besonders klangliche Momente prägend.[57] Und auch in Bezug auf die Zeitgestaltung erweist sich, dass es sich nicht um eine „intensive Verdichtung" im Sinne einer „gepressten" *Symphonie* handeln dürfte. Weberns Fehleinschätzung, allein der erste Satz dauere über eine Viertelstunde, ist in diesem Zusammenhang äußerst signifikant, und zwar nicht in Hinsicht auf die chronologisch messbare Zeitdauer, sondern in Hinblick auf die innere musikalische Zeitgestaltung. Einer differenzierten Analyse dürfte es gelingen zu zeigen, dass es in Weberns Opus 21 gerade nicht um eine zeitliche „Verdichtung", sondern um eine Verknüpfung zweier unterschiedlicher zeitlicher Paradigmen geht, gleichsam um die Austragung des Widerstreits von (linearem) Prozess und (retrograder) Spiegelförmigkeit.

Auch wenn sie also prima facie ganz und gar nicht symphonisch komponiert zu sein scheint, behält Weberns *Symphonie* op. 21 den kompositionsästhetischen und kompositionstechnischen Anspruch der Symphonie als der „größten" Gattung der Instrumentalmusik bei, würzt diesen Anspruch aber um die dem Selbstwiderspruch der „Moderne" geschuldeten Merkmale der Distanznahme und der Selbstreflexivität. Eben hierin liegt wohl Weberns spezifischer Beitrag zur Gattung und damit zur Debatte um das „Ende der Symphonie" begründet.

Anmerkungen

1 Vgl. zu dieser Denkfigur bereits Eva Geulen über den Status des Hegel'schen „Endes der Kunst": Eva Geulen: Das Ende der Kunst. Lesarten eines Gerüchts. Frankfurt/Main 2002.
2 Der locus classicus der entsprechenden Debatte findet sich bekanntlich in Wagners Aufsatz über das „Kunstwerk der Zukunft" von 1849, wo davon ausgegangen wird, dass die letzte Symphonie bereits geschrieben sei und die Zukunft einzig dem Musikdrama gehöre. Vgl. Richard Wagner: Das Kunstwerk der Zukunft (1849). In: Richard Wagner: Sämtliche Schriften und Dichtungen. Bd. 3. Leipzig [6]1911, S. 97.
3 Vgl. dazu die Ausführungen von Wolfram Steinbeck in diesem Band.
4 Dieser Hinweis – vgl. beispielsweise die Auflistung von Symphonien ebendieser Jahrzehnte in: Wolfram Steinbeck/Christoph von Blumröder: Die Symphonie im 19. und 20. Jahrhundert. Teil 1: Romantische und nationale Symphonik (Wolfram Steinbeck). In: Handbuch der musikalischen Gattungen 3/1, Laaber 2002, S. 161ff.: dort wird u. a. auf Symphonien von Robert Volkmann, Joachim Raff, Carl Reinecke, Karl Goldmark, Max Bruch verwiesen – ist natürlich noch nicht als hinreichendes Gegenargument zu der berüchtigten These über die „symphonielose Zeit" zwischen 1850 und 1870 heranzuziehen. (Vgl. Carl Dahlhaus: Die Musik des 19. Jahrhunderts. In: Neues Handbuch der Musikwissenschaft 6, Laaber 1980, S. 220) Denn der hohe (höchste) „ästhetische[...] Anspruch" (ebda.) ist der Gattung irreduzibel eingelassen und stellt auf seltsame Art und Weise letztlich eine, wenn nicht d i e conditio sine qua non ebendieser Gattung dar; pointiert formulierend könnte man fast sagen, eine schlechte Symphonie sei eben genau darum keine Symphonie. Die These von Dahlhaus ist kein deskriptiver musikhistoriographischer Befund – als solcher ließe sie sich schnell und leicht falsifizieren –, sondern eine normative ästhetische Setzung und kann auch nur als ebensolche sinnvoll diskutiert werden; das macht weder die Diskussion einfacher noch freilich den implizierten musikhistoriographischen Befund weniger prekär.
5 Vgl. hierzu auch den Beitrag von Hans-Joachim Hinrichsen in diesem Band.
6 Vgl. insbesondere Siegfried Oechsle: Strukturen der Katastrophe. Das Finale der VI. Symphonie Mahlers und die Endzeit der Gattung. In: Die Musikforschung 50 (1997), S. 162–182.

7 Vgl. hierzu resümierend das Kapitel über Gustav Mahler im entsprechenden Band des Handbuchs der musikalischen Gattungen, das signifikanterweise den Titel trägt: Gustav Mahler und das Ende der Gattung?. In: Wolfram Steinbeck/Christoph von Blumröder (Hg.): Die Symphonie im 19. und 20. Jahrhundert. Teil 2: (Kapitel Stationen der Symphonik seit 1900). Laaber 2002, S. 45–92. Dort auch weitere Literaturhinweise zu diesem Topos symphoniegeschichtlichen Erzählens.

8 Vgl. dazu Tobias Janz: Selbstreflexion als Konstituente der musikalischen Moderne? Überlegungen zu einem Forschungsprogramm. In: Wolfram Steinbeck (Hg.): Selbstreflexion in der Musik|Wissenschaft. Referate des Kölner Symposiums 2007. Kassel 2011 (Kölner Beiträge zur Musikwissenschaft 16), S. 47–61.

9 Hierfür sei beispielsweise verwiesen auf folgende Arbeiten: René Leibowitz: Schoenberg et son école – L'étape contemporaine du language musical. Paris 1947; René Leibowitz: Introduction à la musique de douze sons. Paris 1949; Siegfried Borris: Structural Analysis of Webern's *Symphonie* Opus 21. In: John Glowacki (Hg.): Paul A. Pisk: Essays in His Honor. Austin 1966, S. 231–242 (auch: Siegfried Borris: Strukturanalyse von Weberns *Symphonie* op. 21. In: Kongressbericht Kassel 1962. (Hg. von G. Reichert und M. Just). Kassel u. a. 1963, S. 253–255); William Austin: Webern and the Tradition of the Symphony. In: Anton Webern Perspectives. (Hg. von Hans Moldenhauer). Seattle 1966, S. 78–85; Friedhelm Döhl: Weberns Beitrag zur Stilwende der Neuen Musik. München/Salzburg 1976 (Berliner Musikwissenschaftliche Arbeiten 12; ursprünglich Diss. Universität Göttingen 1966); Lejaren Hiller/Ramon Fuller: Structure and Information in Webern's *Symphonie*, Op. 21. In: Journal of Music Theory 11/1 (1967), S. 60–115; Marc Starr: Webern's Palindrome. In: Perspectives of New Music 8/2 (1970), S. 127–142; Wolfgang Martin Stroh: Anton Webern. Symphonie op. 21. München 1975; Kathryn Bailey: Webern's Opus 21: Creativity in Tradition. In: The Journal of Musicology, Vol. 2/No.2 (1983), S. 184–195; Kathryn Bailey: Webern's row tables. In: Kathryn Bailey (ed.): Webern-Studies. Cambridge 1996, S. 170–228; Kathryn Bailey: The twelve-note music of Anton Webern. Cambridge 1991 (Music in the twentieth century 2); Donna Levern Lynn: 12-Tone Symmetry: Webern's Thematic Sketches for the *Sinfonie*, Op. 21, Second Movement. In: The Musical Times 131/No. 1774 (Dec. 1990), S. 644–646. Donna Levern Lynn: Genesis, process, and reception of Anton Webern's twelve-tone music: A study of the sketches for Opp. 17–19, 21, and 22/2 (1924–1930*)*. Ph.D. Duke University 1992; François Leclère: Symponie opus 21 d'Anton Webern. Paris 2005 (La trace de silences) und zum Umfeld der *Symphonie* im Œuvre Weberns auch besonders Felix Wörner: „... was die Methode der ‚12 Ton-Komposition' alles zeitigt ..." Anton Weberns Aneignung der Zwölftontechnik 1924–1935. Bern u. a. 2003 (Publikationen der Schweizerischen Musikforschenden Gesellschaft II–43).

10 Vgl. Anton Webern: Der Weg zur Komposition in zwölf Tönen. In: Anton Webern. Der Weg zur Neuen Musik. (Hg. von Willi Reich). Wien 1960, hier besonders S. 60f.

11 Dies berichtet Willi Reich in dem Nachwort seiner Edition der Vorträge Weberns, vgl. Webern, ebenda, S. 62.

12 Vgl. zum größeren Kontext des Webern-Bildes um die Mitte der 1950er im Umkreis der „Darmstädter Serialisten": Gianmario Borio/Hermann Danuser (Hg.): Im Zenit der

Moderne. Besonders das Kapitel II: Kontinuität der Moderne. Zur Präsenz der früheren Neuen Musik in Darmstadt. Bd. 1. Freiburg i. Br. 1997, S. 141–266.

13 Es wäre in Hinsicht auf die perennierende Betonung der Modellhaftigkeit dieses Werks und der ihm zugewiesenen Vorbildfunktion durchaus lohnenswert zu untersuchen, was sich aus der spezifischen Verfasstheit ebendieses konkreten Werkes für die allgemeine kompositionstechnische Reihendiskussion ergibt. Aber das ist nicht unser Thema hier und heute.

14 Die Überlegung, dass es sich beim ersten Satz um einen „Sonatensatz" handle, stellt Prämisse, Hypothese und/oder Conclusio zahlreicher der oben genanten Forschungsarbeiten dar.

15 Die Skizzenbücher werden – mit Ausnahme des ersten, in der Pierpont Morgan Library liegenden Skizzenbuches – heute in der Sammlung Anton Webern in der Paul Sacher Stiftung in Basel aufbewahrt.

16 Vgl. auch die von Webern eigens angefertigten Reihentabellen, die er beim Komponieren verwendete, dazu: Kathryn Bailey: Webern's row table, a. a. O., S. 170–228.

17 Webern: Der Weg, a. a. O., S. 60.

18 Schönberg plante ab 1921, eine „Lehre des musikalischen Zusammenhangs" zu schreiben, die zwar nicht vollendet wurde, aber den Nukleus seines späteren großen Kompositionslehreprojekts zum musikalischen Gedanken darstellt. Vgl. dazu: Julia Bungardt/Nikolaus Urbanek: Topographie des Gedankens. Ein systematisches Verzeichnis der Schriften Arnold Schönbergs. In: Hartmut Krones (Hg.): Schönberg in seinen Schriften. Verzeichnis – Fragen – Editorisches. Wien 2011 (Schriften des Wissenschaftszentrums Arnold Schönberg 3), S. 331–614, hier S. 391ff. Webern selbst berichtete über eben diesen Plan im Rahmen seiner Vorträge: vgl. Webern: Der Weg, a. a. O., S. 18f.

19 „Zusammenhang soll auch da geschaffen werden, weil es die Faßlichkeit erhöht." (In: Webern: Der Weg, a. a. a O., S. 60.)

20 Webern: Der Weg, a. a. O., S. 60.

21 So beispielsweise in Briefen von Webern an Schönberg vom 20. August und 5. September 1928. Dazu auch bereits Hans und Rosaleen Moldenhauer: Anton von Webern. Chronik seines Lebens und Werkes. (dt. Übersetzung von Ken W. Bartlett). Zürich/Freiburg i. Br. 1980, S. 294.

22 Vgl. zu diesem Problemkreis auch Felix Greissle: Weberns Eigenzeit. In: Heinz-Klaus Metzger/Rainer Riehn (Hg.): Anton Webern II. München 1984 (Musik-Konzepte Sonderband), S. 5ff.; Andreas Vejvar: Durchbruch. Zu Weberns Eigenzeit. In: Dominik Schweiger/Nikolaus Urbanek (Hg.): webern_21. Wien 2009 (Wiener Veröffentlichungen zur Musikgeschichte 8), S. 99–116.

23 Einige aufschlussreiche Rezensionen der ersten Aufführungen bietet Stroh: Anton Webern. Symphonie op. 21. S. 43ff.

24 Brief von Webern an Arnold Schönberg vom 25. November 1927; zit. nach dem digitalen Faksimile dieses Briefes im Archiv des Arnold Schönberg Center, abrufbar über www.schoenberg.at.

25 Vgl. zu der komplexen Interaktion zwischen Schönberg und Webern, die oftmals auch in Briefen direkt greifbar wird, Felix Wörner: ‚Nachahmung' und ‚Überbietung' durch Webern. Aspekte einer komplexen Interaktion. In: Andreas Meyer/Ullrich Scheideler (Hg.):

Autorschaft als historische Konstruktion. Arnold Schönberg – Vorgänger, Zeitgenossen, Nachfolger und Interpreten. Stuttgart/Weimar 2001, S. 189–220, und Andreas Meyer: Goldene Worte? Zur Ausgabe ‚Briefwechsel der Wiener Schule'. In: Hartmut Krones (Hg.): Arnold Schönberg in seinen Schriften. Verzeichnis – Fragen – Editorisches. Wien 2011 (Schriften des Wissenschaftszentrums Arnold Schönberg 3), S. 281–295.

26 Brief von Webern an Arnold Schönberg vom 25. November 1927.

27 Webern: 2. Skizzenbuch, Sammlung Anton Webern, Paul Sacher Stiftung Basel, vgl. Moldenhauer: Webern, a. a. O., S. 292.

28 Webern, 2. Skizzenbuch, a. a. O., siehe die Abbildung des Inhaltsverzeichnisses in der Faksimile-Edition von Hans Moldenhauer: Anton von Webern Sketches (1926–1945). Facsimile reproductions from the composer's autograph sketchbooks in the Moldenhauer Archive. Commentary by Ernst Krenek with a Foreword by Hans Moldenhauer. New York 1968.

29 Webern, 2. Skizzenbuch, ebenda; Moldenhauer, Webern, ebenda, S. 293.

30 Webern, 2. Skizzenbuch, ebenda, S. 293.

31 So heißt es in einer Tagebuchnotiz Weberns „Die nächsten Tage Beschäftigung mit 3. Satz der Symphonie op. 21. Zum Entschluß gelangt bei 2 Sätzen zu bleiben." (Tagebuch in der Sammlung Anton Webern in der Paul Sacher Stiftung Basel, hier zit. nach Moldenhauer: Webern, a. a. O., S. 293.)

32 Darunter beispielsweise das *Trio* op. 20 und das *Quartett* op. 22. Die beiden verbliebenen Sätze der *Symphonie* finden schließlich in umgekehrter Reihenfolge Eingang in die endgültige Gestalt des Werks: Der zuerst komponierte Variationensatz wurde zum zweiten Satz der *Symphonie*.

33 Brief von Webern an Schönberg vom 20. August 1928.

34 Vgl. Neil Boynton: „And two times two equals four in every climate". Die Formenlehre der Wiener Schule als internationales Projekt. In: Dörte Schmidt (Hg.): Musiktheoretisches Denken und kultureller Kontext. Schliengen 2005 (Forum Musikwissenschaft 1), S. 203–229 und sein ausführliches Vorwort in: Anton Webern: Über musikalische Formen. Aus den Vortragsmitschriften von Ludwig Zenk, Siegfried Oehlgiesser, Rudolf Schopf und Erna Apostel (Hg. von Neil Boynton). Mainz u. a. 2002 (Veröffentlichungen der Paul Sacher Stiftung 8).

35 Webern: Der Weg zur neuen Musik, a. a. O., S. 37 u. 39.

36 Theodor W. Adorno: Anton von Webern. In: Theodor W. Adorno: Musikalische Schriften I–III (Klangfiguren – Quasi una fantasia – Musikalische Schriften III). Frankfurt/Main 1997 (Adorno: Gesammelte Schriften 16), S. 110–125, hier S. 114.

37 Vgl. dazu näher Nikolaus Urbanek: Webern und Adorno. Zum theoretischen Ort aporetischer Paradoxa in Adornos Webern-Interpretation. In: Schweiger/Urbanek (Hg.): webern_21, a. a. O., S. 247–264.

38 Adorno: Anton von Webern, a. a. O., S. 115f.

39 Ebenda, S. 120.

40 Vgl. zu einigen dodekaphonen „Vorläufern": Anne C. Shreffler: ‚Mein Weg geht jetzt vorüber': The Vocal Origins of Webern's Twelve-Tone Composition. In: Journal of the American Musicological Society 47/2 (1994), S. 275–339.

41 Vgl. zu dem sich „zwischen" den Opera 20 und 21 anzeigenden „Paradigmenwechsel in seiner kompositorischen Praxis": Felix Wörner, „... was die Methode..." a. a. O., S. 39 und den Verweis auf die diesbezüglich „diskursstiftenden" analytischen Beobachtungen von René Leibowitz. (Freilich wären in dieser Frage – wie Wörner auch differenzierend herausgearbeitet hat – auch diverse skizzierte Fragmente und Werke der Jahre der Aneignung der Zwölftontechnik in die Diskussion einzubeziehen.)

42 Diese Überlegung findet bei Adorno ihre Verankerung in der kritischen Diskussion der Zwölftontechnik in seiner „Philosophie der neuen Musik". Für unseren Zusammenhang interessant mag darüber hinaus ein Brief von Adorno an den damaligen Leiter der Darmstädter Ferienkurse, Wolfgang Steinecke, sein, in dem Adorno im Vorfeld der Kurse im Sommer 1953 genau diesen Punkt hervorhebt: „Für die Behandlung von Webern würde ich René Leibowitz vorschlagen. Ich habe grundsätzlich über Webern bereits 1951 gesprochen, Leibowitz kennt dessen Spätwerke besser als ich, und vor allem, er steht ihnen positiver gegenüber. Trotz der Wirkung auf die jungen Leute sehe ich gerade bei Webern die Gefahr des ‚Fetischismus der Reihe' sehr deutlich sich abzeichnen und müßte davon reden, während die Teilnehmer an einem solchen Kurs mit Recht in erster Linie erwarten, daß ihnen die ungeheuren kanonischen Reihenkünste der Werke Weberns seit der Symphonie klar gelegt werden." (zit. nach Borio/Danuser (Hg.): Im Zenit..., a. a. O., I/223.

43 Vgl. dazu Claudio Abbado: Anton Weberns Orchesterstücke op. 6. Eine vergleichende Betrachtung der Fassungen von 1909 und 1928 als Vorstufe der Interpretation. In: Anton von Webern: *Sechs Stücke für großes Orchester* Opus 6. Faksimile-Ausgabe der autographen Partitur der ersten Fassung und des von Webern korrigierten Handexemplars des Erstdrucks. Zum 100. Geburtstag des Komponisten. (Hg. von der Wiener Stadt- und Landesbibliothek). Wien 1983, S. 7–11; Felix Meyer: Anton Webern und der Verein für musikalische Privataufführungen. In: Musik denken. Ernst Lichtenhahn zur Emeritierung. 16 Beiträge seiner Schülerinnen und Schüler. (Hg. von Antonio Baldassarre/Susanne Kübler/Patrick Müller). Bern 2000, S. 205–218; Nikolaus Urbanek: Spur des Klangs. Eine posthermeneutische Skizze zum Eigensinn der Musik (nicht nur) in der Wiener Schule. In: Christian Utz (Hg.): Organized Sound. Klang und Wahrnehmung in der Musik des 20. und 21. Jahrhunderts. Saarbrücken 2013. (musik.theorien der gegenwart 6), S. 113–136.

44 Vgl. Wörner: „... was die Methode, a. a. O., S. 41: Zitat eines Briefs von Webern an Heinrich Jalowetz vom 21. März 1930, in dem er – immerhin die „Abstraktheit" der „Kunst der Fuge" als Vorbild anrufend – darauf verweist, dass die „Klänge" der *Symphonie* nicht im Vordergrund der kompositorischen Idee gestanden seien. Anton Webern: Briefe an Heinrich Jalowetz (Hg. von Ernst Lichtenhahn) Mainz 1999 (Veröffentlichungen der Paul Sacher Stiftung 7), S. 609.

45 Diese Aussage ist meines Erachtens vor dem Hintergrund der grundsätzlich ambivalenten Bewertung klanglicher Mittel im Rahmen des Diskurses der Wiener Schule zu sehen. Vgl. hiezu näher Nikolaus Urbanek: Vom Zögern der Wiener Schule zwischen Klang und Sinn. In: MusikTheorie. Zeitschrift für Musikwissenschaft 26/1 (2011): Klang. (Hg. von Tobias Janz), S. 55–68.

46 Zum Begriff der „Wiener Schule" vgl. die Einleitung von Rudolf Stephan in: Rudolf Stephan (Hg.): Die Wiener Schule. Darmstadt 1989 und dessen Artikel: „Wiener Schule" in: Die Musik in Geschichte und Gegenwart. 2., neubearbeitete Auflage. (Hg. von Ludwig Finscher). Sachteil, Bd. 9. Kassel u. a. 1998, Sp. 2043f.

47 So heißt es in einer nachträglichen Beschwörung von Arnold Schönberg, die er im Juni 1947 zu Papier brachte und die in der Ausgabe von René Leibowitz' Studie über Anton Weberns *Konzert* op. 24 (René Leibowitz: Qu'est ce que la musique de douze sons? Le concert pour neuf instruments op. 24 d'Anton Webern. Liège 1948) faksimiliert wurde: „Lasst uns – für den Augenblick wenigstens – alles vergessen, was uns je hätte trennen können, so bleibt doch für unsere Zukunft erhalten, was erst post humus zu wirken beginnen könnte: Man wird uns drei – Berg, Webern, Schönberg – zusammen nennen müssen, wie eine Einheit, weil wir mit Intensität und opferbereiter Ergebenheit an einmal erschaute Ideale geglaubt haben, und niemals von ihnen gelassen hätten, auch wenn es gelungen wäre, uns irre zu machen." Allerdings formulierte Schönberg diese Zeilen zu einem Zeitpunkt, als diese „Einheit" de facto schon zerbrochen gewesen war. (Vgl. Reinhold Brinkmann: Einleitung am Rande. In: Carl Dahlhaus (Hg.): Die Wiener Schule heute. Mainz 1983, S. 9.)

48 Dies wäre in all seinen Konsequenzen noch näher zu beleuchten. Festzuhalten ist zunächst nur, dass Weberns *Symphonie* – anders als dies beispielsweise bei Schönbergs *Kammersymphonie* der Fall ist – nicht in dieser Weise in einen kompositorischen Diskurszusammenhang integriert ist: Sie „reagiert", nicht direkt auf Werke von Schönberg oder Berg und erfährt ihrerseits auch keine direkte kompositorische Reaktion.

49 Erwin Stein: Neue Formprinzipien. In: Arnold Schönberg zum fünfzigsten Geburtstage 13. September 1924 (Sonderheft der Musikblätter des Anbruch 6 [1924]), S. 286–303. Dieser Aufsatz wurde in einer weitverbreiteten Sammlung – „Über neue Musik" – ein Jahr später wiederabgedruckt, in der der Diskurs um die „Neue Musik" und die diversen (widerstreitenden) Tendenzen sehr deutlich wird. Vgl. H. Grues/E. Kruttige/ E. Thalheimer (Hg.): Von Neuer Musik. Beiträge zur Erkenntnis der neuzeitlichen Tonkunst. Köln 1925: Darunter auch Beiträge von Arnold Schönberg, Egon Wellesz, Ernst Krenek, Alois Hába und über Paul Hindemith, Igor Strawinsky und Erik Satie.

50 Christoph von Blumröder: Dissoziation und Individualisierung. (Kapitel VIII. In: Steinbeck/von Blumröder: Die Symphonie ..., a. a. O., S. 120.

51 Vgl. ausführlicher zum Textstatus der Paratexte Nikolaus Urbanek: Flaschenpost oder Familienchronik? Text und Paratext in den Skizzen Anton Weberns. In: Matthias Schmidt/Thomas Ahrend (Hg.): Webern-Studien. Wien 2014 (Beihefte der Anton Webern-Gesamtausgabe). (Im Druck).

52 Vgl. beispielsweise die wunderbare Studie von Julian Johnson: Webern and the transformation of nature. Cambridge 1999.

53 Von Blumröder: Dissoziation... a .a .O., S. 116.

54 Vgl. Stroh: Anton Webern. Symphonie op. 21, a. a. O., S. 10.

55 Vgl. diesbezüglich die Ausführungen von Siegfried Oechsle: Symphonik nach Beethoven. Studien zu Schubert, Schumann, Mendelssohn und Gade. Kassel u. a. 1992 (Kieler Schriften zur Musikwissenschaft 40).

56 Vgl. Reinhold Brinkmann: Die gepreßte Sinfonie. Zum geschichtlichen Gehalt von Schönbergs Opus 9. In: Otto Kolleritsch (Hg.): Gustav Mahler. Sinfonie und Wirklichkeit. Graz 1977 (Studien zur Wertungsforschung 9), S. 133–156.

57 Vgl. dazu auch die Überlegungen zur *Symphonie* von Gernot Gruber: Klangfarbe – ein Desiderat historischer Musikforschung. In: August Schmidhofer/Stefan Jena (Hg.): Klangfarbe. Vergleichend-systematische und musikhistorische Perspektiven. Frankfurt 2011, S. 315–327, hier besonders S. 319ff. Eine Erkundung in dem Feld der Klanglichkeit der *Symphonie* hätte über Fragen der Instrumentation, der Agogik, der Dynamik auch die spezifische „Außenseite" der kanonischen Strukturen zu berühren, erschließt sich doch die Kanonizität und die spiegelförmige Rückläufigkeit mancher Formen in der ästhetischen Wahrnehmung unmittelbar. Auch der Weg des ersten Satzes von gleichsam einer geordneten, durchsichtigen Struktur in ein komplexeres Klanggebilde ist unmittelbar wahrnehmbar. Und die enormen klanglichen Unterschiede der einzelnen Variationen sind es, die jedem Hörer der *Symphonie* einen komplizierten formanalytischen Nachweis, dass es sich bei dem zweiten Satz um einen Variationensatz handle, schlechterdings als nicht notwendig erscheinen lassen. „Fasslichkeit" hängt also nicht nur und ausschließlich vom „Zusammenhang" ab.

Manfred Permoser (Wien)

„... eine Art kosmisches Pandämonium“[1] – Kreneks Symphonien der 20er-Jahre im Spannungsfeld von Tradition und Innovation

Die frühe musikalische Sozialisation Ernst Kreneks entsprach jener des gutbürgerlichen musikinteressierten Mittelstandes in Wien um 1900. Faszinierte den Jugendlichen zunächst Musik von Richard Wagner und Richard Strauss, der dem Fünfzehnjährigen als Vertreter eines „äußerst radikalen Modernismus“[2] erschien, so wurden die Werke eines Arnold Schönberg und Gustav Mahler vorerst nur indirekt registriert. Dies änderte sich mit dem Eintritt des Sechzehnjährigen in die Kompositionsklasse von Franz Schreker an der Wiener Musikakademie. Vor allem war es nun Mahlers Orchestermusik, die den angehenden Komponisten zunehmend beschäftigte. Dessen „entwaffnend freimütiger, theatralischer Stil“[3] faszinierte ihn unmittelbar und sollte alsbald auch Vorbild für das eigene Instrumentalschaffen werden.

Diesem Streben nach expressivem Klanggestus verband sich bei Krenek zusätzlich ein schon früh erkennbarer Zug zum planvoll Konstruierten, zum Intellektuellen, Akademischen. Es ist vor allem Ernst Kurths Abhandlung über die „Grundlagen des linearen Kontrapunkts“ (Bern 1917), in dem J. S. Bachs polyphone Kunst mit physikalischen Energieprinzipien in Beziehung gesetzt wird, welche Kreneks frühe Kompositionsversuche maßgeblich beeinflusst: diese sind „im wesentlichen der spätromantischen deutschen Polyphonie nachgebildet, mit einigen Kunstgriffen französischer und italienischer Provenienz“.[4]

Als repräsentativ für diese Phase der Orientierung mag sein Opus 4 (1919), die *Serenade* für Klarinette, Violine, Viola und Violoncello gelten. Ein Jugendwerk, das der durchaus Selbstkritische auch nach Jahren seiner Entstehung als „gut gelungen“[5] erachtete. Die Komposition changiert zwischen durchaus disparaten Einflüssen, die von kontrapunktischen über klassizistische Formschemata bis hin zu Anklängen ans Wiener Operetten-Idiom (Emmerich Kálmán, Franz Lehár, Leo Fall) reichen. Schon hier zeigt sich die prinzipielle Neigung Kreneks zu komplexen Verzahnungen nach dem Motto der Einheit in der Vielfalt: Das Eingangsmotiv der vier ineinander übergehenden Sätze erklingt in verschiedenen Varianten und Verarbeitungen. Traditionelle Formen wie Sonate, Passacaglia, Scherzo oder Fugato dienen als formaler Rahmen für thematisch-motivische und rhythmisch-motorische Strukturentwicklungen. Krenek selbst weist auf die für ihn richtungsweisende Schlüsselfunktion dieser frühen Komposition hin, denn die *Serenade* wies „in nuce die Hauptmerkmale meiner gesamten künftigen Instrumentalmusik auf, insbesondere eine Tendenz zu einer konstruktiven Vereinheitlichung durch das Mittel der Einheitlichkeit des thematischen Materials und durch eine strenge kontrapunktische Struktur".[6]

Schrekers Wechsel an die Berliner Musikhochschule 1920 vollzog auch sein Noch-Schüler Krenek. Dem Neuen stets aufgeschlossen, bot dem jungen Musiker die pulsierende Metropole mit ihrem internationalen Flair und der breit gefächerten Musikszene die nötigen Inspirationsquellen.[7] Bekanntschaften mit Ferruccio Busoni, Hermann Scherchen, Eduard Erdmann und Paul Hindemith ließen in Krenek bald die Überzeugung reifen, sich vom Einfluss Schrekers distanzieren zu müssen, um eine „eigene Art des Komponierens"[8] zu entwickeln. Allerdings blieben die Vorstellungen des konkreten Wie noch sehr vage: „Instinktiv strebte ich nach ‚Modernität', ohne genau zu wissen, was ich mir darunter vorstellte. Ich empfand es als meine Pflicht, ‚anders' zu sein, kühn, esoterisch, schwierig, komplex, ...".[9] Erstmals findet dieses Suchen nach „Unerhörtem" seinen kompromisslosen Ausdruck im Anfang 1921 komponierten *Ersten Streichquartett* op. 6. Zwar wendet Krenek auch hier das bereits erprobte Modell einer übergreifenden Themensubstanz und deren polyphonen Metamorphose an, neu ist aber die dafür erstmals angewandte konsequent frei-tonale bzw. atonale Tonsprache: „Die wesentliche Neuerung für mich war der allgemeine Stil des Ganzen. ... Dissonanzen wurden durchweg in einer freien, unorthodoxen Weise eingesetzt, und die harmonischen Fortschreitungen waren nicht mehr den Grundprinzipien der Tonalität unterworfen."[10] Mit der kontrovers aufgenommenen, jedenfalls aber viel beachteten Uraufführung des Quartetts im Rahmen des „Allgemeinen Deutschen Tonkünstlerfestes" in Nürnberg im selben Jahr (1921) galt der Einundzwanzigjährige fortan als „Enfant terrible" der „Neuen Musik". Krenek fand sich „schlagartig in vorderster Linie der zeitgenössischen Musik".[11] Es entspricht seiner ungeheuren Produktivität jener frühen Jahre, dass er parallel zu kammermusikalischen Werken sich auch in den orchestralen Gattungen erprobt. Anders aber als seine Kollegen wie etwa Paul Hindemith oder Igor Strawinsky, die sich der Gattung Konzert zuwandten, konzentrierte sich Krenek auch auf die symphonische Form.[12] Das Moment der Tradition spielte dabei durchaus eine maßgebliche Rolle: „Mein Hauptinteresse galt der Form der Symphonie, und darin kann ich ein gewisses Symptom von bewußter historischer Kontinuität sehen. Ich erinnere mich deutlich – denn ich habe eine diesbezügliche Notiz in dem Tagebuch gemacht, das ich hin und wieder führte –, daß ich mich damals zu dem Versuch entschloß, auf dem Gebiet der Symphonie der Nachfolger Gustav Mahlers zu werden."[13]

Der bald darauf einsetzende Output an symphonischen Werken kann sich tatsächlich sehen lassen. In kurzen Abständen, zweitweise an mehreren Projekten gleichzeitig arbeitend, entstanden innerhalb weniger Jahre die *Erste Symphonie* (op. 7, 1921), *Zweite Symphonie* (op. 12, 1922) und die *Dritte Symphonie* (op. 16, 1922), weiters eine *Symphonische Musik für neun Soloinstrumente* (op. 11, 1922), die *Symphonische*

Musik Nr. 2 (op. 23, 1923), eine *Symphonie für Blasinstrumente und Schlagwerk* (op. 34, 1924/1925) und quasi als Nachzügler die *Kleine Symphonie* (op. 58, 1928).[14] Außer der *Zweiten Symphonie* sind die genannten Werke bis heute noch keiner eingehenderen Analyse unterzogen worden (so existiert etwa die *Symphonischen Musik Nr. 2* nur als unveröffentlichtes Manuskript; weder was die musikimmanente Analyse noch was eine kontextuelle Untersuchung betrifft liegen zu diesen Frühwerken aussagekräftige Studien vor).

Kreneks *Erste Symphonie,* den Memoiren des Komponisten folgend zu Beginn des Jahres 1921 begonnen,[15] stellt sogleich die oben erwähnte Mahler-Apologie unter Beweis. Diese wird etwa im einleitenden Vivace der Streicher deutlich hörbar: deren eröffnende Sechzehntelläufe überführen den Gestus des Scherzos aus Mahlers *II. Symphonie* (3. Satz, „Des Antonius zu Padua Fischpredigt") gleichsam in den Bereich der Atonalität.

Ebenso lässt die Instrumentation wiederholt Assoziationen zur Klangwelt Mahlers erkennen, speziell im Einsatz von tiefen Streichern, Blech oder Pauken. Die Bedeutung der einleitenden Vivace-Passage (Nb. 1 u. 1a) als formbildendes Bindeglied unterstreicht deren mehrmalige Wiederkehr als Überleitung zwischen einzelnen Abschnitten (etwa in Abschnitt 2, vivace come prima; Part. S. 36; Nb. 2), als auch ihr Einsatz gegen Ende der Symphonie, dem Ganzen dergestalt als Einheit stiftende Klammer dienend (Abschnitt 9, Tempo I vivace; Part. S. 172; Nb. 3).

Das Vorbild Mahlers findet sich aber nicht nur im melodischen Duktus, sondern auch im Rhythmischen: es sind dies akzentuierte, prägnante Floskeln, die sich bisweilen zu ostinaten Gebilden verdichten können – wohl auch dem charakteristischen Marsch-Duktus des Vorbilds nachhorchend (vgl. bes. Abschnitt 5, Presto, Part. S. 62ff.; Nb. 4 u. 4a).

Schließlich greift Krenek auch Mahlers Prinzip der kompositorischen Fragmentierung auf (vgl. bes. dessen *IX. Symphonie*), wenn die Komposition „aus dem leeren Raum zu kommen und dorthin zurückzukehren scheint, indem sie in dünnen, bruchstückhaften Linien verklingt. ... Es gab auch ein paar Stellen in der Durchführung, wo sich die feste Form in ein phantastisches Gewirr zerstreuter Fragmente aufzulösen schien ..."[17] (vgl. dazu etwa Abschnitt 7, Adagio, Part. S. 103ff.; Nb. 5 u. 5a).

Krenek, als selbstkritisch reflektierender Intellektueller und analytischer Denker, der grundsätzlich am Prinzip musikalischer Logik festhielt, erkannte aber, dass das Anknüpfen an Mahler allein noch nicht für die formale Konstruktion der Symphonie genügen konnte. Denn deren „rücksichtsloser Verzicht auf die Solidität tonaler Beziehungen"[18] erforderte gleichsam als Kompensation für die gewonnene harmonische Freiheit alternative formgebende Elemente. Einer eingestandenen ungestümen

Nb. 1[16]

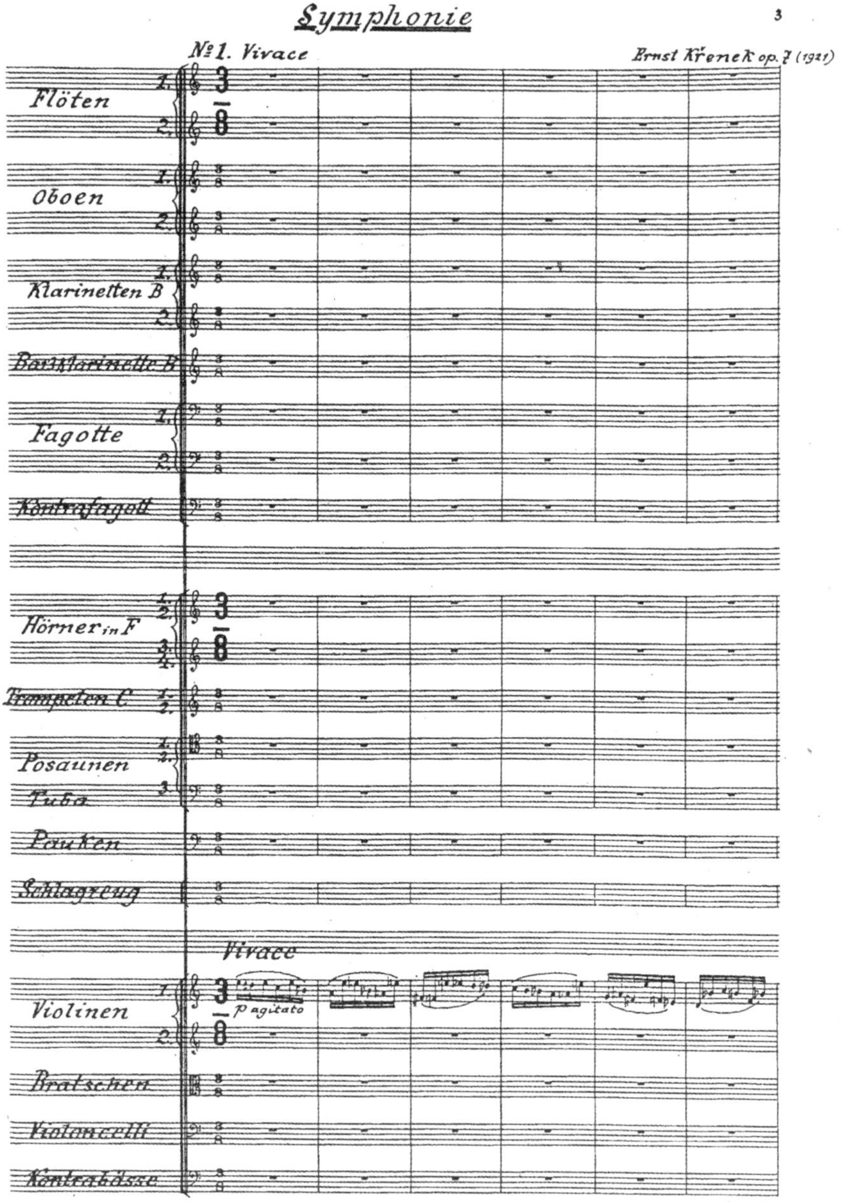
Symphonie
3
№ 1. Vivace
Ernst Krenek op. 7 (1921)
Flöten
Oboen
Klarinetten B
Bassklarinette B
Fagotte
Kontrafagott
Hörner in F
Trompeten C
Posaunen
Tuba
Pauken
Schlagzeug
Vivace
Violinen
p agitato
Bratschen
Violoncelli
Kontrabässe
©Copyright 1977 by Universal Edition A.G., Wien
Universal Edition No.: 17184

Nb. 1a

Fl. 1. 2.
Ob. 1. 2.
Kl. B 1. 2.
BKl. B
Fag. 1. 2.
Kfg.
Hr. F 1. 2. 3. 4.
Trp. 1. 2.
Pos. 1. 2. 3.
Tba
Pk.
Viol. 1. 2.
Br.
Vlc.
Kb.
pp poco cresc.
pp
poco cresc.
p poco cresc.
p agitato

Nb. 2

I Abschrift
36
Vivace (come prima)
Fl.
Ob.
Kl. B
Bkl. B
Fag.
Kfg.
Hr. F
Trp.
Pos.
Tba.
Pk.
Vivace (come prima)
Viol.
Br.
Vlc.
Kb.
dir.
spiccato

Nb. 3

172
IX. Abschnitt
Tempo I.
(Vivace)
Kl. Fl.
Fl. 1.
Ob.
Kl. B
Bkl. B
Fag.
Kfg.
Hr. F
Trp.
Pos.
Tba
Pk.
Tam-tam
Tamtam
Viol.
Br.
Vlc.
Kb.
arco
pizz.
a 2

Nb. 4

Kl. Fl.
Fl. 1.
Ob. 1. 2.
Kl. Es
1. Kl. B 2.
BKl. B
1. Fag. 2.
Kfg.
1. 2. Hr. F 3. 4.
a 2
Trp. 1. 2.
1. 2. Pos. 3.
Tba
Pk.
Kl. Tr.
1. Viol. 2.
arco
Br.
Vlc.
Kb.
2
4

Nb. 4 a

Nb. 5

Nb. 5a

Fl.
Ob.
Kl. A
p cresc.
Bkl. B
mf espr.
Fag.
Kfg.
Hr. F
Trp.
Pos.
Tba
Pk.
Viol.
arco
p espr.
cresc.
Br.
Vlc.
arco
pp
cresc.
Kb.

Nb. 6

Nach u. nachfließender (Andante con moto)
Viol. 1
Viol. 2
Vlc.
Kb.
p sempre
arco.
Br.
B Kl.
cresc.
poco rit.

„juvenilen Undiszipliniertheit" wollte der Komponist mit „gut organisierter" Musik begegnen.[19] Das damit angesprochene ordnende Prinzip fand Krenek in einer betont linearen, kontrapunktischen Stimmführung, wie sie etwa das Grundthema zu Beginn des 2. Abschnitts seiner Symphonie (Andante con moto) zeigt: „Dieser Grundgedanke war wieder ein ‚geometrisch' organisiertes Muster, diesmal komplexer und ausgedehnter als das Dreitonmotiv des Quartetts; es war ein keilförmig expandierender melodischer Gedanke mit charakteristischen Abwärtssprüngen in Quarten am Ende."[20]

Unschwer ist an diesem Beispiel der Einfluss von Kurths Kontrapunktlehre festzumachen: Kontrapunktisches Stimmgefüge durchzieht die gesamte Textur und findet ihren Höhepunkt im 8. Abschnitt, einer Fuge, wobei in Kreneks Deutung sich die „kinetische Energie" linearer Stimmverläufe frei von harmonischen Zusammenklangsgeboten in atonaler Polyphonie manifestiert. Beobachtet man das der Symphonie zugrunde liegende Thema, nämlich der schon erwähnte „keilförmig expandierende melodische Gedanke mit charakteristischen Abwärtssprüngen in Quarten am Ende"[21] genauer, so lässt sich eine chromatisch sich weitende nach oben und unten auspendelnde lineare Wellenbewegung ausmachen, die vom e in den tiefen Streichern ausgehend schrittweise das Intervall einer Quint nach oben (h) und nach unten (A) durchmisst. Im fünften Takt wird dann dieses Thema von den 2. Violinen variierend aufgegriffen (siehe Nb. 6!). Der in den ersten Takten vorgestellte Grundgedanke beinhaltet also elf Töne der chromatischen Skala und erlaubt es Krenek in Folge, in vielfach variierter Form diese thematische Substanz zu entwickeln. Als ein Beispiel unter vielen sei eine Passage vom Ende des Abschnitts 8 (Fuge) herausgegriffen: hier werden die chromatisch auseinanderstrebenden Komponenten des Themas, auf die gesamte Orchesterpartitur aufgefächert, vorgetragen (Nb. 7).

Neben Mahlers Klangwelt und Kurths Stimmführungslehre war es noch ein Drittes, an das Krenek anknüpfte: „Die Struktur [der Symphonie, M.P.] ähnelte im Großen und Ganzen der des Streichquartetts [Kreneks Streichquartett op. 6], denn das Stück bestand wiederum aus einem Satz, wobei ein Scherzo und ein langsamer Satz in die Durchführung des Hauptteils eingearbeitet waren. Wiederum war die thematische Substanz weitgehend vereinheitlicht, die verschiedenen Themen glichen sich allmählich einander an und gaben sich als verschiedene Ausprägungen des einen Grundgedankens zu erkennen, der sie hervorgebracht hatte."[22] Die angesprochene Einsätzigkeit als unmittelbare Konsequenz des angewandten Verfahrens der Themenmetamorphose (einheitliche Themensubstanz, sukzessives Angleichen der Themen) lässt unschwer das Vorbild Schönbergs erkennen. Dies wird von Krenek auch offen ausgesprochen: „In dem Bestreben, alle Einzelgestalten der Komposition auf einen eng begrenzten Bestand von Grundmotiven zurückzuführen, lässt sich Schönbergs *Erstes Streichquartett* als Modell erkennen."[23]

Nb. 7

Aber selbst die bindenden Kräfte thematischer Einheitlichkeit samt leitmotivischer Verwendung der oben genannten Vivace-Passage[24] können nicht über den Eindruck einer streckenweise verwirrend komplexen, aufs Erste kaum durchhörbaren Struktur des Ganzen hinwegtäuschen – selbst für so versierte Zeitgenossen wie Th. W. Adorno mitunter eine Abfolge musikalischer „Choks".[25] Tatsächlich orientierte sich Krenek im äußeren Bau seiner Symphonie weniger an der traditionellen Sonatenform als vielmehr am additiven Prinzip einer Reihung, bei der in fortgesetzt linearer Bewegung von einem Abschnitt zum nächsten übergeleitet wird. Innerhalb dieser insgesamt neun Abschnitte der Symphonie begegnet man wiederum einer Überfülle von disparaten musikalischen Ereignissen. Dabei lassen sich allerdings die oben angesprochenen thematisch-motivischen Zusammenhänge, Metamorphosen, Varianten kaum mehr hörend mit- bzw. nachvollziehen. Hinzu kommt, was Claudia Maurer Zenck in ihrer Analyse der *2. Symphonie* anmerkt: dass nämlich an Kreneks motivischen Bildungen der „Verlust von Prägnanz" festzustellen sei, was schließlich zum „Verlust der Thematik" überhaupt führe.[26] „Entwicklungen" wie sie meint, „die sich schon in der *1. Symphonie* abzeichneten".[27] Bedenkt man die wenig profilierte Faktur des Grundthemas dieser *1. Symphonie* mit seinem schrittweise sich weitenden Ambitus, kann man Maurer Zencks Befund durchaus teilen. Allerdings kann noch nicht vom völligen thematischen „Verlust" gesprochen werden: Krenek orientiert sich in seiner *1. Symphonie* noch am Vorbild offener Fugenthematik, in der die thematische Substanz unüberhörbar zu linearer kontrapunktischer Entwicklung tendiert. Es ist also die „kinetische Energie" (Ernst Kurth), welche das Thema und mit ihm den Grundduktus des gesamten Werkes bestimmt. Paul Bekker hat dies in seiner Besprechung in den „Musikblätter des Anbruch" bereits klar erkannt: „Was will diese Musik? Sie will nicht darstellen, will nicht ergreifen oder erschüttern, sie ist eine Musik ohne jegliches Pathos und Sentiment. Was aber ist sie? Ein Bewegungsspiel der Klänge. Die Themen wachsen aus Bewegungsvorstellungen, die in ihnen eingeschlossene Keimkraft der Bewegung drängt zu klangformaler Entfaltung im instrumentalen, im dynamischen Sinne, in der Art der Verwebung und Kontrastierung der Grundlinien ..."[28] Aber selbst der, Krenek sonst sehr wohlgesonnene Paul Bekker, konstatiert ästhetische Mängel am ambitionierten Jugendwerk, wenn er die „fast ausschließliche Verwendung" polyphoner Faktur kritisiert, „da sie noch nicht selbständig und eigen im höheren Sinne" sei. Und weiter: „In dieser Einseitigkeit der Formgebung, in der dadurch gegebenen kombinatorischen Konstruktion ... liegt das Jugendliche des Werkes, über das Späteres hinausführen wird."[29]

Bekkers Ausblick auf Späteres ließ nicht lange auf sich warten. Nur wenige Tage nach der viel diskutierten Uraufführung der *Ersten Symphonie* am 12. März 1922 unter Scherchen in Berlin begann Krenek am 27. März mit der Komposition seiner *Zweiten Symphonie*. Er schloss das Particell nach nur acht Wochen am 23. Mai in Berlin ab. Die vollständige Orchestrierung erfolgte dann im Juni.[30] (Da bereits ausführliche

Nb. 8

Fag. I. II.
Kfag.
Hörn. (F.) I. II. III. IV. V. VI.
Tr. I. (C.)
Tub.
Pk.
I. Viol. II.
Vla.
Vcll.
Kb.
cresc.
ff
Fl. I. II.
Ob. I. II.
a 2
I. II. Klar. (A.) III.
I. II. Tr. (C.) III. IV.
(o. D.)
mf
9

Analysen und Deutungen zu dieser wohl wichtigsten und bekanntesten Symphonie Kreneks sowohl vom Komponisten selbst, als auch von namhaften Musikologen und Musikologinnen vorliegen[31], soll im Folgenden nur auf einige wenige Punkte hingewiesen werden, die die Überlegungen zur *1. Symphonie* etwas weiterführen.) Tatsächlich wird der im Erstlingswerk festzustellende Mahler-Duktus jetzt konsequent fortgeschrieben bzw. weiter entwickelt: „... ein letzter Versuch, für das ganz große Orchester der Mahler-Strauss-Tradition zu schreiben"[32], wie der Komponist rückblickend selbst anmerkt.[33] Die Anbindung an Mahler fand nun aber über das nur Musikalische hinaus auch noch eine persönlich-emotionale Komponente: Krenek war seit Beginn 1922 mit der Tochter Gustav Mahlers, Anna, liiert. Ein Umstand, wie er sich später erinnert, der ihn dazu „inspirierte, ein neues symphonisches Werk von großem Umfang zu beginnen."[34] Dieses rein Äußerliche dürfte aber bald auch den innermusikalischen Prozess nachhaltig beeinflusst haben. Abermals wird, wie schon in der *1. Sinfonie*, Mahlers beredter symphonischer Ton in vielfacher Beziehung zur Vorlage – nur eben ins freitonal/atonale Idiom transformiert: wieder finden sich explizit ostinate Marsch-Floskeln (T. 326–387), fanfarenartige Signal-Vokabel, Choralanklänge (T. 480–616), musikalische Dekonstruktion[35], Relikte harmonischer Schönklang-Lyrismen (T. 617–662) u. a. m. – sogar der Kuckucks-Ruf aus Mahlers *Erster* lässt sich finden[36] (s. 1. Satz., 5 Takte nach Zi. 8, zuerst 1. Tr. dann Fl. und Ob.; Nb. 8).

Doch all diesen Mitteln gelingt es nicht mehr „eine Welt aufzubauen" (im Mahler'schen Sinne): Die genannten Vokabel bleiben isoliert, semantische Felder im freitonalen Klangkosmos. Eine „Expressionslogik" nach Ernst Bloch[37], die auf ein intuitives Formgefühl verweist, mag sich in Kreneks *Zweiter Symphonie* beim Hörer kaum mehr einstellen. Assoziative Bilder, wie sie der Komponist unter dem Eindruck einer rund zwanzig Jahre nach dem Entstehen des Werkes erfolgten Aufführung entwickelte[38] und die auf den expressiven Gestus der Komposition verweisen, mögen als vielleicht unbewusste Antwort auf diesen Verlust musikalischer Form zu deuten sein: „Wenn ich den Eindruck analysiere, den ich ... gewonnen habe, finde ich, daß die ersten beiden Sätze das Bild eines Riesen heraufbeschwören, der in einem Käfig oder in einer Höhle herumtobt. ... trotziges Hämmern und Stampfen scheinen die vorherrschenden Ausdrucksqualitäten der Musik zu sein."[39] Was von musikalischer Form also bleibt, ist ein „Bewegungsspiel der Klänge"[40], die „kinetische Energie" des Prozesshaften.[41]

Krenek hat die kompositionstechnischen wie ästhetischen Probleme seiner frühen Symphonien erkannt und für sich die Konsequenzen gezogen: „Die Tatsache, daß ich mich die nächsten zwanzig Jahre nicht mit dem Problem der Symphonie befaßte, mag immerhin andeuten, daß ich von den Aussichten eines solchen Projekts nicht überzeugt war. Als ich es in den vierziger Jahren wieder aufnahm, fand ich die Resultate eher enttäuschend. Mein einziger Trost ist, daß auch kein anderer in der Fortführung der großen symphonischen Tradition besser reüssierte."[42]

Anmerkungen

1 Ernst Krenek: Im Atem der Zeit. Erinnerungen an die Moderne (dt. Übersetzung v. F. Saathen, rev. Übersetzung v. S. Schulte). Hamburg 1998 (2. Aufl.), S. 336.
2 Ebenda, S. 101.
3 Ebenda, S. 140f.
4 Ernst Krenek: Selbstdarstellung. Zürich 1948, S. 10.
5 Krenek: Im Atem, a. a. O., S. 193.
6 Ebenda, S. 194.
7 Das Berlin der frühen 20er-Jahre wird von Krenek als weltoffene Kulturmetropole erlebt, in der wesentliche Weichenstellungen seiner künstlerischen Entwicklung erfolgen: „In der scharfen Atmosphäre der deutschen Hauptstadt änderte sich meine musikalische Einstellung rasch und merklich. Ich kam in Berührung mit Künstlern, deren Ideen sich von denen des kleinen Kreises, den ich gekannt hatte, erheblich unterschieden ... Diese und andere junge Leute ließen mich alsbald mein angelerntes Vorurteil gegen radikal neue Musik abstreifen. Es wurde mir klar, daß, wenn ich wirklich so besonders und ungewöhnlich sein wollte, wie es augenscheinlich mein Ehrgeiz war, ich die Grenzen des gemäßigten Modernismus, in welchem ich erzogen worden war, würde weit hinter mir lassen müssen ... Alle diese Einflüsse stärkten den intransigenten Zug in meinem Wesen. Die fortschrittlichen jungen Musiker forderten meine Phantasie heraus und schärften meinen Appetit für kühne Experimente." (Krenek: Selbstdarstellung, a. a. O., S. 10ff.)
8 Krenek: Im Atem, a. a. O., S. 248.
9 Ebenda, S. 210f.
10 Ebenda, S. 250.
11 Ebenda, S. 273.
12 Vgl. bes. Claudia Maurer Zenck: Der geschichtliche Ort von Kreneks 2. Symphonie. In: Melos/NZ Jg. 3, H. 5 Sept./Okt. 1977, S. 392–400; hier S. 394f.
13 Ernst Krenek: Horizont umkreist. In: ÖMZ 31 (1976), H. 1, S. 5. Was 1976 rückblickend als „Versuch" gewertet wird, liest sich 1943 in der angesprochenen Passage der Tagebuchnotizen noch deutlich selbstbewusster. Dort hält der Komponist fest: „[Es] war meine Überzeugung, daß es meine Bestimmung sei, nach Mahler den nächsten wichtigen Beitrag zur Entwicklung der Symphonie zu leisten." (Krenek: Im Atem der Zeit, a.a. O., S. 212). Dass das Projekt einer Fortschreibung der symphonischen Gattung später nur mehr als „Versuch" bezeichnet wird, gründet vermutlich in der Erkenntnis eines konzeptuellen Scheiterns, tradierte symphonische Strukturen mit solchen der dodekaphonischen Materialbehandlung zu kombinieren. Die Resultate dieser Synthese, wie sie Krenek mit der *4. Sinfonie* (1948) und *5. Sinfonie* (1947/49) vorlegte, erachtete er rückblickend als „eher enttäuschend" (Krenek: Horizont, a. a. O., S. 5.) und „wenig befriedigend" (Ernst Krenek: Selbstporträt. In: Melos 37 (1970) H. 9, S. 341f.). Sein diesbezügliches Scheitern kommentiert er nüchtern, sachlich: „Ich vermute, daß die Sinfonie, wie wir sie bis zu Gustav Mahler kannten, tatsächlich schon seit geraumer Zeit nicht mehr gangbar ist. Versuche mancher meiner Kollegen in dieser Gattung haben meine Hypothese bisher nicht zu entkräften vermocht." (Ebenda, S. 342)

14 Zu ergänzen wäre auch noch die Einrichtung bzw. teilweise Instrumentierung des Adagios und Purgatorios (3. Satz) aus Mahlers Fragment gebliebener *X. Symphonie* (vgl. dazu ausführliche Studien bei J. Rothkamm, C. Maurer Zenck, R. Stephan zit. In: M. Permoser: Mahlers X. Symphonie – Stationen der Rezeption bis 1938. In: R. Kubik und Th. Trabitsch (Hg.): Gustav Mahler und Wien. Wien 2010, S. 213ff. Dass Krenek darüber hinaus in den 20er-Jahren auch noch zahlreiche weitere orchestrale Werke verfasst hat, sei nur der Vollständigkeit halber erwähnt: *Concerto Grosso* Nr. 1 op. 10 (1921/1922); *Konzert für Klavier und Orchester* op. 18 (1923); *Concerto Grosso* Nr. 2 op. 25 (1924); *Concertino* op. 27 (1924); *Konzert für Violine und Orchester* Nr. 1 op. 29 (1924); *Sieben Orchesterstücke* op. 31 (1924); *Potpourri für Orchester* op. 54 (1927); *Thema und 13 Variationen für Orchester* op. 69 (1931).

15 Krenek: Im Atem, a. a. O., S 266.

16 Ernst Krenek: 1. Symphonie op. 7; Partitur No. 17184 Universal Edition. Wien 1977.

17 Krenek: Im Atem, a. a. O., S. 303.

18 John L. Stewart: Ernst Krenek. Eine kritische Biographie (dt. Übersetzung Franz Saathen). Tutzing 1990, S. 61.

19 Ebenda, S. 63.

20 Krenek: Im Atem, a. a. O., S. 302f.

21 Ebenda, S. 303.

22 Ebenda, 302f.

23 Ernst Krenek, Selbstporträt, a. a. O., S. 341. Bereits im Sommer 1944 vermerkt Krenek in seinen Tagebuchnotizen, er sei „ziemlich sicher, dass ich damals [gemeint sind die frühen 20er-Jahre; M.P.] Schönbergs *Erstes Streichquartett*, wahrscheinlich auch das *Zweite* und seine *Kammersymphonie*, bereits gut kannte und gründlich studiert hatte. Die Auswirkungen dieses Studiums auf meine *Erste Symphonie* sind nicht zu übersehen." (Krenek: Im Atem, a. a. O., S. 303). Krenek bezieht sich hier besonders auf das von Schönberg in seinem ersten *Streichquartett op. 7* erstmals konsequent angewandte Prinzip der „entwickelnden Variation", in dem durch Ableitung und logische Weiterentwicklung thematischen Materials die Form des Ganzen gewonnen wird. Der von Adorno geprägte Begriff der „Formphantasie" bezieht sich darauf und ergibt sich aus der „Überlagerung mehrerer Strukturen, die ebenso zueinander kontrastieren wie sich ergänzen, sich trennen und sich überschneiden. ... Das frappierende Resultat ... ist eine bis zur Undurchdringlichkeit in sich verwachsene Struktur, von der gleichwohl [...] etwas wie Zwang ausgeht." (Th. W. Adorno: Form in der Musik. In: ders., Gesammelte Schriften, Bd. 16. (hg. v. R. Tiedemann). Frankfurt/Main 1978, S. 621.)

24 Krenek bezeichnet diese rückblickend als „immerhin eine ganz originelle Geste zur Einleitung einer sinfonischen Struktur" (Krenek: Selbstporträt, a. a. O., S. 341).

25 Theodor W. Adorno: Ernst Krenek. In: Heinz-Klaus Metzger/Rainer Riehn (Hg.). Musik-Konzepte Heft 39/40 (Okt. 1984). ‚Ernst Krenek', S. 11ff.

26 Maurer Zenck: Der geschichtliche Ort, a. a. O., S. 398.

27 Ebenda.

28 Paul Bekker: Ernst Kreneks *Erste Symphonie*. Erstaufführung im Frankfurter Museumskonzert. In: Musikblätter des Anbruch, 5. Jg. (1923) Nr. 1 (Jänner), S. 16ff.; hier

S. 17. Die Uraufführung von Kreneks *1. Symphonie* fand am 12. März 1922 in Berlin unter der Leitung Hermann Scherchens und mit den Berliner Philharmonikern statt.

29 Ebenda, S. 18.

30 Christoph Schlüren und Gladys N. Krenek: Vorwort zur *II. Symphonie* op. 12 (1922). Study Score 185 UE Wien (1924) Nachdruck Universal Edition AG, Wien 2002, o. S.

31 Krenek: Im Atem, a. a. O., S. 333–338; 382–386; Krenek: Selbstdarstellung, a. a. O., S. 14f.; Maurer Zenck: Der geschichtliche Ort, a. a. O., S. 392–400; Lothar Knessl: ernst krenek. (Österr. Komp. des XX. Jhdts Bd. 12). Wien 1967, S. 24–36; Rudolf Stephan: Einzelheiten zur Musik des jungen Krenek. In: Otto Kolleritsch (Hg.), Ernst Krenek. (Studien zur Wertungsforschung Bd. 15). Wien/Graz 1982, S. 95–118; John L. Stewart: Ernst Krenek, a. a. O., S. 59f.; S. 64ff.

32 Krenek: Selbstporträt, a. a. O., S. 341.

33 Auch Maurer Zenck beginnt ihre Analyse der *Zweiten Symphonie* mit der Feststellung, dass „die von Theodor W. Adorno behauptete Traditionslosigkeit der frühen Werke von Krenek bloßer Schein [ist]; in der *Zweiten Symphonie* steckt, wenn auch latent, ein Stück Mahler-Nachfolge." (Der geschichtliche Ort, a. a. O., hier Umschlagseite des Sept./Okt.-Heftes).

34 Krenek: Im Atem, a. a. O., S. 333.

35 Besonders die Adagio-Passagen im letzten Satz lassen Assoziationen zum Adagio von Mahlers *X. Symphonie* zu. Krenek könnte die Fragmente von Mahlers unvollendet gebliebener Symphonie eventuell bereits im April/Mai 1922 anlässlich eines Besuches von Alma Mahler in Berlin eingesehen haben (vgl. Krenek: Im Atem, a. a. O., S. 340 und Maurer Zenck: Der geschichtliche Ort, a. a. O., S. 394).

36 Maurer Zenck: ebenda, S. 395.

37 Ernst Bloch: Geist der Utopie (1918). Frankfurt/Main 1971, S. 193.

38 Gemeint ist die amerikanische Erstaufführung durch das Minneapolis Symphony Orchestra unter Dimitri Mitropoulos am 23. Dezember 1943. Für diese Gelegenheit verfasste Krenek auch eine Werkeinführung, die, dem amerikanischen Publikum entgegenkommend, die Symphonie programmatisch deutet. Die dabei verwendeten außermusikalischen Metaphern machen einmal mehr die Nähe zur Welt Gustav Mahlers deutlich, bes. zu dessen I. und III. Symphonie (Christoph Schlüren und Gladys N. Krenek: Vorwort, a. a. O.).

39 Krenek: Im Atem, a. a. O., S. 335.

40 Paul Bekker: Ernst Kreneks *Erste Symphonie*. In: Musikblätter des Anbruch 5. Jg. (1923), Nr. 1, S. 17.

41 Vgl. bes. Maurer Zenck: Der geschichtliche Ort, a. a. O., S. 398: „In der *2. Symphonie* sind die Bewegungsformen so übermächtig geworden, daß an ihnen die thematische Bildung zerging. Es bleibt nur noch die Bewegung, die Prozeßhaftigkeit, die noch motivischen Beziehungsreichtum, aber nichts darüber hinaus garantieren konnte."

42 Krenek: Horizont, a. a. O., S. 5.

Nils Grosch (Salzburg)

„Wirkliche Theatermusik als Musik an sich“: Notiz zum Largo aus Kurt Weills Symphonie von 1933/34

I.

Kurt Weills grundlegende Skepsis gegenüber symphonischer Konzertmusik hatte schon in den 1920er-Jahren zu einer deutlichen Zurückhaltung gegenüber dem Genre der Symphonie geführt, hatte er doch nach seinem *Violinkonzert* op. 12 (komponiert April–Mai 1924) kein eigenständiges instrumentales Werk für den Konzertgebrauch mehr komponiert und sich bis zu seinem Lebensende, abgesehen von einigen Werken für Rundfunk und Leinwand, ausschließlich dem Theater gewidmet.

Noch in der Phase des Kompositionsstudiums bei Ferruccio Busoni war eine Reihe von Konzertwerken entstanden, darunter auch im Jahr 1921 eine einsätzige *Symphonie*. Doch ab Mitte 1924 war damit Schluss; nicht einmal unter Weills zahlreichen Vorüberlegungen, Konzeptionen und Skizzen zu nicht ausgeführten Kompositionsprojekten findet sich nach 1924 noch ein Abstecher in die instrumentale Konzertmusik. Somit ließe sich der Fall Weill, immerhin einer der Hauptvertreter der musikalischen Moderne der ersten Hälfte des 20. Jahrhunderts, als geradezu paradigmatische Bestätigung der These einer allgemeinen Krise der Symphonik heranziehen.[1] Nach den ersten eigenständigen Theatererfolgen (*Der Protagonist* op. 14, *Mahagonny* etc.) oder auch nach dem Tod des Lehrers Busoni (27. Juli 1924) zog Weill definitiv keine Komposition einer unabhängigen instrumentalen Konzertmusik in Erwägung. So ließe sich argumentieren – gäbe es da nicht jene (sogenannte: Zweite) *Symphonie* von 1933/34, jenen Sonderfall, ja „Ausreißer“ in der Entwicklung von Weills Œuvre.

Und doch möchte ich an dem Argument festhalten, und zwar aus zwei Gründen: Zum einen stellt die besagte *Symphonie* in der Tat die sprichwörtliche Ausnahme von der Regel dar, denn es ist sicher unbestreitbar, dass das Werk seine Entstehung besonderen Umständen, der (künstlerisch und finanziell schwierigen) Exilsituation auf der einen, dem Auftrag seitens einer zahlenden Mäzenin auf der anderen Seite, verdankt. „Von sich aus hätte Weill kein Instrumentalwerk geschaffen“, so hat Christian Kuhnt vermerkt, und begründet: „Die *2. Symphonie* war ein Auftragswerk in einer für ihn sehr schwierigen Zeit.“[2] Zum anderen war die *Symphonie* durch ihre Themengestaltung eng mit Weills eigenem Theaterschaffen verwoben. Man muss nicht so weit gehen, zu behaupten, dass es sich bei der *Symphonie* gar nicht um ein selbstständiges instrumentales Werk, gar um eine „Song-Sinfonie“ handelt (Kuhnt, S. 331), um deutlich zu machen, dass sie in ihrer Materialkonstruktion in engster

Nähe zu den etwa zeitgleich oder unmittelbar zuvor entstandenen Musiktheaterproduktionen steht. David Drew wies diesbezüglich besonders auf die Verwandtschaft zu den Bühnenwerken *Die Bürgschaft* von 1931 und *Der Silbersee* von 1933 hin[3], Kuhnt zudem auf *Aufstieg und Fall der Stadt Mahagonny* von 1928, hinzuzufügen wäre hier das „Ballet chanté" *Die sieben Todsünden* von 1933.

In der Tat ist die *Symphonie* Resultat eines Kompositionsauftrags von Princesse Edmond de Polignac – ohne diesen wäre sie vermutlich nicht entstanden. Zwar hatten schon um 1929/30 Hans Heinsheimer und Erwin Stein von der „Universal Edition A.G." [ab nun „UE"] – dem Musikverlag, bei dem Weill unter Vertrag stand – Weill die Komposition eines „Orchesterstück[s] mit ganz absoluter Musik" nahegelegt.[4] Dieser jedoch ging in seinem langen Antwortbrief auf den Vorschlag mit keiner Silbe ein und ließ auch weiterhin den Wunsch des Verlegers ungehört verhallen. Die Gründe für sein Desinteresse dürfte Weill Heinsheimer gegenüber wohl schon in einer mündlichen Unterredung dargelegt haben. Als der Leiter der Orchesterabteilung der UE, Erwin Stein, in einem Brief am 16. Mai 1930 nachlegte, griff er offenbar Weills Bedenken wieder auf: „Dass ein Mann wie Sie, dem es Bedürfnis ist, als Künstler das geistige und soziale Leben unserer Zeit direkt zu beeinflussen, sich nicht leicht dazu entschliessen kann, heute ‚absolute' Musik zu schreiben, die Gründe hierfür verstehe ich sehr gut."

Andererseits wies er Weill darauf hin, dass die Dirigenten von Symphonieorchestern nach „neuen, wirksamen Orchesterstücken" suchten, und dass er dies „sowohl aus künstlerischen als aus praktischen Gründen geradezu für notwendig" halte. Dabei spielten für Stein nicht zuletzt taktische und strategische Überlegungen eine Rolle: „Um aber Ihre Einfluss-Sphäre zu erweitern, um auch dort Einfluss zu gewinnen, wo man aus stofflichen Gründen sich bis jetzt gegen Sie gesträubt hat, halte ich es für erforderlich, dass Sie wieder einmal als absoluter Musiker auf den Platz treten".[5] Bezeichnenderweise verhallte auch Steins Initiative unbeantwortet.[6]

Man mag vermuten, dass dem Komponisten schon damals, so lassen sich die von Stein rhetorisch zitierten Einwände Weills interpretieren, „Theatermusik wesentlich wichtiger als absolute Musik" vorkam, wie der Komponist noch 1936 in einem Interview erklärte. Und auch die in diesem Zusammenhang geäußerte Ansicht, dass der Konzertsaal „überholt" und Konzerte „mehr und mehr Besitztum der [...] Stockfische geworden seien"[7], zeugt von Weills bis in die Mitte der 1920er-Jahre zurückgehenden Skepsis gegenüber dem Konzertwesen als solchem auf der einen Seite sowie dem Komponieren für dasselbe auf der anderen, dem er explizit die funktionalen Aufführungsgattungen Theater, Film und Rundfunk vorzog. Solche Wertungen gingen für Weill primär mit publikumssoziologischen Vorgängen, mit den nachrevolutionären gesellschaftlichen Umschichtungsprozessen einher: „Das Konzertleben unserer Großstädte, das einer vergangenen Epoche bürgerlichen Wohlstands seine Entstehung verdankt, ist heute nutzlos, unbrauchbar und überlebt", so meinte er bereits 1925.[8] Und 1927 konstatierte er dann das Interesse der „jungen Musikergeneration" an jenen „Zweigen der Musikausübung, an denen das große Publikum selbst interessiert ist": „mechanische Musik" (d. h. Musik in den technischen Massenmedien), Filmmusik und musikalisches Theater.[9]

II.

Es klingt deshalb wie ein Euphemismus, wenn Weill in seinem kleinen Text für das Programmheft der Uraufführung der *Symphonie* 1934 die Ansicht formulierte, dass „auch der reinste Theatermusiker von Zeit zu Zeit den Drang verspürt, ein Stück ‚absoluter' Musik zu schaffen".[10] Denn mit dem „reinsten Theatermusiker" meinte Weill zweifellos sich selbst, und aus innerem Drang war das vorliegende Werk ganz offensichtlich nicht entstanden. Drei Jahre mussten vergehen, bis er den von seinem Verlag so eindringlich formulierten Rat umsetzte. Doch die Motivation lag in der nunmehr ganz veränderten Situation: dem Wegbrechen von Aufführungsmöglichkeiten in dem ihm so eindringlich bekannten deutschen Theatermarkt auf der einen, der besagte Kompositionsauftrag (pekuniär wichtig angesichts der prekären finanziellen Situation Weills[11]) und die Aussicht auf mehrere prominente Aufführungen – u. a. in Amsterdam und New York durch den international renommierten Dirigenten Bruno Walter – auf der anderen Seite. Mit dieser letzteren ging eine Möglichkeit für Weill einher, sich einem internationalen Publikum auch als „ernster" Theaterkomponist zu empfehlen – eine Intention der Selbstpositionierung, die für das Verständnis des Programmhefttextes immer mitgedacht werden muss. Folgender Satz daraus scheint mir eine Schlüsselaussage zu enthalten:

> „Da nämlich die wirkliche Theatermusik auch als ‚Musik an sich' standhalten soll, ist es ein großer Reiz, die musikalischen Formen und Stilelemente, die man im Zusammenhang mit dem Wort und der szenischen Vorstellung gefunden hat, an einer Arbeit zu kontrollieren, die auch in der Auswirkung einen rein musikalischen, d. h. konzertanten Zweck verfolgt."[12]

Hier sollte, so die im Folgenden zu entwickelnde These, nicht einfach Theatermusik in Instrumentalmusik verwandelt werden, sondern umgekehrt. Der „absolute", also unabhängig von dem dramatischen Kontext erdachte gehaltliche Bestandteil dieser musikalischen Themenbildung, der der Einpassung des „rein" musikalisch Erdachten in das Theatralische quasi vorausgeht, tritt in den Vordergrund.

Ein Blick auf Weills Äußerungen aus den 1920er-Jahren und die in dieser Zeit entstandenen Kompositionen mögen diesen Gedanken erhellen helfen. Dazu ist auf den Begriff „absolute Musik" hinzuweisen, der in den oben zitierten Verlagskorrespondenzen fast synonym zu „Orchestermusik" (im Gegensatz zu „Theatermusik") verwendet wird. Weill selbst hat in früheren Essays für eine Fundierung der Opern- und Theatermusik auf „absoluter Musik" plädiert. Was eigentlich als Paradoxon erscheint, lässt sich aber für Weills spezifisches Verständnis auflösen.

Schon in der Phase seiner frühen Opernkompositionen schlug Weill vor, „daß wir [die jungen Komponisten] uns in der Oper mit der gleichen ungebundenen Phantasieentfaltung ausmusizieren müssen wie in der Kammermusik." Zugleich war er überzeugt, dass „der dramatische Auftrieb, den die Oper verlangt, [...] wesentlicher Bestandteil jeder musikalischen Produktion sein" könne.[13] Insofern war für ihn die „epische Haltung des Bühnenwerks" zugleich Ausgangsbasis für eine „absolut musikalische, konzertante Gestaltung" des musikalischen Theaters.[14] „Absolute Musik" in diesem Sinne gewann Bedeutung insbesondere für die musikalische Gestaltung von Opernmusik wie auch von Theater-Songs. Dabei sollte Musik zwar von ihrer dramatischen oder stimmungsmäßigen Grundhaltung auf die jeweilige Szene bezogen und somit in der Lage sein, den Gestus der Szene zu fixieren, was aber nicht heißt, dass sie aufgrund der durch den Text vorgegebenen Form (insbesondere der Metrik) prädeterminiert sein musste. Vielmehr ließ sich, wie Weill selbst in seinem Essay „Über den gestischen Charakter der Musik" am Beispiel des *Alabama-Songs* deutlich gemacht hat, ein gedichteter Text mitsamt dem ihm inhärenten metrischen Grundgefüge einer musikalischen Gestalt einpassen, die für sich unabhängig vom Metrum der Textvorlage, eben aufgrund „rein" musikalischer Phrasengestaltung konstruiert und in diesem Sinne „absolut" ist.[15] Dieses Verfahren ermöglichte es Weill nicht nur, die oft bewusst metrisch unrein gedichteten Songs von Brecht in metrisch und syntaktisch gleichmäßige musikalische Phrasenbauten zu setzen, sondern selbst reimlose, metrisch frei geschriebene Dialoge einzufügen.

Besonders deutlich zeigt sich dieses Verfahren beim 1928 komponierten *Tango Angèle* aus dem Operneinakter *Der Zar läßt sich photographieren*. Dieser war als eigenständige instrumentale Tanznummer komponiert und auf Schallplatte aufgenommen worden, zu der Weill dann für die Verwendung in der Oper die Singstimmen hinzufügte.[16] Die vom Text unabhängigen musikalischen Qualitäten seiner Theaterkompositionen hat Weill 1928/29 in der *Kleinen Dreigroschenmusik* weidlich ausgespielt, wobei oft Haupt- wie Begleitstimmen in den klanglichen Vordergrund gehoben wurden, die in den entsprechenden Referenzstellen der Partitur der *Dreigroschenoper* entweder angelegt oder sogar gänzlich vorhanden waren. Dabei sind allerdings die Nummern der *Dreigroschenoper* in der instrumentalen Suite beim Hören allesamt leicht identifizierbar. Die *Kleine Dreigroschenmusik*, die Weill wie die *Symphonie* auf Initiative eines renommierten Dirigenten (in diesem Fall Otto Klemperer) komponierte, sattelte auf den Erfolg des durch Bühnen- und Sekundärverwertungen (Schallplattenaufnahmen, Tanzarrangements etc.) popularisierten Werkes um und rechnete mit Bekanntheit und Wiedererkennung der musikalischen Motive beim Publikum. Weill hat hier den musikalische Phrasenbau, teils sogar die Form der Songs (mit mehreren Strophen) erhalten.

III.

Von einer solchen Adaption kann bei der *Symphonie* keine Rede sein, konnte Weill die Kenntnis der entsprechenden Referenzwerke beim Publikum doch nicht voraussetzen. *Die Bürgschaft*, *Der Silbersee* und *Die sieben Todsünden* waren während der für Weills Musiktheaterschaffen krisenbehafteten Jahre 1932–33 alles andere als Sensationserfolge auf der Bühne gewesen. Überhaupt hat Weill, der häufig auf eigene thematische Einfälle zurückgriff, dies meistens bei solchen Werken getan, bei denen er mit Unbekanntheit beim Publikum der neu zu schaffenden Komposition rechnen konnte – sei es, weil die Ausgangswerke nicht aufgeführt worden waren, sei es, weil sie keine nachhaltige Rezeption erfahren hatten. Dies gilt etwa für das Thema der Arie „Seit ich in diese Stadt gekommen bin“ aus *Der Kuhhandel*, das dann die Ausgangsbasis für den populär gewordenen *September Song* aus *Knickerbocker Holiday* bildete, oder für *Nannas Lied* von Brecht, das Weill 1949 in dem Song *The Little Gray House* für *Lost in the Stars* wieder verwendete, wie für zahlreiche weitere Beispiele.[17]

In der *Symphonie* werden die Elemente einzelner Nummern aus Theaterwerken subtil zu neuen Zusammenhängen verarbeitet. Ich möchte dies im Folgenden am Beispiel der Beziehungen des zweiten Satzes „Largo“ zur Nr. 5 „Unzucht“ aus *Die sieben Todsünden* aufzeigen. Die *Todsünden* waren am 7. Juni 1933 in Paris uraufgeführt worden, wo Weill das Werk gemeinsam mit Bertolt Brecht in den beiden vorausgegangenen Monaten geschrieben hatte.[18] Zunächst zur Datierung: Für die Entstehungszeit der *Symphonie* existieren zwei autographe Datierungshinweise: „Berlin Januar 1933“ auf dem Entwurf zum ersten Satz und „Louveciennes Februar 1934“ am Ende der Partitur des dritten. Der zweite Satz selbst ist undatiert, doch darf man den letzteren Hinweis als Abschlussdatum der orchestrierten Partitur des Gesamtwerkes annehmen.[19] Wenn man davon ausgeht, dass Weill in den Wochen unmittelbar nach seiner Flucht aus Deutschland nicht an der Symphonie weitergearbeitet hat, so ist wahrscheinlich das Ballett vor dem *Largo* der *Symphonie* entstanden. Die folgenden Beobachtungen sind allerdings unabhängig von solchen Details der Entstehungsreihenfolge denkbar – die zeitliche Nähe der Entstehung beider Werke ist in jedem Fall gegeben.

Nb. 1: Symphonie, 2. Satz, T. 96 (Partitur).[20]

Nb. 2: Die sieben Todsünden, Nr. 5, T. 1 (Klavierauszug).

Im *Largo* finden sich, über den Verlauf des Satzes verteilt, mehrfach achttaktige Abschnitte, die stilistisch in der Nähe zu Weills sogenanntem „Song-Stil" zu verorten wären: Dies verdeutlichen wiederholte, auf Dreiklängen gebaute rhythmische

Begleitmuster und die klangliche Disposition (z. B. repetitive Streicher-Pizzicati, wiederholte Dreiklangspatterns in den Holzbläsern, ganz allgemein: sparsame, charakteristische Instrumentierung), regelmäßige Syntax in der Melodiebildung, teils mit klar erkennbaren Vorder- und Nachsatzbildungen (vgl. etwa T. 21–28; 29–36 und 96–103). Der letztgenannte Abschnitt (vgl. Notenbeispiel 1) enthält eine solche Gestalt, die eine deutliche Nähe zur Nr. 5 der *Todsünden* offenbart (Notenbeispiel 2). In ihrer achttaktigen Phrasengestalt zeigt sich die Verwandtschaft insbesondere in der Vertonung der zweiten Strophe „Ihr sagte ich“ etc., T. 44–51. Wie in der erwähnten Passage der *Symphonie* konstruiert Weill hier eine achttaktige Phrase, die neben dem fast identischen Begleit-Pattern weitere charakteristische Ähnlichkeiten aufweist: Das harmonische Fortschreiten ist, wenn auch nicht gleich, so doch durch Gemeinsamkeiten gekennzeichnet, wie die auffällige Bevorzugung von dominantischen Sept-Non-Zusammenklängen, die gelegentlich auch aneinandergekettet werden. Sie resultieren aus einer gezielten Koordination von Terzschichtungen in den Begleitpatterns sowie in Bässen, die teils in Quinten (dabei Quintfallsequenzen andeutend), teils diatonisch oder chromatisch fortschreiten. Die daraus resultierenden harmonischen Verläufe sind in *Todsünden* und *Symphonie* durchaus verschieden, gemeinsam ist ihnen aber die Akkumulation von verminderten Sept-Non-Akkorden, die teilweise durch mediantische (Quint-)Verhältnisse aufeinander bezogen sind; z. B. *Symphonie* T. 102/103: Cis$^{7-9}$ – F$^{7-9}$ (Notenbeispiel 3), *Todsünden* T. 49/50 (Notenbeispiel 4)[21].

Nb. 3: Symphonie, 2. Satz, T. 96–103 (Partitur, nur Holzbläser).

Nb. 4: Die sieben Todsünden, Nr. 5, T. 49–51 (Klavierauszug).

Vergleichbar ist auch die Aufteilung der Melodie in vier zweitaktige, sequenzierte Dreitongruppen: Im Falle der *Symphonie* in klare Viertel und Halbe (siehe Flötenstimme in Notenbeispiel 3), im Falle der *Todsünden* frei in rhythmisch und in der Aufteilung der Töne variablen Formen, die den ungleichmäßig geformten Text in die gleichmäßig gebaute musikalische Form einzupassen sucht (Notenbeispiel 5).

Nb 5: Die sieben Todsünden, Nr. 5, T. 43–50 (Klavierauszug, nur Gesangsstimme).

Hinzuweisen ist in diesem Zusammenhang auf eine korrespondierende Stelle am Anfang des Satzes. In T. 21–28 finden wir das Seitenthema in der Soloposaune, anschließend T. 29–36 in den Streichern (Notenbeispiel 6). Weills eigenem Hinweis folgend, dass in diesem Satz die Sonatenform zum Tragen komme (den wir allerdings nicht zu wörtlich nehmen sollten), mögen beide Stellen im Sinne von Exposition und Reprise im Verhältnis stehen. Allerdings weisen sie, bei aller Ähnlichkeit in Struktur, Harmonie und Klang, weder dieselbe melodische Gestalt noch denselben harmonischen Verlauf auf. Auf die deutliche Verwandtschaft des Seitenthemas mit der Melodie des Songs *So wie man sich bettet so liegt man* aus *Aufstieg und Fall der Stadt Mahagonny* hat bereits Kuhnt (326f.) hingewiesen.

Nb. 6: Symphonie, 2. Satz, T. 29–33 (Partitur, nur Streichinstrumente).

Nb. 7: Aufstieg und Fall der Stadt Mahagonny, Nr. 11, T. 286–301 (Klavierauszug, nur Gesangsstimme „Jim Mahoney" und Klavier).[22]

Kuhnt deutet dies als programmatischen semantischen Verweis auf die Textebene des Songs. Einen Zusammenhang sieht er dabei in der materialistischen Botschaft auf der Oberfläche des Textes, die Kuhnt, bezüglich der Semantik in der *Symphonie*, in Beziehung setzt zu Weills materieller Situation, insbesondere nach dem Ausfall von Vorschusszahlungen der „UE" an den Komponisten. Ein solches Programm – beweisbar ist es nicht, ebensowenig widerlegbar – wäre indes ein geheimes (und man mag bezweifeln, ob Weill angesichts seiner auf Kommunikabilität gerichteten künstlerischen Haltung geheime Programme intendierte), nicht nur weil dem Konzertpublikum der konkrete biographische Hintergrund nicht bekannt gewesen sein dürfte, sondern auch, weil das Songthema nicht wörtlich zitiert, sondern deutlich verändert wurde und nicht allzu leicht wiederzuerkennen ist. Denn die Ähnlichkeit des aufwärtsgerichteten Impetus mit der Punktierung betrifft nur die ersten beiden Takte dieser Themen. Darüber hinaus war das Thema in der Oper in Melodie und Begleitung deutlich funktionsharmonisch gebunden: D – G – A – D – h – e – A – D (siehe Notenbeispiel 7). In dem Seitenthema seiner *Symphonie* hingegen bricht Weill sowohl in der Begleitung wie auch in der Melodie die Funktionalität der Drei- und Vierklangharmonik auf: G^{maj7}-g^{6} – es – G – e – c – es – $D^{-5\,7}$. Stilistisch befindet sich also dieses Thema deutlich näher an den *Todsünden* von 1933 als an *Mahagonny* von 1928.

IV.

Weill selbst war der Ansicht, den in der *Dreigroschenoper* ausgeprägten Songstil in späteren Werken „formal, instrumental und melodisch" deutlich erweitert zu haben[23] – eine Tendenz, zu der er sicher auch *Symphonie* und *Todsünden* gerechnet hätte. Das ändert nichts daran, dass gerade diese und ähnliche Stellen einer Klanglichkeit zugeordnet wurden, die man gerade nicht primär als „symphonisch" empfand. So hob Bruno Walter gerade diese Stelle („‚Begleitung' des Posaunen Solos und andere ähnliche Dinge") hervor, bei der er die Orchesterbehandlung (im Gegensatz zur durchaus symphonischen Form) als „keineswegs symphonisch" bezeichnete und in der er einen „sonderbaren ironisch tragisch populären Ton" erspürte, der in seinen Augen gerade den „Reiz des Werkes" ausmache.[24] Was hier impliziert ist, sprachen die meisten Premierenkritiker in Amsterdam offen aus: Man vermeinte den Ton der *Dreigroschenoper* in der Symphonie wiederzuerkennen, und bemaß diese fast ausnahmslos daran, ob der Transfer vom Theaterstil ins Symphonische als gelungen aufgefasst werden konnte oder nicht.[25] So stand letztlich die (dort sehr bekannte) *Dreigroschenoper* einer unbefangenen Rezeption der *Symphonie* als selbstständiges Werk eher im Wege.

Trotz der negativen Kritiken behielt Walter das Werk in den kommenden Jahren in seinem Programm, und führte es in Den Haag, Rotterdam, New York und Wien auf. Als die New York Times berichtete, das Publikum habe das Stück „mit viel mehr Gelassenheit und gutem Willen" aufgenommen, „als es solchen Dingen sonst entgegenbringt", befand sich der Komponist bereits in den USA. Er selbst hatte das Zitat in einem Brief an Lotte Lenya folgendermaßen wiedergegeben: „Der Bericht sagt, daß das Publikum auf das Werk positiver reagiert hat als auf irgendein anderes modernes Werk."[26] Dass das Publikum mit einer deutlich anderen Erwartungshaltung an eine Symphonie wie an ein Werk des Musiktheaters heranging, hatten die Amsterdamer Kritiken Weill hinreichend gezeigt. Seine pointierte Hinzufügung des Adjektivs „modern" mag aber einen Fingerzeig darauf geben, wie Weill seine *Symphonie* innerhalb eines Diskurses um moderne Symphonik verortete: Er verstand sie offenbar als Beitrag zu einer Neukonstituierung jener Gattung, die ästhetisch (und durch die Repertoire-Praxis) mit dem vorausgegangenen Jahrhundert assoziiert wurde, deren Existenzberechtigung innerhalb der Moderne kritisch gesehen und deren ästhetische Maßstäbe und künstlerische Regeln noch keinesfalls ausgehandelt waren. Hierzu stellt sie einen Beitrag dar, in dem das auf den ersten Blick un-symphonische, theatralische Moment als ein universell-musikalisches und ein vorbildlich-modernes experimentiert wurde.

Anmerkungen

1 Christoph von Blumröder hat ausgeführt, dass „im Spannungsfeld der musikhistorischen Turbulenzen auch die überlieferte Gattung der Symphonie grundlegend in Frage gestellt wurde, indem sie als ein explizit der Musikauffassung und Ästhetik des 19. Jahrhunderts verpflichtetes Phänomen mit Beginn des 20. Jahrhunderts als zusehends veraltende Erscheinung in einen dezidierten Gegensatz zur Neuen Musik geriet, die als aktuelle kompositionsgeschichtliche Signatur geschichtsprägende Kraft schlechthin gewann." Vgl.: Dissoziation und Individualisierung. In: Die Symphonie im 19. und 20. Jahrhundert; Teil 2: Stationen der Symphonik seit 1900 (Hg. von Wolfram Steinbeck/ Christoph von Blumröder. Handbuch der musikalischen Gattungen Bd. 3,2). Laaber 2002, S. 93–149, hier S. 95.

2 Christian Kuhnt: Das Gegenteil von Pastorale: Anmerkungen zu Weills *2. Sinfonie.* In: Exilmusik: Komposition während der NS-Zeit (Hg. von Friedrich Geiger/Thomas Schäfer). Hamburg 1999, S. 315–329, S. 332.

3 David Drew: Vorwort. In: Kurt Weill: *2. Sinfonie* (1933). Mainz, Paris 1966, o.S.; ders.: Kurt Weill: A Handbook. Berkeley, Los Angeles 1987, S. 243.

4 Heinsheimer hatte diesen Gedanken wohl schon im Sommer 1929 bei einem Zusammentreffen in Baden-Baden anlässlich der Uraufführung des *Lindberghflugs* geäußert,

und diesen in einem Brief an Weill am 10. Oktober 1929 wiederholt. Vgl. Kurt Weill: Briefwechsel mit der Universal Edition Wien (Hg. Nils Grosch). Stuttgart 2002, S. 193.

5 Brief von Erwin Stein an Weill vom 16. Mai 1930, ebd., S. 249f.

6 Erst am 12. Mai 1932 spricht Weill von einem „geplanten Orchesterstück“, zu dem es indes nur „Vorarbeiten“ gebe, und für das er „noch nicht den richtigen Stil“ gefunden habe, ebd., S. 379.

7 Der Komponist der Stunde. Ralph Winett: Interview mit Kurt Weill. In: Kurt Weill: Musik und musikalisches Theater: Gesammelte Schriften. Mainz 2000, S. 470–474, hier S. 472.

8 Weill: Fort vom Durchschnitt! Zur Krise der musikalischen Interpretation, ebd., S. 35–39, hier S. 35.

9 Weill: Verschiebungen in der musikalischen Produktion. In: ebd., S. 61–64, hier S. 62.

10 Der Programmhefttext erschien im Programmheft des Concertgebouw Amsterdam, 11. Oktober 1934 (Abdruck in deutscher Sprache), erneut in: ebd., S. 143; und in: Kurt Weill-Studien (Hg. von Nils Grosch/Joachim Lucchesi/Jürgen Schebera. Veröffentlichungen der Kurt Weill-Gesellschaft Dessau Bd. 1). Stuttgart 1996, S. 200.

11 Dies führt Jürgen Schebera aus: Amsterdam, 11. Oktober 1934: Einiges zur Uraufführung von Weills *Sinfonie Nr. 2*. In: Kurt Weill-Studien, a. a. O., S. 109–118.

12 Ebd.

13 Weill: Bekenntnis zur Oper. In: Gesammelte Schriften, S. 47–49, hier S. 48.

14 Weill: Wie denken Sie über die zeitgemäße Weiterentwicklung der Oper? In: ebd., S. 60.

15 Weill: Über den gestischen Charakter der Musik. In: ebd., S. 83–88.

16 Vgl. vom Autor: Die Musik der Neuen Sachlichkeit. Stuttgart 1999, S. 140–144.

17 Zu Weills Selbstanleihen und Selbstzitaten vgl. Kim H. Kowalke: Kurt Weill, Moderne und populäre Kultur: Öffentlichkeit als Stil. In: Emigrierte Komponisten in der Medienlandschaft des Exils (Hg. von Nils Grosch/Joachim Lucchesi/Jürgen Schebera: Veröffentlichungen der Kurt Weill-Gesellschaft Dessau Bd. 2). Stuttgart 1998, S. 171–220, hier S. 189.

18 Zur Datierung siehe David Drew: Kurt Weill: A Handbook. Berkeley und Los Angeles 1987, S. 246.

19 Vgl. hierzu ebd., S. 243. In einem Interview erklärte Weill, das Werk sei im Winter 1933/34 entstanden; vgl. Handelsblad, Amsterdam, 10. Oktober 1934, zitiert nach Jürgen Schebera: Amsterdam, 11. Oktober 1934, a. a O., S. 114.

20 Die Wiedergabe der Notenbeispiele 1–6 erfolgt mit freundlicher Genehmigung von Schott Music International.

21 Bemerkenswert ist hier, dass die Auflösung der Dominante G7/-9 in T. 49 zwar durch den Quintfall im Bass angedeutet wird, aber tatsächlich nicht geschieht.

22 Die Wiedergabe dieses Notenbeispiels erfolgt mit freundlicher Genehmigung der Universal Edition, Wien.

23 Brief von Weill an Heinsheimer von der Universal Edition vom 14.10.1929, S. 194f.

24 Brief Bruno Walters (in Salzburg) an Weill (vermutlich in Louveciennes) vom 23. August 1934, zitiert nach der Kopie im WLRC [Weill Lenya Research Center, New York], Series 40.

25 Vgl. hierzu Schebera: Amsterdam, 11. Oktober 1934, a. a. O., S. 116f.

26 Brief von Weill an Lenya, 8. Mai 1937, dies sowie die Kritik der New York Times vom 2. Mai 1937 zitiert nach: Sprich leise wenn Du Liebe sagst. Der Briefwechsel Kurt Weill/Lotte Lenya (Hg. und übersetzt von Lys Symonette/Kim H. Kowalke). Köln 1998, S. 240f.

Carmen Ottner (Wien):

„... eine Heimat der Musik." Uraufführungen von Symphonien, symphonischen Orchesterwerken im Wiener Musikverein (1900–1945)

Die Gründung der „Gesellschaft der Musikfreunde" im Jahre 1812 hatte die „Emporbringung der Musik in allen ihren Zweigen" zum Ziel, – damit auch die Errichtung eines „Conservatoriums" und einer Bibliothek, die Autographen und Drucke von Kompositionen, musikwissenschaftliche Literatur, ikonographisches Material, später auch eine Instrumentensammlung beinhalten sollte. Diese Aufgaben wurden dann im neuen Haus der Gesellschaft, dem „Musikvereinsgebäude" am Karlsplatz, verstärkt weitergeführt bzw. ausgebaut. Am 5. 1. 1870 verlas Vizepräsident Nikolaus Dumba die Bauurkunde. Die letzten Worte lauteten: „Der Tonkunst in Schule und Meisterschaft geweiht, soll dies Haus sein und bleiben: ein Kunstwerk an sich, eine Heimat der Musik, eine Zierde der Stadt und des Reiches. Deß walte Gott!"

I. 1900–1914

Nach der Verstaatlichung des „Conservatoriums" (1909), das sich in wenigen Jahren zu einer der bedeutendsten Ausbildungsstätten entwickelt hatte, eröffneten sich für die „Gesellschaft der Musikfreunde" neue Perspektiven: ***Richard von Perger*** († 1911 Wien) leitete von 1899–1907 das „Conservatorium" und verfasste die Publikation „Geschichte der k. k. Gesellschaft der Musikfreunde in Wien. 1. Abteilung: von 1812 – 1870". Hier formulierte er die Situation folgendermaßen: „Von den Sorgen um die Schule befreit, ging die Gesellschaft der Musikfreunde hoffnungsfreudig und mit erhöhter Lust daran, die Gebiete der allgemeinen Kunstpflege und die Konzerttätigkeit zu erweitern und zu befestigen, neue Stützpunkte zu suchen und die alten zu sichern." Bis 1900 hatte Perger auch die Leitung der Konzerte der Gesellschaft über, wobei er sich nicht sehr bewährte, eine finanziell unsichere Zeitspanne, die durch die Berufung von ***Ferdinand Löwe*** († 1925 Wien), Schüler und „Jünger" Bruckners, gemildert wurde. (In diesen Jahren leitete Dr. Josef Freiherr von Bezecny die Gesellschaft.)

Löwes vierjähriger Tätigkeit verdankte das Wiener Konzertpublikum bedeutende Erstaufführungen von Werken von u. a. Hector Berlioz, Anton Bruckner, Antonin Dvořák, Robert Fuchs, Franz Schubert (*Messe Es-Dur*), Hugo Wolf.[1] Bedeutende Uraufführungen (alt-)österreichischer und deutscher Provenienz, vor allem auf symphonischem Gebiet, findet man unter seiner Ägide eher vereinzelt. Für dieses Manko war wohl verantwortlich: Die produktiven Jahre, in denen Symphonien und symphonische Werke von vor allem Johannes Brahms (u. a. *Haydn-Variationen*, *2.* und *3. Symphonie* zwischen 1872 und 1883) und Bruckner (*1., 2., 3., 4. Symphonie* in verschiedenen Fassungen, *6.* und *8. Symphonie* zwischen 1873 und 1899) in den Gesellschaftskonzerten uraufgeführt werden konnten, gehörten der Vergangenheit an. In späteren Jahren vermisst man oft Uraufführungen von Werken eines Komponisten von Weltrang wie z. B. Richard Strauss.

Davon abgesehen stellt man bald fest, dass zahlreiche Angaben in den Programmen bzw. der nachfolgenden Literatur unsicher bis falsch sind. Wir finden in der älteren Literatur nur in Einzelfällen die Angabe „Uraufführung", die sich aber nach genauer Recherche manchmal als unrichtig erweist (dies konstatiert man manchmal ebenso in neueren Publikationen). Es gibt auch Auslassungen, d. h., Uraufführungen wurden als solche nicht gekennzeichnet und man ist auch mit fragwürdigen Begriffen wie „neu", „zum ersten Male", „Erste Aufführung" konfrontiert, was in Einzelfällen sowohl Erst- als auch Uraufführung bedeuten kann. Daher bewegt sich der nachfolgende Text im Einzelfall auf unsicherem Boden und es ist zu hoffen, dass KollegInnen Dank zukünftiger Forschungen zu neuen Ergebnissen und Ergänzungen gelangen.

Ferdinand Löwe zeichnete sich durch große Vielseitigkeit aus, er war auch als Pädagoge am „Conservatorium" tätig, Dirigent des Chors „Wiener Singakademie" und Mitbegründer des „Conzertvereins-Orchester", das ab 1900 im Großen Musikvereinssaal eine sehr rege Konzerttätigkeit begann und „unter Ferdinand Löwes erzieherischer Leitung rasche und erfreuliche Fortschritte machte". Man muss bedenken, dass es damals – neben dem Hofopernorchester und den Wiener Philharmonikern – kein großes, aus Berufsmusikern bestehendes Orchester in Wien gab. Orchestergründungen in den Neunzigerjahren mussten bald wegen finanzieller Probleme aufgegeben werden. Durch das „Conzertvereins-Orchester" (auch „Concertverein") unter der Leitung von Karl Komzak erklangen *zwei Walzer* „ohne Opuszahl" von Johann Strauß (Sohn) erstmals am 18. 11. (*Ischler Walzer*) und am 9. 12. (*Abschieds-Walzer*) 1900. Auch die erste Uraufführung eines großen Orchesterwerks von Franz Schmidt übernahm dieser neue Klangkörper: Der junge Komponist leitete im Rahmen eines „Novitätenkonzerts" am 25. 1. 1902 selbst seine *1. Symphonie*, der der begehrte „Beethoven-Preis" der Gesellschaft zuerkannt worden war.

WIENER CONCERT-VEREIN.

Samstag, den 25. Jänner 1902

abends präcise ½8 Uhr

im grossen Musikvereins-Saale.

Novitäten-Concert

PROGRAMM:

Franz Schmidt	Symphonie, E-dur. (Ausgezeichnet mit dem Beethoven-Preise der Gesellschaft der Musikfreunde.) Unter Leitung des Componisten.
Leone Sinigaglia	Violin-Concert, A-dur. (Violine: Herr Arrigo Serato aus Bologna.)
Siegmund von Hausegger .	»Barbarossa.« Symphon. Dichtung in drei Sätzen. Unter Leitung des Componisten.

64

Abb. 1: UA von Franz Schmidts 1. Symphonie. Programm im Archiv der Franz Schmidt-Gesellschaft, Wien/Musikvereinsgebäude.

Die Wiener Philharmoniker ehrten ihren Kollegen mit der Uraufführung von *Zwischenspiel und Karnevalsmusik aus ‚Notre Dame'*. (6. 12. 1903, 3. Abonnementkonzert unter der Leitung Ernst von Schuchs. Nach der Ablehnung Gustav Mahlers erfolgte die Premiere von Schmidts 1. Oper *Notre Dame* am 1. 4. 1914 durch Franz Schalk an der Wiener Hofoper.) Das Orchester nahm sich auch Karl Goldmarks *Sinfonischem Tonstück ‚Zrinyi'* („Neu! I. Aufführung)" an: der Wiener Felix Mottl, „königl. bayr. Generalmusikdirektor" dirigierte das VI. Abonnementkonzert am 5. 2. 1905.[2]

Die bedeutendste Uraufführung der Ära Löwes war wohl Bruckners *9. Symphonie* (11. 2. 1903; allerdings bemängelte man Löwes Instrumentationsretuschen). Auffallend die regelmäßige Interpretation neuer Jugendwerke Franz Schrekers: *Andante für Orchester* (29. 3. 1900; „Unter der Leitung des Componisten; Abiturient der Compositionsschule; 2. Concert des Conservatoriums- unter Mitwirkung des Schüler-Orchesters. Den Schülern ist nicht gestattet Hervorrufen Folge zu leisten".) Danach der *116. Psalm* (10. 7. 1900), das *Intermezzo für Streichinstrumente* (9. 12. 1902; „Neu, erste Aufführung". „Wiener Concert-Verein", Dirigent: Ferdinand Löwe) und am 1. 3. 1903 spielten „Mitglieder des k k Hof-Opernorchesters" im 7. Abonnementkonzert der „Philharmonischen Concerte" unter der Leitung Josef Hellmesbergers die *Symphonische Ouvertüre nach Scheffels ‚Eckehard'* op. 12 („Neu, I. Aufführung"; Hinweis, dass Schreker bei Robert Fuchs am Conservatorium studierte und dies nicht seine erste Uraufführung in der Gesellschaft sei). Fälschlicherweise wurde die Aufführung von Hugo Wolfs *Penthesilea, Symphonische Dichtung für großes Orchester nach einem Trauerspiel von Kleist* am 15. 3. 1904, der ein großer Erfolg beschieden war, als Uraufführung bezeichnet. Diese fand jedoch am 14. 11. 1903 unter dem Dirigenten Adolf Kotzky in Hannover statt. (Bekanntlich hatten die Wiener Philharmoniker das Werk anlässlich einer Probe am 15. 10. 86 im Musikvereinssaal abgelehnt).[3]

1904 übernahm ***Franz Schalk*** († 1931 Wien) die Leitung der Gesellschaftskonzerte, die er **bis 1921** innehatte, da sein nach einigen Jahren auslaufender Vertrag immer wieder verlängert wurde. (Ab 1904 bis 1912 war Adolf Koch Edler von Langentreu Direktor der Gesellschaft der Musikfreunde). Die Qualität der Darbietungen Schalks sicherten den Gesellschaftskonzerten „ihre zentrale Stellung im Wiener Musikleben", da er „in der Programmbildung große Einheitlichkeit und Geschlossenheit" erreichte. Doch auch in diesen so glanzvollen Jahren bis zum Ausbruch des 1. Weltkriegs wurden vorrangig E r s t a u f f ü h r u n g e n von z. B. Richard Strauss' *Sinfonia Domestica*, Kompositionen von Edward Elgar, Hans Pfitzner berücksichtigt, und Gustav Mahler dirigierte seine eigenen Symphonien. Ein besonderes Verdienst erwarb sich Schalk mit den Interpretationen der Matthäus- und Johannespassion J. S. Bachs als „Erste ungekürzte Aufführungen in Wien", die dann jedes Jahr um die Osterzeit geboten wurden.[4]

Das Wiener Konzertleben erfuhr eine weitere Bereicherung durch die Gründung des „Wiener Tonkünstlerorchesters", das sich am 10. 10. 1907 im Großen Saal des Musikvereinsgebäudes vorstellte und dort bald einen Abonnement-Zyklus anbieten konnte. Die Wertschätzung, die man damals Franz Schreker entgegenbrachte, zeigte sich in weiteren Uraufführungen, z. B. durch dieses neue Orchester unter der Leitung Oskar Nedbals: am 13. 1. 1910 stellte man sein *Nachstück* vor. Schreker konnte im Programmheft (S. 16ff.) einen Text (mit Analyse und Notenbeispielen), den er bereits in der Musik- und Theaterzeitschrift „Der Merker" veröffentlicht hatte, unterbringen: Eine große Orchesterbesetzung mit umfangreichem Schlagwerk „versucht seelische Stimmungen und Kämpfe einer durchwachten Nacht zu schildern." Ursprünglich wäre dies „als Zwischenaktmusik einer (noch unvollendeten) Oper gedacht ..." gewesen.[5]

Erich Wolfgang Korngold

(geboren am 29. Mai 1797 zu Brünn).

Erich Wolfgang Korngold war Schüler von Robert Fuchs und Alexander v. Zemlinsky. Er schrieb im Alter von elf Jahren die Pantomime „Der Schneemann", die am 4. Oktober 1910 im Wiener Hofoperntheater zur Erstaufführung gelangte und weiter über die Bühnen von Breslau, Prag, Leipzig, Düsseldorf, Brünn, Hamburg, Köln, Riga, Augsburg etc. ging. Im selben Alter schrieb der Knabe eine Klavier-Sonate in D-moll und Klavierstücke zu „Don Quixote", beide ohne Opuszahl. Mit zwölfeinhalb Jahren komponierte er das Trio op. 1, zum ersten Male am 10. November 1910 in München aufgeführt; mit dreizehn Jahren die Klaviersonate in E-dur, op. 2, zum ersten Male in Berlin am 13. Oktober 1911 aufgeführt, und die Märchenbilder, Sieben Klavierstücke, op. 3, vollständig zum ersten Male in Berlin, März 1912, aufgeführt. Im Alter von vierzehn Jahren, im Sommer 1911, ist die „Schauspiel-Ouvertüre" für großes Orchester, op. 4, komponiert, die im Leipziger Gewandhause am 14. Dezember 1911 die Erstaufführung erlebte, am 21. Oktober 1913 gelangte in Berlin die Violinsonate, op. 6, zur Uraufführung. Im Alter von teils vierzehn teils fünfzehn Jahren ist die Sinfonietta, op 5, komponiert.

Sinfonietta in H-dur. *)

für großes Orchester, op. 5.

Besetzung: Streichorchester, Piccolo, je zwei Flöten, Oboen, Klarinetten, Baßklarinette, zwei Fagotte, Kontrafagott, vier Hörner, drei Trompeten, drei Posaunen, Basstuba, zwei Harfen, Celesta, Pianino, vier Pauken, Triangel Glockenspiel, kleine Trommel, Becken, tiefe Glocken.

Der Partitur ist vom Komponisten gleichsam als Motto vorangestellt:

Motiv des fröhlichen Herzens:

*) Analyse nach einer vom Komponisten übergebenen Vorlage.

— 5 —

Abb. 2: UA von Erich W. Korngolds „Sinfonietta". Programm im „Historischen Archiv der Wiener Philharmoniker", 1010 Wien. Wir danken der Archivarin Sylvia Kargl für die Genehmigung dieser und folgender Abbildungen.

Franz Schalk konzentrierte sich im Dezember 1912 gänzlich auf das Festprogramm der Hundertjahrfeier der „Gesellschaft der Musikfreunde". Neben J. S. Bach, den drei Klassikern, Schubert, Brahms, Bruckner und Wagner fällt nur der Zeitgenosse Karl Goldmark auf, dessen *Symphonie Es-Dur*, allerdings ein älteres Werk (aus den Achtzigerjahren) des damals hochgeehrten Komponisten (1915 85-jährig in Wien verstorben), interpretiert wurde. Schalk dirigierte vier Konzerte mit den drei nun verfügbaren Orchestern: zwei mit den Philharmonikern, je eines mit den Tonkünstlern und dem Concertverein, so auch eine Festvorstellung von „Fidelio“ in der Hofoper. Vorträge, Festakte, Bankette, Empfänge, Kranzniederlegungen an den Gräbern großer Komponisten vervollständigten das Programm. Davor waren Umbauten im Musikverein – auch aus baupolizeilichen Gründen – vorgenommen worden: Das Stiegenhaus wurde verändert und die berühmten Karyatiden im Großen Saal, „die ursprünglich an den Logenbrüstungen standen und die Galerie trugen, an die Wand geschoben.“[6]

Für veritable Uraufführungen fand Schalk wenig Zeit. Eine bemerkenswerte Ausnahme bildete die *2. Symphonie* Franz Schmidts, an dessen Schaffen Schalk stets vermehrtes Interesse zeigte: Er stellte das Werk am 3. 12. 1913 mit dem „Concertvereins-Orchester“ vor. Zwei Wochen davor erklang erstmals Erich W. Korngolds *Sinfonietta* mit den Philharmonikern: Felix v. Weingartner dirigierte das ihm gewidmete Werk. (30. 11. 1913; Die Angabe von Korngolds Witwe Luzi, die *Sinfonietta* wäre in Berlin von Arthur Nikisch uraufgeführt worden, ist somit falsch, nicht aber die Feststellung, dass dieses Werk „dem jungen Komponisten den entscheidenden, durchschlagenden Erfolg“ beschied.)[7]

Der Beschluss, einen „Jubiläums-Kompositionspreis“ (Direktionssitzung 4. 5. 1910) zu stiften, galt einem „großen Chorwerk mit Orchester“. (Die Jury: Eugen d’Albert, Robert Hirschfeld, Julius Korngold, Hermann Kretschmar, Ferdinand Loewe, Franz Schalk). Die „10.000 Kronen“ gewann Karl Prohaska für seine Komposition *Die Frühlingsfeier* (nach Klopstock). Ab dieser Zeit war Schalk für vier „ordentliche“ und vier „außerordentliche“ Konzerte verantwortlich.[8]

Trotzdem erhielten andere Veranstalter, andere Dirigenten, die Möglichkeit, neue Werke im Großen Musikvereinssaal zur Uraufführung zu bringen: Man denke nur an folgende historisch bedeutende Kompositionen der „Wiener Schule“ bzw. von Komponisten, die dem Schönberg-Kreis nahestanden: Alexander Zemlinsky leitete selbst seine *Phantasie für Orchester. Nach dem gleichnamigen Märchen von H. Chr. Andersen, Die Seejungfrau* (25. 1. 1905). Da das „Echo zurückhaltend“ war, nahm sich Schönberg der „Seejungfrau“ nie mehr an, deren Entstehungsgeschichte ein wichtiges Thema innerhalb des Briefwechsels in den Jahren 1902/03 war: Im Februar 1902 teilte Zemlinsky mit, er „arbeite fest an einer symphonischen Dichtung ... es soll eine Vorarbeit für meine Symfonie [sic!] ‚*Vom Tode*‘ werden“, am 31. 3. 1903: „Meine Symfonie ist fertig – wenn du die Deine [*Pelleas und Melisande*] schickst schicke ich meine.“ (Der Musikwissenschafter und Dirigent Peter Gülke führte *Die Seejungfrau* erst 1985 wieder auf!) Alma Mahler, die ungeniert in allen künstlerischen Belangen urteilte, notierte zum neuen Werk ihres einstigen Verehrers: „Jänner 1905: Heute war Generalprobe ...

Schönbergs Musik macht einen tiefen Eindruck auf mich: Ich verstand jetzt erst Zemlinskys sonderbares Aussehen: klein, zahnlos und ohne jeden Ansatz von Kinn, was seinem Gesicht einen zwerghaft-erschrockenen Ausdruck gibt. Und Mahler und ich sagten immer: ‚Zemlinsky fehlt das Kinn auch in der Musik' Sequenzen ... enharmonische Verwechslungen ... nur Chromatik ... kein Eindruck: Es ist schade! Sein Können überwuchert seine Phantasie." Arnold Schönberg dirigierte im Rahmen der Konzerte des „Vereins schaffender Tonkünstler" und des Wiener „Akademischen Verbandes für Literatur und Musik" auch Kompositionen seiner Studenten: z. B. Anton von Weberns *Passacaglia* (4. 11. 1908). Dessen *Orchesterstücke* op. 6, so auch Bergs *Fünf Orchesterlieder nach Ansichtskarten-Texten von Peter Altenberg* standen am Programm des sogenannten „Skandalkonzerts" mit dem „Concertverein" am 31. 1. 1913.[9]

So ist auch die posthume Uraufführung von Mahlers *9. Symphonie* im Rahmen eines Musikfestes zu nennen, interpretiert von den Philharmonikern unter Bruno Walter (26. Juni 1912).

Wiener Musikfestwoche 1912

Mittwoch den 26. Juni, abends 8 Uhr
im Großen Musikvereins-Saale

III. KONZERT

Ausführende:
Das Wiener philharmonische Orchester
Dirigent: Hofopernkapellmeister
BRUNO WALTER

Programm

1. Josef Haydn .... Symphonie C-moll (Nr. 9)
Allegro
Andante cantabile
Menuetto
Vivace

2. Gustav Mahler .... IX. Symphonie
Uraufführung aus dem Manuskript
Andante comodo
Im Tempo eines gemütlichen Ländlers
Rondo. Burleske. Allegro assai
Adagio

Während der Musikfestwoche Ausstellung musikalischer Zimelien im Prunksaale der k. k. Hofbibliothek (I. Josefsplatz), täglich von 9 bis 4 Uhr, an Sonn- und Feiertagen von 10 bis 1 Uhr.

Abb. 3: UA von Gustav Mahlers 9. Symphonie. Programm im „Historischen Archiv der Wiener Philharmoniker", 1010 Wien.

Berg und Schönberg äußersten sich zu dieser letzten vollendeten Symphonie Mahlers enthusiastisch: Berg meinte, das Werk sei „das herrlichste, was Mahler geschrieben hat“ und Schönberg attestierte: „In ihr spricht der Autor kaum mehr als Subjekt. Fast sieht es so aus, als ob es ... noch einen verborgenen Autor gebe, der Mahler als Sprachrohr benützt hat.“ Damit formulierte er seine Ansicht, dass Mahler ein „Heiliger“ und „Märtyrer“ gewesen sei und gerade die *Neunte* eine transzendentale Basis aufweise. In diesem Jahr fand in einem „Philharmonischen“ (10. 11.) wieder eine Uraufführung Karl Goldmarks statt: Felix Weingartner dirigierte die dreiteilige Ouvertüre *Aus Jugendtagen*, die laut Programmheft „... ein Reflex von treu bewahrten Empfindungen und Bildern“ beinhalte.[10]

Als das **Wiener Konzerthaus** eingeweiht wurde, stellte der damalige Vizepräsident der „Gesellschaft der Musikfreunde“, Dr. Ernst Kraus, in der „Direktionssitzung vom 11. 3. 1912“ fest, man „begrüße aufrichtig“ diese Neugründung, aber es sei nun „Pflicht, einen aufsteigenden Machtfaktor rechtzeitig zu erkennen und richtig einzuschätzen und durch geeignete Vertragsverhältnisse für die eigenen Gebiete nutzbringend zu machen.“ Kraus fügte hinzu: „Das Moment der Konkurrenz“ soll durch „freundschaftliches Einvernehmen“ ausgeschlossen werden. Der Ausgliederung des Conservatoriums und damit die Übersiedlung in den Gebäudekomplex des Konzerthauses folgten Probleme mit dem Orchester der „Tonkünstler“, das besonders an den Auftrittsmöglichkeiten im neuen Haus in der Lothringerstraße interessiert war. „... ein durchaus begreifliches Gefühl der Bitterkeit“ war die Folge, man bemühte sich im Musikverein jedoch, dies nicht publik zu machen bzw. später dann das Tonkünstlerorchester öfter zu engagieren.

Die Wiener Philharmoniker konnten vor Kriegesausbruch in ihren Abonnementkonzerten im Musikvereinsgebäude noch einzelne neue Werke vorstellen, interessant vor allem Korngolds bereits erwähnte *Sinfonietta* und Franz Schrekers *Vorspiel zu einem Drama* (8. 2. 1914), auch das letztere Werk dirigierte Felix v. Weingartner, womit die damalige Wertschätzung der beiden Komponisten wiederum eindrucksvoll dokumentiert wurde.

Im Mai 1914 organisierte man gemeinsam mit der „Deutschen Bach-Gesellschaft“ das „VII. Deutsche Bach-Fest“ (am 10. 5. war Franz Schmidt als Cembalist engagiert!), man dachte auch an ein großes „Wiener Musikfest“.[11]

Am 28. 6. 1914 wurde der Thronfolger Franz Ferdinand ermordet, ein Monat später erfolgte die Kriegserklärung.

II. 1914–1918

Franz Schalk als entschlossene und integre Persönlichkeit bewährte sich in diesen dunklen Jahren. Nur Dank seiner Hilfe konnte man einen „regulären Betrieb“ aufrechterhalten. Trotz strenger Sparmaßnahmen dirigierte er weiterhin vier „ordentliche“ und drei bis fünf „außerordentliche“ Konzerte, allerdings mit größtenteils Kompositionen aus der Vergangenheit. So auch die „ungekürzten“ Passionsaufführungen, ein Konzert „Dem Andenken Max Regers“ († 1911; 18. 10. 1916) und man gedachte des Geburtstags von Beethoven (16. 12. 1914, 17. 12. 1915, 16. 12. 1916, 15. 12. 1917). Nach dem Tod des Kaisers am 21. 11. 1916 gestaltete Schalk „Dem Andenken Sr. Majestät Kaiser Franz Joseph I.“ am 29. 11. eine musikalische Trauerfeier mit Bruckners „Adagio“ aus der *Siebenten* und Mozarts *Requiem*. Prinz Alexander von Thurn und Taxis wurde 1916 zum Präsidenten gewählt. Seiner Fürsprache war es zu danken, dass es möglich war, den Großen Saal zu heizen und zu beleuchten. Im selben Jahr ernannte man Richard Strauss zum Ehrenmitglied der Gesellschaft und konnte einen Erfolg für die berühmten Sammlungen des Hauses verbuchen: Verhandlungen mit den Erben von Johannes Brahms ergaben, dass man die entsprechenden Autographe des Meisters behalten konnte.

Ein großes Problem bedeutete die traurige Tatsache, dass sich im Laufe der Kriegsjahre „die Reihen von Chor und Orchester“ lichteten, da mit der Zeit auch Sänger und Instrumentalisten einrücken mussten. Dies betraf auch den „Hauschor“ der Gesellschaft, den „Wiener Singverein“, der oft nur mit maximal 75 Sängern rechnen konnte (Normalbesetzung damals ca. 200). Bei größer besetzten Werken mussten die überlebenden oder noch nicht eingezogenen bzw. älteren Musiker aus dem „Concertverein“ und den „Tonkünstlern“ zu einem Orchesterapparat zusammengezogen werden, wobei man nun eine engere Arbeitsgemeinschaft mit den Tonkünstlern anstrebte. Bedürftigen Künstlern wurde durch rasch gegründete Institutionen finanziell geholfen: die „Allgemeine Kunstfürsorge“ (Fürstin Pauline Metternich) und das „Kriegshilfskomitee für Musiker“. Die Saalmieten und die Kartenpreise mussten erhöht und ein Fonds eingerichtet werden, der von finanzkräftigen Gönnern großzügig bedacht wurde.

Mehrere Todesfälle im Laufe der Kriegsjahre – Komponisten, Musiker, Pädagogen, die mit der Gesellschaft sehr verbundenen waren (Karl Goldmark, Eduard Kremser, – u. a. Dirigent des Wiener Männergesangvereins –, Richard Heuberger, Theodor Leschetitzky, Hans Richter, der erfolgreiche Klavierpädagoge Adolf Prosnitz) und das Ableben eines verlässlichen Mentors, Dr. Gustav Marchet (Direktor ab 1912, später auch Minister für „Cultus und Unterricht“) – hinterließen eine empfindliche Lücke. 1917 versuchte die „Stadthalterei ... die gänzliche Sperre der Wiener Konzertsäle auf unbestimmte Zeit“ zu erreichen, nach heftigen Protesten einigte man sich auf

Musikdarbietungen von Samstag bis Montag, die um 21 Uhr beendet sein mussten.[12] Wie sollte man in solch einer tristen Situation an die Einstudierung neuer Werke, ob vokaler oder instrumentaler Konzeption, denken? Hans Gáls *Ouvertüre* zu Grillparzers *Weh dem, der lügt* am 16. 3. 1916, von den Tonkünstlern im VII. Abonnementkonzert unter Oskar Nedbal vorgestellt, bildete eine der wenigen Ausnahmen. Das Programmheft gab Auskunft darüber, dass es sich um „eine Orchesterphantasie" handelte, „die weniger die Vorgänge der Handlung, als viel mehr die Hauptcharaktere und Stimmungen des Grillparzerschen Lustspiels musikalisch zum Ausdruck zu bringen versucht." Die Programme der Wiener Philharmoniker wiesen wenige Uraufführungen auf. Von den bekannteren Komponisten wären zu nennen: Julius Bittners *Vaterland, sinfonische Dichtung* (19. 12. 1915, Dirigent Felix Weingartner) wurde wahrscheinlich Dank des patriotischen Inhalts bzw. Titels ausgewählt. Wenige Monate davor erklang Josef Bohuslav Försters († 1951) einsätzige *Symphonie Von Frühlingssehnsucht*, deren Titel jedoch „kein Programm" sei. (Der tschechische Komponist war bis 1918 in Wien u. a. als Pädagoge tätig.)

Das letzte Konzert Schalks vor Kriegsende – mit den Tonkünstlern am 13. 11. 1918 – präsentierte Brahms' *Requiem* – „zugleich ein Requiem auf die österreichisch-ungarische Monarchie".[13]

III. 1918–1920[14]

Das Kapitel dieses Zeitabschnitts erhielt von Carl Lafite in seiner „Geschichte der Gesellschaft der Musikfreunde 1912–1937" die Überschrift „Schwerste Zeiten". Wien war nicht mehr die Residenz-Hauptstadt eines großen, politisch dominierenden Reiches und nun in der Relation zur bescheidenen Dimension des Landes viel zu groß. Probleme mit den Verkehrsmitteln, der Heizung, der Beleuchtung u. a. m. zwangen die Verantwortlichen im Musikverein zu handeln. Man bemühte sich, die Konzertsaisonen 1918/19 und 1919/20 „in gewohnter Weise abzuhalten". Franz Schalk leitete in diesen Jahren – noch! – die obligaten vier ordentlichen und drei außerordentlichen Gesellschaftskonzerte, allerdings mit fast durchwegs Kompositionen der Vergangenheit – nur Goldmarks *Ouvertüre Sakuntala* und Kienzls *Ostara* (ein „Auferstehungshymnus") fielen aus dem Rahmen. Berühmte Instrumentalisten oder SängerInnen aus dem Ausland konnten aus finanziellen Gründen kaum verpflichtet werden, was zur Folge hatte, dass österreichische Künstler vermehrt engagiert wurden. Außerdem musste man versuchen, die Orchester wieder zu etablieren. „Erhöhte Gagenforderungen" nach der Geldentwertung, eine „Konzertsperre" im Winter, verschärften die Situation der ums Überleben kämpfenden kulturellen Einrichtungen. Trotz der Schwierigkeiten des täglichen Lebens, der Armut, der einschneidenden

Veränderungen in Politik und gesellschaftlichen Belangen, bestand weiterhin großes Interesse an Musik und Theater. Die nun als „Staatsoper“ bezeichnete Institution wurde von den Politikern der jungen Republik sehr gefördert, Schalk gemeinsam mit Richard Strauss in die Direktion berufen. Dies bedeutete für die Gesellschaft der Musikfreunde, sich langsam mit dem Gedanken an einen Nachfolger anzufreunden, da Schalk bald wegen Arbeitsüberlastung Dirigate absagen musste. 1919 engagierte man Franz Schütz als „Orgelwart“ und betrauerte den Tod Ludwig Bösendorfers. Mit dem Tod Carl Artarias, Präsident der Konzerthausgesellschaft, verlor die Gesellschaft einen loyalen Kollegen an der Spitze der Konkurrenz.

Am 24. 1. 1920 erfuhren Korngolds *Drei kleine Zwischenspiele aus einer Musik zu ‚Viel Lärm um nichts‘* op. 11 ihre Ur- und die *Sinfonische Ouverture ‚Sursum corda‘* die Erstaufführung – unter der Leitung des Komponisten. Die Ouverture war ein Misserfolg (1938 verwendete Korngold das Werk für seine preisgekrönte „Robin-Hood“-Filmmusik), die Orchesterstücke zu Shakespeares Komödie bearbeitete und erweiterte (14 Teile) er dann für eine Aufführung im Schönbrunner Schlosstheater, interpretiert von Mitgliedern der Philharmoniker. Dies dürften in diesen Jahren die einzigen neuen Instrumentalkompositionen für großes Orchester von musikhistorischem Interesse gewesen sein.

IV. 1921–1937[15]

1.) 1921–1930

Nach dem Rücktritt Franz Schalks konnte man 1921 ***Wilhelm Furtwängler*** als Hauptdirigent verpflichten, der erstmals im Musikverein im Juni 1913 das Tonkünstlerorchester, nach dem Krieg die Symphoniker, leitete und inzwischen eine imponierende Karriere vorwies. Mit ihm begann das Zeitalter des „Reisedirigenten“ – dieses Faktum musste die Gesellschaft der Musikfreunde zur Kenntnis nehmen. Daher berief man ***Leopold Reichwein*** als zweiten Dirigenten, der bis 1927 – und sein Nachfolger ***Robert Heger*** bis 1934 – tätig war. Furtwänglers Konzerte verkauften sich trotz der chaotischen Inflationsjahre ausgezeichnet, allerdings setzte er größtenteils Werke der Vergangenheit aufs Programm – die Erstaufführung von Pfitzners *Von deutscher Seele* (28. 2. 1922) bildete eine auffallende Ausnahme. Dank großzügiger Spenden konnte man die Zahl der vier ordentlichen Konzerte auf zehn erhöhen.

Die beiden Klangkörper „Tonkünstler-“ und „Konzertvereinsorchester“ waren durch die vielen gefallenen und schwer verwundeten Musiker erheblich dezimiert. Nun vereinigte man beide im „Wiener Symphonieorchester“ und ermöglichte durch umsichtige Vertragsabschlüsse eine kontinuierliche Zusammenarbeit mit dem Musikverein, eine Maßnahme, die die stets wachsende Nachfrage nach Konzerten (bis in die Gegenwart) sicherte. Ab 1923 bot man zahlreiche Abonnementkonzerte (Zyklen oder „Sonderabonnementkonzerte“) an. Nicht nur Dirigenten, auch bedeutende Instrumentalisten, SängerInnen waren meist nur mehr an Gastverträgen interessiert, ihre vermehrten internationalen Verpflichtungen betrafen auch die Staatsoper und die Wiener Philharmoniker. So sagte Furtwängler 1930 zahlreiche Wiener Dirigate ab, Robert Heger übernahm viele Konzerte.

Gab es bis 1930 erwähnenswerte Uraufführungen symphonischer Musik bzw. Werke für großes Orchester? Die Anzahl der – gesicherten! – Uraufführungen dieser Gattung ist im Musikverein relativ groß, die Anzahl der auch für die Gegenwart beachtenswerten Kompositionen ist nur im Einzelfall als befriedigend zu bezeichnen. Wir finden hier zwei Werke Hans Gáls: *Symphonische Phantasie für großes Orchester* e-Moll (20. 11. 21), von den Philharmonikern unter ***Felix Weingartner*** uraufgeführt, und *Divertimento* (27. 11. 1928). Gál war in diesen Jahren als Lektor am Musikwissenschaftlichen Institut der Universität beschäftigt (Promotion 1913 bei Adler), danach 1929–33 Direktor am Mainzer Konservatorium.[16] Joseph Marx erlebte zwei Uraufführungen: *Eine Herbstsymphonie* (5. 2. 1922) durch die Philharmoniker unter Weingartner bzw. *Idylle. Concertino über die pastorale Quarte* (4. 3. 1926) unter ***Clemens Krauss***. Die Philharmoniker widmeten am 2. 12. 1928 – mit Franz Schalk – ein außerordentliches Konzert den beiden Preissymphonien des amerikanischen Komponisten-Wettbewerbs der „Columbia Graphophone Company New York“: Kurt Atterbergs *Symphonie in C-Dur* errang den Hauptpreis, während man Franz Schmidts *3. Symphonie* mit dem „ersten Preis der österreichischen Zone“ auszeichnete.

Die erstmalige Interpretation des illustren Orchesters von Weingartners *Reisenauer Variationen (nach einem hinterlassenen Klavierwerke Alfred Reisenauers) für Orchester und Orgel* (6. 1. 1923; „Thema und XVIII Variationen und Finale“) dürfte eine kollegiale Geste gewesen sein. Auch Kompositionen von Linda Bandara (12. 3. 1922; *Symphonische Dichtung ‚Ländliche Stimmungsbilder‘*), Werke von George Szell (*Konzertouvertüre*), Camillo Horn (*Symphonie*) oder Wilhelm Jerger fallen wohl in diese Kategorie, so wie Robert Hegers *Symphonie in c-Moll. op. 21*, die er selbst mit dem neuen „Wiener Symphonieorchester“ interpretierte (15. 1. 1929). Zu den Komponistennamen, die gegenwärtig nicht gänzlich unbekannt sind, zählten z. B.: Rudolf Kattnig, Karl Prohaska, Max Springer. Sie erlebten in den Jahren 1925–1927 Uraufführungen ihrer Symphonien durch das Symphonieorchester unter den Dirigenten Reichwein und Heger (Kattnig: *Symphonie in C-Dur* 27. 10. 1925; Springer: *2. Symphonie* 3. 4. 1927 bzw. Prohaska: *Passacaglia für großes Orchester* 31. 3. 1925). Die drei Komponisten waren damals im Wiener Musikleben sehr engagiert.[17]
Wie es zur Uraufführung der aufwendigen *Zweiten Symphonie in e-Moll op. 31 für Soli, Chor, Großes Orchester* von Cornelius Czarniawski durch das eben erwähnte

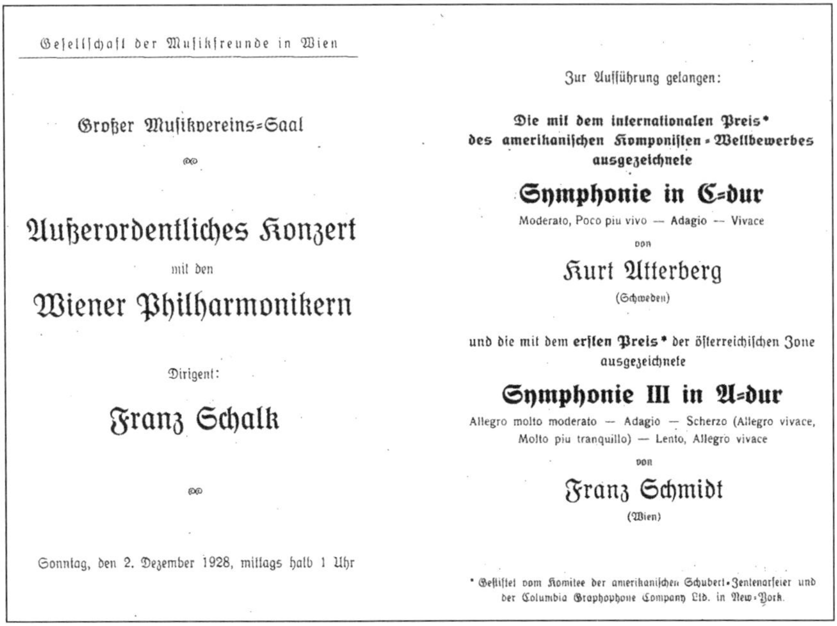
Gesellschaft der Musikfreunde in Wien

Großer Musikvereins-Saal

Außerordentliches Konzert

mit den

Wiener Philharmonikern

Dirigent:

Franz Schalk

Sonntag, den 2. Dezember 1928, mittags halb 1 Uhr

Zur Aufführung gelangen:

Die mit dem internationalen Preis* des amerikanischen Komponisten-Wettbewerbes ausgezeichnete

Symphonie in C-dur

Moderato, Poco piu vivo — Adagio — Vivace

von

Kurt Atterberg

(Schweden)

und die mit dem ersten Preis* der österreichischen Zone ausgezeichnete

Symphonie III in A-dur

Allegro molto moderato — Adagio — Scherzo (Allegro vivace, Molto piu tranquillo) — Lento, Allegro vivace

von

Franz Schmidt

(Wien)

* Gestiftet vom Komitee der amerikanischen Schubert-Zentenarfeier und der Columbia Graphophone Company Ltd. in New-York.

Abb. 4: UA von Franz Schmidts 3. Symphonie. Programm im Archiv der Franz Schmidt-Gesellschaft, Wien/Musikvereinsgebäude.

Orchester (26. 4. 1924 mit Reichwein) kam, bleibt unbekannt. Vielleicht verfügte der aus Czernowitz stammende Komponist aus seiner Studienzeit in Wien über entsprechende Kontakte.[18]

Leopold Reichwein dirigierte – neben seiner Unterrichtstätigkeit an der Akademie (Dirigentenklasse) – auch die acht Sonderabonnementkonzerte mit den Symphonikern und interpretierte oftmals Erstaufführungen zeitgenössischer Musik (Edvard Elgar, Heinrich Kaminski, Korngold, Ernst Krenek u. a.), demissionierte aber gegen Ende der Saison 1926/27. Sein Nachfolger Robert Heger war auch an der Staatsoper engagiert und musste sich mit Furtwängler immer öfter terminlich einigen, da dieser die Anzahl seiner beruflichen Reisen stets vermehrte. In diesen Jahren beklagte man das Ableben von Robert Fuchs, Hermann Graedener, Eusebius Mandyczewski und Carl Prohaska. Die „Beethoven- und Schubert-Feiern“ 1927 und 1928 bildeten Höhepunkte: Guido Adler war im Komitee der „Beethoven-Zentenarfeier“ involviert, die Schubert-Feier 1928 brachte auch weniger bekannte Werke aus jeder Gattung zu Gehör. Die Firma „Bösendorfer“ feierte in diesem Jahr ihr hundertjähriges Jubiläum.

Robert Heger war nun Konzertdirektor und dirigierte vermehrt zeitgenössische Werke von prominenten Komponisten wie Pfitzner, Korngold, Schostakowitsch, Ottorino Respighi, darunter war allerdings keine Uraufführung.

Die Überreichung der Ehrenmitgliedschaft der Gesellschaft an Wilhelm Furtwängler (so auch an Guido Adler, Wilhelm Backhaus, Franz Schmidt) änderte nichts an dessen Demission, die 1930 erfolgte.

2.) 1931–1937 [19]

Ein Jahr nach dem Tod Franz Schalks († 1931) wurde in einer Sitzung der Gesellschaft die prekäre Situation artikuliert: „... das zu ansehnlicher Höhe angewachsene Defizit unserer Chor- und Orchesterkonzerte, ... der Mangel an Betriebskapital, empfindlicher Rückgang der Einnahmen aus der Saalvermietung, die progressiv fallende Besucherzahl bei den Konzerten ...“ Die größte Sorge sei das „Wiener Symphonieorchester“, ohne das der Konzertbetrieb nicht aufrechtzuerhalten war. Man reduzierte die Gesellschaftskonzerte und kooperierte mit der „Ravag“, der 1924 gegründeten „Radio-Verkehrs-Aktien-Gesellschaft“.

Ursprünglich sah man die stets ansteigenden Radiosendungen von „ernster“ Musik als Bedrohung an, veranstaltet aber bald gemeinsam einen „Zyklus von 10 Konzerten“. Für das gefährdete „Symphonieorchester“ bedeutete dies die finanzielle Konsolidierung. Der aus Graz kommende Musikdirektor der „Ravag“, ***Oswald Kabasta***, wurde 1934 auch Nachfolger Hegers, der einem Ruf der Berliner Staatsoper folgte. Kabasta, ein Schüler Löwes und Schmidts’ übernahm nach dem Tod Schalks auch die Dirigentenklasse der Musikakademie und setzte bis 1937 Ur- und Erstaufführungen von Werken in- und ausländischer Komponisten aufs Programm, die teilweise später aus „rassischen“ oder politischen Gründen bis 1945 nicht mehr berücksichtig wurden. In diesen Konzerten dirigierte er vor allem das nun als „Wiener Symphoniker“ bezeichnete Symphonieorchester. Es erklangen u. a. Werke von George Enescu, Manuel de Falla, Hindemith, Zoltan Kodaly, Igor Strawinsky, auch Bergs *Lulu-Suite*. Erstaufführungen von Hanns Holenias *Vier Musikantenstücke op. 14*, die damals sehr erfolgreich waren, oder Friedrich Bayers *Symphonische Spielmusik* sind vielleicht schon im Hinblick auf die düstere Zukunft nach 1937 zu beurteilen: Holenia war mit Kabasta aus dessen Grazer Berufsjahren bekannt und unterrichtete ab 1940 an der dortigen Hochschule für Musikerziehung (1945 aufgelöst) Instrumentation. Bayer studierte bei Adler und Lach Musikwissenschaft, hinterließ ein umfangreicheres Œuvre und unterrichtete an der Musikakademie ab 1933 bis 1945 Musiktheorie.[20]

Man gedachte verstorbener österreichischer und deutscher Meister: 1931 veranstaltete man ein „Mozart-Gedächtniskonzert“ (6. 10.; Symphoniker, Robert Heger), 1932 ein Konzert zur „Joseph Haydn-Zentenarfeier“ (2. 4.; Philharmoniker, Krauss), je ein Konzert 1936 „zur Eröffnung des VII. internationalen Bruckner-Festivals“

(7. 10.; Symphoniker, Kabasta) und am 14. 4. 1937 anlässlich des „40. Todestages" von Johannes Brahms (Symphoniker, Kabasta). 1936 konnte noch ein Gedenkkonzert anlässlich des 25. Todestags von Gustav Mahler stattfinden, das Bruno Walter dirigierte, so auch eine Uraufführung von Gáls *Intermezzo notturno* mit Sopransolo und Chor (1. 3.).

Die Wiener Philharmoniker hielten Franz Schmidt die Treue und spielten unter Clemens Krauss die Uraufführungen der beiden Orchesterwerke *Variationen über ein Husarenlied* (15. 3. 1931, 8. Abonnement-Konzert) und die Orchesterfassung des monumentalen Orgelwerks *Chaconne* (29. 1. 1933, 5. Abonnement-Konzert). Sie schenkten dem Komponisten auch anlässlich seines 60. Geburtstags (22. 12. 1934) ein Konzert, in dem er ausschließlich eigene Werke dirigieren konnte (9./10. 2. 1935, 6. Abonnementkonzert). In diesen Jahren begann auch die enge Zusammenarbeit Schmidts mit Kabasta: Schmidt widmete dem Dirigenten seine *4.* und letzte *Symphonie*, deren glanzvolle Uraufführung dieser am 10. 1. 1934 verantwortete und ein Geburtstagskonzert am 4. 1. 1935 mit den Symphonikern dirigierte, das ebenfalls nur Werke des Komponisten zur Aufführung brachte. Im März 1936 huldigte man noch „Johann Strauß (Enkel)" anlässlich seines 70. Geburtstags und 40-jährigen Dirigentenjubiläums. Das „Funkorchester der Wiener Symphoniker" spielte die Uraufführung *Lob der Heimat* für großes Orchester und Chor, nach einem Text von Josef Weinheber, der eine Huldigung Österreichs beinhaltete und hinsichtlich der politischen Entwicklung in den kommenden Jahren bemerkenswert war: „Land du, vor andern erkürt ... Liedbeseelt, Leidvermählt, Bist du ewig, Heimat, auserwählt!" In dieser Zeitspanne beklagte man nicht nur das Ableben Franz Schalks, sondern auch den Tod Bergs, Emil Hertzkas, Nedbals, Schrekers.

3.) 1937[21]

Es galt, das 125-jährige Bestehen der Gesellschaft der Musikfreunde festlich zu begehen:

Vom 5.–12. Dezember veranstaltete man sechs Festkonzerte, ausgeführt von Philharmonikern und den Symphonikern unter den Dirigenten Bruno Walter, Wilhelm Furtwängler, der nun wieder in Wien auftrat, und Oswald Kabasta. Die Programmgestaltung war konservativ: Die drei Klassiker, Schubert, Brahms, Bruckner. Die obligaten „Symphoniekonzerte" unter Kabasta brachten auch Zeitgenössisches von u. a. Respighi, de Falla, Wilhelm Kienzl, Emil v. Reznicek zur Uraufführung (11. 12.) und die *Symphonische Phantasie über ein Thema von Frescobaldi* des deutschen Komponisten Karl Höller, der in dieser Zeit – nach Abschluss seines Studiums bei Josef Haas (Komposition) und Siegmund von Hausegger (Dirigieren) – an der Münchner Akademie der Tonkunst unterrichtete. (Nach dem Krieg war er auch Präsident dieser Institution, die dann als „Musikhochschule" bezeichnet wurde.)[22]

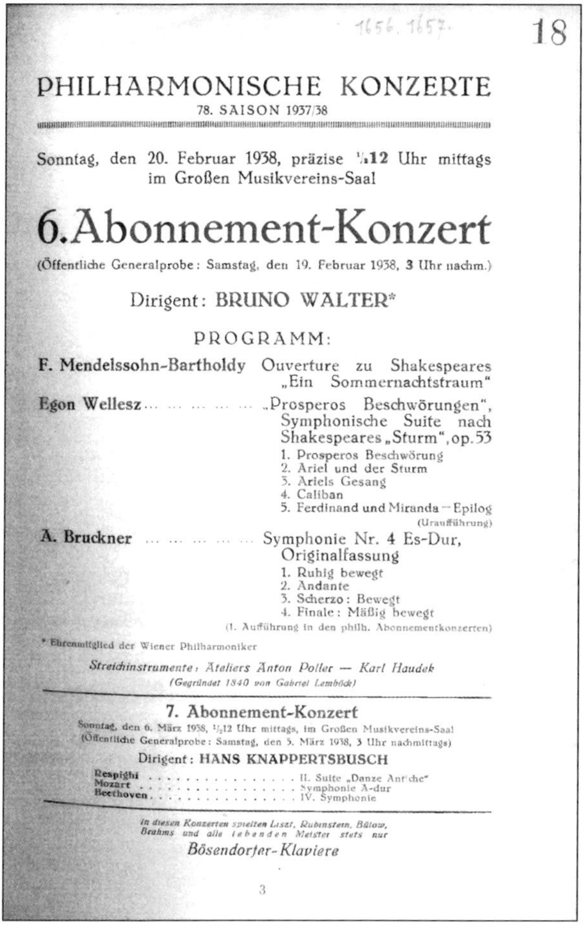

1656. 1657. 18

PHILHARMONISCHE KONZERTE

78. SAISON 1937/38

Sonntag, den 20. Februar 1938, präzise ½12 Uhr mittags
im Großen Musikvereins-Saal

6. Abonnement-Konzert

(Öffentliche Generalprobe: Samstag, den 19. Februar 1938, 3 Uhr nachm.)

Dirigent: **BRUNO WALTER***

PROGRAMM:

F. Mendelssohn-Bartholdy Ouverture zu Shakespeares „Ein Sommernachtstraum"

Egon Wellesz ... ... „Prosperos Beschwörungen", Symphonische Suite nach Shakespeares „Sturm", op. 53
1. Prosperos Beschwörung
2. Ariel und der Sturm
3. Ariels Gesang
4. Caliban
5. Ferdinand und Miranda – Epilog

(Uraufführung)

A. Bruckner ... ... Symphonie Nr. 4 Es-Dur, Originalfassung
1. Ruhig bewegt
2. Andante
3. Scherzo: Bewegt
4. Finale: Mäßig bewegt

(1. Aufführung in den philh. Abonnementkonzerten)

* Ehrenmitglied der Wiener Philharmoniker

Streichinstrumente: Ateliers Anton Poller — Karl Haudek
(Gegründet 1840 von Gabriel Lemböck)

7. Abonnement-Konzert

Sonntag, den 6. März 1938, ½12 Uhr mittags, im Großen Musikvereins-Saal
(Öffentliche Generalprobe: Samstag, den 5. März 1938, 3 Uhr nachmittags)

Dirigent: **HANS KNAPPERTSBUSCH**

Respighi . . . . II. Suite „Danze Antiche"
Mozart . . . . Symphonie A-dur
Beethoven . . . . IV. Symphonie

In diesen Konzerten spielten Liszt, Rubinstein, Bülow, Brahms und alle lebenden Meister stets nur
Bösendorfer-Klaviere

3

Abb. 5: UA von Egon Welleszs' „Prosperos Beschwörungen". Programm im „Historischen Archiv der Wiener Philharmoniker", 1010 Wien.

Als „Jubiläumsgeschenk" wurde von den Direktionsmitgliedern der Gesellschaft der „Kleine Musikvereinssaal" renoviert, der dann in „Brahms-Saal" umbenannt wurde, nachdem man eine Büste des mit der Gesellschaft so eng verbundenen Meisters aufstellen hatte lassen. Die optimistische Beurteilung der Direktion der 125 Bestandsjahre: Man habe „... trotz mancher sogar ihren Weiterbestand ernstlich bedrohenden Gefahr ... finanzieller Natur" das Konzertleben fast durchgehend organisieren können, nun würde man aber „einer weiteren, helleren Zukunft entgegengehen ... zum

Ruhme und zur Ehre unserer Vaterstadt Wien und zum Heil unseres Vaterlandes". Dieser Optimismus hatte sich in den kommenden acht Jahren nicht erfüllt.

Franz Schmidt schuf eines seiner Hauptwerke, das Oratorium *Das Buch mit sieben Siegeln*, anlässlich der Feier „des hundert und fünfundzwanzigjährigen Bestandes der Gesellschaft der Musikfreunde in Wien". Die geplante Uraufführung fand bereits zu einem Zeitpunkt statt, als es weder den Staat Österreich noch die „Gesellschaft" im Sinne ihrer Gründung gab (14./15. 6. 1938). Heinrich Kralik erinnerte sich 1951: „... die neuen Machthaber samt ihren Herolden glaubten allen Ernstes, das Werk und dessen Autor für sich und ihre Geistigkeit in Anspruch nehmen zu können. Franz Schmidt aber hat sich zu seinem gewaltigen Werk weder von einer politischen Doktrin noch von deren Lobrednern inspirieren lassen."[23]

V. 1938–1945[24]

Vor der Annexion Österreichs am 13. 3. 1938 sind noch folgende Uraufführungen von Orchesterwerken im Großen Musikvereinssaal zu nennen:

Die Philharmoniker stellten unter Bruno Walter am 19. 2. 1938 (6. Abonnementkonzert) Egon Welleszs' *Prosperos Beschwörungen* vor, eine *Symphonische Suite nach Shakespeares ‚Sturm' op. 53.*

Von 1938–45 spielte das Meisterorchester kein einziges Werk der „Wiener Schule" oder von Komponisten, die diesem Kreis nahestanden. (Schönbergs Œuvre stand nach dem Krieg in Wien erstmals wieder im September 1958 auf dem Programm).[25]

Die Symphoniker interpretierten mit Kabasta Egon Kornauths *2. Sinfonische Suite op. 35* (11. 2. 1938), ein Komponist, der am Conservatorium u. a. bei Robert Fuchs und Schreker Komposition studiert hatte und zum Zeitpunkt des Konzerts dort selbst als Theorielehrer wirkte. Seiner Suite attestierte man „klar fassliche Thematik ... sichere Formgebung".[26] Drei Wochen vor der Katastrophe konnte Hermann Scherchen mit dem „Musica-Viva-Orchester" vier Uraufführungen „Österreichischer Autoren" bekannt machen: Viktor Kordas *Sinfonie in g* (1. Satz); Hans Ewald Hellers *Suite für Violine und Orchester*; Hauers *Zwölftonsuite für 9 Soloinstrumente, Schneller Satz, op. 73* und eine *Orchestersuite, Langsamer Satz* Otto Jokls, ein Schüler Alban Bergs.[27]

Die Annexion „traf" – wie es Heinrich Kralik formulierte – „das innere Wesen ... der Gesellschaft", „Geistige Not ... Nivellierung", die Gefahr einer „privilegierten Großverteilerin von staatlich approbierter Musik" wäre die Folge gewesen, wenn sich die grundsätzliche Idee der Institution nicht als widerstandsfähig erwiesen hätte.

Die Direktionsmitglieder, Funktionäre wurden ihres Amtes enthoben, Franz Schütz „... amtierte ab Montag, dem 14. März, in brauner Uniform ... als vom Landeskulturleiter der NSDAP bestellter kommissarischer Leiter im Haus" und avancierte am 30. 9. zum Präsidenten. Die Gesellschaft wurde in die „Staatstheater- und Bühnenakademie" eingegliedert: „Diese hat nun das Geschehen im Haus geplant und bestimmt ... Perfid war, dass der Name ‚Gesellschaft der Musikfreunde' als Worthülse beibehalten wurde." Positiv vermerkt muss werden, dass Schütz durchaus Kritik übte und „die angeordnete Aussonderung jüdischer Komponisten aus den Archiv- und Bibliotheksbeständen verhindert" hatte.[28] (Der Singverein und der Orchesterverein wurden den Chor- und Orchestersektionen angeschlossen.) Die Symphoniker erhielten wieder einen neuen Namen: „Stadtorchester".

Nach dem 13. 3. brachte nur die bereits erwähnte Uraufführung von Schmidts *Das Buch mit sieben Siegeln* ein Werk von historischer Bedeutung zu Gehör. In einem Gedächtniskonzert, von den Philharmonikern mit Kabasta ca. einen Monat nach dem Tod des Komponisten veranstaltet (11. 2. 1939), erklang erstmals Schmidts *Fuga solemnis* (für Orgel und Bläser) – neben der *4. Symphonie* und den *Husarenliedvariationen*.

Unter den ausländischen Komponisten findet man bis Kriegsende auffallend oft Werke von Tschaikowsky, aber auch von Bizet, Ravel und Debussy, Respighi, Kodaly. Neue Werke von deutschsprachigen Komponisten, die offenbar größtenteils politisch besonders genehm waren:

Robert Wagners *Sinfonische Musik* (4. 1. 1939, Symphoniker, Kabasta); ein Kompositionsabend Raimund Weissensteiners mit der Uraufführung einer *Symphonischen Suite für großes Orchester* (9. 2. 1940; Symphoniker, Weiss). Beide Komponisten waren auch im Schülerkreis Franz Schmidts zu finden: Ersterer hatte bedauerlicherweise nach dem Tod dessen unvollendete Kantate *Deutsche Auferstehung* vollendet, sie wurde nur einmal aufgeführt. (Uraufführung am 24. 4. 1940, Symphoniker, Kabasta.) Die Autorin hatte sowohl hinsichtlich Wagners Abstreiten einer wesentlich umfangreicheren Autorschaft an der Vollendung der *Auferstehung* als auch hinsichtlich Weissensteiner negative Erinnerungen: Letzterer behauptete u. a., e r hätte Schmidt überredet, den Apokalypse-Text zu vertonen![29]

Die Mitglieder der Philharmoniker mussten nicht einrücken, d. h., dieses Orchester war vollzählig und übernahm daher nun bis Kriegsende zahlreiche Konzertverpflichtungen. Unter ***Karl Böhm*** spielten sie die Uraufführung von Piero Calabrinis „1939 entstandene" *Symphonische Erzählung für großes Orchester: Ariel degli Astri* (8. 2. 1942, 6. Abonnementkonzert), ein in Florenz (1897) geborener Komponist, Schüler Karl Löwes und Max Springers, der sich dankenswerterweise in seinem Heimatland für das Œuvre Bruckners einsetzte. In einem „Festkonzert" standen sogleich

53

WIENER PHILHARMONIKER

1842 — 1942

Dienstag, den 14. April 1942, 20 Uhr
im Großen Musikvereins-Saal

FEST-KONZERT

Dirigent:

Dr. KARL BÖHM

PROGRAMM:

*H. Badings . . . . . . Festlicher Prolog

*A. Casella . . . . . . Paganiniana

*J. Marx . . . . Alt-Wiener Serenaden

L. v. Beethoven . . . Symphonie Nr. 7 A-Dur, op. 92

1. Poco sostenuto — Vivace
2. Allegretto
3. Presto
4. Allegro con brio

* Uraufführungen, anläßlich der Jahrhundertfeier den Wiener Philharmonikern gewidmet

Geänderte Aufführungstermine der Nicolai - Konzerte

General-Probe statt 18. April 1942, am 21. April 1942, 18 Uhr
Nicolai-Konzert statt 19. April 1942, am 22. April 1942, 18 Uhr
1. Wiederholung statt 20. April 1942, am 23. April 1942, 18 Uhr
2. Wiederholung statt 21. April 1942, am 24. April 1942, 18 Uhr

Gelöste Eintrittskarten behalten ihre Gültigkeit zu den neuen Terminen

Abb. 6: UA von Henk Badings „Festlicher Prolog“, Alfredo Casellas „Paganiniana“ und Joseph Marx’ „Alt Wiener Serenaden“. Programm im „Historischen Archiv der Wiener Philharmoniker“, 1010 Wien.

drei Uraufführungen (und die *7. Symphonie* Beethovens) auf dem Programm, die „anlässlich der Jahrhundertfeier den Wiener Philharmonikern gewidmet“ wurden: Henk Badings: *Festlicher Prolog*; Alfredo Casella: *Paganiniana* und von Joseph Marx: *Alt-Wiener Serenaden* (14. 4. 1942). Dem Programmheft entnehmen wir, dass man bei Badings Bruckners Einfluss konstatierte, Casella zeigen wollte, „Wie viele und welche symphonische Möglichkeiten“ in einem italienischen Werk zu finden seien und Marx’ Komposition „keine Serenade im herkömmlichen Sinn“, sondern „eigene Erfindung“ als „Huldigung an Wien“ und „seinem Meisterorchester“ gedacht sei.

1943 war Joseph Keilberth mit dem „Deutschen Philharmonischen Orchester Prag" eingeladen (2./21. 11.), um zwei Uraufführungen zu präsentieren: *Sinfonischer Marsch d-Moll* des Schmidt-Schülers Alfred Uhl und Fidelio Finkes *Vier Studien für Orchester*, der im Programmheft als „führender Komponist des Sudetenlandes" gepriesen wurde.

Die politische Lage war mehr als brisant, als man 1943 **„Philharmonische Akademien"** unter der Leitung von Clemens Krauss kreierte. In einem Vorwort „Warum ‚Philharmonische Akademien'?" versuchte man die nunmehrige Kooperation des Orchesters mit der „Reichsrundfunkgesellschaft" zu erklären: diese „Akademien" hätten zwar die „gleiche Idee" wie die üblichen Konzerte, unterscheiden sich allerdings in der Auswahl von Werken, „die sich der kleinern Form bedienen ...".

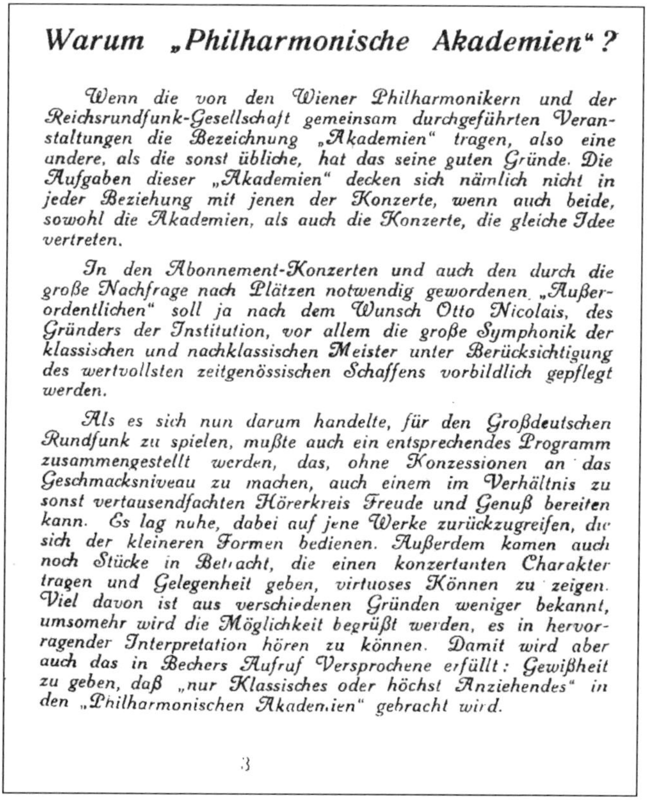
Warum „Philharmonische Akademien"?

Wenn die von den Wiener Philharmonikern und der Reichsrundfunk-Gesellschaft gemeinsam durchgeführten Veranstaltungen die Bezeichnung „Akademien" tragen, also eine andere, als die sonst übliche, hat das seine guten Gründe. Die Aufgaben dieser „Akademien" decken sich nämlich nicht in jeder Beziehung mit jenen der Konzerte, wenn auch beide, sowohl die Akademien, als auch die Konzerte, die gleiche Idee vertreten.

In den Abonnement-Konzerten und auch den durch die große Nachfrage nach Plätzen notwendig gewordenen „Außerordentlichen" soll ja nach dem Wunsch Otto Nicolais, des Gründers der Institution, vor allem die große Symphonik der klassischen und nachklassischen Meister unter Berücksichtigung des wertvollsten zeitgenössischen Schaffens vorbildlich gepflegt werden.

Als es sich nun darum handelte, für den Großdeutschen Rundfunk zu spielen, mußte auch ein entsprechendes Programm zusammengestellt werden, das, ohne Konzessionen an das Geschmacksniveau zu machen, auch einem im Verhältnis zu sonst vertausendfachten Hörerkreis Freude und Genuß bereiten kann. Es lag nahe, dabei auf jene Werke zurückzugreifen, die sich der kleineren Formen bedienen. Außerdem kamen auch noch Stücke in Betracht, die einen konzertanten Charakter tragen und Gelegenheit geben, virtuoses Können zu zeigen. Viel davon ist aus verschiedenen Gründen weniger bekannt, umsomehr wird die Möglichkeit begrüßt werden, es in hervorragender Interpretation hören zu können. Damit wird aber auch das in Bechers Aufruf Versprochene erfüllt: Gewißheit zu geben, daß „nur Klassisches oder höchst Anziehendes" in den „Philharmonischen Akademien" gebracht wird.

3

Abb. 7: Vorwort/Artikel „Warum ‚Philharmonische Akademien'?". Programmheft im „Historischen Archiv der Wiener Philharmoniker", 1010 Wien.

In diesem Rahmen konnte man nun endlich eine veritable instrumentale Uraufführung einer Komposition von Richard Strauss präsentieren (31. 1. 1943): In der „3. Philharmonischen Akademie“ erklang sein *Divertimento für kleines Orchester op. 86* (nach Klavierstücken von François Couperin).[30]

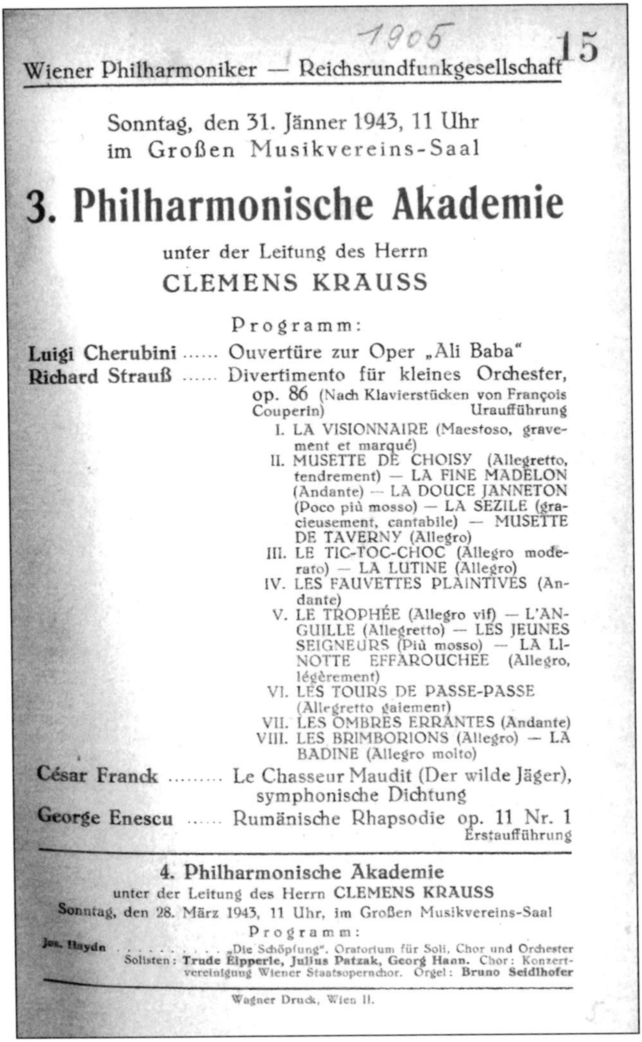

1905 15

Wiener Philharmoniker — Reichsrundfunkgesellschaft

Sonntag, den 31. Jänner 1943, 11 Uhr
im Großen Musikvereins-Saal

3. Philharmonische Akademie

unter der Leitung des Herrn
CLEMENS KRAUSS

Programm:

Luigi Cherubini ...... Ouvertüre zur Oper „Ali Baba“

Richard Strauß ...... Divertimento für kleines Orchester, op. 86 (Nach Klavierstücken von François Couperin) Uraufführung

I. LA VISIONNAIRE (Maestoso, gravement et marqué)
II. MUSETTE DE CHOISY (Allegretto, tendrement) — LA FINE MADELON (Andante) — LA DOUCE JANNETON (Poco più mosso) — LA SEZILE (gracieusement, cantabile) — MUSETTE DE TAVERNY (Allegro)
III. LE TIC-TOC-CHOC (Allegro moderato) — LA LUTINE (Allegro)
IV. LES FAUVETTES PLAINTIVES (Andante)
V. LE TROPHÉE (Allegro vif) — L'ANGUILLE (Allegretto) — LES JEUNES SEIGNEURS (Più mosso) — LA LINOTTE EFFAROUCHEE (Allegro, légèrement)
VI. LES TOURS DE PASSE-PASSE (Allegretto gaiement)
VII. LES OMBRES ERRANTES (Andante)
VIII. LES BRIMBORIONS (Allegro) — LA BADINE (Allegro molto)

César Franck .... Le Chasseur Maudit (Der wilde Jäger), symphonische Dichtung

George Enescu ...... Rumänische Rhapsodie op. 11 Nr. 1 Erstaufführung

4. Philharmonische Akademie

unter der Leitung des Herrn CLEMENS KRAUSS
Sonntag, den 28. März 1943, 11 Uhr, im Großen Musikvereins-Saal

Programm:

Jos. Haydn .... „Die Schöpfung“. Oratorium für Soli, Chor und Orchester
Solisten: **Trude Eipperle, Julius Patzak, Georg Hann.** Chor: Konzertvereinigung Wiener Staatsopernchor. Orgel: **Bruno Seidlhofer**

Wagner Druck, Wien II.

Abb. 8: UA von Richard Strauss’ „Divertimento für kleines Orchester“. Programm im „Historischen Archiv der Wiener Philharmoniker“, 1010 Wien.

In den „Grundgedanken zur Programmbildung“ wies man auch auf eine Erstaufführung des SS-Angehörigen Wilhelm Jerger hin, dessen „Salzburger Hof- und Barockmusik“ 1939 bei den Salzburger Festspielen erstmals erklang (Wiener Konzert am 24. 4. 1944). Jerger, der an der Akademie Kontrabass, Musiktheorie und Dirigieren studiert hatte, war u. a. im Staatsopernorchester und als Pädagoge tätig und wurde 1939 von Goebbels und Schirach zum Vorstand des Vereins der Wiener Philharmoniker berufen.[31] Alfred Uhls[32] *Konzertante Symphonie für Klarinette und Orchester* dürfte die letzte Uraufführung eines Instrumentalwerks im Großen Saal des Musikvereins gewesen sein. Der Schüler Franz Schmidts zählte bis 1979 zu den bedeutendsten Professoren für Komposition an der Musikakademie bzw. Hochschule.

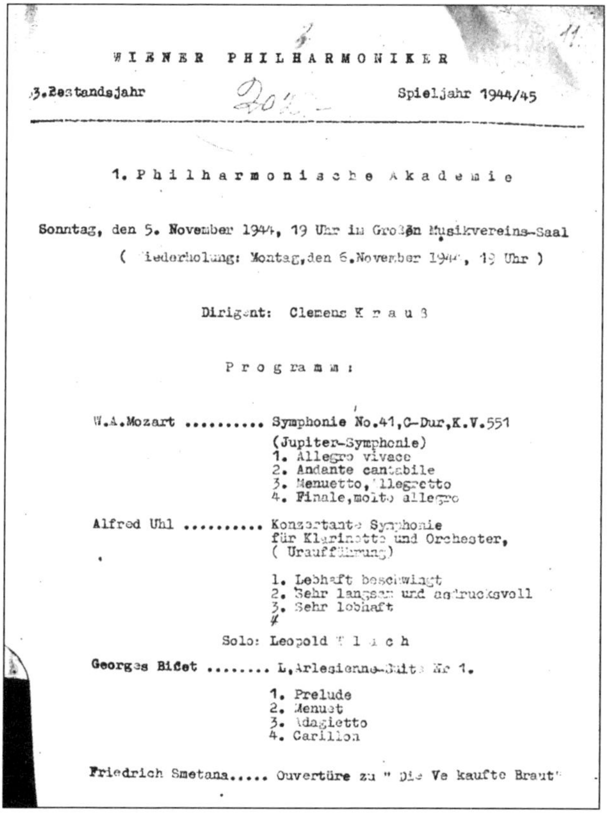

W I E N E R   P H I L H A R M O N I K E R

3. Bestandsjahr — Spieljahr 1944/45

1. Philharmonische Akademie

Sonntag, den 5. November 1944, 19 Uhr im Großen Musikvereins-Saal
(Wiederholung: Montag, den 6. November 1944, 19 Uhr)

Dirigent: Clemens K r a u ß

P r o g r a m m :

W. A. Mozart .... Symphonie No. 41, C-Dur, K.V. 551
(Jupiter-Symphonie)
1. Allegro vivace
2. Andante cantabile
3. Menuetto, Allegretto
4. Finale, molto allegro

Alfred Uhl .... Konzertante Symphonie
für Klarinette und Orchester,
(Uraufführung)
1. Lebhaft beschwingt
2. Sehr langsam und ausdrucksvoll
3. Sehr lebhaft

Solo: Leopold W l a c h

Georges Bizet .... L'Arlesienne-Suite Nr 1.
1. Prelude
2. Menuet
3. Adagietto
4. Carillon

Friedrich Smetana..... Ouvertüre zu " Die Verkaufte Braut"

Abb. 9: UA von Alfred Uhls „Konzertante Symphonie für Klarinette und Orchester“. Programm im „Historischen Archiv der Wiener Philharmoniker“, 1010 Wien.

Die Uraufführung von *Drei Gesänge für Männerchor mit Orchester* op. 53 von Hans Pfitzner gehört an sich thematisch nicht hierher, ist aber Dank der Prominenz des Komponisten von Bedeutung (11. 11. 1944, Philharmoniker, Böhm).

Nun gab es keine Programmhefte mehr, sondern man verwendete einfache Zettel, mit der Schreibmaschine geschrieben.

Ab dem 10. 9. 1944 wurde Wien bombadiert, im Zuge des „Endkampfs" das Dach und die Decke des Großen Saals beschädigt. Das letzte Konzert galt Brahms' *Deutschem Requiem* (30. 3. 1945, Philharmoniker, Krauss; Irmgard Seefried, Hans Braun), zugleich ein Requiem des Regimes.

Nach Kriegsende, als es in der Gesellschaft keine Direktion, keine Funktionäre mehr gab, war es Dr. Alexander Hryntschak zu danken, der mit Krediten die Bauschäden reparieren ließ und eine unversehrte „Heimat der Musik" ermöglichte. Im Großen Saal des Musikvereinsgebäudes wurde ab 15. 9. 1945 wieder musiziert: ***Joseph Krips*** hatte (trotz eines jüdischen Vaters) Wien nicht verlassen, überlebt, und galt daher nach dem Krieg als einer der wenigen politisch unbelasteten österreichischen Dirigenten. Er leitete die Philharmoniker und setzte Schuberts *8. Symphonie* (nicht Beethovens, wie man oftmals liest!) und Bruckners *7. Symphonie* aufs Programm, der Beginn einer bis dato friedlichen Ära.

Anmerkungen

1 Hundert Jahre Goldener Saal. Das Haus der Gesellschaft der Musikfreunde am Karlsplatz Wien 1970. Keine Seitenangaben! Franz Grasberger: Baugeschichte. Kapitel: Das neue Haus. Heinrich Kralik: Das Buch der Musikfreunde. Zürich–Wien 1951, S. 14, 19, 154f. Richard v. Perger: Geschichte der k. k. Gesellschaft der Musikfreunde in Wien. 1. Abteilung: von 1812 – 1870. Wien 1912, S. 256.

2 Löwe war auch von 1918–22 Direktor der Wiener Musikakademie. Kralik: Das Buch, a. a. O., S. 156; Wiener Symphoniker: Österreichisches Musiklexikon (ab nun : ÖML) Bd. 5, Wien 2006, S. 2667f. Der „Wiener Concert-Verein", im Frühjahr 1900 gegründet, umfasste ca. 1000 Mitglieder und war daher imstande, ein ursprünglich aus ca. 50 Musikern bestehendes Orchester zu finanzieren. Carmen Ottner: „Wenn die Zeichen nicht trügen, so ist in Franz Schmidt ein Symphoniker nicht gewöhnlichen Schlages aufgestanden." Zu Franz Schmidts *Erster Symphonie*. In: Festschrift Otto Biba (Hg. v. Ingrid Fuchs). Tutzing 2006, S. 477–498. Ein Großteil der Philharmonischen Konzertprogramme ist dem „Historischen Archiv der Wiener Philharmoniker" entnommen (ab jetzt „A. W. Phil.").

3 Die Sammlung der Konzertprogrammzettel, im Archiv der Gesellschaft der Musikfreunde verwahrt, bildet eine wichtige Informationsquelle. Ernst Hilmar (Hg.): Hugo Wolf Enzyklopädie. Tutzing 2007. *Penthesilea*: S. 335ff.; dreiteilig: Aufbruch der Amazonen

nach Troja; Der der Penthesilea vom Rosenfest; Kämpfe, die Leidenschaften, Wahnsinn, Vernichtung.

4 Kralik: Das Buch, a. a. O., S. 178; Perger: Geschichte, a. a.O., S. 253, 315f.

5 Programmsammlung im Archiv der Gesellschaft der Musikfreunde (ab nun: „Prgs. A. d. G. d. Mfr.").

6 Zur Hundertjahrfeier: Carl Lafite/Mauriz Krumholz (Hg.): Die Hundertjahrfeier der k. k. Gesellschaft der Musikfreunde in Wien. Wien 1913, S. 58, S. 113–141. Kralik: Das Buch, a. a. O., S. 180f.: Nach dem Umbau stand ein festliches Eröffnungskonzert mit Werken von Beethoven auf dem Programm. Da Schalk in Großbritannien weilte, dirigierte Fritz Steinbach aus Köln.

7 Zur *Sinfonietta*: Ich danke Bernd Rachold/Korngold-Archiv in Hamburg für die Mitteilung bzw. Bestätigung der falschen Angabe. In: Luzi Korngold: Erich Wolfgang Korngold. Ein Lebensbild. Österreichische Komponisten des XX. Jahrhunderts, Bd. 10. Wien 1967, S. 22.

8 Lafite/Krumholz: Die Hundertjahrfeier, a. a. O., S. 8f.

9 Horst Weber (Hg.): Zemlinskys Briefwechsel mit Schönberg, Webern, Berg und Schreker. Darmstadt 1995, S. 9, 23, 27, 30, 36, 40f.; Hartmut Krones (Hg.): Alexander Zemlinsky. Ästhetik, Stil und Umfeld. Wien 1995, S. 212f; Aufsatz Peter Gülke: Zemlinskys *Seejungfrau*. S. 57–65, S. 57f. Alma Mahler-Werfel: Mein Leben. Fischer Taschenbuch. Hamburg 1960, S. 32. Zum „Skandalkonzert": z. B. Otto Biba/Ingrid Fuchs (Hg.): „Die Emporbringung der Musik". Höhepunkte aus der Geschichte und aus dem Archiv der Gesellschaft der Musikfreunde in Wien." Wien 2012, S. 92.

10 Kurt Blaukopf: Gustav Mahler oder der Zeitgenosse der Zukunft. Wien 2011, S. 311. Zu Goldmark: A. W. Phil.; „Freie Variationen ... lyrischer Mittelsatz ... in der Koda lebensvoll gesteigerter Variationsteil ..."

11 Kralik: Das Buch, a. a. O., S. 187ff.; Perger: Geschichte, a. a. O., S. 261f.; Carl Lafite: Geschichte der Gesellschaft der Musikfreunde in Wien 1912–1937. Wien 1937. Programme der ordentlichen Gesellschaftskonzerte S. 97–121.

12 Vgl. Kralik: Das Buch, a. a. O., S. 190f.; Lafite: Geschichte, a. a. O., S. 17–25.

13 Gál: Prgs. A. d. G. d. Mfr.; Förster: A. W. Phil.; Riemann Personenteil A–K. Mainz 1959, S. 527. Bekannt mit Mahler, übersiedelte 1918 nach Prag, wo er als Pädagoge und Rektor am Konservatorium wirkte, 1931–39 Präsident der Tschechischen Akademie.

14 Vgl. Lafite: Geschichte, a. a. O., S. 25–32; Kralik: Das Buch, S. 192–195.

15 Vgl. Kralik: Das Buch, a. a. O., S. 192–204; Lafite: Geschichte, a. a. O., S. 33–83.

16 Hans Gál siehe: ÖML Bd. 2. Wien 2003, S. 522; Fox/Gál: „A Catalogue of his works". 1985.

17 Rudolf Kattnigg (1895–1955): ÖML Bd. 2, a. a. O., S. 975; komponierte 2 Symphonien, Orchestersuiten, 1 Klavierkonzert, Kammer-, Klavier-, Vokal-, Filmmusik. Karl Prohaska (1869–1927): ÖML Bd. 4. Wien 2005, S. 1831: 1 Oper, 1 Oratorium, Vokal-, Orchesterwerke, Kammer-, Klavier-, Orgelmusik. Max Springer (1877–1954): ÖML Bd. 5. Wien 2006, S. 2270: Messen, Chöre, Orgelmusik, aber auch Opern, Symphonien, Kammermusik, Klavierstücke.

18 Prgs. A. d. G. d. MMfr.: 26. 4. 1927; Wiener Symphonie-Orchester, Reichwein. *Zweite Symphonie in e-Moll op. 31* (für Soli, Chor, großes Orchester, Klavier, Orgel). „Geb. 30. 3.

1888 in Czernowitz, studierte in Wien, lebte daselbst bis 1913, seither in Wiesbaden". VI Sätze.

19 Vgl. Lafite: Geschichte, a. a. O., S. 81–90; Kralik: Das Buch, a. a. O., S. 202–205.

20 Hanns Holenia (1890–1972): ÖML Bd. 2, a. a. O., S. 783f.; in Graz geb., Studium in Graz und Berlin (E. v. Reznicek); Kapellmeister in der Schweiz. Kammermusik-, Klavier-, Chorwerke. Lexikon zeitgenössischer Musik aus Österreich (Hg. Bernhard Günther). Wien 1997, S. 119: Seine Oper *Viola* wurde z. B. von Max Graf sehr gelobt, beliebt auch seine Lieder. Friedrich Bayer (1902–1954 Wien): ÖML Bd. 2, a. a. O., S. 120. Auch als Kritiker tätig; 1 Oper, Symphonien, Lieder, Kammermusik.

21 Kralik: Das Buch, a. a. O., S. 205f.

22 Karl Höller (1907–2007): Riemann Personenteil A–K und Ergänzungsband A–K; Mainz 1959 und 1972, S. 806, 536f.: *Phantasie* op. 20, 1935 entstanden; alle Gattungen, ausgenommen Bühnenwerke. Nach dem Krieg höchst angesehen, zahlreiche bedeutende Auszeichnungen (Todesdatum: Wikipedia).

23 Kralik: Das Buch, a. a. O., S. 208f.

24 Ebenda, S. 205–214.

25 Hartmut Krones: Die Komponisten der „Wiener Schule" und die Wiener Philharmoniker. In: Otto Biba/Wolfgang Schuster (Hg.): Klang und Komponist. Tutzing 1992, S. 208f.

26 Egon Kornauth (1891 Olmütz – 1959 Wien): ÖML Bd. 3, a. a. O., S. 1123f. Ab 1916 Korrepetitor an der Hofoper, internationale Karriere als Liedbegleiter, Pianist, Dirigent, ab 1940 Professur für Komposition an der Akademie. „Nachromantiker". Orchesterwerke, Lieder, Kammermusik. Dissertation an der Universität Wien: „Die thematische Arbeit in Joseph Haydns Streichquartetten". Heft des Verlags „Doblinger" Wien, sine anno: Christian Heindl, S. 14: 1931, revidiert 1937. E. H. Müller v. Asow: Egon Kornauth. Ein Bild vom Leben und Schaffen des mährischen Komponisten. 1941.

27 Viktor Korda (1900–1992 Wien): ÖML Bd.3., a. a. O., S. 1122f.: Komponist, Chordirektor, Pädagoge, Studium bei Marx und Josef Lechthaler; dirigierte Kinder-, Arbeiterchöre; 1954–67 Sendungen für den Schulfunk, Pionier der Musikerziehung; komponierte in späterer Zeit „freitonal" alle Gattungen, darunter auch 2 Opern. 6 Bd. „Wir lernen Musik", gemeinsam mit Nemeth/Fiedler/Wieninger (Wien 1958–64). Otto Jokl (1891 Wien – 1963 USA): Lexikon zeitgenössischer Musik aus Österreich, a. a. O., S. 89: Emigration erst 1940, trat – mit dem Paten Anton v. Webern – zum Katholizismus über. S. 144: Der Nachlass liegt in der bayerischen Staatsbibliothek.

28 Biba/Fuchs: Die Emporbringung, a. a. O., S. 98.

29 Robert Wagner (1915 Wien – 1997): ÖML Bd. 5., a. a. O., S. 2573: Studium bei Schmidt, Marx, Weingartner; Dirigent, Komponist; Studium an der Wiener Universität: Dissertation: „Das musikalische Schaffen von Franz Schmidt". Dirigent in Österreich, Deutschland, 1965–1971 Präsident des „Mozarteums". Raimund Weissensteiner (1905 N. Ö. – 1997 Wien): ÖML Bd. 5., a. a. O., S. 2619: Priesterweihe; Komponist, Pädagoge, Dirigent; Studium bei Schmidt und Kabasta; 1938–43 (Verhaftung, Arbeitslager), 1945–68 Unterricht an der Akademie (Kontrapunkt, Formenlehre, Partiturspiel).

30 *Divertimento*: Franz Trenner: Richard Strauss. Werkverzeichnis. 2. Auflage, Wien 1999. Besetzung: S. 274ff.: Streicherchor, je 2 Holzbläser, Englischhorn, 2 Hörner, 2 Trompe-

ten, 1 Posaune, Pauken, Triangel, Becken, große Trommel, Celesta, Cembalo, Harfe, Orgel (Harmonium). Konzertführer Reclam. 18. Auflage 2006, S. 616f.: Als Strauss Wiener Staatsoperndirektor war, bearbeitete er 1922 diese Stücke aus Couperins *Ordres* für das Staatsopernballett und dessen Aufführungen im Redoutensaal. In den Vierzigerjahren unternahm er eine leichte Korrektur, vor allem in der Instrumentation, dem Schlagwerk. 30 Minuten Spieldauer.

31 Wilhelm Jerger (1902 Wien – 1978 Linz): Wikipedia: Musikwissenschaft bei Guido Adler. 1952 beendete er dieses Studium an der Schweizer Universität Freiburg. Direktor des Linzer Bruckner-Konservatoriums von 1958–1973.

32 Alfred Uhl (1909–1992 Wien): ÖML Bd. 5, a. a. O., S. 2489: 1932–38 im Ausland tätig, 1940–43 Militärdienst, Verwundung, ab 1943–1979 lehrte er an der Musikakademie – später Hochschule – Musiktheorie, Komposition, Instrumentenkunde. Zu seinen Studenten zählten u. a. Friedrich Cerha, Heinrich Gattermeyer. Zahlreiche bedeutende Preise und Auszeichnungen; große Erfolge mit Werken aller Gattungen.

Philipp Stein (Hamburg)

Das Orchesterkonzert im Wiener Konzerthaus (1913–1945)

Die vorliegende Untersuchung zu Orchesterkonzerten in Wien in der ersten Hälfte des 20. Jahrhunderts bezieht sich auf die Konzertsituation im Wiener Konzerthaus als Spielstätte. Dabei ist zu berücksichtigen, dass explizit alle Veranstalter, die im Wiener Konzerthaus in diesem Zeitraum tätig waren, mit in die Untersuchung einbezogen wurden. Das Wiener Konzerthaus war nach zweijähriger Bauzeit am 19. Oktober 1913 eröffnet worden, es war erbaut worden, um die Musik breiteren Publikumsschichten zu erschließen und die Zahl der Konzerte in Wien allgemein zu vergrößern. In der Zeit vor 1945 war die Wiener Konzerthausgesellschaft als Betreiberin des Hauses nur selten der Veranstalter mit den meisten Konzerten pro Saison im eigenen Haus. Andere Konzertdirektionen veranstalteten deutlich mehr Konzerte als die Konzerthausgesellschaft selbst. Aus diesem Grund kann eine gewisse Gültigkeit der Ergebnisse über das Wiener Konzerthaus hinaus angenommen, im Umkehrschluss aber keine direkte Aussage über die Veranstaltungspolitik der Wiener Konzerthausgesellschaft an sich gemacht werden.

Bis in das Jahr 1930 ist die von **Hugo Knepler** geführte **„Konzertdirektion Gutmann"** der wichtigste Veranstalter im Wiener Konzerthaus. Konzerte mit Künstlern wie Eugen d'Albert, Bronislaw Hubermann, Pablo Casals und Ernst von Dohnanyi wurden auf Rechnung des Impresarios veranstaltet. Während der Wirtschaftskrise der 20er- und 30er-Jahre geriet auch die Konzertdirektion Gutmann in Schwierigkeiten. Insolvent wurde sie schließlich im Jahr 1931. Die Aufführungen von *Aïda* auf dem Fußballplatz auf der Hohen Warte waren buchstäblich ins Wasser gefallen. Der riesige Aufwand, einschließlich der Auftritt von Elefanten, war ohne ausreichendes Publikum einfach nicht zu bezahlen gewesen.[1] Die Rolle als größter Veranstalter im Wiener Konzerthaus übernahmen im Anschluss daran die **„Konzertdirektion Hohenberg"** und die Konzerthausgesellschaft selbst. Die Konzertdirektion Hohenberg sollte später übrigens, so der Plan der Reichsmusikkammer, von der Konzerthausgesellschaft arisiert werden.[2] Diese Pläne wurden aber seitens der Konzerthausgesellschaft nicht verfolgt.

Bei den hier gesondert betrachteten Orchesterkonzerten stellt sich die Situation ein wenig anders dar. Bis 1945 war die Konzerthausgesellschaft im eigenen Gebäude der Veranstalter mit den meisten Orchesterkonzerten pro Saison. Ein Großteil des Programms der Wiener Konzerthausgesellschaft bestand zu dieser Zeit aus Orchesterkonzerten. Kammermusik spielte in ihren Programmen nur eine sehr geringe Rolle.

Auch in den wirtschaftlich schwierigen Zeiten rückte die Konzerthausgesellschaft nicht von ihrem Kernrepertoire, der Orchestermusik, ab. Das erklärt, warum sie zum Teil deutlich mehr Orchesterkonzerte als andere Veranstalter im eigenen Haus veranstaltete. Die nachfolgenden Zahlen stammen vollständig aus der Veranstaltungsdatenbank der Konzerthausgesellschaft. Sie bildet alle Konzerte, die seit der Eröffnung im Wiener Konzerthaus stattgefunden haben, so vollständig wie möglich ab. Die Programme der meisten Veranstaltungen sind in ihr ebenso enthalten wie die beteiligten Künstler. Wo Programmhefte im Archiv der Konzerthausgesellschaft fehlten, wurden diese Lücken in der Datenbank mit Hilfe von Zeitungsrezensionen und Vorankündigungen aufgefüllt. Daher kann von einem ziemlich vollständigen Datenbestand ausgegangen werden.

Abb. 1: „Konzerte im Wiener Konzerthaus"

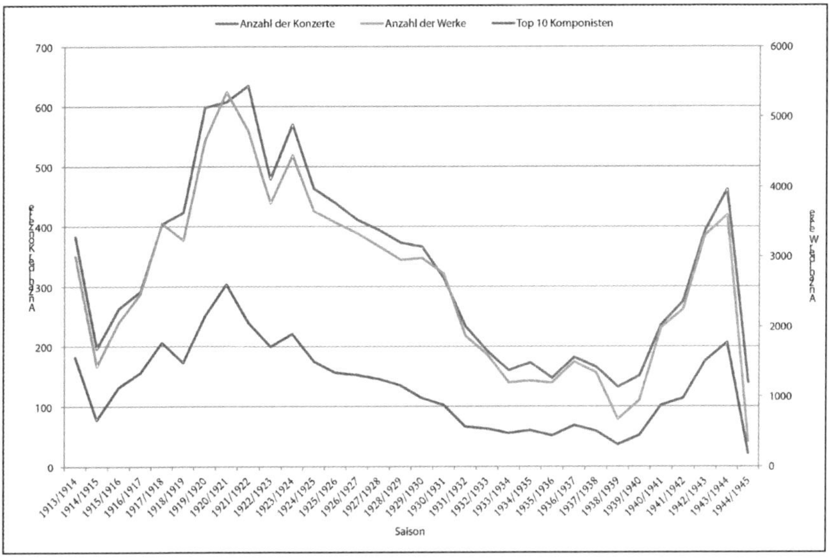

Die Abbildung 1 zeigt die Zahl aller im Wiener Konzerthaus gespielten Konzerte, die Anzahl aller Aufführungen der unterschiedlichen dort gespielten Werke und die Anzahl der Aufführungen aller unterschiedlichen Werke der zehn am meisten gespielten Komponisten. Das bedeutet, dass die *9. Symphonie* von L. v. Beethoven, die in der Saison 1913/1914 zweimal aufgeführt wurde, zwei Mal zur Anzahl der Werkaufführungen addiert wird. Wie zu erwarten war, lassen sich aus der Zahl der Konzerte insgesamt Rückschlüsse auf die allgemeine Situation der Konzertveranstalter ziehen. In beiden Weltkriegen steigt die Zahl der Veranstaltungen massiv an. Im Ersten Weltkrieg schien dies vordergründig an den zahlreichen Wohltätigkeitsveranstaltungen, Verwundetenkonzerten und Militärmusikveranstaltungen zu liegen, während im Zweiten Weltkrieg die zahlreichen Veranstaltungen der Institution „Kraft durch Freude“ zur Steigerung beitrugen. In den Zeiten der wirtschaftlichen Rezession nahm die Zahl der Konzerte insgesamt stark ab. Nicht umsonst musste die Konzerthausgesellschaft zwischen 1930 und 1938 immer wieder die Löhne der Angestellten kürzen.[3] Interessanterweise laufen alle drei Kurven mehr oder weniger parallel. Daraus lassen sich folgende Rückschlüsse ziehen: Je mehr Konzerte gespielt wurden, desto öfter hörte man auch die Werke der zehn am häufigsten gespielten Komponisten. Je mehr Konzerte angesetzt wurden, desto unterschiedlicher war das Repertoire insgesamt gesehen. Wurden also mehr Konzerte gespielt, stieg auch die Anzahl der aufgeführten unterschiedlichen Werke an, und es wurden nicht nur bestimmte Kompositionen öfter gespielt. Interessanterweise änderte sich an dieser Tatsache auch nichts während der Diktaturen, die gemeinhin im Verdacht stehen, den Kulturbetrieb in seiner Vielfalt eingeschränkt zu haben. Auch während des Ständestaates und des Nationalsozialismus scheint eine Verbindung zwischen der Anzahl der Konzerte und der Anzahl der unterschiedlichen gespielten Werke zu bestehen.

Abb. 2: „Korrelation Konzerte/Werke“

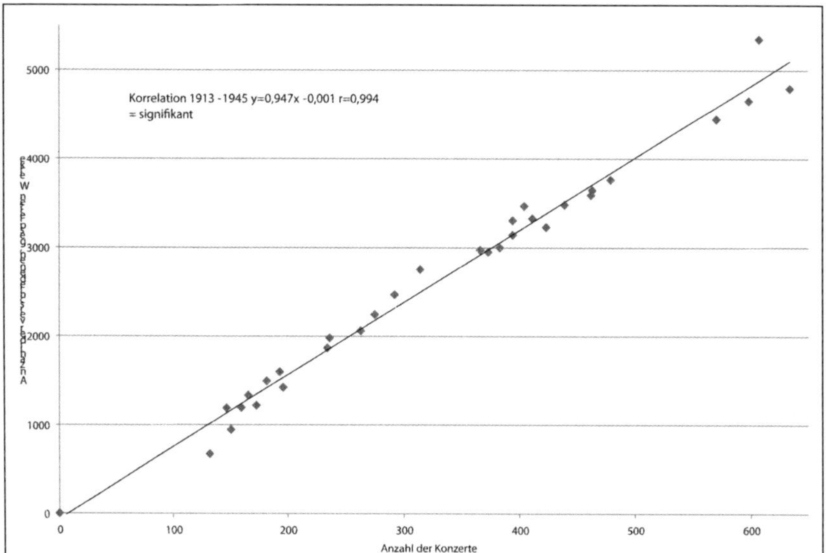

Um dem Zusammenhang zwischen der Anzahl der Konzerte und der Anzahl der unterschiedlichen gespielten Werke auf die Spur zu kommen, wurden sie für die Abbildung 2 miteinander in Beziehung gesetzt. Hier wird ersichtlich, dass die Korrelation ausgesprochen positiv ist. Die Trendlinie verläuft fast durch den Nullpunkt und die einzelnen Wertepaare liegen sehr dicht an der Trendlinie. Die rein optische Vermutung aus Abbildung 1 (dass Werke und Konzerte miteinander korrelieren) kann also durchaus bestätigt werden.[4]

Abb. 3: „Werke der zehn meistgespielten Komponisten"

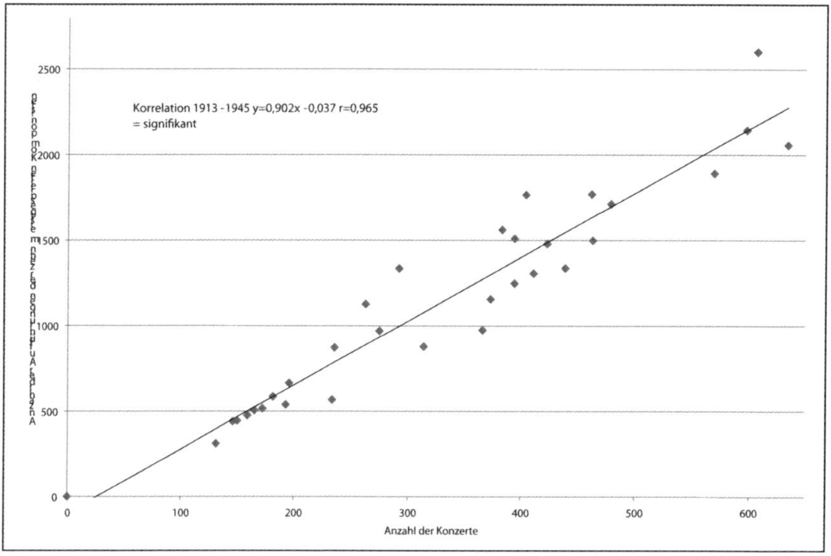

In der Abbildung drei wurden nun die Werkaufführungen der zehn meistgespielten Komponisten pro Saison zur Gesamtzahl der Konzerte pro Saison korreliert. Auch hier scheint es eine relativ deutliche Korrelation zu geben. Es fällt allerdings auf, dass die Streuung um die Trendlinie herum gröber ausfällt als in der Abbildung 2.[5]

Die beiden eingangs angenommenen Hypothesen können bestätigt werden. Darüber hinaus kann auch folgende Hypothese aufgestellt werden: Je größer die Korrelation zwischen Konzertanzahl und Werkaufführungen eines einzelnen Komponisten war, desto präsenter war dieser Komponist im Gesamtprogramm. Hierbei ist zu beachten, dass bisher das Gesamtprogramm im Wiener Konzerthaus untersucht wurde, also keine Einschränkung nach Gattungen, Veranstaltern oder Komponisten vorgenommen wurde. Die bisherige Untersuchung diente lediglich zum Aufstellen der Hypothesen. Um die zuletzt aufgestellte Hypothese zu überprüfen, bieten sich die Kompositionen Felix Mendelssohn-Bartholdys an. Stimmt die Hypothese, sind die Konzertzahl und die Anzahl der Werke des Komponisten vor 1938 korrelierter als in der Zeit des Aufführungsverbotes von 1938–1945.

Abb. 4: „Aufführungen von Mendelssohn"

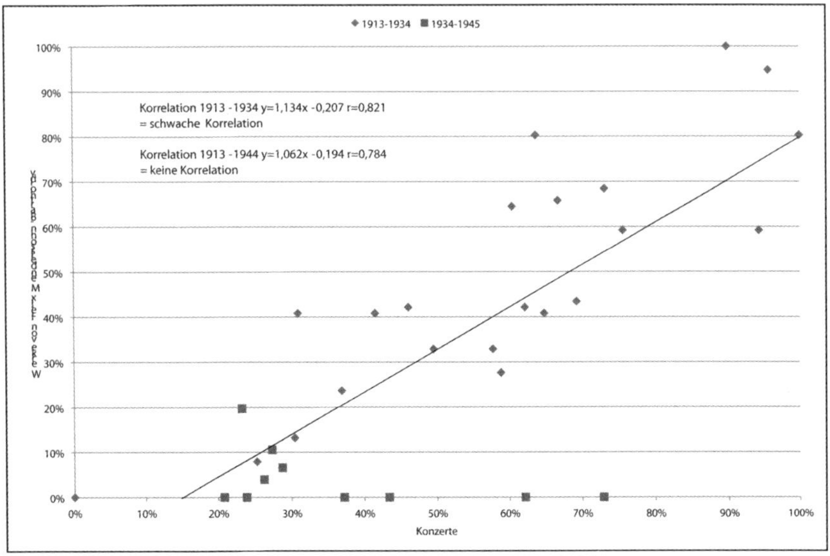

Aus der Abbildung wird ersichtlich, dass sich die aufgestellte Hypothese mit jüdischen Komponisten im „Dritten Reich" überprüfen lässt. Vor 1934 waren die Werkaufführungen von Felix Mendelssohn-Bartholdy deutlicher korreliert als zwischen 1934 und 1945. Hier wurden bewusst die Jahre des „Ständestaates" mit in den zweiten Abschnitt gezogen, um nicht ausschließlich Saisonen mit keiner Aufführung des ab 1938 auch in Wien geächteten Mendelssohn-Bartholdy zu betrachten. Bei der Abbildung vier ist zu beachten, dass es sich um eine normalisierte Darstellung handelt. Hier wird also die prozentuale Verteilung der Konzerte und Aufführungen und nicht die absolute betrachtet. Es kann festgehalten werden:

1.) Je größer die Anzahl der Konzerte, desto öfter werden auch die Werke der zehn am häufigsten gespielten Komponisten aufgeführt.

2.) Je besser die Aufführungen der Werke eines Komponisten zur Anzahl der Konzerte korreliert sind, desto signifikanter ist der Komponist für die Konzerte.

Abb. 5: „Orchesterkonzerte“

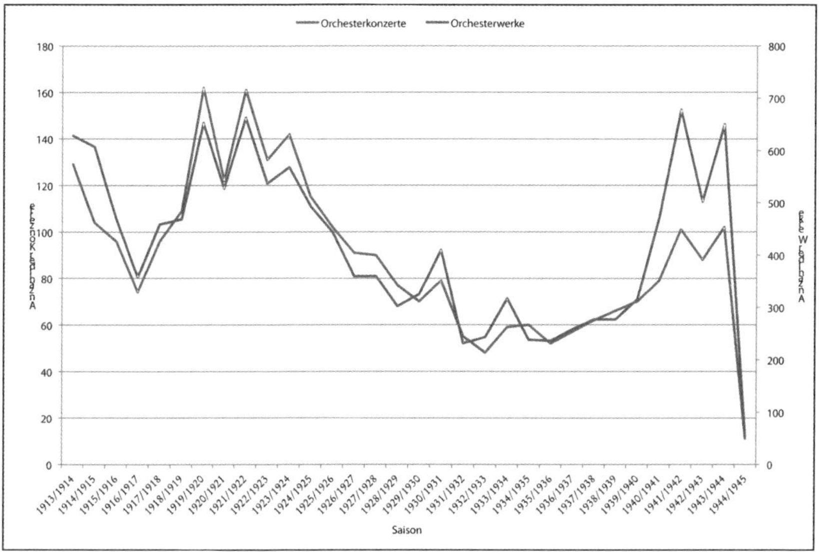

Aus der Abbildung 5 wird ersichtlich, dass auch die Zahl der gespielten Orchesterwerke mit der Zahl der Orchesterkonzerte korreliert zu sein scheint. Interessant an dieser Abbildung ist der deutliche Anstieg der Anzahl der Orchesterwerke zu Beginn des Zweiten Weltkrieges. Offensichtlich nahm mit dem Beginn des Zweiten Weltkrieges die Zahl der gespielten Werke zu. Da die Datenbank zu diesem Zeitpunkt als nahezu vollständig einzustufen ist, handelt es sich hier nicht um einen Statistikfehler. Dieser kann eher für die Saison 1944/45 angenommen werden, für die keine vollständigen, gesicherten Programme mehr vorliegen.

Nicht ganz unerwartet waren **die drei meistgespielten Komponisten** in Orchesterkonzerten im Wiener Konzerthaus zwischen 1913 und 1945 **Ludwig van Beethoven, Johannes Brahms und Anton Bruckner.** Ihnen folgten Franz Liszt, Wolfgang Amadeus Mozart, Franz Schubert, Johann Strauß (Sohn), Richard Strauss, Peter Tschaikowsky und Richard Wagner. Von den jüngeren Komponisten waren Hans

Pfitzner mit lediglich rund zwei Aufführungen pro Saison, Josef Matthias Hauer mit je einer Aufführung 1924/25 bzw. 1929/30 und Paul Hindemith mit drei Aufführungen 1929/30 und einer 1934/35 vertreten. Hans Eisler und Ernst Krenek wurden seltener im Orchesterkonzert aufgeführt, Karl Amadeus Hartmann und Anton Webern gar nicht. Umso interessanter ist, dass 1935/36, 1940/41 und 1941/42 jeweils eine Aufführung mit einem Werk von Wilhelm Jerger auf dem Programm stand. Wilhelm Jerger war, ähnlich wie Leopold Reichwein, als Nationalsozialist bekannt. Gemeinsam mit Reichwein gründete er 1932 das Wiener „Orchester des Kampfbundes für deutsche Kultur".[6] Doch Jerger sollte nicht der einzige nationalsozialistische Komponist bleiben, der im Wiener Konzerthaus in Orchesterkonzerten aufgeführt wurde. 1930/31, 1935/36, 1937/38, 1939/40 und 1941/42 finden Orchesterwerke von Friedrich Bayer ihren Weg auf die Programmzettel. Bayer war Leiter des „Ringes völkischer Tondichter bei der NS-Künstlerschaft", Gau Wien. Ab 1938 stand er dem „Bund deutscher Komponisten aus Österreich" vor, der den aufgelösten, weil jüdisch geleiteten „Österreichischen Komponistenbund" ablöste.[7] Hier wiederum ist auffällig, dass beide Komponisten schon während der Zeit des Ständestaates offensichtlich ohne Probleme aufgeführt werden konnten.

Ebenfalls interessant waren die Zentenarfeiern für Ludwig van Beethoven, Franz Schubert und Johannes Brahms. Franz Schuberts Œuvre hatte die eindrucksvollste Entwicklung aufzuweisen. Wurden seine Werke vor der Saison 1927/28 jeweils unter zehn Mal pro Saison in Orchesterkonzerten aufgeführt, so erfuhren seine Kompositionen in der Jubiläumssaison die unglaubliche Steigerung auf 26 Aufführungen in einem Jahr. Ein wenig anders ist die Entwicklung bei Beethoven: Sein 100. Todestag lässt sich ausschließlich an der Abnahme der Aufführungen feststellen. Setzte man bis zum Jahr 1927 in Orchesterkonzerten normalerweise rund 30 Kompositionen pro Jahr auf das Programm, so kam es in der Saison nach 1927 nur noch zu 20 Aufführungen. Das „Reichsbrahmsfest" 1933 kann im Wiener Konzerthaus übrigens statistisch überhaupt nicht beobachtet werden.

Abb. 6: „Wirtschaftliche Krisen"

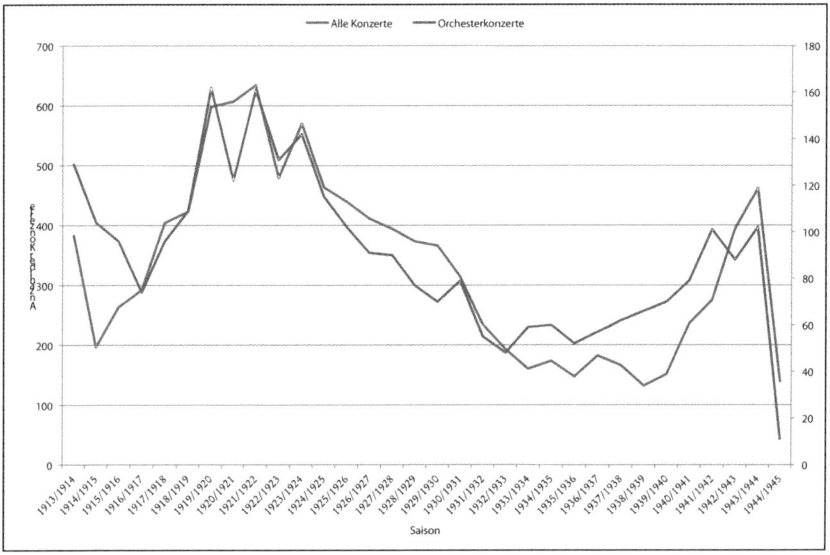

Bemerkenswert ist der **Zusammenhang der damaligen wirtschaftlichen Situation und der Anzahl der Orchesterkonzerte:**

Die Zahl der Orchesterkonzerte entwickelte sich mittelbar parallel zur Zahl aller Konzerte. Während wirtschaftlich schwieriger Zeiten geriet das teure Orchesterkonzert ebenfalls in Schwierigkeiten. In diesem Zusammenhang sind hier insbesondere die Saison 1920/21 und 1942/43 hervorzuheben. In beiden Saisonen kam es zu einem signifikanten Einbruch der Anzahl der Orchesterkonzerte. Nach dem Ersten Weltkrieg kann hier in der Tat die wirtschaftliche Situation als verantwortlich angenommen werden. Im Zweiten Weltkrieg stellt sich die Ausgangslage etwas anders dar. Hier schien die zunehmende Dienstverpflichtung der Orchestermusiker zum Militär eine Rolle zu spielen. In der Folgesaison konnte dies dann wieder durch den Rückgriff auf altgediente Musiker und die Unabkömmlich-Stellung anderer Orchestermitglieder ausgeglichen werden. Mit der „Theatersperre" ab der Saison 1944/45 brach aber selbstverständlich auch die Anzahl der Orchesterkonzerte ein. Interessant in diesem Zusammenhang ist die Dominanz der Orchesterkonzerte ab der Saison 1931/32. In den zehn folgenden Saisonen der wirtschaftlichen Erholung finden im Verhältnis zur Gesamtzahl der Konzerte deutlich mehr Orchesterkonzerte als zuvor statt. Die genauen Ursachen dieses Phänomens können statistisch nicht ermittelt werden.

Abb. 7: „Werke von Franz Schmidt“

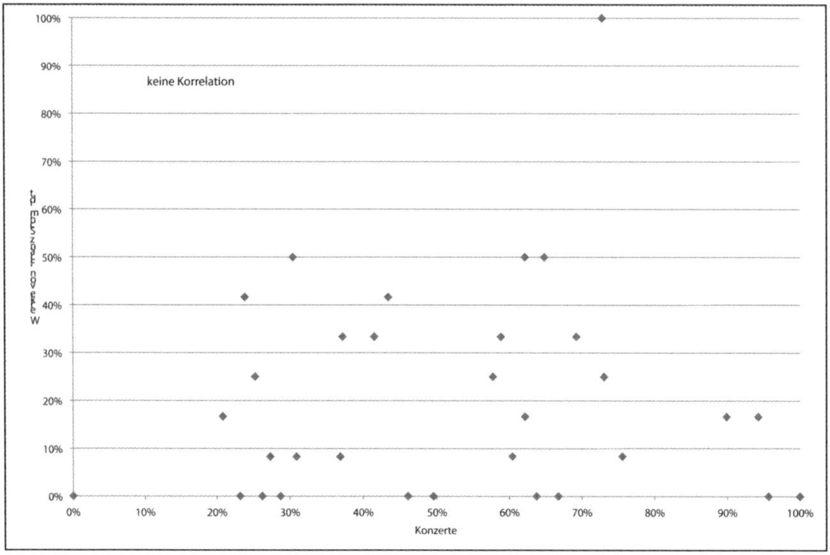

Auf den ersten Blick lässt sich an der Abbildung 7 erkennen, dass zwischen der Anzahl der Werke von **Franz Schmidt** und der Zahl der Konzerte keine Korrelation gegeben zu sein scheint. Die Wertpunkte liegen mehr oder weniger über den gesamten Diagrammbereich verstreut. Im Umkehrschluss bedeutet dies, dass Franz Schmidts Werken im Wiener Konzerthaus keine signifikante Rolle zukommt. Das meistgespielte Werk des Komponisten im Wiener Konzerthaus ist seine *Symphonie Nr. 2 Es-Dur*, die es auf sieben Aufführungen bringt. Im Jahr 1915 wurde das Werk am 29. und 30. Dezember vom Wiener Konzertverein unter Ferdinand Löwe zum ersten Mal im Großen Saal aufgeführt. Zwei Mal wurde die Symphonie in einer Fassung für zwei Klaviere von Alexander Wunderer im „Verein für musikalische Privataufführungen“ präsentiert. Am 21. und 22. April 1925 beschloss das nun „Wiener Symphonieorchester“ genannte Orchester wieder ein Doppelkonzert mit der Symphonie. Im Februar 1942, inzwischen hieß dasselbe Orchester „Wiener Symphoniker“, wurde diese Symphonie wieder in einem Konzert angesetzt. Am 17. Februar 1942 dirigierte Leopold Reichwein das Werk. Der *2. Symphonie* Franz Schmidts folgten die *3.* und die *4. Symphonie* in Bezug auf die Aufführungszahlen nach.

In diesem Zusammenhang scheint es auch interessant, sich einmal mit der **„zeitgenössischen“ Musik** zu befassen. Aus statistischen Gründen konnte hier nur der

Zeitraum zwischen 1930 und 1945 betrachtet werden. Es wurden zwei Vergleiche angestellt: Zum einen die nach 1900 geborenen Komponisten, die naturgemäß im Betrachtungszeitraum älter und damit vermutlich signifikanter für das Programm wurden, zum anderen Komponisten, die unter dreißig Jahre alt waren – in jeder Saison.

Abb. 8: „Junge Komponisten"

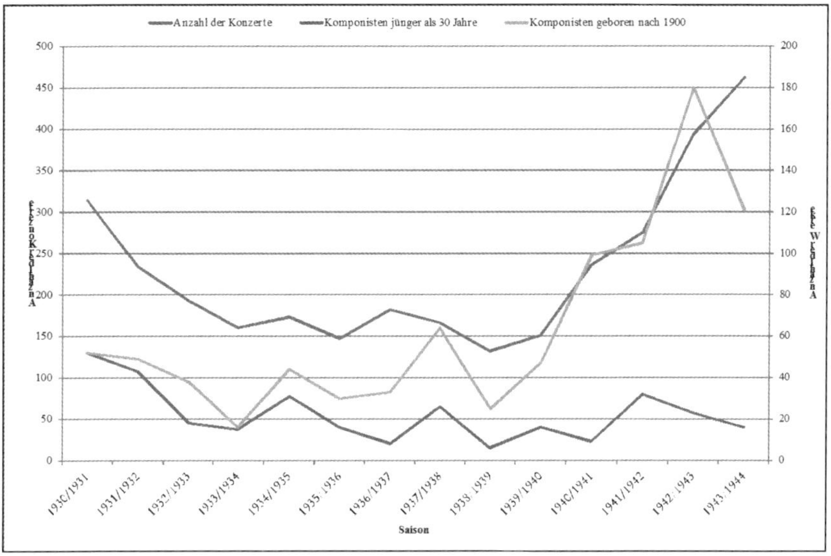

Hier fällt sofort die Parallelbewegung der Kurve mit der Konzertanzahl und derjenigen auf, die die Komponisten nach 1900 repräsentiert. Interessant in diesem Zusammenhang war der starke Anstieg der Konzerte nach Ausbruch des Zweiten Weltkrieges und die damit einhergehende Zunahme der Aufführung von nach 1900 geborenen Komponisten. Ganz besonders fällt dann der Knick am Ende der Kurve ins Auge. Offensichtlich wurden für die Saison 1943/44 die jüngeren Komponisten nicht mehr sehr berücksichtigt. Die vorher deutliche Parallelentwicklung zur Konzertanzahl ist nun vorbei – die Kurve flacht ab. Ganz besonders auffällig ist aber auch die Entwicklung der wirklich jungen Komponisten: Die Kurve der unter 30 Jahre alten Komponisten entwickelt sich in keiner Weise synchron zur Gesamtzahl der Konzerte. Das ist insofern interessant, als ab 1940 die Förderung „zeitgenössischer Musik" im Wiener Konzerthaus besondere Aufmerksamkeit genoss.[8] Offensichtlich blieben diese Fördermaßnahmen Einzelaktionen, die sich nicht statistisch relevant im Gesamtprogramm niederschlugen. Hierbei ist insbesondere zu beachten, dass das Diagramm nicht nur Orchesterwerke berücksichtigt. In diesem Falle ist daher der wirtschaftliche Faktor, der vielleicht bei zeitgenössischer Orchestermusik eine besondere Rolle spielt, nicht zu beachten.

Dass die wirtschaftliche Situation Auswirkungen auf das Repertoire hat, ist eine interessante Beobachtung, die genauer untersucht werden müsste. Wichtig ist im Zusammenhang mit der statistischen Auswertung der Konzerte, dass aus der Korrelation von Konzertanzahl und Aufführungen einzelner Komponisten Schlüsse abgeleitet werden können, die nicht von anderen Faktoren, wie der allgemeinen Zahl der Konzerte oder den Besetzungen, abhängen. Mit diesem Verfahren könnten, sofern die Datenbasis vollständig vorhanden ist, weitere Untersuchungen zur Aufführungsgeschichte und Bedeutung von Komponisten für eine Spielstätte gemacht werden. Darüber hinaus wäre es aber auch interessant, nicht nur zu überprüfen, welche Komponisten von den Nationalsozialisten verdrängt wurden, sondern welche – insbesondere im Dritten Reich – in der Programmgestaltung besonders berücksichtigt wurden.

Anmerkungen

1 Erwin Barta/Gundula Fässler: Die großen Konzertdirektionen im Wiener Konzerthaus 1913–1945. Frankfurt am Main 2001, S. 68.
2 BArch BDC RK N12 Schreiben der Reichsmusikkammer Abteilung IV (Konzertwesen) an RMVP Abteilung X vom 4. April 1938.
3 Vergleiche hierzu das Protokoll der Direktionssitzung vom 1. Oktober 1931.
4 Die Korrelationsformel für die Jahre 1913–1945 lautet: y=O,947x-0,001 mit einem Korrelationskoeffizienten von r=0,994. Es handelt sich hier um eine signifikante Korrelation.
5 Die Korrelationsformel für die Jahre 1913–1945 ist: y=0,902x-0,037 mit einem Korrelationskoeffizienten von r=0,965 – ebenfalls eine signifikante Korrelation.
6 Sepp Mayer: Denkschrift des Zweckverbandes für Kulturpflege in Niederdonau anlässlich des 500. Konzertes des Gauorchesters. St. Pölten 1942. Siehe dazu Philipp Stein: Tonkunst im Dienste der Nationalsozialisten. In: Die Tonkünstler: Orchestergeschichten aus Wien und Niederösterreich (Hg. Rainer Lepuschitz). St. Pölten 2007, S. 57.
7 NSDAP-Mitglied seit 27. September 1932 (Mitgliedsnummer 1.214.540). Siehe dazu: Fred K. Prieberg: Musik im NS Staat. Berlin 2005, S. 306.
8 Nach einem ersten „Orchesterkonzert zur Förderung zeitgenössischer Musik“ am 3. Dezember 1940 fand in der Saison 1941/42 eine „Woche zeitgenössischer Musik“ – veranstaltet vom Reichsstatthalter in Wien – statt.

Ksenija Zadravec (Wien)

„Die schwierigste aller musikalischen Kunstformen“: Symphonie im Spiegel der Kritik

I.

Die Kritik – oder in speziellem Falle die Musikkritik – steht, wie es frei nach Hans Heinz Stuckenschmidts Aufsatz „Zur Problematik der Musikkritik“ von 1952 formuliert ist, zwischen dem Kunstwerk und dem Menschen, drängt sich vielmehr zwischen beide Parteien. Aufgrund dieser Position bedarf es ihrer Analyse und ihrer kritischen Betrachtung.[1] Stuckenschmidt bezog sich in seinem Aufsatz genau auf die schriftliche Musikkritik als journalistische Textsortenvariante, die heute bei der Pluralität der Publikationsmöglichkeiten nicht nur die Printmedien umfasst, sondern auch besonders viele Varianten im Internet kennt. Ein Gegensatz zu der schriftlichen Musikkritik wäre beispielsweise ein mündlich geäußertes, kritisches Interview oder eine Gesprächsrunde im Fernsehen. Die Textsortenvariante der Kritik oder auch Rezension im Allgemeinen besitzt die elementare Eigenschaft, die Meinung des Rezensenten wiederzugeben – dies gilt auch (und vor allem) für die von Stuckenschmidt thematisierte traditionelle Musikkritik in einer Zeitung oder Zeitschrift.[2] Noch spezialisierter als die Variante der Musikkritik wäre die Konzert-, Opern- oder Symphoniekritik. Feuilleton und Rezension sind beide der Textsortenvariante des meinungsbetonten Textes zuzurechnen (Definition siehe Anmerkung 2), die eine ausschweifender und assoziiert mit Pointen oder aktuellen gesellschaftlichen Bezügen, und die andere knapper und auf die wesentlichen Punkte reduziert. Dennoch können beide prinzipiell die gleichen wertenden Äußerungen und Urteile über Musik treffen und daher muss in diesem Fall nicht zwischen ihnen unterschieden werden.

In diesem Aufsatz aufgeführte **Rezensionen** sind zwei Wiener Tageszeitungen entnommen: der **„Neuen Freien Presse“** und der **„Wiener Zeitung“** beziehungsweise der **„Wiener Abendpost“**, die zwischen 1. Juli 1863 und 31. Dezember 1921 als Beilage beziehungsweise Abendausgabe der „Wiener Zeitung“ herausgegeben wurde. Beide Zeitungen waren im herangezogenen **Zeitraum zwischen 1900 und 1938** in Wien sehr auflagenstark und boten daher eine verlässliche Quelle für Musikrezensionen. Dessen ungeachtet zeigt sich auch in diesen, unter anderem kulturorientierten Zeitungen ein simples, aber wesentliches Problem der Musikkritik: Sie ist auf Gespieltes angewiesen und kann nur dieses rezensieren.

Das Repertoire der Konzertsäle (aber auch der Opernhäuser) hat sich über das 19. Jahrhundert von einem ursprünglich zeitgenössischen zu einem konservierenden entwickelt, was sich unter anderem in den Rezensionen niederschlägt. In den Konzertprogrammen und -ankündigungen finden sich zu Beginn des 20. Jahrhunderts durchaus Symphonien zeitgenössischer Komponisten, jedoch dominieren in dieser Gattung die „klassischen". Gerade durch die Konzertankündigungen in besagten Tageszeitungen fällt auf, dass das symphonische Repertoire (beispielsweise im Wiener Konzerthaus oder Wiener Musikverein) in besagtem Betrachtungszeitraum zwischen 1900 und 1938 hauptsächlich zwischen dem symphonischen Werk Joseph Haydns bis Anton Bruckners pendelt und gerne die zeitgenössische Symphonie außen vor lässt. Die Beurteilungen oder Bewertungen dieser „klassischen" Symphonien lassen fast immer erkennen, dass kein Zweifel über ihren hohen Stellenwert und ihre Qualität besteht. Einer der berühmtesten Rezensenten seiner Zeit, ***Eduard Hanslick***, schrieb in einer Rezension vom 20. November 1900 zu der Wiener Erstaufführung von Gustav Mahlers *1. Symphonie*: „Unsere symphonischen Meister von Haydn und Mozart bis auf Brahms und Dvořák nehmen uns ohne solches Entrée-Billet [das Wissen über das Programm einer Symphonie, Anm.] in ihren Himmel auf."[3] Durch diese Formulierung drückte Hanslick zwei wesentlichen Dinge aus: seine Gegnerschaft zu jeglicher Programmmusik nach seiner Definition „tönend bewegte Formen sind einzig und allein Inhalt und Gegenstand der Musik"[4] und damit auch, dass Mahler keine aus sich heraus verstehbare Musik komponiere. Allerdings zeigt dieses Zitat mit der Formulierung „symphonische Meister" ebenfalls, dass für ihn die klassische Symphonie, die er zwischen ca. 1760/70 mit Haydn/Mozart und ca. 1890 mit Brahms/Dvořák ansiedelte, in der Wertigkeit höher steht. Die Hanslick nachfolgenden Rezensenten in den genannten Wiener Tageszeitungen wie ***Richard Batka***, ***Richard Heuberger***, ***Robert Hirschfeld*** oder ***Julius Korngold*** schrieben ihre Texte meist ohne derart klar wertende Äußerungen. Dennoch waren in ihren Rezensionen diese von Hanslick benannten „symphonischen Meister" insofern präsent, als dass sie durch die Aufnahme in das Repertoire auch Aufnahme in die Rezensionen gefunden haben. Nahezu alle Musikrezensenten der Zeit besaßen eine musikalische oder musiktheoretische Ausbildung und dadurch waren ihnen die sogenannten „klassischen" Werke, an denen teilweise bis heute exemplarisch in Bezug auf Harmonie, Form und Kontrapunkt gelehrt und unterrichtet wird, nicht fremd. Daher standen die Rezensenten der zeitgenössischen Symphonie zunächst einmal anders als der klassischen gegenüber; besonders anhand von Ur- und Erstaufführungsrezensionen der zeitgenössischen Symphonien kann abgelesen werden, in welcher Weise die Rezensenten den neuen Symphonien begegneten. Es wurde also der erste Eindruck einer zeitgenössischen Symphonie (in Wien) beurteilt und nicht ihre Repertoirebildung als Langzeitwirkung.

Die Auswahl der Symphonien richtete sich zunächst nach den Komponisten, die in Referaten des „9. Internationalen Franz Schmidt-Symposions" besprochen werden sollten. Erwartungsgemäß waren hierunter die Symphonien Mahlers, die erst- beziehungsweise uraufgeführt wurden, sowie die Uraufführungen der Symphonien von Franz Schmidt, Arnold Schönberg, Franz Schreker oder die Erstaufführung von Anton v. Weberns *Symphonie op. 21.* Weitere bekannte Komponisten, deren Symphonien in Wien erstaufgeführt wurden, waren Paul Hindemith und Kurt Weill. Für alle anderen Komponisten, die in Referaten des Symposions Niederschlag fanden, können entweder keine Symphonieaufführungen in Wien nachgewiesen werden oder die Konzerte wurden medial in den genannten Wiener Tageszeitungen nicht besprochen. Für Letzteres ist die *1. Symphonie* von Joseph Matthias Hauer[5] ein Beispiel, deren Wiener Erstaufführung am 2. Februar 1919 im 7. Konzert von Schönbergs „Verein für musikalische Privataufführungen" stattfand. Eine Rezension über dieses Konzert ist deshalb nicht vorhanden, da die Presse per se von diesen Konzerten ausgeschlossen war. Ein weiteres Beispiel einer möglicherweise in Wien erstaufgeführten Symphonie ist Ernst Kreneks *1. Symphonie* (UA: 17. März 1922 in Berlin). Ein Brief von Hans W. Heinsheimer an Krenek legt nahe, dass eine Erstaufführung dieser Symphonie am 27. September 1932 in Wien, „vor einem geladenen Kreis von Musikern- und Presseleuten"[6], geplant war. Kurz vor diesem Datum lässt sich weder in der „Neuen Freien Presse" noch in der „Wiener Zeitung" eine Konzertankündigung nachweisen und bis ca. drei Monate danach auch keine Rezension. Dass dieses Konzert trotzdem stattgefunden hat, ist möglich, ohne Resonanz in den Zeitungen ist es für diese Betrachtung allerdings nicht verwertbar. Um die Anzahl der oben genannten Komponisten zu erweitern, wurden daher noch Symphonie-Rezensionen über Hans Gál, Robert Heger und Karl Weigl aufgenommen.

II. Erwartungen an den Komponisten oder die Symphonie

Ein zentrales Thema, das aus Rezensionen herauszulesen ist, ist die Erwartung des Rezensenten gegenüber einer ur- oder erstaufgeführten Symphonie. Daher erfüllen alle folgend aufgeführten Rezensionen hauptsächlich zwei Parameter:

1.) Eine aus der Rezension herauszulesende Erwartungshaltung des Autors, die dem Leser ein positives oder negatives Urteil über den Komponisten oder die Symphonie mitteilte.
2.) Die Erwartung des Autors an die musikalische Form der Symphonie als gattungsprägendes Element.

Die antizipierende Erwartung eines positiven oder negativen Ereignisses ist ein Themenfeld der Psychologie. Diverse gängige psychologische Lexika[7] besagen, dass Erwartung als Einstellung auf eine zukünftige Begebenheit gewertet wird, positiv oder negativ belegt sein kann und sich an vorherige Erfahrungen ähnlicher Situationen anlehnt. Diese Erkenntnis formulierte 1856 schon Wilhelm Fridolin Volkmann von Volkmar:

> „Auf der Vorstellung der Zukunft beruht die Erwartung. Wir erwarten etwas dann, wenn in einer Reihe von dem durch die Gegenwart festgehaltenen Gliede andere Glieder als Künftiges ablaufen. Die Gegenwart regt somit fortwährend Erwartungen an, und indem die Zeitreihe des wirklichen Lebens langsam vorschreitet, eilt ihr die Reproduktion fortwährend voran. [...] Bleibt das Erwartete aus, so spannt sich die Erwartung immer mehr. Der Mangel des Gegebenseins in der Gegenwart wirkt wie ein Gegensatz, drückt das erwartete Glied herab, und regt dadurch die ganze Reihe zur vollen Kraftentfaltung an. [...] Ein großer Teil der ästhetischen Wirkung beruht auf dieser Spannung der Erwartung. Tritt statt der erwarteten eine entgegengesetzte Vorstellung ein, so ist die Erwartung getäuscht und die eingetretene Vorstellung wird zurückgestoßen und verabscheut. So kann an sich Angenehmes dadurch verhasst werden, dass es an einer Stelle steht, wo Anderes erwartet wurde."[8]

Die Erfüllung von Rollenbildern ist ein oft genanntes Beispiel bei Erwartung: Bestimmte Berufsgruppen, wie beispielsweise Priester, Ärzte oder auch Richter, lösen spezifische Erwartungen an den Menschen aus. Die Erwartung an jemanden oder etwas entsteht meist aus angelernten, gesellschaftlichen oder durch Erfahrung entstandenen Stereotypen. Eine vollständige Überschneidung verschiedener Erwartungshaltungen zweier Personen ist daher schon nicht möglich, weil individuelle Erfahrungen im Leben gesammelt werden und unterschiedliche äußere Einflüsse prägen. Allerdings gibt es einige gesellschaftliche Grunderwartungen, die gewisse Denkmuster enthalten, wie beispielsweise, dass in einem Krankenhaus geholfen wird, gesund zu werden. Da es unzählige erwartungsabhängige Rollenbilder gibt, wären demnach auch Rollenbilder von Künstlern, Komponisten oder sogar Symphonien denkbar. Bedingung dieser Überlegung ist, ob eine Erwartung gegeben ist oder sein kann, und ob diese erfüllt wird oder nicht, demnach eine Bestätigung oder eine Enttäuschung des Ereignisses zurückbleibt. Die Rezension und die Erwartung hängen also darum zusammen, weil sich in dieser speziellen Textsortenvariante die befriedigte, respektive unbefriedigte Meinungsäußerung des Rezensenten zu einem bestimmten Ereignis, in diesem Falle einem Konzert mit einer Erwartungshaltung davor, befinden kann. Nicht bei allen Rezensenten fließt eine Erwartungshaltung in den Text ein, jedoch gibt es einige Ausführungen und Formulierungen, die auf bestimmte Erwartungen und damit Aussichten des Autors hinweisen.

Ein erstes Beispiel bezieht sich auf den Titel dieses Aufsatzes und verdeutlicht eine auffallende Erwartungshaltung: „Ein vollblütiges, frisches Talent, in der Schule Robert Fuchs' herangebildet, durch eigene Musikübung mit den unerbittlichen Forderungen der Praxis wohl vertraut, tritt Schmidt in der schwierigsten aller musikalischen Kunstformen mit einer überraschenden Sicherheit auf."[9] Die Rezension ist zur Uraufführung von Franz Schmidts *1. Symphonie* in der „Neuen Freien Presse" am 9. Februar 1902 erschienen. Sie ist mit dem Autorenkürzel „R." versehen, das nach Robert Hernried Eduard Hanslicks Assistent ***Richard Heuberger*** verwendete.[10] (Hanslick verwendetet sein Autorenkürzel „R.", die Abkürzung seines Davidsbündlernames Renatus, nach Dietmar Strauß nur in der Zeit von 1848 bis 1853 bei der „Wiener Zeitung".[11] Es ist nicht belegt, dass er im Alter nochmals auf dieses Kürzel zurückgriff.) Heubergers Erwartung an die Uraufführung der *1. Symphonie* von Schmidt kann nicht allzu hoch gewesen sein, denn die Aussage „die schwierigste aller musikalischen Kunstformen" verdeutlicht die Wertschätzung einer Symphonie, aber auch die Erwartung an bestimmte Parameter, die der Autor in diesem Text nicht preisgab. Eventuell war Heubergers hohe Erwartung an eine neue Symphonie nicht nur seiner Tätigkeit als Rezensent, sondern auch derjenigen als Komponist geschuldet. Mit der Aufführung einer Erstlingssymphonie eines jungen Künstlers „wagt der Concertverein doch einen besonders muthigen Schritt im Dienste der ‚Moderne' und gab am 25. v. M. ein Concert eigens zu dem Zwecke, dem Publikum die Bekanntschaft mit allerneuesten Compositionen und Componisten zu vermitteln."[12] Die Ausdrucksweise „muthiger Schritt des Concertvereins" bezeugt entweder eine gewisse Skepsis Heubergers gegenüber Neuem oder Modernem oder zeigt sein Wissen um die Skepsis des lesenden Publikums gegenüber Neuem. Die Uraufführung übertrifft jedoch sein mangelndes Vertrauen und bestätigt die Erwartung nicht, wie die oben zitierte Wendung über Schmidts musikalisches Auftreten – „mit einer überraschenden Sicherheit" – darlegt. Unter allen hier berücksichtigten Komponisten und deren Symphonien[13] ist auffällig, dass Franz Schmidt als einziger die Erwartung(en) der Rezensenten in positiver Weise übertreffen konnte, wie an den Rezensionen zu seinen uraufgeführten Symphonien abzulesen ist. Die positive Rezension auf die *1. Symphonie* führt aber dazu, dass die Erwartungshaltung der Rezensenten (und auch des Publikums) anstieg: eine neue Symphonie würde somit unter anderen Voraussetzungen, mit anderen Erfahrungen, beurteilt.

Die Uraufführungsrezension zu Schmidts *2. Symphonie* in der „Wiener Abendpost" vom 6. Dezember 1913 schrieb „Kr." (möglicherweise ***Heinrich von Kralik***) – noch in der Einleitung urteilte er: „Man war vorbereitet, Schönes zu hören, wurde aber mit Großartigem überrascht."[14] Eindeutiger können die Erwartung, die Vorschusslorbeeren, die Aussicht auf diese Uraufführung und das positiv übertroffene und überraschende Ergebnis nicht beschrieben werden.

In der Rezension zu Franz Schrekers *Kammersymphonie* äußerte sich Julius Korngold ähnlich deutlich und prägnant. Zu Beginn der Rezension, die in der „Neuen Freien Presse" am 21. März 1917 erschienen ist, hielt Korngold seine Erwartung an alle Werke namens „Kammersymphonie" fest: „Kammersymphonie: schon aus dem Worte strömt es ‚kakophon' seit Schönberg."[15] Die Erfahrung Korngolds mit Schönbergs *Kammersymphonie op. 9* war offenbar ein derart prägendes Erlebnis, dass nun in seiner Erwartung bei diesem Titel immer Schönbergs *Kammersymphonie* mitschwingt. Mit der Bezeichnung „kakophon" definierte er, welche wertende Haltung er zu Schönbergs *Kammersymphonie* hat, aber auch, was allgemein von solch einer Komposition zu halten sei. Inwieweit Korngolds Erwartung bei der Musik Schrekers bestätigt wurde, zeigt das ausgeweitete Zitat: „Kammersymphonie: schon aus dem Worte strömt es ‚kakophon' seit Schönberg. Weit weniger aus Schrekers Musik."[16] Die vorangegangene negative Erfahrung bezüglich des Titels „Kammersymphonie" lässt Korngolds Skepsis gegenüber Schrekers Werk dieses Titels regelrecht kultivieren. Trotz gewisser äußerer Ähnlichkeiten beider *Kammersymphonien*, wie etwa Einsätzigkeit oder reduzierte Besetzung, kann Korngolds negative Erwartung von Schrekers Musik nicht bestätigt werden. Diese übertroffene Erwartung, die in beiden Rezensionen herauszulesen ist, bedeutete jedoch keinesfalls eine ähnliche Bewertung der Symphonien – Schmidt wurde sehr positiv, Schreker hingegen eher mittelmäßig beurteilt.

Die positive oder negative Bewertung einer Symphonie in der Rezension ist demnach nicht abhängig von einer eventuellen Erwartung, daher gilt, dass der negativen Beurteilung keine enttäuschte Erwartung zugrunde liegen muss und vice versa muss einer positiven Beurteilung keine übertroffene Erwartung vorausgehen. Letzteres ist in der Rezension über Schmidts *4. Symphonie* am 12. Jänner 1934 in der „Wiener Zeitung" dokumentiert. Ähnlich der oben zitierten Rezension der *2. Symphonie* begann der Autor „rb" – eventuell Richard Batka – diese Rezension zur *4. Symphonie* ebenfalls mit einem Erwartungsstatement: „Eine neue Sinfonie von Franz Schmidt ist für die musikalische Welt immer ein Ereignis."[17] Abermals wird dem Leser deutlich, dass Schmidt sich – vermutlich am meisten mit seiner *2. Symphonie* – eine Art „Vorschuss" erspielt hat, der allerdings Druck auf den Komponisten ausübte, die nächste Symphonie der vorangegangenen in nichts nachstehen zu lassen. Nun erfüllte die 4. nicht die extrem hohe Erwartung des Rezensenten. Denn, so heißt es: „Nicht jede seiner Sinfonien hat den Schwung, das musikantische Herz der Zweiten Sinfonie, aber jede ist das Werk eines großen Könners, eines ernsten Musikers, eines Künstlers."[18] Die ansonsten durchwegs positive Rezension täuscht nicht über die unerfüllte Erwartung hinweg; der Rezensent hätte offensichtlich mit einer einnehmenderen Symphonie gerechnet. Ein weiteres Beispiel der Enttäuschung findet sich in ***Josef Reitlers*** Rezension zur Wiener Erstaufführung von Anton v. Weberns *Sym-*

phonie op. 21, am 3. März 1930 in der „Neuen Freien Presse“ erschienen. Reitler sah seine Enttäuschung in Weberns mangelnder Innovationskraft begründet, denn die Symphonie sei „einer von den längst nicht mehr frappierenden Versuchen aus ältester Form und Kontrapunktik neuesten Inhalt zu gewinnen.“[19] Ähnlich schien es wiederum dem Rezensenten „rb“ bei Hindemiths Symphonie *Mathis der Maler* zu ergehen. Die dazugehörige Rezension in der „Wiener Zeitung“ vom 13. Jänner 1935 war zwar metaphorisch, dennoch deutlich ernüchternd: „Der atonale Löwe Hindemith, sicher eine der stärksten musikalischen Begabungen der Atonalen, schreitet hier gezähmt herum, brüllt nicht viel, die Nerven aufpeitschend, sondern singt besinnlich mehr für sich.“[20] Mit der Metapher des Löwen übertrug der Autor die stereotypen tierischen Eigenschaften auf Hindemith (analog des Löwen-Gleichnisses in Homers „Ilias“): Die Merkmale eines Löwen, wie beispielsweise Kampfgeist, Mut, Stärke oder Tapferkeit, nahm der Rezensent insofern zurück, als dass er den Löwen „gezähmt“ nannte und ihn damit quasi auf Zirkusniveau herunterzog. Drastisch ausgedrückt kann ein der Lächerlichkeit preisgegebener Löwe wie Hindemith die Erwartung des Rezensenten nicht erfüllen; mit dieser Metapher wurde der Wunsch nach energischerem Komponieren deutlich.

III. Erwartungen an die Form

Dass prominente Künstlerinnen und Künstler mit verstärkten Erwartungshaltungen der Medien konfrontiert sind, war um 1900 ebenso üblich, wie dies auch gegenwärtig zu beobachten ist. Zu den berühmtesten Künstlern Wiens zählte Gustav Mahler.

Vor allem als Hofoperndirektor und Dirigent war er seit 1897 Gegenstand öffentlichen Interesses. Der Symphonie-Komponist Mahler debütierte in Wien erstmals 1899 mit seiner *2. Symphonie.* Insgesamt wurden bis 1909 alle weiteren, bis einschließlich der *7. Symphonie,* erstaufgeführt. Die Erstaufführung der *8. Symphonie* fand im März 1912 posthum statt sowie im Juni die Uraufführung der *9. Symphonie.* 1924 wurden der erste und dritte Satz der *10. Symphonie* uraufgeführt. Mahlers Bekanntheitsgrad trug dazu bei, dass die Erstaufführungen und viele weitere Konzerte seiner Symphonien zu medialen Großereignissen wurden (wie auch zahlreiche Konzerte und Opernaufführungen, die Mahler dirigierte). Zu den Wiener Erstaufführungen seiner *3., 5. und 6. Symphonie* erschienen in der „Neuen Freien Presse“ und der „Wiener Zeitung“ sogar jeweils zwei Rezensionen, eine kurze am Tag nach dem Konzert im Teil „Theater- und Kunstnachrichten“ und einige Tage später eine umfangreiche im Feuilleton. Eben das Feuilleton bot den Rezensenten die Möglichkeit, ausgedehnte Texte zu verfassen, und Mahlers Symphonien waren häufig Gegenstand eines Feuilletons. Die ausgedehnte Berichterstattung über Mahler lag daran, dass er als Prominenter im Fokus der Öffentlichkeit und damit auch im Fokus der Medien und/oder der Rezensenten stand – die Mahler-Rezension kann somit als leicht gesonderte Textsortenvariante angesehen werden. Rezensionen über Mahlers Symphonien, seien sie positiv oder negativ, konnten einen enormen Umfang annehmen, sie erreichten aber gleichwohl auch einen außergewöhnlichen Detailreichtum in puncto Empathie, Kontextbezug, Metaphorik und Analyse. Ein immanentes Thema bei Mahlers Symphonien war – bis heute – die Form. Die enttäuschte Erwartung des Rezensenten von Mahlers *2. Symphonie* in der „Wiener Abendpost" ist wohl an der Form eben dieser Symphonie gelegen. Er beschrieb indes nicht, wie die Form der Symphonie auszusehen hätte, sondern konstatierte, dass Mahler eine falsche, eine nicht symphonische Form gewählt habe. Mahlers *2. Symphonie* sei „eine hochernste, gedankenschwere Schöpfung [...] – aber keine Symphonie. [...] An der Stätte von Beethovens, Brahms' und Bruckners Schaffen, hat Begriff und Form der Symphonie den Charakter einer geschichtlichen Tradition angenommen. [...] Er [Mahler, Anm.] hat vergessen, dass in der Musik das A und das O die Form ist, dass wohl der Meister die Form zerbrechen darf, aber auch nur der Meister."[21] Durch das Erwähnen des „Meisters" (wahrscheinlich Beethoven) lässt dieses Zitat zusätzlich vermuten, dass der Rezensent ein stark an Beethoven ästhetisiertes Form- und Symphonierollenbild besessen hatte. Bis heute ist Mahlers Formkonzeption nicht immer eindeutig, wie auch das Beispiel der *8. Symphonie* („Das Lied von der Erde") zeigt. Diese wurde in Robert Hirschfelds Erstaufführungsrezension vom 16. März 1912 in der „Wiener Abendpost" polemisch als Mischung zwischen Symphonie und Kantate bezeichnet. Die persönliche Rechtfertigung über die richtige Form fand Hirschfeld hier, wie vorher der Rezensent von Mahlers *2. Symphonie*, in vermeintlich historischen Traditionen: „Schon der Name dieser Sinfonie ist eine falsche Meldung. Ein Name ist nicht Schall und Rauch, wenn ihn eine mehr als hundertjährige organische Entwicklung zu einem lebendigen Begriffe machte. Zwei Chorwerke, die Hymne ‚Veni, creator spiritus' und die Schlussszene aus ‚Faust', die auf Grund geistreicher Umdeutung durch motivische Verwandtschaften zusammengekoppelt wurden, geben nun einmal keine Sinfonie. Man hat es nicht nötig, der Verblüffung halber diesen Namen hinzunehmen, der ganz andere Vorstellungen in uns erweckt. Einer Schrulle zuliebe darf ein ästhetischer Begriff, der sich in ungeheurer Arbeit der Jahrhunderte entwickelt hat, nicht preisgegeben werden. Wollte man aber darauf weisen, daß die Menschenstimmen in die Achte Sinfonie Gustav Mahlers wie Orchesterstimmen eingeführt wurden, dann darf man entgegenhalten, daß der Namenstausch die peinlichen künstlerischen Mißgriffe verursacht hat. In der Tat sind die Gesangsstimmen in Gustav Mahlers Doppelkantate vielfach so rücksichtslos verwendet und in die Höhe getrieben, daß unerträgliche Klänge entstehen. Ein Chorsatz, der aus seiner natürlichen Lage geworfen wird, nähert sich darum noch nicht der Sinfonie."[22] Mittlerweile ist die spezifische Gattungszugehörigkeit eines Werkes, wie sie Hirschfeld implizit forderte, kein Qualitätskriterium oder Prädikat des selbigen mehr. Peter Revers resümierte daher in seinem Artikel über diese Symphonie im „Mahler-Handbuch", dass ihr eine „radikale Erweiterung des Gattungsverständnisses" und „eine hybride Gattungsästhetik" zugrunde liege[23] und sie daher nicht in ein Formschema, sei es das einer Kantate oder einer Symphonie, gepresst werden kann.

Die formale Gestaltung der Symphonie (seltener ihrer Einzelsätze) spielt für Rezensenten zeitgenössischer Symphonien einen außerordentlichen Rolle. Sie ist offensichtlich genuin mit einem Konzept, einer Erwartung oder einem Rollenbild der Symphonie verbunden. Ferner gilt sie den Rezensenten oftmals als Argument für positive Beurteilung und damit unter anderem oft für oder gegen historische Richtigkeit oder Konsequenz. Ein weiterer, schon oben genannter, Aspekt ist, dass quasi alle derzeit tätigen Rezensenten auf eine fundierte musiktheoretische Ausbildung zurückgreifen konnten. Eine noch aus dem 19. Jahrhundert kommende gesteigerte Autonomieästhetik führte nach Wolfgang Marx in „Klassifikation und Gattungsbegriff in der Musikwissenschaft" zu einer deutlichen Veränderung verschiedener gattungsprägender Eigenschaften in den ersten 30 bis 40 Jahren des 20. Jahrhunderts.[24] Formgrenzen verschwammen aufgrund gegenseitiger Durchdringung der Gattungen und Vermischung unterschiedlicher, oft gattungsprägender Parameter. Auch Expansion und Reduktion in der Gattung Symphonie stehen sich gerade in dieser Zeit gegenüber, wie exemplarisch an Schönbergs *Kammersymphonie op. 9* (UA 1907) in Vergleich zu Mahlers *8. Symphonie* (Wiener EA 1912) gezeigt werden kann. (Erstaunlicherweise spiegelt sich das Größenverhältnis beziehungsweise die Ausdehnung beider Symphonien auch in der Länge der Rezensionen in der „Neuen Freien Presse" wider.) Ein weiteres Beispiel mit den gleichen Extrema findet sich 1930 im Vergleich zwischen Weberns reduzierter *Symphonie op. 21* (EA 24. Februar) und Karl Weigls *2. Symphonie*, eines nach Josef Reitler „trotz radikaler Kürzungen noch immer überdimensionierten Werkes"[25] (EA 11. März).

Rezensionen, die negative Bewertungen aufgrund der Form der Symphonie enthalten, sind im gesamten Zeitraum von 1900 (oder 1899) bis 1938 vertreten. Prominente Beispiele sind Schönbergs *Kammersymphonie op. 9* („Wiener Abendpost", 5. März 1907): „Seine Form hat keine organische Gliederung."[26] Weiters Gáls *Sinfonietta op. 30* („Wiener Zeitung", 11. April 1930): „die Form zerflattert"[27] oder Hindemiths Symphonie *Mathis der Maler* („Wiener Zeitung", 13. Januar 1935): „In allen drei Stücken [Sätzen der Symphonie, Anm.] [...] wird man Gliederung, Gestaltung einer Form vermissen, mindest wird sie beim erstmaligen Hören nicht klar, was in Bezug auf die Wirkung auf eines herauskommt."[28] In Hindemiths Symphonie überzeugte den Rezensenten aber auch die Gesamtkonzeption nicht, denn sie sei „eigentlich eine Suite aus Opernstücken"[29], trifft die Erwartungshaltung an die Gattung Symphonie und deren Merkmale daher nicht. Rezensionen können die Form betreffend ebenfalls neutral sein oder positive Qualitätsurteile enthalten. Neutral bedeutet im Zusammenhang mit Rezensionen, dass keine Wertung der Symphonie bezüglich der Form stattfindet und die Rezension häufig eine technische Sprache verwendet. Die Form von Schmidts *4. Symphonie* wurde in der Rezension der „Wiener Zeitung“ (12. Januar 1934) neutral besprochen: „Die interessante Form des Werkes stellt etwa eine Vereinigung der Suiten- mit der klassischen Sonatenform dar. Man könnte auch sagen, dass das ganze Werk eine ins große geratene Sonatenform habe.“[30] Vermutlich würde sich in Bezug auf die Form der Symphonie noch die Frage stellen, welche die Rezensenten als „richtig“ oder als „gelungen“ empfanden. In der Rezension der Uraufführung von Schmidts *3. Symphonie* leitete der Autor seinen Text mit „Diese Sinfonie hat die überlieferten vier Sätze.“[31] ein; es war dies der zweite Teil eines Vergleiches zwischen Franz Schmidt und dem schwedischen Komponisten Kurt Atterberg. Aufgrund der Teilnahme beider am „International Columbia Graphophone-Wettbewerb“ (einem Symphonie-Kompositionswettbewerb zur Zentenarfeier Franz Schuberts 1928) wurden Atterbergs *6. Symphonie* (1. Preis) und Schmidts *3. Symphonie* (2. Preis) in einem Konzert erst- beziehungsweise uraufgeführt und daher auch in einem Artikel rezensiert. Zu Atterberg äußerte sich der Rezensent „Sollte es am Ende gar keine Sinfonie im Sinne der Wiener Klassiker sein? Es ist auch keine.“[32] Durch diesen Vergleich war zumindest für diesen Autor Viersätzigkeit möglicherweise ein maßgebliches Kriterium einer Symphonie. Die einzig bedingungslos positive Formbesprechung der hier betrachteten Rezensionen war von Korngold zu Schmidts *2. Symphonie* erschienen: „Da der Komponist festes symphonisches Formgefüge nicht nur nicht aufgibt, sondern dessen Notwendigkeit gerade durch das ernste und nachdenkliche Streben nach neuen Formvarianten bejaht, ist in dieser Aufnahme von dramatischen, selbst opernhaften Elementen [...] nur ein erwünschtes Hinausgreifen über die episch-lyrische symphonische Schablone zu erblicken.“[33] Korngolds Erwartung an die Symphonie wurde trotz Neuerungen und dem nicht immer positiv betrachteten „Hinausgreifen“ erfüllt.

IV. Ursachen der Erwartung

Letztlich stellt sich die Frage, welche Kriterien bezüglich der Form einer Symphonie erwartet werden, denn die Rezensenten benutzten den Terminus Form selbstverständlich und ohne Erklärung, als sei ihre Formvorstellung den Leserinnen und Lesern bekannt. Einzig Korngold thematisierte in der zweiten Rezension zu Mahlers *5. Symphonie* („Neue Freie Presse“, 12. Dezember 1905) die Form auf eine besondere Weise und hinterfragte ihre Dienlichkeit in der musikalischen Praxis:

> „Wie unbillig, dem modernen Tonsetzer immer wieder den Begriff ‚Form‘ wie eine Pistole auf die Brust zu setzen, den Bedrängten vor die Alternative zu stellen,

wenn er nachgibt, ‚Epigone', wenn er aber nicht nachgeben will oder kann, ‚unkünstlerischer Andersmachenwoller' zu heißen. Was ist denn eigentlich ‚Form'? Im Grunde nur die Gestalt, in der der letzte anerkannte Künstler der Welt einen neuen Inhalt aufgezwungen hat. Daß die Form nichts anderes als gestalteter Inhalt sei, ist eine der ältesten Schulweisheiten, die dennoch von heute auf morgen vergessen wird. Es wird eben immer auf diesen Inhalt ankommen und nicht zuletzt darauf, ob der Symphoniesatz mit diesem Inhalt ein Symphoniesatz bleibt, ob er das Symphonische hat, das zwingende Sichdurchdringen und Sichauseinandersetzen der Tongedanken, diese symbolische Widerspiegelung der Kämpfe, der ernsten und heiteren Bewegungen in Menschenseele und Menschendasein."[34]

Im Wesentlichen ein pragmatischer Ansatz, ist doch herauszulesen, dass Form nicht um ihrer selbst willen bestehen dürfe, sondern an den musikalischen Inhalt zu koppeln sei. Diese Aussage Korngolds könnte dahingehend gedeutet werden, dass sich die Presse, die Rezensenten oder die Gesellschaft Neuem zu öffnen haben und nicht in althergebrachten Strukturen verweilen sollen. Allerdings forderte Korngold immer noch für die Symphonie, beziehungsweise für einen Symphoniesatz, dass der Inhalt ein spezifisch symphonischer sei, und argumentiert damit auf einer abstrakten und assoziativen Ebene des Musik-Verstehens. So flexibel die Formvorstellung Korngolds zu sein scheint, so unbefriedigend war für den Rezensenten Korngold oftmals die formale Realisierung von Symphonien.

Nach den kurz beschriebenen Themengebieten der allgemeinen Erwartung und der Formerwartung muss nun die Frage gestellt werden, ob die Rezension durch diese beiden Themen zeigen kann, welches Rollenbild die zeitgenössische Symphonie zwischen 1900 und 1938 hatte oder welches sie erfüllen wollte. Die Erwartung an eine Symphonie ist individuell und basiert auf einem symphonischen Konzept, auf Erfahrungen, das heißt auf Ähnlichkeiten zu vorherigen Situationen oder aber auch zu erlernten oder erlebten Sachverhalten eines Rezensenten. Ein Rollenbild hingegen ist stärker von einer Generalisierung geprägt und wäre demnach einer Quintessenz der Rezensenten-Erfahrungen einer Generation ähnlich. Für die zeitgenössische Symphonie bedeutet dies, dass ihr eine vermeintliche Entwicklungsgeschichte im historischen oder chronologischen Nachvollziehen der Rezensenten zugrunde liegt. Dass diese teleologischen Deutungen zu Beginn des 20. Jahrhunderts durchaus eine gängige Vorgehensweise waren, zeigt ein Ausschnitt aus Robert Hirschfelds Feuilleton „Von neuen Tonwerken", am 17. Februar 1910 in der „Wiener Abendpost" erschienen: „Der bedächtige Hörer führt bei der Begegnung eines neuen Werkes die verwandten Musikformen mit. [...] Auf dieser Grundlage des Erhörten und Durchlebten bildet sich das Urteil, das die organischen Zusammenhänge des Alten und des Neuen aufzusuchen und aufzudecken hat. Dem neuen Werk wird sogleich seine Stellung auf der Linie der historischen Entwicklung angewiesen."[35]

Nun ist ein historisches Rollenbild der Symphonie dasjenige der Hauptgattung des großen Konzertsaales, inhaltlich ist es beladen mit Attributen wie wahr und echt[36] sowie Ernst[37], Reinheit und Tiefe[38]; schon die „Symphonische Dichtung" stellt zumindest die inhaltliche Rolle latent in Frage. Sobald sich Parameter wie Größe der Besetzung oder der Dimension, Harmonik oder Instrumentierung stärker verändern, wankt auch das hergebrachte Rollenbild stärker. Zu analysieren wäre nun, warum eine große Veränderung auf die Rezensenten ausnahmslos negativ wirkt, wie beispielsweise alle Kompositionen der damals „modern" genannten, während kleine Veränderungen zu weniger Kritik, ja sogar zu positiven Äußerungen führen.

Ein wesentlicher Punkt ist sicher die Hörerfahrung der Rezensenten: Durch die starke Präsenz der, wie Hanslick sie nannte, „symphonischen Meister" im Konzertsaal, legte seine Nachfolgegeneration möglicherweise den Fokus zu sehr in die Vergangenheit. Eine Vermutung wäre dementsprechend, dass die Rezensenten Gefahr liefen, sich den Blick auf die zeitgenössische Symphonie zu verstellen, wenn die Beschäftigung mit dem Repertoire der „alten Meister" zunimmt. Stuckenschmidt erklärte seinerseits in dem anfangs erwähnten Aufsatz, warum er die Rezensenten oder generell die Musikkritik für gescheitert hielt (auch wenn der folgende Genie-Begriff vor allem in dem Begegnungs-Szenario vielleicht etwas problematisch ist):

> „Die häufigste Fehlerquelle der Kunstkritik liegt in der Begegnung mit dem Genie. Da versagen häufig gerade diejenigen Kritiker, die das technische Rüstzeug ihrer Kunst am besten beherrschen. Es gehört zum Wesen des Genies, sich nicht mit den überkommenen Schönheits- und Formbegriffen zu begnügen, sie vielmehr zu erweitern, ihnen ganz neue Substanz zuzuführen und scheinbar alles über den Haufen zu werfen, was bisher als statthaft und erstrebenswert galt. Eine neue Erscheinung am Firmament des Schöpferischen fügt notwendig Unbekanntes hinzu zu dem Fundus des Bekannten."

Ob nun die „Begegnung mit dem Genie" oder eine andere Hörerwartung gepaart mit einer Ausbildung an und mit den klassischen Werken – das erweiterte symphonische Gattungsverständnis der Komponisten deckte sich nicht mit dem der Rezensenten. Außerdem wurde das Rollenbild nicht durch die Symphonie selber definiert, sondern von außen, seien dies Rezensenten oder allgemein die Gesellschaft. Das Problem der Symphonie in der Musikkritik war also kein hausgemachtes, eher ein fremdbestimmtes. Mögliche äußere und assoziative Konzepte einer Symphonie – vielleicht Begriffe wie Besetzung, Geschlossenheit, Größe oder Form – waren nicht mehr eindeutig für den Rezensenten formulierbar. Die Pluralität an Möglichkeiten, die sich zu Beginn des 20. Jahrhunderts für eine Symphonie ergaben, lässt das so dringend nötige, scharfe Bild einer Symphonie für viele Rezensenten verblassen.

Anmerkungen

1 Hans Heinz Stuckenschmidt: Zur Problematik der Musikkritik. In: Archiv für Musikwissenschaft 9. Jg. Stuttgart 1952, S. 197–198.

2 Der sperrige Begriff „Textsortenvariante" geht auf den Terminus „Textsorte" zurück. Dieser wiederum ist in der Textanalyse nicht einheitlich definiert und daher diskutierbar. Die Verwendung von Textsorte und Textsortenvariante erfolgt nach Wolfgang Heinemann: Textsorte – Textmuster – Texttyp (Artikel 48) & Aspekte der Textsortendifferenzierung (Artikel 49). In: Klaus Brinker/Gerd Antos/Wolfgang Heinemann/Sven F. Sager (Hg.): Text- und Gesprächslinguistik. Discourse and Conversation. Ein internationales Handbuch zeitgenössischer Forschung. Berlin/New York 2001, S. 507–546. Demnach wäre ein Oberbegriff die Textsortenklasse als Zeitungsartikel, die Textsorte als der meinungsbetonte Zeitungsartikel, also Feuilleton, aber auch Glosse, Kommentar oder Rezension. Während die Textsorte noch alle vorher genannten Teilbereiche generalisiert, indem sie thematisch nicht unterscheidet, was rezensiert oder kommentiert wird, so spezialisiert sich die Textsortenvariante dahingehend, dass ein bestimmtes Thema in den Fokus gerückt wird, wie die Musik.

3 Eduard Hanslick: Rezension zur Wiener Erstaufführung (WEA) von Mahlers I. Symphonie. Neue Freie Presse vom 20.11.1900. Morgenblatt S. 8.

4 Eduard Hanslick: Vom Musikalisch-Schönen. Leipzig 1854, S. 32.

5 Der heutiger Titel von Hauers *1. Symphonie* ist *Nomos op. 1.*

6 Claudia Maurer-Zenck (Hg.): Ernst Krenek – Briefwechsel mit der Universaledition 1921–1941 Teil II. Köln u.a. 2010, S. 708–709.

7 Beispiele psychologischer Lexika: Uwe Tewes/Klaus Wildgrube (Hg.): Psychologie-Lexikon. 2., neubearbeitete und erweiterte Auflage, München/Wien 1992. Großes Handbuch der Psychologie. Grundwissen von A bis Z. Compact SilverLine 2004.

8 Wilhelm Fridolin Volkmann von Volkmar: Grundriß der Psychologie: Vom Standpunkte des philosophischen Realismus und nach genetischer Methode als Leitfaden für academische Vorlesungen und zum Selbststudium. Halle 1856, S. 188.

9 Richard Heuberger: Rezension der UA von Schmidts *1. Symphonie.* Neue Freie Presse vom 09.02.1902. Morgenblatt S. 9.

10 Robert Hernried: Richard Heuberger, seine Brahms-Erinnerungen und sein Briefwechsel mit Künstlern seiner Zeit. Maschinengeschriebenes Manuskript. Berlin 1931, S. 174. Zitiert nach: Peter Grunsky: Richard Heuberger. Leben und Werk. Bd. 1 Biographie. Dissertation Wien 1998, S. 133.

11 Dietmar Strauß (Hg.): Eduard Hanslick. Sämtliche Schiften. Bd. I/1 Aufsätze und Rezensionen 1844–1848. Wien 1993, S. 293.

12 Richard Heuberger: Rezension der UA von Schmidts *1. Symphonie.* Neue Freie Presse vom 09.02.1902. Morgenblatt S. 9.

13 Alle Symphonien, deren Ur- bzw. Erstaufführungsrezensionen in diesem Aufsatz betrachtet wurden, sind: Hans Gál: *Sinfonietta op. 30* WEA 01.04.1930; Robert Heger: *2. Symphonie* UA 15.01.1929; Paul Hindemith: Symphonie *Mathis der Maler* WEA 11.01.1935; Gustav Mahler: *2. Symphonie* WEA 09.04.1899, *1. Symphonie* WEA

18.01.1900, *4. Symphonie* WEA 12.01.1902, *3. Symphonie* WEA 14.12.1904, *5. Symphonie* WEA 07.12.1905, *6. Symphonie* WEA 04.01.1907, *7. Symphonie* WEA 03.11.1909, *8. Symphonie* WEA 14.03.1912, *9. Symphonie* UA 26.06.1912, *10. Symphonie* UA 1. & 3. Satz 12.10.1924; Franz Schmidt *1. Symphonie* UA 25.01.1902, *2. Symphonie* UA 03.12.1913, *3. Symphonie* UA 02.12.1928, *4. Symphonie* UA 10.01.1934; Arnold Schönberg *Kammersymphonie op. 9* UA 08.02.1907, Franz Schreker *Kammersymphonie* UA 12.03.1917, Anton Webern *Symphonie op. 21* WEA 24.02.1930, Karl Weigl *1. Symphonie* WEA 26.01.1911, *2. Symphonie* WEA 11.03.1930 und Kurt Weill *2. Symphonie* WEA 18.04.1937.

14 Kr. (evtl. Heinrich von Kralik): Rezension der UA von Schmidts *2. Symphonie.* Wiener Abendpost vom 06.12.1913, S. 3.

15 Julius Korngold: Rezension der UA von Schrekers *Kammersymphonie.* Neue Freie Presse vom 21.03.1917. Morgenblatt S. 3.

16 Ebenda.

17 rb (evtl. Richard Batka): Rezension der UA von Schmidts *4. Symphonie.* Wiener Zeitung vom 12.01.1934, S. 9.

18 Ebd.

19 Josef Reitler: Rezension zur WEA von Weberns *Symphonie op. 21.* Neue Freie Presse vom 03.03.1930. Abendblatt S. 2.

20 rb (evtl. Richard Batka): Rezension der WEA von Hindemiths Symphonie *Mathis der Maler.* Wiener Zeitung vom 13.01.1935. S. 11.

21 –g.: Rezension der WEA von Mahlers *2. Symphonie.* Wiener Abendpost vom 10.04.1899, S. 6.

22 Robert Hirschfeld: Rezension der WEA von Mahlers *8. Symphonie.* Wiener Abendpost vom 16.03.1912, S. 1.

23 Peter Revers: *Achte Symphonie.* In: Bernd Sponheuer/Wolfram Steinbeck (Hg.): Mahler Handbuch. Stuttgart 2010, S. 335.

24 Wolfgang Marx: Klassifikation und Gattungsbegriff in der Musikwissenschaft. Hildesheim 2004, S. 168–169.

25 Josef Reitler: Rezension der WEA von Weigls *2. Symphonie.* Neue Freie Presse vom 07.04.1930. Abendblatt S. 1.

26 Robert Hirschfeld: Rezension der UA von Schönbergs *Kammersymphonie op. 9.* Wiener Abendpost vom 05.03.1907, S. 1.

27 rb (evtl. Richard Batka): Rezension der WEA von Gáls *Sinfonietta op. 30.* Wiener Zeitung vom 11.04.1930, S. 5.

28 rb (evtl. Richard Batka): Rezension der WEA von Hindemiths Symphonie *Mathis der Maler.* Wiener Zeitung vom 13.01.1935, S. 11.

29 Ebd.

30 rb (evtl. Richard Batka): Rezension der UA von Schmidts *4. Symphonie.* Wiener Zeitung vom 12.01.1934, S. 9.

31 rb (evtl. Richard Batka): Rezension der UA von Schmidts *3. Symphonie.* Wiener Zeitung vom 04.12.1928, S. 8.

32 Ebd.

33 Julius Korngold: Rezension der UA von Schmidts *2. Symphonie*. Neue Freie Presse vom 13.12.1913. Morgenblatt S. 2.

34 Julis Korngold: Rezension der WEA von Mahlers *5. Symphonie*. Neue Freie Presse vom 12.12.1905. Morgenblatt S. 1.

35 Robert Hirschfeld: Feuilleton: Von Neuen Tonwerken. Wiener Abendpost vom 17.02.1910, S. 1.

36 „Man hatte die unmittelbare Freunde an dem, was man hörte, und zugleich die sichere Erkenntnis, dass es wahre und echte Werke sind." (Kr. [evtl. Heinrich von Kralik]: Rezension der UA von Schmidts *2. Symphonie*. Wiener Abendpost vom 06.12.1913, S. 3.)

37 „Ein Werk von solchem Ernst, von solchem Schwung, wie diese Symphonie, konnte nur ein Meister seiner Kunst ersinnen." (Julius Korngold: Rezension der WEA von Mahlers *8. Symphonie*. Neue Freie Presse vom 15.03.1912. Morgenblatt S. 12.)

38 „Der Gesamteindruck war, wie gleich festgestellt sei, rein und tief." (r.: Rezension der UA von Schmidts *4. Symphonie*. Neue Freie Presse vom 13.01.1934. Morgenblatt S. 6.

Die Autorinnen und Autoren

Joachim Diederichs
Geb. in Jena; Studium der Kunstgeschichte und Museumssoziologie an der Universität Köln. 1965-67 Mitwirkung im Stabsmusikorchester; 1967 documenta 6 (Abteilung Performances, Kunstbücher); 1980–1990 Leiter vom Kunstverein der Kunsthalle in Wilhelmshaven; seit 1992 Editionsleiter von MUSIKZEITdokumentationen im Wiener Verlag der Familie Lafite; zahlreiche Publikationen und Medien zu J. M. Hauer.

Eike Fess
Geb. in Zweibrücken; Studium an der Universität zu Köln (Musikwissenschaft, Germanistik und Philosophie) . Forschungsschwerpunkte: Arnold Schönberg, Musik des 20. Jahrhunderts, Gattungsgeschichte von Symphonie und Streichquartett. Lehrveranstaltungen in Luzern, Klagenfurt, Berlin, Wien und Mödling. Seit September 2002 Archivar am Arnold Schönberg Center, Wien.

Wolfgang Fuhrmann
Geb. in Wien; Studium an der Universität Wien (Musikwissenschaft und Germanistik). Freier Musikpublizist u. a. für „Der Standard" (Wien), „Berliner Zeitung", „Frankfurter Allgemeine Zeitung". Habilitation 2010 an der Universität in Bern. Seit 2010 Assistent für Historische Musikwissenschaft an der Universität Wien; 2013/14 Vertretung des Lehrstuhls für Musiksoziologie und Historische Anthropologie an der Humboldt-Universität in Berlin.

Nils Grosch
Geb. in Münster; Studium der Germanistik (Universität Bochum) und Musikwissenschaft, Geschichte (Freiburg i. Br.). Habilitation 2010 an der Universität Basel. Seine Forschungsschwerpunkte sind u. a. Exilforschung, Populäres Musiktheater, Musik des 16. und des 20. Jahrhunderts. Seit 2012 Professor für Musikwissenschaft an der Universität Salzburg.

Hans-Joachim Hinrichsen
Geb. in Westerland/Sylt; Studium an der Freien Universität Berlin (Germanistik, Geschichte und Musikwissenschaft); Habilitation 1998. Seit 1999 ordentlicher Professor für Musikwissenschaft an der Universität Zürich. Mitglied der Academia Europaea (seit 2008) und der Österreichischen Akademie der Wissenschaften (seit 2009). Forschungsschwerpunkte u. a.: L. v. Beethoven, Franz Schubert. Anton Bruckner, Musikgeschichte des 18. bis 20. Jahrhunderts.

Reinhard Kapp
Geb. in Hof/Saale; Studium an den Universitäten in Heidelberg und Berlin (Freie Universität) Musikwissenschaft, Religionswissenschaft, Philosophie. 1983–92 Redakteur an der Richard-Wagner-Forschungsstelle München; seit 1992 o. Univ. Prof. für Musikgeschichte an der Hochschule/Universität für Musik und darstellende Kunst Wien. Forschungsschwerpunkt: u. a. „Wiener Schule", 19., 20. Jahrhundert. Herausgeber der „Wiener Veröffentlichungen zur Musikgeschichte (gem. mit Markus Grassl).

Thomas Leibnitz
Geb. in Wien. Studium an der Universität Wien (Musikwissenschaft, Germanistik, Philosophie); ab 1978 Mitarbeiter des Instituts für Österreichische Musikdokumentation; ab 1986 wissenschaftlicher Bibliothekar an der Musiksammlung der Österreichischen Nationalbibliothek. Seit 2002 Direktor der Musiksammlung der Österreichischen Nationalbibliothek. Vizepräsident der Franz Schmidt-Gesellschaft. Forschungsschwerpunkt: u. a. (alt)österreichische Musikgeschichte des 19. und 20. Jahrhunderts.

Carmen Ottner
Geb. in Wien; Studium an der Universität Wien (Musik-, Theaterwissenschaft, Philosophie); 1975–2010 Rezensionsteil der „Österreichischen Musikzeitschrift"; seit 1985 Generalsekretärin der „Franz Schmidt-Gesellschaft" (hier u. a . Autorin, Herausgeberin der „Studien zu Franz Schmidt"); ab 1993 Vorstandsmitglied, dann Geschäftsführung und Vizepräsidentin in der „Österreichischen Gesellschaft für Musik" (alle 1010 Wien). Forschungsschwerpunkte: Musik des 19. und 20. Jahrhunderts, vor allem (alt)österreichische, Wiener Musikgeschichte.

Manfred Permoser
Geb. in Krems a. d. Donau; Studium Konzertfach Fagott (Karl Öhlberger) und Musikerziehung an der damaligen Hochschule für Musik und darstellende Kunst in Wien sowie an der Universität Wien Geschichte und Sozialkunde. Seit 1985 Lehrtätigkeit an der Universität für Musik und darstellende Kunst Wien (Institut für Analyse, Theorie und Geschichte der Musik). Forschungsschwerpunkt: u. a. zur Musik des Schönberg-Kreises, zum Themenkreis Musik und Politik, sowie zur österreichischen Musikgeschichte im soziokulturellen Kontext.

Wilhelm Sinkovicz
Geb. in Wien; Studium der Musikwissenschaft und Philosophie an der Universität Wien und Komposition am Konservatorium Wien. Seit 1984 Musikkritiker bei der Tageszeitung „Die Presse"; Publikationen zur Musikgeschichte des 19. und 20. Jahr-

hunderts; Schwerpunkt u. a . Paul Hindemith, (alt)österreichische Musikgeschichte. Präsident der Franz Schmidt-Gesellschaft.

Philipp Stein
Geb. in Tübingen; Studium in Hamburg und Wien (Musikpädagogik, Betriebswirtschaft, Musikwissenschaft). Dissertation über das „Wiener Konzerthaus 1930–45", Berufliche Stationen: Festival Wien Modern, Klangforum Wien, Jeunesse - Musikalische Jugend Österreichs, Festspiele Mecklenburg-Vorpommern. Seit Oktober 2012 persönlicher Referent des Generalintendanten der Elbphilharmonie in Hamburg.

Wolfram Steinbeck
Geb. in Hagen; Studium an den Universitäten von Bonn und Freiburg/i. Br. (Musikwissenschaft, Germanistik und Philosophie); Habilitation 1979 in Kiel; 1981–2011 Professuren an der Universität und der Pädagogischen Hochschule in Kiel, danach an der Universität Bonn und Köln. Korrespondierendes Mitglied der Akademie der Wissenschaften und der Literatur Mainz; Vorsitzender des Joseph Haydn-Instituts Köln; Kuratoriumsmitglied des Max-Reger-Instituts.

Nikolaus Urbanek
Geb. in Freiburg/i. Brg.; Studium an der Universität Wien (Musikwissenschaft und Philosophie); 2005–2010 Lehrbeauftragter an der Universität für Musik und darstellende Kunst in Wien; 2003–2009 Wissenschaftlicher Mitarbeiter bei der Kritischen Gesamtausgabe der Schriften Arnold Schönbergs; 2009–2010 bei der Anton Webern-Gesamtausgabe. Seit 2010 Universitätsassistent am Institut für Musikwissenschaft der Universität Wien. Forschungsschwerpunkte: Musikästhetik und Musikphilosophie; Musikgeschichte des 18., 19. und 20. Jahrhunderts; Grundlagen der Musikgeschichtsschreibung.

Walter Werbeck
Geb. in Bochum; Studium an der Musikhochschule Detmold (Schulmusik, Kirchenmusik, Klavier) und an den Universität Paderborn (Musikwissenschaft) und Bielefeld (Geschichte). 1995 Habilitation mit einer Studie zu den Tondichtungen von Richard Strauss. 1982–1992 wissenschaftlicher Mitarbeiter am Musikwissenschaftlichen Seminar Detmold/Paderborn, seit 1999 Professor für Musikwissenschaft an der Ernst Moritz Arndt Universität Greifswald. Seit 2003 Präsident der Internationalen Heinrich-Schütz-Gesellschaft, Editionsleiter der „Neuen Schütz-Ausgabe", Herausgeber des „Schütz-Jahrbuchs"; Mitherausgeber der „Greifswalder Beiträge zur Musikwissenschaft"; Mitglied der Kommission für die Richard-Strauss-Ausgabe an der Universität München. Forschungsschwerpunt: u. a. Heinrich Schütz , Johann Hermann Schein, Richard Strauss; Musikgeschichte des 17. bis 20. Jahrhunderts.

Gerhard J. Winkler
Geb. in Klagenfurt, † 2012 ; Studium der Klavierpädagogik an der Hochschule für Musik und darstellende Kunst, Musikwissenschaft an der Universität Wien. 1982/83 Assistent am Institut für Wertungsforschung, Graz. Ab 1983 Musikreferent des Landes Burgenland; hier Leiter des Haydn Museums Eisenstadt und des Lisztmuseums des Burgenländischen Landesmuseums Eisenstadt. Forschungsschwerpunkte: Haydn, Liszt, Wagner/Neudeutsche Schule, Franz Schmidt und Zeitgenossen. Lektor am Joseph Haydn-Konservatorium Eisenstadt, an der Universität für Musik und darstellende Kunst Wien und am Institut für Musikwissenschaft der Universität Wien. Vorstandsmitglied der Franz Schmidt-Gesellschaft, des Franz Liszt-Vereins Raiding und Ehrenmitglied der Deutschen Liszt-Gesellschaft.

Ksenija Zadravec
Geb. in Stuttgart; Studium der Allgemeinen Sprachwissenschaft an der Universität Düsseldorf; Musikwissenschaft an der Universität Wien. Seit 2012 Assistenzdramaturgin am Theater an der Wien; ab Juni 2014 dort auch Tätigkeit im Bereich Jugendprojekte und Pädagogik.

Register

Carmen Ottner
Quellen I zu Franz Schmidt

Autographen, Drucke, Handschriften, Briefe in Wiener öffentlichen Sammlungen
(Studien zu Franz Schmidt IV)

116 Seiten im Format DIN A 5, broschiert.
© 1985
ISBN 3-900035-89-X
Bestellnummer 09 571

Carmen Ottner
Quellen II zu Franz Schmidt

Briefe, Autographen, Aufzeichnungen im Privatbesitz, Erinnerungen
(Studien zu Franz Schmidt V)

132 Seiten im Format DIN A 5, broschiert.
© 1987
ISBN 3-900695-01-6
Bestellnummer 09 588

Franz Schmidt und seine Zeit

Symposion 1985
(Studien zu Franz Schmidt VI)
herausgegeben von Walter Obermaier

Mit Beiträgen von
Kurt Rapf, Friedrich Oswald, Theophil Antonicek, Leo Black, Robert Pascall, Akio Mayeda, Gerhard J. Winkler, Anton Staudinger, Susi Jeans, Walter Panhofer, Marcel Rubin, Alfred Uhl

132 Seiten im Format DIN A 5, broschiert.
© 1988
ISBN 3-900695-04-0
Bestellnummer 09 592

Gerold W. Gruber
Franz Schmidt als Rektor
der Fachhochschule für Musik und darstellende Kunst in Wien (1927 – 1931)
(Studien zu Franz Schmidt VII)

184 Seiten im Format DIN A 5, broschiert.
© 1989
ISBN 3-900695-08-3
Bestellnummer 09 594

Reiner Schuhenn
Franz Schmidts oratorische Werke

Zur Entstehungsgeschichte des „Buches mit sieben Siegeln“ und der „Deutschen Auferstehung“

Erinnerungen, zeitgenössische Presseberichte, Nachrufe, Franz Schmidts „Anderes Vorwort“ zur „Organologie“
(Studien zu Franz Schmidt VIII)

212 Seiten im Format DIN A 5, broschiert.
© 1990
ISBN 3-600695-13-X **Bestellnummer 09 599**

Oper in Wien 1900 – 1925

Symposion 1989
(Studien zu Franz Schmidt IX)
herausgegeben von Carmen Ottner

Mit Beiträgen von
Siegfried Mauser, Gerhard J. Winkler, Gerhard Schmiedpeter, Waltraud Zauner, Wolfgang Osthoff, Rudolf Stephan, Franz Willnauer, Carmen Ottner, Thomas Leibnitz, Wolfgang Greisenegger, Clemens Höslinger, Franz Lechleitner

168 Seiten im Format DIN A 5, broschiert.
© 1991
ISBN 3-900695-20-2 **Bestellnummer 09 653**

Franz Schmidt und die österreichische Orgelmusik seiner Zeit

Symposion 1991
(Studien zu Franz Schmidt X)
herausgegeben von Carmen Ottner

Mit Beiträgen von
Peter Planyavsky, Reiner Schuhenn, Erwin Horn, Roman Summereder, Helmut Binder, Michael Gailit, Andreas Juffinger, Robert Lehrbaumer, Carmen Ottner

120 Seiten im Format DIN A 5, broschiert.
© 1992
ISBN 3-900695-24-5 **Bestellnummer 09 658**

Kammermusik zwischen den Weltkriegen

Symposion 1994
(Studien zu Franz Schmidt XI)
herausgegeben von Carmen Ottner

Mit Beiträgen von
Wolfgang Gratzer, Bo Marschner, Friedhelm Krummacher, Gerhard J. Winkler, Carmen Ottner, Thomas Leibnitz, Manfred Angerer, Rudolf Stephan, Christian Martin Schmidt, Constantin Floros, Hans-Werner Heister, Christoph Khittl, Peter Revers, Susanne Rode-Breymann, Claudia Maurer-Zenck, Rainer Bischof, Franz und Gerda Lechleitner

269 Seiten im Format DIN A 5, broschiert.
© 1995
ISBN 3-900695-34-2 **Bestellnummer 09 664**

Franz Schmidt und Preßburg

(Studien zu Franz Schmidt XII)
herausgegeben von Carmen Ottner

Mit Beiträgen von
Viera Obuchová, Jana Lengová, Manfried Rauchensteiner, Alexandra Tauberová, Ladislav Mokry, Stanislaw Tichonow, Hana Urbancová, Marian Alojz Mayer, Carmen Ottner, Lynne Heller

156 Seiten im Format DIN A 5, broschiert.
© 1999
ISBN 3-900695-44-X **Bestellnummer 09 680**

Apokalypse

Symposion 1999
(Studien zu Franz Schmidt XIII)
herausgegeben von Carmen Ottner

Mit Beiträgen von
Jürgen Roloff, Rolf-Peter Janz, Ulrich Konrad, Rudolf Flotzinger, Reinhard Kapp, Gernot Gruber, Markus Grassl, Wolfram Steinbeck, Wolfgang Dömling, Robert Pascal / Philip Weller, Thomas Leibnitz, Gerhard J. Winkler, Matthias Hansen, Christian Martin Schmidt, Roman Summereder, Thomas Daniel Schlee, Bo Marscher, Peter Revers, Thomas Hochradner, Wolfgang Gratzer, Siegfried Mauser, Susanne Rode-Breymann, Gerold W. Gruber, Michael Weber

388 Seiten im Format DIN A5, broschiert
© 2001
ISBN 3-900695-54-7 **Bestellnummer 09 688**

Frauengestalten in der Oper des 19. und 20. Jahrhunderts
(unter besonderer Berücksichtigung der deut., franz. und ital. Oper)

Symposion 2001
(Studien zu Franz Schmidt XIV)
herausgegeben von Carmen Ottner

Mit Beiträgen von
Gabriele Busch-Salmen, Sieghart Döhring, Constantin Floros, Harald Goertz, Sabine Henze-Döhring, Theo Hirsbrunner, Clemens Höslinger, Pia Janke, Ulrike Kienzle, Hartmut Krones, Josef-Horst Lederer, Carmen Ottner, Eike Rathgeber, Gerhard Scheit, Matthias Schmidt, Giselher Schubert, Arne Stollberg, Erika Weinzierl, Walter Werbeck und Gerhard Winkler

306 Seiten im Format DIN A5, broschiert.
© 2003
ISBN 3-900695-65-2

Bestellnummer 09 696

Musik in Wien: 1938 – 1945

Symposion 2004
(Studien zu Franz Schmidt XV)
herausgegeben von Carmen Ottner

Mit Beiträgen von
Erwin Barta, Otto Biba, Gerhard Botz, Christian Glanz, Lynne Heller, Clemens Hellsberg, Hartmut Krones, Thomas Leibnitz, Gösta Neuwirth, Carmen Ottner, Manfred Permoser, Peter Planyavsky, Wilhelm Sinkovicz, Michael Staudinger, Manfred Wagner und Gerhard J. Winkler

372 Seiten im Format DIN A5, broschiert.
© 2006
ISBN 978-3-900695-87-3
ISMN M-012-40665-5

Bestellnummer 09 712

Das Klavierkonzert in Österreich und Deutschland von 1900 – 1945

Symposion 2007
(Studien zu Franz Schmidt XVI)
herausgegeben von Carmen Ottner

Mit Beiträgen von
Erwin Barta, Federico Celestini, Martin Eybl, Eike Fess, Matthias Henke, Hans-Joachim Hinrichsen, Andreas Holzer, Annegret Huber, Ulrich Konrad, Thomas Leibnitz, Tomi Mäkelä, Carmen Ottner, Robert Pascall, Georg Predota, Albert Sassmann, Wilhelm Sinkovicz, Irene Suchy und Gerhard J. Winkler

408 Seiten im Format DIN A5, broschiert.
© 2009
ISBN 978-3-902667-17-5
ISMN 979-0-012-40783-6

Bestellnummer 09 718